采銅於山

馬泰來文史論集

〔美〕馬泰來 著

國家圖書館出版社

圖書在版編目（CIP）數據

采銅於山——馬泰來文史論集 /〔美〕馬泰來著. ––北京：
國家圖書館出版社，2017.3
　　ISBN 978-7-5013-5845-8

　　Ⅰ. ①采… Ⅱ. ①馬… Ⅲ. ①文史 – 中國 – 文集 Ⅳ. ①C53

中國版本圖書館CIP數據核字（2016）第 124359 號

責任編輯：張愛芳　廖生訓
助理編輯：陳瑩瑩
特邀編輯：鄭小悠
書名題簽：饒宗頤
裝幀設計：翁　涌

| 書　　名 | 采銅於山——馬泰來文史論集 |
| 著　　者 | 〔美〕馬泰來　著 |

出　　版	國家圖書館出版社（100034　北京市西城區文津街7號）
	（原書目文獻出版社　北京圖書館出版社）
發　　行	010-66114536　66126153　66151313　66175620
	66121706（傳真）　66126156（門市部）
E-mail	nlcpress@nlc.cn（郵購）
Website	www.nlcpress.com → 投稿中心
經　　銷	新華書店
印　　裝	河北三河弘翰印務有限公司
版　　次	2017年3月第1版　2017年3月第1次印刷

开　　本	710×1000（毫米）　1/16
印　　張	26.5
字　　數	305千字
印　　數	1—1000册

| 書　　號 | ISBN 978-7-5013-5845-8 |
| 定　　價 | 260.00圓 |

與余秉權先生（左一）、羅香林先生（左二）、饒宗頤先生（中）合攝於香港大學（1967）

攝於泉州清真寺（2003）

與饒宗頤先生（左二）及其女兒（清芬）並外孫女（張圓瑛）
合攝於香港中央圖書館（2006）

與柳存仁先生合攝於香港心經簡林（2006）

與譚祥金先生（右二）、趙燕群先生（左二）、林明先生（右一）、
沈津先生（左一）合攝於廣東開平（2007）

與沈燮元先生（右二）、程有慶先生（左一）、
李際寧先生（右一）合攝於中山大學（2012）

與吳格先生（右）合攝於復旦大學（2015）

學海紀程
（代序）

　　本集收入文史論文四十四篇，我的中文學術論著，較爲重要的多已收入。例外有二，其一是有關紅雨樓藏書的文章，因擬另出專集；其二是 1981 年編訂的《林紓翻譯作品全目》，因近年張治、樽本照雄等人的重要發現，需要增補。

　　我并無家學。早年自己胡亂翻書。及進入上庠，有幸得從數鴻儒遊，讀書始按部就班，循序漸進。後來服務圖書館界五十年，芝加哥大學、香港大學及普林斯頓大學三校，皆藏書豐富，足供研究，而需往別館尋找資料時，每獲提供方便。此等機緣，非一般人能有。

　　我家是自西北南下廣州的回族，民初時祖父離廣州往香港作小販，父親在香港的天主教英文中學聖若瑟書院（St. Joseph's College）念書。母親是在日本出生的廣東新會華僑，外祖父原爲一富裕商人，破産後逝世，全家回國。母親在廣州的培道女子中學念書，學校是基督教浸信會主辦。父母在廣州成婚後，在香港定居。1941 年日軍佔領香港後，回到廣州。所以家兄幼垣在香港出生，家姐麗怡和我則在廣州。我在 1945 年 10 月出生，時日本已戰敗，一家旋回港。所以我對廣州沒有什麼印象。1983 年 12 月纔首次重返廣州。

　　我在香港成長，迄 1970 年一直住在北角。小學和中學都在教會學校，祇有小學一年級在北角住所附近的私立小學上課。

自小學二年級起，每天都花一小時乘公共汽車或電車往返，養成獨立的習慣，特別是小學五、六年級，我在中區的基恩小學念書，祇用上午上課。中區的書店不少，我下課後常到書店看書。

1958 年夏季我小學畢業，同年秋季升讀聖馬可中學（St. Mark's School）。在此兩年前，我入讀基恩小學，兄姐則轉校到聖馬可中學，幼垣念中學三年級，麗怡念一年級。至是三人在同一學校上課。聖馬可是基督教聖公會屬下的英文中學，學科都以英語教授，僅中國語文、文學和歷史例外，以粵語講授。不過學校的中文老師都非常敬業，對學生循循善誘，鼓勵學生讀課外書。當年香港并無公立圖書館，看課外書祇可到書店購買或看白書。兄姐兩人在我進聖馬可前已購置不少書籍，至是我也加入購書行列。

倒是聖馬可的圖書室，藏書不差。有全套《萬有文庫》，當然主要是新版書。後來我作《京本通俗小説》研究，不少古籍採用聖馬可的藏書，包括《鬼董》《桯史》《邵氏聞見録》《楓窗小牘》等，都是戰前上海商務的校本綫裝書。大概因爲購書不少，圖書室主任陳老師（也是一位中文老師）告訴學生到中區商務買書有優惠。我主要買舊日商務出版的叢書零本，每册都不用二元，因我的零用錢不多。《戰國策》《國語》和《新序》都是當日購置。

當年我購買的書籍，今日尚存鄴架。其中梁啓超的《古書真僞及其年代》和高似孫的《子略》，對我的考證工作有啓蒙作用。家中藏書大多是幼垣購買，主因是他中學畢業後，工作兩年，有點零錢；而進大學後，因學業需求，又買了不少名家著作。總之，他買書雜，所以我看的書也雜。家父沒有正面鼓勵我們買書看書，但他動手爲我們製作書架，後來書籍太多，纔雇木匠代勞。

1958 年前後，家兄買了三套鄭振鐸先生的著作：《插圖本中國文學史》《中國俗文學史》和《中國文學研究》。我也買了一本《劫中得書記》。全部細讀多遍，尤其是《中國文學研究》。那時候我剛看《説唐全傳》至《羅通掃北》一系列小説，而《中國文學研究》有多篇討論這批小説的文章，令我大開眼界。鄭先生的考證極爲平實，無大膽假設，但引用證據甚豐，不少還頗罕見。我漸仿效，甚至自認私淑。至於《劫中得書記》對我潛移默化，影響尤深。

我在聖馬可六年：五年中學，一年大學預科。再工作兩年賺點錢，纔進大學；大抵亦步亦趨家兄的經歷。我家并不富裕，家父在一華人的洋行作文員兼經紀，收入有限。兒女要讀大學，費用自理。

我尚念中學時，和大學二年級的家兄合作，撰寫《〈京本通俗小説〉各篇的年代及其真僞問題》，後刊（臺北）《清華學報》新 5 卷第 1 期。歷代學人如有少作，世人每認爲必爲其父兄著作。現略述始末澄清。

香港大學中文系當年需提交畢業論文。家兄因兼修文史，須完成兩篇論文，而他正全面投入清季北洋海軍研究，遂找我合作，撰寫文學論文的一章，討論《京本通俗小説》。因爲我家和聖馬可都沒有《情史》一書，家兄特別從羅錦堂借來。此外，文章有關《金主亮荒淫》一節，全是家兄手筆。其實文章主要作者爲誰，昭然若揭。我的思路和文字，多年來變化不大；而家兄當年喜用文言。他有關熊龍峰的論文，即用文言。

《京本通俗小説》各篇的年代及其真僞問題》一文，有三事需要特別指出。一、該文并不是先有結論，再找證據；也就不是"大膽假設，小心求證"。當年我是先用"三言"善本影印本校讀《京本通俗小説》。其後，看到《馮玉梅團圓》的可疑。這故事的衆多版本，女主角都作呂氏或呂順哥，僅《京本通俗小說》作馮玉梅。證據積聚，結論不勞而成。二、推論不可避免。我們認爲《京本通俗小說》是繆荃孫僞作，但至今還是找不到鐵證。三、研究并不端賴珍罕資料。我的考證文字，特點之一是引用珍罕資料，很多還是第一次被徵引。但《〈京本通俗小說〉各篇的年代及其真僞問題》一文，徵引的全是一般典籍，因爲當日祇有家中和聖馬可的藏書供參考，但結論石破天驚。

1965 年秋季，我進入香港大學，念中文系，主修歷史，副修文學。那時家兄已畢業并離港赴美進修。香港大學是一所三年制的英文大學，課程全用英文，祇有中文系例外。文學院學生第一年，必修英國語文，我因入學試英文成績優良，免修，但我還是選修了一年英國文學。

當年港大中文系教師人才濟濟，可謂黃金時代。羅香林先生剛接任系主任。羅師早歲在清華大學和燕京大學問學，從王國維、梁啓超、陳寅恪等大師遊，又是朱希祖的愛婿。我跟隨羅師學習隋唐史、明史、中西交通史和香港前代史。羅師雖屢創研究課題，但方法則頗傳統。他甚愛護學生，助其成長。《〈京本通俗小說〉各篇的年代及其真僞問題》全賴其推介，方得在學報發表。而我的第一篇林紓翻譯目錄，也是他代送往臺灣“商務印書館”。

另一位歷史老師是余秉權先生。他是錢穆在香港創立的新亞研究所的第一批學生之一，曾往美國西雅圖華盛頓大學進修。可惜他健康不佳，我進大學不久，他便需休假養病半年。而在我第二學年結束，他即離港赴美在圖書館界工作。不過在此短短一年半，我學習到不少新東西。余師講授史學史和研究法。他喜藏書，對於近代名家及其著作，如數家珍。他認爲在研究選題前，需先查檢問題是否前人早已解決。哪些問題有意義，值得學者花時間精力，如明成祖朱棣的母親和妃嬪的民族。他重視工具書，身體力行，先後編訂了兩部期刊論文索引。他的《中國史學論文引得續編》（1970），找我校對，全書遂細讀數遍，大增我對近代學壇的認識。該書所據全是歐美圖書館所藏期刊學報，當日在香港無法看到。余師和友人成立一間書店，主要翻印絕版書籍，通常是影印，少數因紙張烏黑，需要重排。我曾代校對一部專著（郭湛波的《中國中古思想史》）和一份期刊（《責善半月刊》）。讓我細心閱讀一些我平日閱讀範圍以外的文獻。《責善半月刊》的作者主要是戰時大後方的學人，文章水準甚高，而範圍至廣。

我親受饒宗頤先生教熏僅一學年，而香港大學的學年甚短。我在港大三年，第一年饒師在法國，第三年他已離港赴新加坡。但第二學年的數月對我影響深遠。饒師學問廣博，什麼問題，皆能解答。我有興趣的課題，他全熟悉，但不少他精通的學問，如甲骨文、楚文化、美術史，我僅具入門常識。我積極仿效饒師治學方法。我念中學時，饒師作香港前代史研究，曾引用一本周密著作善本，內有筆誤。一位先生和饒師筆戰，也引用周密，誤字相同，很明顯該先生未嘗翻檢周密原書。這數十年前的“小事”，我一直放在心裏。而對盜用別人發現，不加説明，尤深惡痛絕。饒師重視目錄學，對《四庫全書提要》評價甚高。余師實際講授現代目錄學，饒師講授傳統目錄學，我是兩者并重。通常是先翻閱近人研究成果，再複檢原始史料，最後是訪尋前人未曾引用的新資料。

1969 年我大學畢業。原意留校進修，研究劉向的目錄學。不過導師希望我研究劉向的經學，或清人對劉向經學的研究。加上家兄的影響，和美國大學優厚的獎學金，我在 1970 年離開香港，到美國芝加哥大學進修。

　　1970—1987 年，我在芝加哥大學，先後拿到兩個學位，同時在東亞圖書館工作，受錢存訓師身教。

　　芝大首兩年我在圖書館學研究院念書，選課包括西方文化傳播史，重點是羅馬帝國滅亡後到文藝復興期間，典籍如何賴抄本在寺院流傳；西方印刷史；圖書館和社會等。此外還選修一門特別材料編目。記得教材提到電影 *The Sword and the Rose*，乃據 Charles Major 小說 *When Knighthood Was In Flower* 改編。而該電影我作小學生時看過，尚有印象。後來，我編訂林紓翻譯書目，指出 *When Knighthood Was In Flower* 爲林譯《蓮心藕絲緣》的原著。這是前人所不知，後來多種林譯書目也這樣説。而這批作者肯定未曾看過 Charles Major 的小説，甚至《蓮心藕絲緣》也沒看過。我考證林譯原著，和別人不一樣，沒有胡猜，亦沒有盜用別人研究成果，每一書皆先影印林譯和外文原著書首文字，比對結果，考訂百分之一百正確。

　　1972—1987 年，我從何炳棣師念明史，同時在東亞圖書館工作，半工半讀，費時特長。何師爲人嚴峻，學生敬畏，選課者少。何師在大學教學數十年，完成博士論文的學生恐不到十人。他的自傳《讀史閱世六十年》，追憶和他較爲親近的師長、同門、親友，亦提到他的五位研究生，而此五人并不皆拿到博士學位。

　　何師對我大概有點信心，首兩年每周會面，後來就讓我自己看書。有問題時，纔安排我見面。可惜我的資質平平，雖然盡心學習，何師的很多優點，無法繼承。何師治學以宏博見稱，研究大題目，解決大問題，認爲學者不應花費精力在二流題目。譬如我的博士論文題目本來是東林書院，經何師"勸導"，改爲"明代書院"。但一般而言，我的研究多爲小題目。

　　研究大題目，假如資料不足，易流於空泛。所以何師極重視證據積聚，不倚賴孤文寡證。爲研究明清社會，何師翻閱大量方志，以至登科録、同年録。他并不標榜珍罕史料，但由於史識豐富，每能獨具隻眼，沙裏瀝金。明清筆記中，他喜引用謝肇淛的《五雜俎》和葉夢珠的《閱世編》。想不到近年我因研究徐燉紅雨樓藏書，常翻閱徐家親人謝肇淛的著作。而在考證清初話本集《醉醒石》時，亦引用《閱世編》中姚永濟家族史料。

1987年，何師將屆芝大退休之期，我趕快完成論文，在何師離芝前取得東亞語言文化系博士學位。時東亞圖書館久乏人領導，我獲升任館長。迄1997年離美返港，任港大圖書館副館長，兼馮平山圖書館主任。這次在香港，主要收穫是再從饒師遊，三年內每周見面。

美國一流學府的設備遠勝香港大學。我考證林紓翻譯底本，在香港無法完成。而我最自豪的兩個文獻發現，我都儘快介紹給國人。李若水的《捕盜偶成》詩，確證宋江受招安。而該詩收入文淵閣本《四庫全書》內的李若水集，當日影印本未在大陸流通。至於謝肇淛的《小草齋集》，芝大圖書館特從日本弄來影印本，更爲罕見。我在書內發現謝肇淛的《〈金瓶梅〉跋》，這是今日所知最早的有關《金瓶梅》專文。

《〈京本通俗小說〉各篇的年代及其真僞問題》一文，1965年發表，迄今已逾半世紀。茲述聞見，作"考證九策"。雖非渡人金針，野人獻曝，容有少助。

不可大膽假設，小心求證第一。先有結論，再找證據支援，必漠視不利己說的資料。應廣集資料，公允結論不期而至。

應有基本知識，不犯常識性錯誤第二。近人嘗謂："'邱''丘'指'小土堆'時爲同字異體，作爲姓却不可互代。'丘諸城'與'諸城人邱志充'之間并沒有多少接近之處。"不知明代祇有丘姓，而無邱姓。清雍正三年（1725）因避孔子諱，始有邱姓。《世宗憲皇帝實錄》："（雍正三年八月）癸酉，諭內閣九卿等，古有諱名之禮，……況孔子德高千古，……至於常用之際於此字作何迴避，一併詳議具奏。""（十二月）庚寅，禮部等衙門遵旨議覆，先師孔子聖諱理應迴避。……凡係姓氏俱加偏旁爲'邱'字。"明人丘志充，至是遂成"邱志充"。

不可輕視詞彙，望文生義第三。近人注釋明人日記："目前宜亟議政府及冢臣，共理庶政。"認爲"政府，政府體制及分工人選。冢臣，內閣重臣"。其實當日"政府"指內閣，并無現代詞語含義；"冢臣"僅指吏部尚書。此君又注釋"右轄"爲"明代的一種低級事務官吏"，不知"右轄"是明代省級最高官員"右布政使"。此外，臺灣陳教授編撰王思任年譜，不知明人每稱京師北京爲"長安"，遂使年譜內年幼的王思任，時在西安，時在北京，幾若"神行太保"戴宗。如陳教授讀過或知有《長安客話》一書，想不會有此失誤。總之，多讀明人著作，時人用語自必熟悉。

不宜堆砌資料第四。積聚證據，不是獺祭。作研究必須懂得選擇，曉得什麼重要，什麼不重要。每見世人以多爲勝，引用資料重複，特別是方志資料。如要"證明"某人是何地人，何年進士，則既引縣志，又引府志、通志、正史，甚至《古今圖書集成》。其實如無不同説法，選用一較詳盡的原始史料即可。近人編寫年譜，多有此失。編寫成果是年譜長編，不是年譜。近見一篇書評，論及我對徐燉生卒年的考證，謂別人"用了六七千字，而馬文用了不足千字，不僅所得結論一致，而且更加精確"（周小山：《整理與研究結合的碩果》，《中國典籍與文化》2016 年第 2 輯）。因爲我主要引用徐燉嫡孫徐鍾震寫的徐燉行狀，不單紀錄年月日，還提供時辰。

熟習典章制度第五。前輩學者，文史兼治，陳寅恪爲其中代表。今日文史分家，無異楚漢。一般而言，治古代史者，閱讀古籍，多能勝任。而治古代文學者，每乏典章制度常識，官名和地名稍好，因爲如不認識，可查字典辭書，典章制度則如根本看不出問題，自然不再深究。現舉一誤改例子。1978 年，家兄和劉紹銘合編 *Traditional Chinese Stories：Themes and Variations* 一書，哥倫比亞大學出版社出版。家兄指令我翻譯《醉醒石》中的一篇小說。其中有"代巡"一詞，蓋指"代天子巡狩"（《明史・職官志》語）的"巡按"，我採用了常用的英譯 "regional inspector"。書出版，發現被改作 "acting regional inspector"（代理巡按）。改者不曉得巡按基本上是一年一任，本身就是一短期臨時任命，哪裏需再找代理。迄今尚無人指出"代理巡按"一詞的不合理。

不可忽視基本邏輯第六。"劉涓子"人名，是考證《南方草木狀》真偽的重要論證，我認爲唐慎微因爲是醫家，熟習《劉涓子鬼遺方》，誤改陶弘景、楊愼的"涓子"爲"劉涓子"。中國科學院雲南植物研究所編訂《南方草木狀考補》（1991），則認爲"陶宏景和蘇頌都和唐慎（微）一樣是著名醫學家，何以證實其非陶語"。一醫家有誤，怎可以推論其他醫家也犯同一錯誤。

尋找研究命題第七。作研究不可趁熱鬧。別人考證《金瓶梅》作者，不要也找個尚無人提到的明代文人，小心求證爲作者。亦不要大膽假設，故作驚人言論。我本無意作林紓翻譯原書考證，看到近人的書目陳陳相因，一人有誤，眾人盲從，有些人不懂外語，無法更正，而懂外語者，則未質疑，前人所言，全部接受。日積月纍，我發覺前人考訂林譯原著，絕大部分不可信，而無人考訂的尤多，遂作《林紓翻譯作品全目》。

果斷第八。不要和稀泥。一分資料說一分話，不是所有問題都可有結論，但應盡力尋找答案。1983 年在廣州主辦的《南方草木狀》國際討論會"，最後對該書的真偽沒有定論，認爲"見仁見智，理解不同"，雖然主辦方明顯相信該書非偽。

采銅於山第九。科研不是環保，資料不應迴圈使用，不然難有新發現，新貢獻。（雖然，事情每有例外。我的《京本通俗小說》研究，基本上沒有利用新資料。）前人看書，除非家藏萬卷，否則要到圖書館，看善本書尤如是。今日使用電子資源至爲方便，網上資料一般免費，雖然不一定可靠。電子資料庫更包羅萬有，以學術論文爲例，從前先要翻檢多種紙本索引，再設法找期刊。今日期刊資料庫多能直接提供論文原文。但各種資料庫提供的是製成品，等同顧炎武説的"舊錢"。如作研究，資源不能爲資料庫局限。電子檢索至爲方便，但用者如不追訪原文，所得支離破碎，不成體系。有閑得多讀書，日久收穫必豐。

以下例子，非任何電子資源所能解決。原本《醉醒石》，第五回首葉，版面殘破。今人多以爲第五回是因觸犯清人忌諱而被刪去。如戴不凡稱："'□□□□□時，舉族殉義固多，若浙江按察使王□□□子於同僚之妻，然後同夫自焚。蓋臣死國，妻死夫，乃天地間大道理。'其語氣亦斷非出於明人。前缺五字，大約是'虜騎南下之時'一類的'違礙字眼'被挖版的結果。"其實此段文字雖殘缺，但人物和時間并非不能考證。"浙江按察使王"是王良，王氏夫妻自盡，乃明初靖難時事，見《明史》卷一百四十三《王良傳》。其妻托子於同僚之妻，《明史》未載，但與田汝成《西湖遊覽志餘》卷七所述大致吻合。我因看過《西湖遊覽志餘》，依稀記得該故事，乃再讀田汝成書，然後查《明史》。靖難事件，清人并不介懷。總之，此處缺字内容，祇能"采銅於山"，方可解決。

各文文末皆記原載刊物及年份。文字改動甚少，未增補新資料。本書諸位編輯，尤其是特邀編輯鄭小悠博士，細心校讀，減少失誤，感甚。而本集出版，多蒙吳格兄鼓勵及推介，至感！業師饒宗頤教授惠賜題署，銘感在心，非文字所能謝。

馬泰來

2016 年 5 月 9 日

目　　録

《南方草木狀》所記小説故實討原

——僞書窺管

　　《南方草木狀》舊題西晉嵇含（263—306）撰。自宋代面世後，流傳頗廣。《四庫》置之史部地理類雜記之屬，以爲"敘述典雅，非唐以後人所能僞"[1]。文廷式（1856—1904）《補晉書藝文志》始疑其作者，謂："案此書文筆淵雅，敘述簡净，自是唐以前作，然以爲嵇含則非也。"[2]

　　及至近世，此書尤爲中外治中國科學史家所重視，每引用爲論證。農史專家間有提出異議[3]。1983年華南農學院（現華南農業大學）召開《南方草木狀》國際討論會，最後以見仁見智，理解不同，對其真僞未下斷語[4]。至於文學史家則多漠視此書，雖然其文筆内容實屬宋人筆記上乘。

　　《南方草木狀》是一部無中生有的僞書，和嵇含全無關係。書中文字多撮拾類書所載六朝舊籍中斷章零句，以及本草書和一些唐人有關南方專著，可謂點鐵成金。但内容則或故意更易，致不可信。僞書作者是一高手，明顯的時代錯誤多能避免。但僞造書名，竄改史實，終留下綫索，可供追尋。

一、振威將軍襄陽太守嵇含

　　尤袤（1127—1193）《遂初堂書目》地理類，首著録"晉嵇含南方草木狀"[5]。其後陳振孫《直齋書錄解題》卷八《地理類》，内容略詳："《南方草木狀》一卷，晉襄陽太守嵇含撰。"[6]

現存《南方草木狀》的最早版本，收入咸淳九年（1273）左圭編《百川學海》，題署"永興元年十一月丙子振威將軍襄陽太守嵇含撰"。《四庫全書總目》記"宋麻沙舊版"同，但此宋版單行本未見其他書志。

《四庫全書總目》早已指出題署之年月仕歷皆誤："《晉書·惠帝本紀》：永寧二年正月，改元永安，七月改建武，十一月復爲永安，十二月丁亥，立豫章王熾爲太弟，始改永興。是永興元年不得有十一月。又永興二年正月甲午朔，以干支推之，丙子當在上年十二月中旬，尚在改元前十二日，其時亦未稱永興。……惟《隋志》稱廣州太守嵇含，而此作襄陽太守。考書中所載皆嶺表之物，則疑襄陽或誤題也。"

考嵇含爲嵇康（223－263）侄孫，傳附見《晉書》卷八十九《忠義列傳·嵇紹》："永興初，……范陽王虓爲征南將軍，屯許昌，復以含爲從事中郎，尋授振威將軍、襄城太守。虓爲劉喬所破，含奔鎮南將軍劉弘於襄陽，弘待以上賓之禮。……屬陳敏作亂，江揚震蕩，南越險遠，而廣州刺史王毅病卒，弘表含爲平越中郎將、廣州刺史、假節。未發，會弘卒，時或欲留含領荊州。含性剛躁，素與弘司馬郭勱有隙，勱疑含將爲己害，夜掩殺之，時年四十四。"[7]

又案《晉書》卷四《惠帝紀》："（永興二年九月）庚子，豫州刺史劉喬攻范陽王虓於許昌，敗之。""（十二月）范陽王虓濟自官渡，拔滎陽，斬石超；襲許昌，破劉喬於蕭，喬奔南陽。右將軍陳敏舉兵反，自號楚公。"[8]可知嵇含棄襄城奔襄陽，事在永興二年九月後，而劉弘薦含爲廣州刺史當在永興三年初。永興元年時嵇含爲襄城太守，未至襄陽（後亦未爲襄陽太守）。亦與廣州無涉，何來"乃以所聞詮敘"撰寫《南方草木狀》？

二、劉涓子·乞力伽·雅片

《南方草木狀》卷上："藥有乞力伽，术也。瀕海所産，一根有至數斤者。劉涓子取以作煎，令可丸餌之長生。"

文廷式認爲"涓子東晉末人，遠在嵇含後。是書非含作益明矣"。

劉涓子，劉裕（363—422）族父，晉安帝隆安元年（397）時爲彭城內史[9]。傳世有《劉涓子鬼遺方》，有宋刻本及吐魯蕃出土殘片[10]。一般認爲是中國現存最早的外科專著，基本反映出兩晉南北朝時期的外科成就[11]。齊永元元年（499）龔慶宣序："昔劉涓子，晉末於丹陽郊外照射，忽見一物，高二丈許，射而中之，如雷電，聲若風雨，其夜不敢前追。詰旦，率門徒子弟數人，尋蹤至山下，見一小兒提罐，問何往爲？我主被劉涓子所射，取水洗瘡。而問小兒曰：主人是誰人？云：黃父鬼。仍將小兒相隨，還來至門，聞搗藥之聲。比及遙見三人，一人開書，一人搗藥，一人卧爾。乃齊聲叫突，三人并走，遺一卷癰疽方并藥一臼。時從宋武北征，有被瘡者，以藥塗之即愈。"[12]宋武即劉裕。此故事引人入勝，可謂志怪佳品。

劉涓子逐鬼事，和《南史》卷一《宋本紀》所記劉裕事尤相近。"後伐荻新洲，見大蛇長數丈，射之，傷。明日復至洲，裏聞有杵臼聲。往覘之，見童子數人皆青衣，於榛中搗藥。問其故，答曰：我王爲劉寄奴所射，合散傅之。……帝叱之，皆散。仍收藥而反。……每遇金創，傅之并驗。"[13]傳聞異辭，應爲同一故事別本。

《鬼遺方》主治金瘡癰疽，與長生無涉。諸書皆未言劉涓子餌术。

　　日本丹波康賴（912—995）《醫心方》卷二十六《延年方》錄有"涓子採术法"可"令人不老不病，久服不死"[14]。餌术的是神仙涓子。舊題劉向（前77—前6）《列仙傳》卷上："涓子者，齊人也。好餌术，接食其精，至三百年，乃見於齊。著《天人經》四十八篇。後釣於荷澤，得鯉魚，腹中有符。隱於宕山，能致風雨。受伯陽九仙法。淮南山（王）安少得其文，不能解其旨也。其《琴心》三篇，有條理焉。"[15]魏晉南北朝人著作每提到涓子，包括嵇含叔祖嵇康《琴賦》："涓子宅其陽"[16]；嵇含友人葛洪（283?—363?）《神仙傳序》："涓子餌术以著經"[17]；劉勰（466?—520）《文心雕龍》卷十《序志》："昔涓子《琴心》，王孫《巧心》，心哉美矣"[18]；酈道元（527卒）《水經注》卷二十四："有仙者涓子、主柱并隱礓山得道"[19]；庾肩吾（487—551）《答陶隱居賚术煎啓》："庶得邀遊海岸，追涓子之塵。"[20]涓子以餌术及拊琴名世，但諸書未言涓子姓劉。年前業師饒宗頤教授撰《涓子〈琴心〉考——由郭店雅琴談老子門人的琴學》[21]，認爲涓子是老子弟子，楚人環淵。

　　始將劉涓子和涓子相混，應是宋嘉祐元年（1056）蘇頌等編撰《圖經本草》，或大觀二年（1108）艾晟增訂、唐慎微撰《經史證類大觀本草》。由於宋本《大觀本草》未得見，本文所據爲光緒三十年（1904）《武昌醫館叢書》本，另參考1982年北京人民衛生出版社影印金泰和元年（1201）晦明軒刊本《重修政和經史證類備用本草》。

　　《大觀本草》卷六《术》，引陶隱居："昔劉涓子接取其精而丸之，名守中金丸，可以長生。"引《圖經》："陶隱居云：昔者劉涓子接其精而丸之，名守中金丸。今傳其法，乃是膏煎，恐非真耳。……又名乞力伽。"又引《荀子注》："列仙傳：劉涓子，齊人，隱於室山，餌术，能致風雨。"[22]

陶隱居，即陶弘景（456？—536），他的《集注本草》現已失佚，僅存敦煌及中亞出土殘本，并乏此節引文[23]。《圖經本草》更世無存本。所以二者除唐愼微書外，并無他書可供校勘。可幸楊倞《荀子注》（唐元和十三年［818］），傳世版本甚多。《大觀本草》引文爲《荀子注·解蔽篇》："夏首之南有人焉，曰涓蜀梁"句楊注。楊注原文作："涓蜀梁，未詳何代人，姓涓名蜀梁。《列仙傳》有涓子，齊人，隱於宕山，餌术，能致風雨者也。"[24]可見楊注和《列仙傳》原文一樣皆作"涓子"而不是"劉涓子"。以此推之，陶弘景原文亦應是"涓子"[25]。唐愼微（或蘇頌，但後者可能性較微）因爲是醫家，熟悉《劉涓子鬼遺方》，誤改陶弘景、楊倞的"涓子"爲"劉涓子"。《南方草木狀》作者又誤從之。可見《南方草木狀》的編造，不可能早於1108年。《圖經本草》的流通遠不如唐愼微書，《南方草木狀》作者曾參考《圖經本草》的可能性不大。況且我們亦乏證據可斷言《圖經本草》已誤"涓子"爲"劉涓子"。

至於《南方草木狀》以爲"乞力伽"就是术，乃誤信《圖經本草》。亦是《南方草木狀》爲宋人僞書的鐵證。

"乞力伽"，當爲希臘語 teyaka，或拉丁語 theriaca 對音，也就是古代西方認爲可治百病、可致長生的萬靈藥[26]。唐顯慶四年（659）頒行的《新修本草》，《新附》藥品有"底野迦"，云："底野迦，味辛，苦，平，無毒。主百病，中惡，客忤邪氣，心腹積聚。出西戎。云用諸膽作之，狀似久壞丸藥，赤黑色。胡人時將至此，亦甚珍貴，試用有效。"[27]《舊唐書》卷一百九十八《西戎傳·拂菻》："乾封二年（667），遣使獻底也伽。"[28]可見"底野迦"在唐初尚爲一新從西方傳入的藥物[29]。

"底野迦"成分主要是蛇膽和雅片，所以一般認爲這是雅片傳入中國之始[30]。《圖經本草》竟誤以爲和术是一物，大謬。《南方草木狀》又誤從之，遂爲後人留下作僞鐵證。

三、曹操·劉裕·益智粽·續命湯

《南方草木狀》卷中："益智……出交趾、合浦。建安八年，交州刺史張津嘗以益智子粽餉魏武帝。"

張津以益智子粽餉曹操，不見他書，純出《南方草木狀》作者杜撰。至其原型，則爲盧循遺劉裕益智粽事。劉裕爲孫恩、盧循死敵。孫恩死後，盧循代領其衆，於元興三年（404）破番禺。《資治通鑑》卷一百十四，晉安帝義熙元年（405）："夏，四月……盧循遣使貢獻。時朝廷新定，未暇征討。壬申，以循爲廣州刺史、徐道覆爲始興相。循遺劉裕益智粽，裕報以續命湯。"胡三省（1230—1302）注："循以益智調裕，裕以續命報之。此雖淺陋，亦兵機也。"[31]盧、劉互贈"禮物"，亦見《藝文類聚》卷八十七、《太平御覽》卷九百七十二，引蕭方等《三十國春秋》，及許嵩《建康實録》卷十。應爲當日有名的鬥智故事。

反之，漢建安八年（203），中國北方大部分仍爲袁紹諸子割據，同時劉表領荆州，孫權守江東，曹操勢力未如日後之盛，張津并無以益智子諷刺曹操的理由。《南方草木狀》作者大抵亦明白此理，因此未言曹操報張津以續命湯，不過如是益智粽的隱諷更不明顯。至於改易劉裕、盧循爲曹操、張津，則當因《南方草木狀》既僞托爲嵇含所作，當然不能提嵇含身後事。《南方草木狀》所記史事，如不見他書，皆未宜輕信。

四、杜預·蜜香紙

《南方草木狀》卷中："蜜香紙，以蜜香樹皮葉作之，微褐色，有紋如魚子，極香而堅韌，水漬之不潰爛。泰康五年，大秦獻三萬幅。常（帝）以萬幅賜鎮南大將軍當陽侯杜預，令寫所撰《春秋釋例》及《經傳集解》以進。未至而預卒，詔賜其家，令上之。”

所謂“蜜香紙”，獨見於此，實無此物，乃《南方草木狀》作者就他書所記“香皮紙”改竄夸飾而成。《大觀本草》卷十二《沈香》，引《圖經》轉引《嶺表録異》：“廣管羅州多箋香，如柜柳，其花白而繁。皮堪作紙，名爲香皮紙，灰白色，有文如魚子牋，其理慢而弱，沾水即爛，不及楮紙，亦無香氣。”[32]香皮紙“沾水即爛”“亦無香氣”，并非名貴之物，《南方草木狀》因改易爲“極香而堅韌，水漬之不潰爛。”二者并觀，《南方草木狀》後出，故意相反其詞，至爲明顯。

賜紙事，不見《晉書》卷三十四《杜預傳》，及宋以前其他記載，亦《南方草木狀》作者杜撰。至其藍本，似爲王嘉（約390卒）《拾遺記》卷九《晉時事》：“張華……造《博物志》四百卷，奏於武帝。帝詔詰曰：……可更芟截浮疑，分爲十卷。即於御前賜……側理紙萬番，此南越所獻。後人言‘陟里’與‘側理’相亂。南人以海苔爲紙，其理縱橫邪側，因以爲名。”[33]《拾遺記》雖然是小説家言，但“側理紙”實有其物[34]，不像“蜜香紙”純出虛造。

五、東方朔《瑣語》

《南方草木狀》卷中：“抱香履。抱木生於水松之旁，若寄生然。極柔弱，不勝刀鋸。乘濕時刳而爲履，易如削瓜；既乾，則韌不可理也。履雖猥大，而輕者若通脱木，風至則隨飄而動。夏月納之，可禦蒸濕之氣。出扶南、大秦諸國。

泰康六年，扶南貢百雙，帝深嘆異，然哂其制作之陋，但置諸外府，以備方物而已。按東方朔《瑣語》曰：木履起於晉文公時，介之推逃禄自隱，抱樹而死。公撫木哀歎，遂以爲履，每懷從亡之功，輒俯視其履曰：悲乎，足下。足下之稱，亦自此始也。”

　　《太平御覽》卷九百六十一《抱》，引《嶺表録異》：“抱木産江溪中，葉細如檜，身堅類柏，唯根軟不勝刀鋸。今潮、循人多用其根，刳而爲履。當木濕時刻削，易如割瓜；木乾之後，柔刀（韌）不可理也。或油畫或漆。其輕如通草。暑月着之，隔卑濕地氣力如杉木。”〔35〕段公路（869 在世）《北户録》卷三《枹木屧》：“枹木産水中，葉細如檜，其身堅類於柏，唯根軟不勝刀鋸。今潮洲、新洲多刳之爲履，或油畫，或金漆，其輕不讓草屨。”〔36〕當爲《南方草木狀·抱香履》前半所本。

　　東方朔《瑣語》，不見《漢書·藝文志》及宋以前其他典籍，亦是《南方草木狀》僞托鐵證。上引《北户録》，附有崔龜圖注：“又按《梁武小説》：介子推逃禄隱跡，抱樹燒死。文公拊木哀嗟，裁而製屐。每懷割股之功，輒俯視其屐曰：悲乎，足下。足下之稱，將此起乎？”《梁武小説》，即《殷芸小説》，梁武帝（502—549 在位）命殷芸（471—529）纂集史書所不取的不經之説而成的小説集。多取之故書雜記，并注明書名出處。而此節文字，原出劉敬叔（約 468 卒）《異苑》卷十：“介子推逃禄隱跡，抱樹燒死。文公拊木哀嗟，伐而製屐。每懷割股之功，俯視其屐曰：悲乎，足下。足下之稱，將起於此。”〔37〕

　　《南方草木狀》作者很明顯曾參考附有崔注的《北户録》。至於改《梁武小説》爲東方朔《瑣語》，當因既僞托書出嵇含手，不能徵引西晉以後作品。

　　《殷芸小説》原書早已失佚。近人輯佚有魯迅、余嘉錫、唐蘭、周楞伽四家[38]。周輯後出，最善，雖然似未見唐輯。
周氏引清人《淵鑒類函‧服飾部‧履二》引東方朔《瑣語》，
以爲"與此條可以互證"[39]，不悟《淵鑒類函》轉抄自《南方
草木狀》，而《南方草木狀》又據《北户録》。清人何來秘本東
方朔《瑣語》？

六、黄柑蟻

　　《南方草木狀》卷下："柑，乃橘之屬，滋味甘美特異者也。
有黄者，有頼者；頼者，謂之壺柑。交趾人以席囊貯蟻鬻於市者，
其窠如薄絮，囊皆連枝葉，蟻在其中，并窠而賣。蟻，赤黄色，
大於常蟻。南方柑樹若無此蟻，則其實皆爲群蠹所傷，無復一
完者矣。"

　　徐堅（約 659—729）《初學記》卷二十八《甘》："周處《風
土記》曰：'甘，橘之屬，滋味甜美特異者也。有黄者，有頼者，
謂之壺甘'。"[40]周處（236—297），陽羨人，《風土記》所記主
要爲其家鄉事[41]。《南方草木狀》作者移花接木，用以敘述嶺
南事，其地理觀念之模糊，亦足駭人。

　　本條所述黄柑蟻，常被徵引爲世界上最早的生物防治紀
録。[42]其實全本《嶺表録異》："嶺南蟻類極多。有席袋貯蟻
子窠鬻於都市者。蟻窠如薄絮，囊皆連帶枝葉。蟻在其中，和
窠而賣也。有黄色，大於常蟻而脚長者云。南中甘子樹無蟻者，
實多蛀。故人競買之以養柑子也。"[43]至於黄柑蟻的最早記載，
應是段成式（803？—863）《酉陽雜俎》前集卷十八："嶺南有
蟻，大於秦中螞蟻，結窠於甘樹，實時常循其上，故甘皮薄而
滑，往往甘實在其窠中，冬深取之，味數倍於常者。"[44]中國
的生物防治，雖然不可上溯到西晉，但仍早於西方約千年。

結　語

　　嵇含未至廣州，亦未嘗編撰《南方草木狀》。《南方草木狀》作者似亦未至南疆，全書撮拾舊籍，祇屬耳聞，并非目睹，科學價值不大。況且作者每竄改原文，真中混僞，難以作爲信史。

　　作爲文學作品，《南方草木狀》確如《四庫》所云“敘述典雅”。與各類書及本草原文對讀，優劣立見。可謂點鐵成金。

　　書中所述故實，多可追溯其原型。但亦有《南方草木狀》作者始創者，如卷下《椰樹》：“云昔林邑王與越王有故怨，遣俠客刺得其首，懸之於樹，俄化爲椰子。林邑王憤之，命剖以爲飲器。南人至今效之。當刺時，越王大醉，故其漿猶如酒。”甚具情趣。

　　《南方草木狀》成書，不可能早於大觀二年（1108），即《經史證類大觀本草》面世之年；不可能晚於紹熙四年（1193），即尤袤去世之年。

　　《南方草木狀》不是史書。希望他日中華書局、上海古籍出版社或其他出版社整理出版宋人筆記小說時，能考慮校點《南方草木狀》。至於文學史家，特別是治文言小說者，尤望能給予《南方草木狀》應有地位。

　　附言：本文所引《南方草木狀》，據中國國家圖書館藏宋本《百川學海》。

　　關於《南方草木狀》真僞問題，考證較詳盡的爲 Ma Tai-loi. "The Authenticity of the Nan-fang ts'ao-mu chuang", *T'oung Pao*. Vol.64（1978），pp.218—252，譯文見《農史研究》第 3 輯（1983），頁 43—57；陳連慶《今本〈南方草木狀〉研究》，《文史》第 18 輯（1983），頁 93—100；繆啓愉《〈南

方草木狀〉的諸僞跡》，《中國農史》1984 年第 3 期，頁 1—12。重點與本
文不同，可以參考。

注　釋

〔1〕《南方草木狀》提要（文淵閣《四庫全書》本），葉 2 下。

〔2〕《補晉書藝文志》（《二十五史補編》本），頁 53。

〔3〕如：石聲漢：《齊民要術今釋》，第 4 冊（北京：科學出版社，1958），
頁 745—746；王毓瑚：《中國農學書録》（北京：農業出版社，1964），
頁 23—24；辛樹幟：《中國果樹史研究》（北京：農業出版社，1983），
頁 82—90。

〔4〕華南農業大學農業歷史遺産研究室編：《〈南方草木狀〉國際學術研討
會論文集》（北京：農業出版社，1990）。

〔5〕張宗祥校：《説郛》（上海：商務印書館，1927）卷二十八，頁 18
下。尤袤生卒年，據鄭騫：《宋人生卒考示例》（臺北：華世出版社，
1977），頁 157—158。

〔6〕《直齋書録解題》（《四庫全書》本）卷八，葉 40 上。

〔7〕《晉書》（北京：中華書局，1974），頁 2302—2303。

〔8〕《晉書》，頁 105—106。

〔9〕《晉書》卷三十七，頁 1108；《宋書》（北京：中華書局，1974）卷
五十一，頁 1480。

〔10〕曹元忠：《劉涓子鬼遺方校補自敘》，收入氏著《箋經室遺書》（學禮
齋，1941）卷八，葉 2 上—3 下。岡西爲人：《宋以前醫籍考》（北京：
人民衛生出版社，1958），頁 417—423。瀧川政次郎：《劉涓子鬼遺
方考》，《古代文化》，第 23 卷第 7 號（1971），頁 145—152。于文
忠點校：《劉涓子鬼遺方》（北京：人民衛生出版社，1986），最善。

〔11〕周一謀：《一部現存最早的外科專著——略論〈劉涓子鬼遺方〉》，《湖
南中醫學院學報》，第 1 期（1979），頁 46—48；趙尚華、鍾長慶：《〈劉

涓子鬼遺方〉外治法初探》,《山西中醫》, 第 3 卷第 1 期（1987）, 頁 33—35。

〔12〕于文忠點校:《劉涓子鬼遺方》, 頁 7。

〔13〕《南史》（北京:中華書局, 1974）, 頁 2。

〔14〕《醫心方》（東京:日本古典全集刊行會, 1935）, 頁 2410。

〔15〕王叔岷撰:《列仙傳校箋》（臺北:"中央研究院中國文哲研究所籌備處", 1995）, 頁 24。

〔16〕戴明揚校注:《嵇康集校注》（北京:人民文學出版社, 1962）, 頁 87。

〔17〕《神仙傳序》（《漢魏叢書》本）, 葉 1 下。

〔18〕范文瀾注:《文心雕龍注》（北京:人民文學出版社, 1978）, 頁 725。

〔19〕楊守敬纂疏、熊會貞參疏:《水經注疏》（北京:科學出版社, 1957）卷二十四, 葉 15 下。

〔20〕汪紹楹校:《藝文類聚》（北京:中華書局, 1965）, 頁 1387。

〔21〕《涓子〈琴心〉考》,《中國學術》, 第 1 輯（2000）, 頁 1—11。

〔22〕《經史證類大觀本草》（《武昌醫館叢書》本）卷六, 葉 31 下—32 下。

〔23〕敦煌殘本, 有《吉石盦叢書》影印本, 及上海群聯出版社 1955 年重影印本, 後者附范行準跋。關於中亞殘本, 參看:黑田源次《普魯西學士院所藏中央亞細亞出土醫方書四種》,《支那學》第 7 卷第 4 號（1935）, 頁 106—120。關於陶弘景《集注本草》, 參看:赤堀昭《陶弘景と〈集注本草〉》, 刊《中國の科學と科學家》（京都:京都大學人文科學研究所, 1978）, 頁 306—369。

〔24〕《荀子》（《四部叢刊》本）卷十五, 葉 15 上。

〔25〕尚志鈞輯校:《唐新修本草（輯復本）》（合肥:安徽科學技術出版社, 1981）, 頁 152, 誤以爲陶弘景原文作 "劉涓子"。

〔26〕Friedrich Hirth, *China and the Roman Orient*（Shanghai and Hong Kong: Kelly & Walsh, 1885）, pp.276—279.

〔27〕《唐新修本草（輯復本）》，頁 372。

〔28〕《舊唐書》（北京：中華書局，1974），頁 5315。

〔29〕張慰豐：《早期西洋醫學傳入史略》，《中華醫史雜志》第 11 卷第 1 期（1981），頁 1：“《醫方類聚》引《五藏論》云：‘神方千卷，藥名八百中，黃丸能差千痾，底野迦善除萬病。’考《五藏論》見録於《隋書經籍志》，由此推測，……在隋前已傳入我國。”《五藏論》撰寫年代未詳，若是隋末，和唐初分別不大。又案《醫方類聚》，朝鮮李朝世宗纂修，成書於 1445 年。

〔30〕參看：楊憲益：《東羅馬的鴉片貿易》，收入氏著《譯餘偶拾》（北京：三聯書店，1983），頁 243—245；陳新謙：《阿片史略》，《中華醫史雜誌》第 16 卷第 4 期（1986），頁 238—242；劉菊妍、周仲瑛：《我國阿片類藥物的藥用及濫用史》，《南京中醫藥大學學報》第 14 卷第 2 期（1998），頁 102—104。

〔31〕《資治通鑑》（北京：中華書局，1974），頁 612—614。

〔32〕《大觀本草》卷十二，葉 4 上。

〔33〕齊治平校注：《拾遺記》（北京：中華書局，1981），頁 210—212。

〔34〕潘吉星：《中國造紙技術史稿》（北京：文物出版社，1979），頁 60—61。

〔35〕《太平御覽》（北京：中華書局，1960）卷九百七十一，葉 7 下—8 上；卷二十二，葉 2 下。

〔36〕《北户録》（光緒六年〔1880〕，十萬卷樓刊本）卷三，葉 9 下。

〔37〕范寧校點：《異苑》（北京：中華書局，1996），頁 94。

〔38〕魯迅：《古小説鈎沉》（上海：魯迅全集出版社，1939），頁 97；余嘉錫：《殷芸小説輯證》，收入《余嘉錫文史論集》（長沙：岳麓書社，1997），頁 259—306，《介子推》見頁 274；唐蘭：《輯殷芸小説并跋》，收入《周叔弢先生六十生日紀念論文集》（1951；影印本，香港：龍門書店，1967），頁 191—229，《介子推》見頁 198；周楞伽輯注：《殷

芸小說》（上海：上海古籍出版社，1982）。

〔39〕《殷芸小說》，頁 39—40。

〔40〕司義祖點校：《初學記》（北京：中華書局，1962），頁 679。按此節《風土記》亦見繆啓愉校釋《齊民要術校釋》（第二版）（北京：中國農業出版社，1998）卷十，頁 717;《藝文類聚》卷八十六，頁 1475;《太平御覽》卷九百六十六，葉 1 下。

〔41〕守屋美都雄：《周處風土記について》，《大阪大學文學部創立十周年記念論叢》（豐中：大阪大學文學部，1959），頁 687—711；前人《周處風土記輯本》，《東洋學報》第 44 卷第 4 號（1962），頁 73—93。

〔42〕如：Joseph Needham, *Science and Civilisation in China*, Vol.1（Cambridge: Cambridge University Press, 1954), p.118；陳守堅《世界上最古老的生物防治——黃柑蟻在柑橘園中的放飼及其利用價值》，《昆蟲學報》第 11 卷第 4 期（1962），頁 420；彭世獎《我國古代農業技術的優良傳統之一——生物防治》，《中國農業科學》1983 年第 1 期，頁 93；周堯：《中國昆蟲學史》（楊陵：天則出版社，1988），頁 72、167。

〔43〕魯迅校勘（北京魯迅博物館魯迅研究室整理）：《嶺表録異》（廣州：廣東人民出版社，1983），頁 85。

〔44〕方南生點校：《酉陽雜俎》（北京：中華書局，1981），頁 173。

原載《中國中世文學研究論集》（2006）

釋“立鋪”

敦煌變文，殊語頗多，并非一般雅詁舊義所能詮。

伯希和目二五五三，《昭君變》（擬題）：

> 上卷立鋪畢，此入下卷。

周一良《讀〈唐代俗講考〉》：

> “立鋪”二字，似乎從來没人解釋過。如果不是錯字的話，我以爲鋪即任華文裏“妙法蓮華變一鋪”的“鋪”，原是指佛畫一幅而言，引申而一般的畫也謂之鋪，正與畫佛典故事曰變，引申而畫任何故事都可名之爲變一樣。[1]

周氏所言，大致没有什麽大錯，但似將問題過於簡化，因爲“鋪”并不單指佛畫。

王利器《敦煌文學中的〈韓朋賦〉》[2]，引《文心雕龍·詮賦》：“賦者，鋪也，鋪采摛文，體物寫志者也。”以爲“立鋪”就是“鋪陳和敷説”。

案“鋪”字本爲一量詞，用以量佛像，後來纔成爲名詞。

劉世儒《魏晉南北朝量詞研究》：

> “鋪”作爲量詞是由動詞“鋪陳”“鋪開”義轉來的。這是比較晚起的量詞，大約是到了南北朝的末期纔出現。最常見的用法是用來量“佛像”，這可能是集體量詞性質，“一鋪”就如同説“一列”。[3]

郭若虚《圖畫見聞誌》卷三：

熙寧中，召畫相國寺壁，……其間佛鋪，多是（李）元濟之筆也。

俞劍華注：

佛像一組爲一鋪，例如一佛、二侍、二供養、二飛天爲一組，即爲一鋪。[4]

《宣和畫譜》著錄尉遲乙僧《佛鋪圖》（卷一），辛澄《佛鋪圖》、姚思元《孔雀佛鋪圖》（卷二），朱繇《兜率佛鋪圖》、杜子瓌《大悲佛鋪圖》（卷三）。俞劍華注：

敦煌壁畫一佛二侍或四侍、二飛天爲一鋪。[5]

劉俞二氏以爲"鋪"字是一集體量詞，衹是主觀的推斷，是缺乏佐證的。

長安三年七月《信法寺碑》：

乃於舍利塔中，敬造尊容像一鋪，并諸夾侍菩薩。[6]

蕭元眘《造彌勒像記》：

敬造彌勒像一鋪，并二菩薩。[7]

歸崇敬《巴州古佛龕記》：

其州南二里有前件古佛龕一所，舊石壁鐫刻五百餘鋪。劃開諸龕，化出衆像，前佛後佛，大身小身，琢磨至堅，雕飾甚妙。[8]

李承嗣《造像銘》：

維大周長安三年九月十五日，隴西李承嗣爲尊親造阿彌陀像一鋪，鐫鏤莊嚴，即日成就。[9]

以上數條資料皆指出"一鋪"應當就是"一尊"或"一軀"，而不是"一列"或"一組"。

範金雕木繪塑而成的佛像，固然稱"鋪"，繡像、畫像同樣亦稱"鋪"。作爲一個量詞，"鋪"字的用法實頗爲廣泛。

蘇頲《爲韋駙馬奉爲先聖繡阿彌陀像贊（并序）》：

大唐永隆元年六月二十二日，右金吾將軍駙馬都尉臣韋鏃等奉爲先聖三七日，繡阿彌陀像一鋪。[10]

這是繡像。

蔡景《二大德道行記》：

將真容畫像廿鋪、舍利千餘粒、三藏梵本二部至京。[11]

這是畫軸。

敦煌寫本，伯希和目四六三八，《唐右軍衛十將使孔公浮圖功德銘》：

建浮圖一所，又莫高窟龕圖畫功德二鋪。[12]

這是壁畫。

李邕《鄭州大雲寺碑》：

創建漆象一軀，植净根也。……寺中留繡像一幀，實也。……乃降繡像一鋪，廣也。……累聖克念分，象設三鋪。[13]

可知"鋪""軀""幀"都是個體量詞，可以互用。

佛像既稱鋪，道教造像亦有稱鋪。姚二娘《造石元始天尊像頌》：

造石元始天尊像一鋪，并仙宫，妙相圖容，巧模靈像，雕鑴翠玩，瑩飾瑶芳。[14]

而佛教畫像亦非全部皆是真容像。

法藏《華嚴經傳記》卷三《智儼傳》：

造蓮華藏世界圖一鋪，蓋蒽河之左，古今未聞者也。[15]

《往生西方净土瑞應傳·善導禪師第十二》：

寫彌陀經十萬卷，畫净土變相二百鋪。[16]

敦煌寫本，伯希和目四六三八、四六四〇，竇夫子《大番故燉煌郡莫高窟陰處士修功德記》：

帳門兩面畫文殊普賢菩薩并侍從，南墻畫西方净土、法花天請問、寶恩變各一鋪，北墻藥師净土、花嚴、彌勒、維摩變各一鋪。[17]

《蓮華藏世界圖》《净土變相》及《維摩變》等都是帶有故事意味的佛畫，而不是簡單的真容畫像。推而廣之，所繪并非佛事的，亦可稱鋪。但例子不多。

敦煌寫本，伯希和目二五三九，白行簡《天地陰陽交歡大樂賦》：

> 讀素女之經，看隱測之鋪。[18]

《圖畫見聞誌》卷五：

> 唐德州刺史王倚家有筆一管，稍粗於常用。筆管兩頭各出半寸已來，中間刻從軍行一鋪，人馬毛髮，亭臺遠水，無不精絶，每一事刻《從軍行》詩兩句。

因此，《昭君變》中的"立鋪"二字，大抵就是將圖畫豎立在地上的意思。現見資料，有些變文是附有圖畫的。

敦煌寫本，斯坦因目二一四四（翟理斯新目六六九四），《韓擒虎話》（擬題），文末稱：

> 畫本既終，并無抄略。

斯坦因目二六一四（翟目六六八四），標題：

> 大目乾連冥間救母變文并圖一卷并序。

伯希和目三六二七，末題：

> 漢八年楚滅漢興王陵變一鋪。

伯希和目四五二四，全卷爲一彩圖，卷背録唱詞五段，與圖相應。[19]

吉師老《看蜀女轉昭君變》：

> 妖姬未着石榴裙，自道家連錦水濆。檀口解知千載事，清詞堪嘆九秋文。翠眉顰處楚邊月，畫卷開時塞外雲。説盡綺羅當日恨，昭君傳意向文君。[20]

"畫卷開時塞外雲"句，説明蜀女在唱講《昭君變》時，利用圖畫來提高聽衆的興趣。

又鞏珍《西洋番國志·爪哇國》條:

> 又有一等人，雜畫人物魚獸蟲豸，如中國所爲手卷狀，以二木高三尺爲畫桿，止齊一頭。其人盤膝坐地，以圖畫立地上，展出一段，則朝前用番語高聲解説此段來歷，衆人環坐而聽之，或笑或哭，如中國説平話然。[21]

所述雖爲明代海外風俗，未必不可以幫助我們瞭解唐代俗講情形。

總之，"立鋪"之"鋪"字與"鋪陳"無涉。"鋪"字本爲一個體量詞，用以量佛像佛畫，後則并用爲名詞，而一般圖畫亦稱爲"鋪"。所謂"上卷立鋪畢，此入下卷"，就是《昭君變》唱講至此已至一階段，要將豎立在地上相應的圖畫更換的意思。

附記: 本文寫畢，始知日本大谷大學水谷真成教授亦有專文考釋"鋪"字的含意，其《"一鋪"の意義について——變文演出法に關する試論》（《支那學報》第二號，昭和三十二年［1957］六月），以爲"一鋪"就是"一組掛畫"。文中頗少引用中文資料，所據主要是日本佛教史料，如圓仁《入唐求法巡禮行記》卷一:"（開成四年正月）三日，始畫南岳天台兩大師像兩鋪各三副。……（三月）五日齊後，前畫胎藏曼荼羅一鋪五副了，但未綠色耳。"圓仁《入唐新求聖教目録》:"大悲胎藏法曼荼羅一鋪（三幅，苗），金剛界大曼荼羅一鋪（五幅，苗），普賢延命像一鋪（三幅，苗），南岳思大和尚示先生骨影一鋪（三幅，綠色），金剛界大曼荼羅一鋪（七幅，綠色）……"案所謂"三副""三幅"，當指三份複本而言。"思大和尚骨影"及"普賢延命像"皆没有一斷爲三的道理。"一鋪"就是一組掛畫的説法，并不能"揆之本文而協，驗之他書而通"。

1967 年 9 月 27 日

脱稿於港大馮平山圖書館

注　釋

〔1〕1947 年 2 月 8 日，天津《大公報・圖書周刊》第 6 期；又收入《魏晉南北朝史論集》，1963 年中華書局出版。

〔2〕《文學遺産增刊》1 輯，1955 年作家出版社出版。

〔3〕1965 年中華書局出版，頁 133。

〔4〕1964 年上海人民美術出版社出版，頁 93。

〔5〕1964 年上海人民美術出版社出版，頁 45。

〔6〕《全唐文》卷九百八十九。

〔7〕《全唐文》卷九百八十七。

〔8〕陸心源:《唐文拾遺》卷二十二。

〔9〕《全唐文》卷二百六十。

〔10〕《全唐文》卷二百六十六。

〔11〕《全唐文》卷三百九十八。

〔12〕蔣斧:《沙州文錄》。

〔13〕《全唐文》卷二百六十三。

〔14〕陸心源:《唐文續拾》卷十二。

〔15〕《大正新修大藏經》卷五十一，二〇七三。

〔16〕《大正新修大藏經》卷五十一，二〇七〇。

〔17〕蔣斧:《沙州文錄》。

〔18〕葉德輝:《雙楳景闇叢書》。

〔19〕此卷今有影印本附考證。*Sàriputra et Les Six Maitres Dérreur*（Paris Imprimerie Nationale，1954）

〔20〕韋縠:《才調集》卷八。

〔21〕馬歡《瀛涯勝覽》文字略同。參看向達:《唐代俗講考》注廿四,《文史雜誌》第三卷第 9、10 期，1944 年 5 月；又收入《唐代長安與西域文明》，1957 年三聯書店出版。

原載《饒宗頤教授南遊贈別論文集》（1970）

《京本通俗小説》各篇的年代及其真僞問題

一、引論

《京本通俗小説》，最早見於繆荃孫《煙畫東堂小品》（民國九年［1920］刊），謂爲殘本，包括：《碾玉觀音》（卷十）、《菩薩蠻》（卷十一）、《西山一窟鬼》（卷十二）、《志誠張主管》（卷十三）、《拗相公》（卷十四）、《錯斬崔寧》（卷十五）、《馮玉梅團圓》（卷十六）七篇話本。繆氏跋稱："余避難滬上，索居無俚，聞親串妝盒中有舊抄本書，類乎平話。假而得之，雜庋於《天雨花》《鳳雙飛》之中，搜得四册，破爛磨滅，的是影元人寫本。首行《京本通俗小説》第幾卷，通體皆減筆小寫，閱之令人失笑。……尚有《定州三怪》一回，破碎太甚；《金主亮荒淫》兩卷，過於穢褻，未敢傳摹。"後葉德輝自《醒世恒言》抽刊第二十三卷，單行面世，題曰："《京本通俗小説》第二十一卷，《金虜海陵王荒淫》"，謂"照宋本刊"（詳後），而《定州（山）三怪》，今亦見《警世通言》，所以繆氏所説的九種話本，皆并存於世。

此短篇小説集所收各話本的年代，胡適《宋人話本八種序》[1]，以爲"他們産生的年代約在南宋末年，當十三世紀中期，或中期以後。其中也許有稍早的，但至早不得在宋高宗崩年（1187）之前，最晚的也許遠在蒙古滅金（1234）以後。"自此以後，數十年間，各種小説研究的專書或論文，如譚正璧《中國小説發達史》[2]、陳汝衡《説書史話》[3]、葛賢寧《中國小説史》[4]、方欣庵《白話小説起源考》[5]、皮述民《宋代小説考證》[6]，不勝枚舉，大率沿襲這種看法。唯鄭振鐸《明清二代的平話集》[7]考證《金主亮荒淫》，以爲應是明嘉隆以後的作品，至於其他各篇，則仍以爲全是宋人作品。

《京本通俗小説》，繆氏謂“影元人寫本”，葉氏謂“宋本”，孫楷第《中國通俗小説書目》[8]按版本排次，列入宋元部、小説總集類。但上引鄭振鐸專文則根據平話叢刊的進化過程，以爲當出現於嘉靖間洪楩刻刊話本之後，而在馮夢龍的《三言》以前。鄭氏以爲《京本通俗小説》不是宋元書刊，是正確的，但是把刻刊年代定在明隆萬間，則還有討論的必要。此外，嚴敦易、葉德均亦以爲是明人所編輯[9]，都是較進步的見解。

《京本通俗小説》的整理，先應重訂各篇創作年代，以便確定此書是否有不同年代的作品，次及全書編集的問題，藉以論述此書的真正價值。二者各有意義，不可混而爲一。本文即按此步驟，略陳管見於後。（《煙畫東堂小品》本《京本通俗小説》，尚未得讀，現據民國二十六年［1937］商務印書館黎烈文標點排印本，黎氏例言謂：“本書以江東老蟫據影元人寫本影印之《京本通俗小説》爲原本。本書原本間有錯字及省筆字，今版一概不改，以全原書真面。”信較可靠。）

二、各篇的創作年代

（一）碾玉觀音

《京本通俗小説》卷十，文分上下兩部。明馮夢龍編著《警世通言》[10]卷八作《崔待詔生死冤家》，題目下注：“宋人小説，題作《碾玉觀音》”。明晁瑮《寶文堂書目》卷中《子雜》類有《玉觀音》一目，尚未能斷定是否爲同篇。孫楷第《小説旁證》[11]謂其本事源出宋元間無名氏《異聞總錄》卷一所記郭銀匠事，但該條除“潭州”一名偶合外，并無顯著相類的地方，孫氏所説，不無牽强之嫌。篇首“紹興年間”句，没有加上“故宋”“宋朝”字樣，文中又稱臨安府爲行在，很顯明是南宋人的語氣。况且稱韓世忠爲“三鎮節度使咸安郡王”、劉錡爲“劉兩府”、楊沂中爲“陽和王”，説話的主要對象衹是市井大衆，假如時間漸久，這些名稱便不是一般聽衆所能容易理解，因此這話本的創作年代，當距高宗時不會很遠。馮夢龍的附注，顯是事實。

（二）菩薩蠻

《京本通俗小説》卷十一。《警世通言》卷七作《陳可常端陽僊化》。本事源流待考。篇末陳可常的辭世頌：“生時重午，爲僧重午，得罪重午，死時重午。爲前生欠他債負，若不當時承認，又恐他人受苦。今日事已分明，不若抽身回去。五月五日午時書，赤口白舌盡消除。五月五日天中節，赤口白舌盡消滅。”末二句見宋吳自牧《夢粱錄》卷三《五月》條：“五日重午節……士宦等家以生硃於午時書‘五月五日天中節，赤口白舌盡消滅’之句。”吳自牧爲宋季人，可知此話本在宋亡前已膾炙人口。此外，篇中稱吳益爲吳七郡王[12]，其例和《碾玉觀音》一樣，顯是時人語氣，可知這篇是宋人作品。

前人論述這篇年代，每引篇中“話説大宋高宗紹興年間”一句，作爲宋人作品的證據[13]。這種論證實在很有問題。《古今小説》卷二十六《沈小官一鳥害七命》，篇首便是“話説大宋

徽宗朝宣和三年"，可是那篇却是明人作品[14]，而《古今小説》
卷五《窮馬周遭際賣䭔媼》謂："話説大唐貞觀改元"，卷八《吳
保安棄家贖友》謂："話説大唐開元年間"；《警世通言》卷十《錢
舍人題詩燕子樓》謂："話説大唐自政治大聖大孝皇帝謚法太宗
開基後"，卷三十《金明池吳清逢愛愛》謂："話説大唐德宗皇帝
貞元年間"，難道這些都是唐人作品？

（三）西山一窟鬼

　　《京本通俗小説》卷十二。《警世通言》卷十四作《一窟鬼癩
道人除怪》，下注："宋人小説，舊名《西山一窟鬼》。"本事和南
宋沈某[15]《鬼董》卷四《樊生》條，很是相近，二者是否有因
襲關係，暫難下斷語[16]。篇中稱臨安府爲行在，而篇首"却説
紹興十年間"句，并不加上"故宋""宋朝""大宋"字樣，顯是
宋人語氣。又"一窟鬼"一名，亦見宋吳自牧《夢粱録》卷十六
《茶肆》條："中瓦內王媽媽家茶肆，名一窟鬼茶坊。"想是當時
習用名稱。

　　馮夢龍編著《警世通言》時，注明這篇是"宋人小説"。現
在看來，并沒有錯誤。

（四）志誠張主管

　　《京本通俗小説》卷十三。《警世通言》卷十六作《小夫人
金錢贈年少》[17]。本事來源待檢。譚正璧懷疑這篇小説與晁瑮
《寶文堂書目》的《小金錢記》、錢曾《也是園書目》卷十《戲
曲部·宋人詞話》類的《小金錢》，同是一物，此説甚嫌牽強附
會，恐怕和事實有很大距離[18]。篇中"如今説東京汴州開封府

界”，“話説東京汴州開封府界”等句，“東京”之前不加上“故宋”“宋朝”“北宋”“大宋”等詞，明是時人語氣。

（五）拗相公

《京本通俗小説》卷十四。《警世通言》卷四作《拗相公飮恨半山堂》。本事大抵據宋劉延世《孫公談圃》（卷上、卷中）、方勺《泊宅編》（卷上、卷中）、邵伯溫《邵氏聞見録》（卷九、十一、十二、十九）、岳珂《桯史》（卷九《金陵無名詩》條）、朱熹《三朝名臣言行録》（卷六）等書所記王安石事蹟，及宋王闢之《澠水燕談録》（卷九《雜録》）、邵博《邵氏聞見後録》（卷廿三），所述盧多遜被謫嶺南事，附益而成[19]。篇中有“終宋世不得太平”一語，可知不可能是宋人作品[20]。入話詩“臨潼會上膽氣消，丹陽縣裏簫聲絶”二句，亦提供若干綫索。伍員吳市乞食事，早見《史記》（卷六十六《伍子胥列傳》、卷七十九《范睢蔡澤列傳》）、《越絶書》（卷一《越絶荊平王内傳》），及《吳越春秋》（卷一《王僚使公子光傳》）。但伍員臨潼會大顯威風的故事，既不載於史籍，即現存法國巴黎國家圖書館及英國倫敦不列顛博物館的唐《伍子胥變文》[21]亦無此情節，此事晚至元代纔開始在戲劇中出現[22]，所以這篇當是元人作品。此外，篇中“如今説先朝一個宰相……這朝代不近不遠，是北宋神宗皇帝年間”等語，也可證明是元人之作。

今人多據篇中“我宋以來，宰相解位，都要帶個外任的職銜”，“後人論我宋元氣，都爲熙寧變法所壞，所以有靖康之禍”二句，作爲這是宋人作品的佐證。查這段話，《警世通言》作“故宋時，凡宰相解位……”，“後人論宋朝元氣……”，“我宋”字樣，當爲《京本通俗小説》編者的改動。

（六）錯斬崔寧

《京本通俗小説》卷十五。《醒世恒言》[23]卷三十三作《十五貫戲言成巧禍》，下注：“宋本作《錯斬崔寧》”[24]。晁瑮《寶文堂書目》、錢曾《述古堂書目》《也是園書目》，俱有《錯斬崔寧》一目。

篇首“先引下一個故事，權做個得勝頭廻”，在正傳未開始之前，先加上一個情節類似的小故事來做“入話”，全篇又以純講述式的口語寫成，完全是宋人説話的形式。而且正傳有“若是説話的，同年生，并肩長，攔腰抱住，把臂拖囬，也不見得受這般災晦”等句，也是以“説話的”自稱。馮夢龍編著《恒言》時，亦已注明爲“宋本”，通觀各篇，馮夢龍所加有關原著的附注，都是可靠的。故此，把這篇定爲宋代説話人的脚本，并不是沒有理由的。

此外，篇中的強盜“静山大王”，在另一宋人話本《簡帖和尚》[25]中亦有同樣名稱，也以強盜身份出現。大概這是宋人對強盜的慣用名稱，雖然無關宏旨，也可以作爲此篇是宋人話本的旁證。

前人論述這篇的年代，多引據篇中“我朝元豐年間”等語，作爲這是宋人話本的證據。這句話，《恒言》作“却説故宋朝中”，馮夢龍可把它改成“宋朝元豐年間”，并不需要删去年號。關於這兩句的分別，愚見以爲原文大抵作“却説我宋朝中”字樣，如果不是馮氏根據的本子，早已有了改動，便是馮氏以自己是明人，所以易爲“故宋”。但是到了《京本通俗小説》的編者，則又“作僞”性地還原爲“我朝元豐年間”。因此，這句話是不能用來考訂年代的。

（七）馮玉梅團圓

《京本通俗小説》卷十六。《警世通言》卷十二作《范鰍兒雙鏡重圓》。這篇小説，前有很長而獨立的"入話"，題曰：《交互姻緣》，本事源自宋洪邁《夷堅志補》卷十一《徐信妻》條。正傳部分，題曰：《雙鏡重圓》，源出宋王明清《摭青雜説・守節》條，及唐孟棨《本事詩・情感第一》的徐德言破鏡重圓事。而這三事又分別見於馮夢龍編著的《情史》卷二《情緣》類《徐信》條、卷一《情貞》類《范希周》條，及卷四《情俠》類《楊素》條，文字和《夷堅志補》各書大體無異。但《摭青雜説》《情史》《警世通言》《京本通俗小説》所記范希周故事的人名，諸書頗有顯著出入。《摭青雜説》《情史》中的呂氏，《警世通言》作呂順哥，分別還不算大，《京本通俗小説》則作馮玉梅；呂氏的父親，《摭青雜説》《情史》《警世通言》俱作呂忠翊，《京本通俗小説》則作馮忠翊。《摭青雜説》謂"廣州有一兵官郝大夫嘗與余説其事"，述事或果有所本。《情史》《警世通言》都是根源這書，《京本通俗小説》的改動，顯然很有問題。大概《京本通俗小説》的編者知悉前人有《馮玉梅團圓》一話本，但在當時已不可得，便故意將《雙鏡重圓》中重要角色的名字更改，企圖托古，不然，絶没有變更人名的必要。

《寶文堂書目》的《馮玉梅記》、《述古堂書目》的《馮玉梅團圓記》、《也是園書目》的《馮玉梅團圓》，并没有證據可以説與《警世通言》的《范鰍兒雙鏡重圓》有什麼關係。假如《警世通言》卷廿二《宋小官團圓破氈笠》的劉宜春被改爲馮玉梅，其他有關角色亦依次改易，説此篇是《馮玉梅團圓》，也無不可！況且文中正傳部分的名稱是《雙鏡重圓》，也没有"團圓"

字樣。

篇首"簾捲水西樓"一詞，據明田汝成《西湖遊覽志餘》卷二十五《委巷叢談》，乃明人瞿佑所作，因此這篇不可能是宋或元人的作品，實在無需費詞考釋。至於篇中"此歌出自我宋建炎年間""話説高宗建炎四年""我宋""高宗"字樣，《警世通言》皆作"南宋"，明人作品斷無稱"我宋"之理，顯然是《京本通俗小説》編者故意改動，以便偽托爲宋人小説。

（八）定州三怪

繆跋謂："尚有《定州三怪》一回，破碎太甚。"所以并未刊傳，亦未説明卷次，幸而這篇小説尚有傳本，見於《警世通言》第十九卷，題曰：《崔衙內白鷂招妖》，下注："古本作《定山三怪》，又云《新羅白鷂》。"這篇小説的源流，有待查考。篇中有"若是説話的當時同年生，并肩長，勸住崔衙內，祇好休去"等語，和《錯斬崔寧》中"若是説話的同年生，并肩長，攔腰抱住，把臂拖囘，也不見得受這般災晦"。措辭運語，極相似，顯是當時説話人的慣用語。《錯斬崔寧》的年代上文已有考釋，這篇也是宋人作品，大概不會有問題。

（九）金主亮荒淫

繆跋謂："《金主亮荒淫》兩卷，過於穢褻，未敢傳摹。"所以《京本通俗小説》并没有收入，也没有注明卷次。事實上，這和上述各篇一樣，亦存於世，即《醒世恒言》卷二十三《金海陵縱欲亡身》。繆氏雖没刊行這篇故事，後來却出現葉德輝的家刻單刊本，題曰"《京本通俗小説》第二十一卷，《金虜海陵王荒淫》",内封面上有 "己未孟冬照宋本刊" 字樣,并附跋文,以後還有不同的翻刻若干種[26]。葉氏《郋園讀書志》卷六亦收 "影宋《京本通俗小説·金虜海陵王荒淫》一卷" 跋文,較前跋增出數語:"此影宋本通俗小説,小字本,每葉二十四行,每行十八字,版長工部尺四寸,寬半版三寸弱,卷首標題佔小行三行,云《京本通俗小説》第廿一卷,低一格云《金虜海陵王荒淫》三行,四行低二格,七言絶句引起一首。"

　　表面看來,好像就是葉氏替繆荃孫把這篇刊行面世,實則疑點甚多,不一而足。葉氏祇是從《恒言》中抽出此篇,故意把原文開端一段改易爲 "我朝端平皇帝破滅金國,直取三京,軍士回杭,帶得虜中書籍不少,一本專説金主海陵庶人貪淫無道,年號初次天德三年……",以符合宋人語氣,企圖冒認爲《京本通俗小説》的一部分。這事長澤規矩也及鄭振鐸已先後有明確的辨證,葉氏的偽托可以不必贅言申説。

　　此篇小説的最大特點,就是篇中牽涉的史事,大率録自元脱脱《金史·海陵本紀》及《后妃列傳》,所以文中明言:"後人將史書所載廢帝海陵之事,敷演出一段話文,以爲將來之戒。" 而《金史》中的海陵記載,主要根據金世宗時編修的《海陵實録》[27],葉氏却以爲 "當時修史諸臣,或據此等紀載(此篇小説)採入",可謂本末倒置,不無粗疏的嫌疑。因此,這篇小説最早的年代,絶不可能在《金史》修刊之前。

　　其次,此篇行文體制極不統一,轉抄史書的部分,并不改易,便以文言過録下來。其他部分則以語體文寫成,而且夾雜大量俚語。這樣一篇文言白話相雜運用的小説,要説是勾欄藝人説話時的脚本,是極不可能的。前人把它看作宋人話本,基本上已很成問題。

　　推定這篇小説的年代,文中不無綫索。"那一腔怒氣直走到爪哇國去了"　"西洋國出的走盤珠，緬甸國出的緬鈴"　數句，正是理想的考證對象。

爪哇 Java 一名首見元汪大淵《島夷志略》。其地《後漢書》作葉調，晉法顯《佛國記》作耶婆提，皆梵文 Yavadvipa 的對音。《宋書》作闍婆婆達（後二字疑衍）。《舊唐書》作訶陵，即梵文 Kalinga 的省稱[28]。《新唐書》并舉訶陵、杜婆 Java、闍婆 Java 三名。宋趙彥衛《雲麓漫抄》、周去非《嶺外代答》、趙汝适《諸蕃志》及《宋史》等書皆作闍婆。元時始改今名，漸成定稱，故明時馬歡《瀛涯勝覽》、費信《星槎勝覽》、鞏珍《西洋番國志》、張燮《東西洋考》、黃省曾《西洋朝貢典錄》等書一律作爪哇。（《明史》分爪哇、闍婆爲二傳，誤甚。）

緬甸 Burma 爲後起名稱。其地漢時爲夫甘都盧國（？），後漢時爲撣國 Shan。唐以前爲朱波國（疑爲占婆 Champa 的異譯）。唐時爲驃國 Pyu。九世紀初，徙都蒲甘 Pugan，Pukan，故宋代載籍，如《諸蕃志》《嶺外代答》，以及《宋史》，皆以蒲甘名其地。元時始稱緬國 Mien。

僅根據這兩個地名，這篇已絕不可能是宋人作品，再加上"西洋國"一名，年代便十分明確。

西洋國即西洋瑣里 Cola，Chola 的省稱。地在今南印度 Coromandel（13°N.，80°20′E.）沿岸。其地《大唐西域記》作珠利邪 Coliya，即阿拉伯語 Cūlūyān 的對音。《諸蕃志》《嶺外代答》《宋史》等書作注輦 Chulliya。《島夷志略》《元史》作馬八兒 Mabar。至明時始改稱西洋瑣里及瑣里[29]。

西洋國一名既始自明代，這問題的答案已很明朗。篇中連舉若干南海地名，這種通俗小說的主要讀者，祇是普通市井百姓，知識水準有限，域外事物的認識更是貧乏。在他們日常遣興的讀物裏，要是放進此等地名，而又在他們一般理解範圍之內，這種情形，祇可能在中國南海交通極爲發達，有關故事又盛傳民間的時候，纔可以産生相配合的時代背景。明代南海交通的發達，非宋元所能比擬，明中葉以後，南海交通的故事（如鄭和下西洋的戲劇與小説）更是深入民間。如果在宋人話本裏，偶然加上闍婆、蒲甘、注輦一類地名，恐非一般大衆所能接受。在元人通俗小説中出現類似地名，也是極不可能的事。唯有遲至鄭和下西洋一類故事漸次以通俗讀物的形式面世，轉而家傳户曉，在《金海陵》這種通俗短篇小説中出現此等域外地名，纔是可以理解的事。又鄭振鐸所説：“像那末極形盡態的穢褻的描狀，又似乎非明嘉隆以後的作者不辦。”雖爲泛論，亦不失爲推定年代的方法。總之，這篇小説既有這數種特徵，如果要説是明代中葉以前的作品，便很難自圓其説。近人列這篇爲宋人作品，甚至對葉刊本毫無懷疑，説是《京本通俗小説》的第二十一卷[30]，殊屬草率。

三、編集年代問題

《京本通俗小説》既如上述，包括幾篇明人作品，因此“元人寫本”“宋本”云云，自然不能立説。

鄭振鐸根據平話叢刊的進化程序，以爲嘉靖間刊刻的《清平山堂話本》，萬曆間熊龍峰刊行的短篇小説，都是單篇行世，并無編制，内容亦甚雜，而且包括若干文言傳奇文，可是“《京本通俗小説》則不然，彼已很整齊劃一的分了卷數，且所收的話本，性質也極純粹，似無可懷疑其爲出於嘉靖以後之刊物”[31]。所言甚有見地。不過鄭氏把《京本通俗小説》的刊行，列在馮夢龍《三言》之前，還需商榷。

如以《京本通俗小説》和《警世通言》《醒世恒言》互爲比勘，

很容易發現巧合的地方，實在多至難以入信：

（一）《清平山堂話本》現殘存話本二十九種，見於《古今小説》《警世通言》二書的，僅十種；熊龍峰刊短篇小説今存四種，見於《古今小説》的，僅一種，而《清平山堂話本》和熊刊話本比較起來，相同的亦僅一種[32]，重見的比率都很低。可是《京本通俗小説》所録的九種小説，却俱見於《警世通言》和《醒世恒言》二書。

（二）《古今小説》《警世通言》和《清平山堂話本》、熊刊短篇小説各書，相同的幾篇，文字也有很大差異，這是本事演化過程所不能避免的。但是《京本通俗小説》和《警世通言》《醒世恒言》二書比較，重見各篇，文字差别則極少。

（三）《警世通言》《醒世恒言》二書中，馮夢龍於篇目下，注明"宋人小説""宋本""古本"字樣的，全部重見於《京本通俗小説》，而且除《定州三怪》一篇外，題目亦完全相同。

這樣巧合太多，便不可僅用"巧合"二字作爲解釋。因此，編集年代的問題，大有重爲考訂的必要。

上文考釋《拗相公》《馮玉梅團圓》時，曾謂《京本通俗小説》編者故意更動《警世通言》篇中的文字，以求托古。除此二篇外，《碾玉觀音》《菩薩蠻》中，亦有《京本通俗小説》源出《警世通言》的證據。

《碾玉觀音》"入話"部分，有詩詞十一首，其中《蝶戀花》詞一首，《京本通俗小説》以爲蘇小妹所作，《警世通言》則謂蘇小小。查該詞見宋何遠《春渚紀聞》卷七《詩詞事略》、王宇《司馬才仲傳》[33]、及明陳耀文《花草粹編》卷七、田汝成《西湖遊覽志餘》卷十六《香奩艷語》、馮夢龍《情史》卷九《情幻》

類《司馬才仲》條。除《花草粹編》外，四書皆附本事，略謂宋朝司馬槱（才仲）夢會蘇小小，蘇歌該詞的前半闋；後司馬才仲與秦覯談及此事，秦覯即續作後半闋。《花草粹編》則以爲該詞爲司馬槱一人所作[34]。考司馬才仲夢遇蘇小小事，宋人已編爲話本，名《錢塘佳夢》，見宋羅曄《新編醉翁談錄》甲集卷一《舌耕敘引》《小說開闢》條所舉煙粉類書目[35]。《碾玉觀音》既爲宋人作品，斷無誤以蘇小妹爲該詞作者的理由，可知原文必作蘇小小，而《京本通俗小說》編者因不知司馬才仲夢會蘇小小故事，以爲蘇小小不是宋人，未便與“入話”中各詩詞的作者，如王荆公、蘇東坡、秦少遊、邵堯夫等并列；又見《醒世恒言》卷十一有《蘇小妹三難新郎》一話本，遂逕改蘇小小爲蘇小妹，毫不理會詞中“妾本錢塘江上住”一語，和傳說中的蘇小妹爲西蜀眉山人，并不協和。

　　又《碾玉觀音》一篇，《京本通俗小說》分爲上下兩部，很是特別，現存各話本皆不見有同樣體制。是篇《警世通言》原僅作一卷，但文中有“這漢子畢竟是何人？且聽下回分解”等語，體例和《張生彩鸞燈傳》文中“未知久後成得夫婦也不？且聽下回分解”，極爲相同。《張生彩鸞燈傳》到此方從“入話”轉入“正傳”，并無分上下兩部的理由與可能。這種過渡語夾在一篇較長的話本裏，祇是方便勾欄藝人說話時容易分次講述。《京本通俗小說》的編者不明這種話本體制，所以刪去“這漢子畢竟是何人？且聽下回分解”二句，并在這裏強將話本分爲上下兩部。這兩點已足證明《京本通俗小說》的《碾玉觀音》是轉抄《警世通言》卷八《崔待詔生死冤家》的。

　　此外，《菩薩蠻》篇中三次提及吳七郡王的“兩個夫人”，《警世通言》俱作“兩國夫人”。考宋朝制度，婦人封號，其丈夫位“自執政以上，封夫人；尚書以上，封淑人……直郎以上，封孺人。然夫人有國郡之異"[36]。"又有封兩國夫人之制……表其尊崇。"[37]
吳七郡王爲高宗妻舅，妻子本身又是秦檜的長孫女，自然有被封
爲"兩國夫人"的資格。可見《警世通言》的稱謂是對的，而《京
本通俗小説》的編者，因不明宋朝制度，遂逕改爲"兩個夫人"，
此足證《京本通俗小説》後於《警世通言》，否則馮夢龍斷無在這
通俗小説裏，改易此人人皆懂的"兩個夫人"爲意義難明的"兩
國夫人"，而且這樣的還原，亦未必是馮夢龍所能辦得到的。

綜合以上各點，《京本通俗小説》毫無疑問是從《警世通言》
和《醒世恒言》抽選出來的，編集年代自然也後於《三言》。至
於編輯的動機，更是明顯，祇是企圖僞托一本足以吸引大家注
意力的所謂宋人話本集，所以盡將原文"故宋"一類字句，改
爲"我宋"等語，以符合宋人語氣。幸而各篇小説中不無可供
考究年代的綫索，加上善本《警世通言》《醒世恒言》的比勘，
僞托的真目便無復蔽飾。

四、結論

根據以上的考釋，《京本通俗小説》祇是一部僞書，所收的
話本全是從馮夢龍編著的《警世通言》和《醒世恒言》抽選出來，
略略改動某些辭句，企圖使讀者以爲是一部前所未聞的早期宋
人話本集，而葉德輝的單刊本更是僞本之僞。這雙重的作僞完
全支配近數十年來宋代通俗小説的探討，研究者以爲《京本通
俗小説》在版本上較《三言》更接近原來面目[38]，這種觀念實
有修正的必要。《京本通俗小説》既源自《警世通言》和《醒世
恒言》，且加上作僞性的改動，就是在文字比勘上，是否有若干
價值，亦甚有問題。此書雖爲僞本，但所錄的各篇，除《拗相公》
是元人話本，《馮玉梅團圓》和《金主亮荒淫》二種是明人作品，

其餘都是宋人舊遺，這是需要特爲説明的。

附　論

《京本通俗小説》各篇的年代及其僞托情形，上文已分別考釋，研究的結果大概不會和事實有很大距離。可是以目下文獻不足，僞托此書的編者，却極不容易查考。以下祇是探討此問題的初步推究，未敢以爲定見，將來尤需廣引證據，再爲考論。現僅略陳管見，另爲附論，以與正文有所區別。

僞托古本的動機，如非求利即爲求名。《京本通俗小説》的編集動機，若是求利，編者自然是書肆商賈，而對象祇是一般讀者。但閲讀小説祇在娛樂遣興，讀者斷不會考究書中話本是否宋人作品。如要説書賈細心將書中“故宋”等詞故意改爲“我宋”“高宗”等，“呂忠翊”“呂順哥”改爲“馮忠翊”“馮玉梅”，根本就没有這樣的必要與可能。

《京本通俗小説》的編集動機，既非謀利，便是求名，因此編者極有可能是一位對通俗小説有認識的藏書家。僞托古籍，推敲改易，斷非易事，所以僞托者决不會秘不示人，白費心思。《京本通俗小説》是最先由繆荃孫公之於世的，編者也很可能就是繆氏。

繆跋謂所藏《京本通俗小説》四册，“三册尚有錢遵王圖書，蓋即也是園中物。《錯斬崔寧》《馮玉梅團圓》二回，見於書目……與《也是園》有合有不合，亦不知其故。”可是錢曾《也是園書目》《述古堂書目》和《讀書敏求記》三書，都没有著録《京本通俗小説》一目。錢氏書目所録宋人詞話十二種，顯然都是單刊本，而《京本通俗小説》是編次井然的話本集，這點已經絶不相類。又《京本通俗小説》的九篇話本，錢氏著録的祇有兩種，更包括疑點重重的《馮玉梅團圓》。因此繆氏所舉的證據“三冊尚有錢遵王圖書”，未免顯得薄弱無力[39]。其次，繆氏據以刊刻的所謂殘本《京本通俗小說》，以後未有所聞，全無紀錄，也是一個值得思索的疑問。

　　依理推測，繆荃孫曾得《警世通言》和《醒世恒言》，此二書在清季民初是極不易見的。因宋代通俗小說“傳本寥寥”，“前祇士禮居重刻《宣和遺書》，近則曹君直重刻《五代史平話》，爲天壤不易見之書”。又以爲《警世通言》和《醒世恒言》二書爲明代集刊，價值自然不及宋元舊籍，因此一時興致，遂從二書選出若干篇馮夢龍注明是宋人作品，或極類宋人話本的，略改字句，編集爲《京本通俗小說》一書，更故意引述錢遵王以自重。可是他選用的各篇，見於錢氏書目的僅一種，雖自稱“三冊尚有錢遵王圖書”，亦恐未足服人，祇得將《范鰍兒雙鏡重圓》中的呂順哥、呂忠翊二名改爲馮玉梅、馮忠翊，題目亦強易爲《馮玉梅團圓》，以便附合《也是園書目》。復以《碾玉觀音》的蘇小小不是宋人，遂改爲蘇小妹，以配合“所引詩詞，皆出宋人，雅韻欲流”。可是改動太多，破漏隨之，正留給後人探究真目的綫索，則未必是編者所能預料的。

本文與馬幼垣合撰

注　釋

〔1〕原見亞東圖書館刊《宋人話本八種》，後復收入《胡適文存》三集卷六。

〔2〕民國二十四年（1935）上海光明書局刊。

〔3〕1958年作家出版社刊，即前著《説書小史》民國廿五年（1936）刊本的重寫本。

〔4〕1956年“中華文化出版事業委員會”刊。

〔5〕《國立中山大學語言歷史學研究所周刊》5集52期，民國廿八年（1939）10月刊。

〔6〕《臺灣省立師範大學國文研究所集刊》第5號，1961年6月刊。

〔7〕《小說月報》22卷7、8兩期，民國二十年（1931）7、8月刊；後收入氏著《中國文學論集》及《中國文學研究》二書。

〔8〕民國廿二年（1933）中國大辭典編纂處國立北平圖書館刊；1957年作家出版社修訂重刊。

〔9〕嚴敦易：《古今小說四十篇的撰述時代》，見1955年文學古籍刊行社刊《古今小說》附冊。葉德均：《宋元明講唱文學》（1959年中華書局刊）。

〔10〕現據民國四十七年（1948）世界書局刊李田意先生影印日本名古屋蓬左文庫所藏明金陵兼善堂本，即前人所謂尾州本。

〔11〕《國立北平圖書館館刊》9卷1號，民國廿四年（1935）1、2月刊。

〔12〕高宗吳皇后有弟二人，吳益封大寧郡王、吳蓋封新興郡王。宋陳栖《負暄野錄》卷上《蔣宣卿書》條，稱吳蓋為吳八郡王，可知吳七郡王當是吳益。至於話本中稱吳七郡王為高宗母舅，"母舅"顯為"妻舅"之誤，因為高宗的母后姓韋而非姓吳。

〔13〕如上引胡適《宋人話本八種序》、鄭振鐸《明清二代的平話集》、方欣庵《白話小說起源考》、皮述民《宋代小說考證》，及徐士年《宋元短篇白話小說的思想和藝術》（見氏著《古典小說論集》，1956年古典文學出版社刊）。

〔14〕篇中提及"都察院"，這是明代纔有的組織。此外"沈小官"事，據明郎瑛《七修類藁》卷四十五，發生在明英宗天順年間。

〔15〕明錢孚所藏殘本跋文以為"沈某"是孝光時人。可是書中卷四"嘉定戊寅（寧宗嘉定十一年）春余在都……"，卷二"嘉定癸未（十六年）秋余在都……"，卷三"紹定己丑（理宗紹定二年）三月二十八日……"等句，可知作者在寧、理時尚在世。

〔16〕這篇小説述"紹興十年間"事，而《鬼董》則謂"此度是紹興末年事，余近聞之"。

〔17〕兼善堂本書首目次，別作《張主管志誠脱奇禍》。

〔18〕譚正璧《寶文堂書目所録宋元明人話本考》及《三言兩拍本事源流述考》二文（見氏著《話本與古劇》，1956 年古典文學出版社刊）。

〔19〕清王士禎《香祖筆記》卷十："又如《警世通言》有《拗相公》一篇，述王安石罷相歸金陵事，極快人意，乃因盧多遜謫嶺南事而稍附益之耳。"

〔20〕篇中記邵雍在天津橋聞杜鵑聲，而説出"終宋世不得太平"一語。查邵雍聞杜鵑聲一事，始見雍子伯温《邵氏聞見録》卷十九，但文中并無此語。

〔21〕伯希和（Paul Pelliot）目録二七九四、三二一三，及斯坦因（Aurel Stein）目録三二八、六三三一。

〔22〕見元鄭廷玉《楚昭王（公）疏者下船》雜劇（《元刻古今雜劇三十種》本與明脉望館抄校内府本，内容字句有異同），及李壽卿《説鱄諸伍員吹簫》雜劇。

〔23〕現據 1959 年世界書局刊李田意先生影印日本東京内閣文庫所藏明天啓葉敬池刊本。

〔24〕孫楷第《中國通俗小説書目》卷一宋元部《錯斬崔寧》條，注稱："一名《小劉伶》。"《小劉伶》一名，未知何據？

〔25〕這篇小説見《清平山堂話本》，題目爲《簡貼和尚》，下注："亦名《胡姑姑》，又名《錯下書》。"頁縫皆作《簡帖和尚》，可知題目有誤字。此篇亦即《古今小説》卷三十五《簡帖僧巧騙皇甫妻》。《簡帖和尚》爲宋人話本，證據甚多，將於另文考證《清平山堂話本》時，試爲分析，於此不贅。

〔26〕見長澤規矩也：《京本通俗小説與清平山堂話本》，原刊《東洋學報》17 卷 2 期，馬廉譯文見北平孔德同學會編輯之《AC 月刊》1 至 3 期，

民國十八年（1929）四月至六月刊；東生譯文見《小説月報》20卷6期，民國十八年（1929）六月刊。又亞東圖書館刊《宋人話本七種》亦收東生譯文爲附録。

〔27〕說見陶晉生：《金海陵帝的伐宋與采石戰役的考實》，1963年臺灣大學文學院刊。

〔28〕Kalinga并爲印度古國名。僧伽婆羅（Sanghabhadra）譯《佛説孔雀王咒經》作迦陵伽，義净譯《佛母大孔雀王咒經》、不空（Amoghavajra）譯《佛母大孔雀明王經》并作羯陵伽，《大唐西域記》作羯餕伽。

〔29〕尤侗《外國傳》分西洋瑣里、瑣里爲二國，《明史·外國傳》沿其誤，實應爲一地，見伯希和《鄭和下西洋考》一文（T'oung Pao《通報》1933年刊，馮承鈞漢譯本，民國廿四年〔1935〕商務印書館刊），及馮承鈞《中國南洋交通史》，民國廿六年（1937）商務印書館刊。

〔30〕如上引葛賢寧《中國小説史》、陳汝衡《説書史話》，及劉大杰《中國文學發展史》，1957年古典文學出版社刊。陸澹安《小説詞語滙釋》，1964年中華書局刊。

〔31〕見上引鄭振鐸《明清二代的平話集》一文。

〔32〕《清平山堂話本》中的《戒指兒記》《羊角哀死戰荆軻》《死生交范張雞黍》《陳巡檢梅嶺失妻記》《五戒禪師私紅蓮記》《李元吳江救朱蛇》《簡帖和尚》七篇，大抵即《古今小説》卷四《閙雲庵阮三償冤债》、卷七《羊角哀捨命全交》、卷十六《范巨卿雞黍死生交》、卷二十《陳從善梅嶺失渾家》、卷三十《明悟禪師趄五戒》、卷三十四《李公子救蛇獲稱心》、卷三十五《簡帖僧巧騙皇甫妻》。又《清平山堂話本》的《風月瑞仙亭》《錯認屍》和《刎頸鴛鴦會》三篇，大抵即《警世通言》卷六《俞仲舉題詩遇上皇》的"入話"、卷三十三《喬彦傑一妾破家》及卷三十八《蔣淑貞刎頸鴛鴦會》。熊龍峰刊《張生彩鸞燈傳》，大抵即《古今小説》卷二十三《張舜美元宵得麗女》。

而《清平山堂話本》的《風月相思》，大抵即熊刊小説《馮伯玉風月相思》。

〔33〕見明秦淮寓客輯《綠窗女史·冥感》部《夢寐》。

〔34〕譚正璧謂宋李獻民《雲齋廣録》亦載司馬才仲夢遇蘇小小事。《雲齋廣録》雖收於《説郛》及《龍威秘書》，但僅轉録數條，皆無此事，而此書十卷本，尚未見，未知內容如何，有待將來再爲補充。

〔35〕明弘治十一年金台岳家刻《奇妙全相注釋西廂記》、萬曆喬山堂劉龍田刻《重刻元本題評音釋西廂記》，及崇禎十三年西陵天章閣刻《李卓吾先生批點西廂記真本》，皆附《錢塘夢》話本，亦述此事。

〔36〕見《楓窗小牘》卷上。

〔37〕見《雲麓漫抄》卷三。

〔38〕傅惜華選注《宋人話本選》、胡士瑩選注《古代白話短篇小説》、吳曉鈴等選注《話本選》、中華書局編《話本選注》等選本，收録的話本，如并見《警世通言》《醒世恒言》和《京本通俗小説》的，都選用《京本通俗小説》，而不用前二書。

〔39〕《煙畫東堂小品》刻本，未見，據胡適《宋人話本八種序》，刻本僅《菩薩蠻》一種，卷首有"虞山錢曾遵王藏書"印。

原載《清華學報》（臺北）新 5 卷第 1 期（1965）

從李若水的《捕盜偶成》詩
論歷史上的宋江

　　根據《宋史》，歷史上的宋江是投降了的。《宋史》三次提及宋江。卷二十二《徽宗紀》："（宣和三年二月），淮南盜宋江等犯淮陽軍，遣將討捕。又犯京東、江北，入楚、海州界，命知州張叔夜招降之。"卷三百五十一《侯蒙傳》："宋江寇京東，蒙上書言：'江以三十六人橫行齊、魏，官軍數萬無敢抗者，其才必過人。今青溪盜起，不若赦江，使討方臘以自贖。'帝曰：'蒙居外不忘君，忠臣也。'命知東平府，未赴而卒。"卷三百五十三《張叔夜傳》："以徽猷閣待制再知海州。宋江起河朔，轉略十郡，官軍莫敢嬰其鋒。聲言將至。叔夜使間者覘所向。賊徑趨海瀕，劫巨舟十餘，載擄獲。於是募死士得千人，設伏近城，而出輕兵距海，誘之戰。先匿壯卒海旁，伺兵合，舉火焚其舟。賊聞之，皆無鬥志。伏兵乘之，擒其副賊。江乃降。"宋江投降後，曾否如侯蒙的建議，"討方臘以自贖"，《宋史》無明文。

　　以往對歷史上的宋江的考證，一般皆環繞宋江曾否征方臘這一問題，而并未對宋江投降一事置疑。肯定宋江投降後征方臘的，包括余嘉錫、牟潤孫、鄭偓等[1]。張政烺則認爲宋江"曾一度詐降張叔夜，但是沒參加征方臘，後來又反正了"[2]。嚴敦易始以爲"他的投降及平方臘二點，是否事實，俱成問題。後者時間上是衝突的"，"在海州被張叔夜擒降的……也許祇是宋江手下的一員頭領”。[3]又因爲諸書有關宋江的記載，多抵牾不合，頗難統一，日本的宋史專家宮崎市定乾脆就説北宋末有兩個宋江，從征方臘的將官宋江，與“淮南盜”投降的宋江非一人[4]。

1978 年，鄧廣銘、李培浩提出宋江没有投降的説法：“北宋期内的記載全無宋江受招安之説，此説是南宋期内編造出來的。”“宋江在舉行起義的全過程中并無詐降之事，更絕對没有參加鎮壓方臘起義軍的罪惡活動。”[5]頗引起一番討論。大抵多不同意鄧、李的説法[6]。但各人所引用史料，陳陳相因，祇是解釋各異，所以無法説服對方而解決問題。

最近翻閲北宋末李若水（1093—1127）的《忠愍集》（影印文淵閣《四庫全書》抄本，參閲下圖），發現了一首記載宋江受招安的詩，未曾爲前人所引用。兹先抄録於下，再加説明：

> 去年宋江起山東，白晝橫戈犯城郭。
> 殺人紛紛翦草如，九重聞之慘不樂。
> 大書黄紙飛敕來，三十六人同拜爵。
> 獰卒肥驂意氣驕，士女駢觀猶駭愕。
> 今年楊江起河北，戰陣規繩視前作。
> 嗷嗷赤子陰有言，又願官家早招却。
> 我聞官職要與賢，輒啖此曹無乃錯。
> 招降况亦非上策，政誘潛凶嗣爲虐。
> 不如下詔省科繇，彼自歸來守條約。
> 小臣無路捫高天，安得狂詞禆廟略。
>
> 　　　　　　　《忠愍集》卷二《捕盜偶成》

捕盜偶成

去年宋江起山東，白晝橫戈犯城郭，殺人紛紛翦草如
九重聞之慘不樂，大書黃紙飛敕來，三十六人同拜爵
獰卒肥驂意氣驕，士女駢觀猶駭愕，今年楊江起河北
戰陣規繩視前作，嘍囉赤子陰有言，又願官家早招却
我聞官職要與賢，輒陷此曹無乃錯招降，況亦非上策
政誘潛兇嗣為虐，不如下詔省科繇，彼自歸來守條約
小臣無路捫高天，安得狂詞裨廟畧

宋李若水《忠愍集·捕盜偶成》書影（《四庫全書》本）

李若水生平，見《宋史》卷四百四十六（來源似爲王偁《東都事略》卷一百十一），記靖康前事甚爲簡略："上舍登第，調元城尉、平陽府司錄。試學宮第一，濟南教授，除太學博士……靖康元年（1126），爲太學博士。"李若水作《捕盜偶成》時所任"小臣"爲何官職，尚無法考知。唯一可肯定的是此詩作於宋江投降後一年。

《水滸傳》第八十二回，記宋江受招安後，"帶領衆多軍馬，大小約有五七百人，徑投東京來……軍士各懸刀劍弓矢，衆人各都穿本身披掛，戎裝袍甲，擺成隊伍，從東郭門而入。祇見東京百姓軍民，扶老攜幼，迫路觀看，如睹天神"[7]。雖爲小説家言，

仍可作本詩"獰卒肥驂意氣驕，士女駢觀猶駭愕"二句注腳。

根據李若水詩，宋江在山東起事，後來三十六人并受招安。李若水是反對招安政策的，可以推想，假如宋江旋降旋叛，李若水必然會在詩中提及。因此，在宋江投降後一年，李若水應沒有聽到宋江復叛的消息。

李若水的《捕盜偶成》是目前所知提到宋江的最早記載。其次爲庚戌年（宋建炎四年，金天會八年，1130）范圭撰的《折可存墓誌銘》。後者提到："方臘之叛，用第四將從軍……臘賊就擒，遷武節大夫。班師過國門，奉御筆：捕草寇宋江。不逾月，繼獲，遷武功大夫。"[8]二者并無衝突之處。

方臘被擒在宣和三年（1121）四月，但餘衆繼續抗拒幾達一年。《宋史》卷四百四十六《楊震傳》："從折可存討方臘，自浙東轉擊至三界鎮，斬首八千級。追襲至黃岩，賊帥呂師囊扼斷頭之險拒守，下石肆擊，累日不得進。可存問計，震請以輕兵緣山背上，憑高鼓噪發矢石。賊驚走，已復縱火自衛。震身被重鎧，與麾下履火突入，生得師囊及殺首領三十人，進秩五等。"［嘉靖］《永嘉縣志》卷九《雜誌》："（宣和三年）十月，大兵四合，殺俞道安於永康山谷中，擒呂師囊，群盜悉平。"方勺（1066—1141以後）《泊宅編》卷五："越州剡縣魔賊仇道人、台州仙居人呂師囊、方岩山賊陳十四公等皆起兵，略温、台諸縣。四年三月討平之。"又李埴（1161—1238）《十朝綱要》卷十八、陳均《九朝編年綱目備要》卷二十九、《宋史》卷四百六十八及《泊宅編》卷五，皆謂宋師自出至凱旋凡四百五十日。童貫於宣和二年（1120）十二月二十一日始受命爲宣撫使，越四百五十日，應爲宣和四年（1122）三月二十六日[9]。折可存"班師過國門"，不可能早過宣和三年（1121）十月，而極有可能是宣和四年三月。根據《宋史》卷二十二和《十朝綱要》卷十八，宋江是在宣和三年二月向張叔夜投降，到了宣和四年三月已過了一年多。宋江之復叛（？）及被折可存擒獲，當在李若水撰寫《捕盜偶成》之後。

　　本文沒有討論到宋江曾否征方臘的問題。我個人是傾向宋江曾征方臘的，雖然今日所見南宋有關宋江征方臘的記載——李埴的《十朝綱要》、楊仲良的《續資治通鑒長編紀事本末》、秦湛的《中興姓氏奸邪錄》和《林泉野記》——皆有明顯的錯誤。宋江在宣和三年（1121）二月向張叔夜投降，方臘在同年四月被擒，宋江可能趕不及赴浙。但方臘餘眾至次年三月始次第被鎮壓，宋江參與宋師軍事行動的可能性還是存在的。

1979 年 10 月 2 日初稿　1980 年 6 月 3 日改訂

注　釋

〔1〕余嘉錫：《宋江三十六人考實》，《輔仁學志》8 卷 2 期，1939 年；增訂本，1955 年；又收入《余嘉錫論學雜著》，1963 年。牟潤孫：《折可存墓誌銘考證兼論宋江之結局》，《文史哲》1951 年第 2 期；又收入所著《注史齋叢稿》，1959 年。鄭偓：《歷史上的叛徒宋江》，《文史哲》1976 年第 1 期。

〔2〕張政烺：《宋江考》，《歷史教學》1953 年第 1 期；又收入《水滸研究論文集》，1958 年；《中國農民起義論集》，1958 年。

〔3〕嚴敦易：《〈水滸傳〉的演變》1957 年。

〔4〕宮崎市定：《宋江はニ人いたか》，《東方學》34 輯，1967 年；法文譯本，略有修訂。"Ya-t-il deux Sung Chiang？"，*Etudes Song in memoriam Etienne Balazs*，1.2（1971）。又《水滸傳：虛構のなかの史實》，1972 年。

〔5〕鄧廣銘、李培浩：《歷史上的宋江不是投降派》，《社會科學戰綫》2 期，1978 年 7 月。《再論歷史上的宋江不是投降派》，《光明日報·史學》114 期，1978 年 8 月 1 日。

〔6〕支持鄧、李説法的有戴應新:《從折可存墓誌銘論宋江不是投降派》,
《光明日報・史學》122 期, 1978 年 12 月 5 日。認爲宋江曾投降的
有吳泰:《歷史上的宋江是不是投降派？》,《光明日報・史學》108 期,
1978 年 6 月 8 日;《再論宋江的幾個問題》,《中國史研究》1979 年第
2 期。葉玉華:《〈水滸〉寫宋江打方臘非出虛構》,《中華文史論叢》
第 8 輯, 1978 年 10 月。張國光:《〈歷史上的宋江不是投降派〉一文
質疑》,《社會科學戰綫》4 期, 1978 年 12 月;《歷史上的宋江有兩個
人》,《光明日報・史學》122 期, 1978 年 12 月 5 日。萬繩楠:《宋江
打方臘是難否定的》,《光明日報・史學》122 期。裴汝誠、許沛藻:《宋
江招安資料辨正》,《中華文史論叢》1979 年第 2 輯。陸樹侖:《關於
歷史上宋江的兩三事》,《遼寧大學學報》(哲學社會科學版)1979 年
2 至 3 期。北郭:《歷史上的宋江是投降派》,《北方論叢》1979 年第
4 期。其中張國光以爲北宋末有兩個宋江, 其一投降後征方臘, 另
一則冒名起事, 爲折可存所擒。陸樹侖則以爲宋江向張叔夜投降後,
旋降旋叛, 復被擒獲, 既未征方臘, 亦未嘗爲折可存所獲。

〔7〕引文見鄭振鐸等校:《水滸全傳》, 1954 年。

〔8〕《宋故武功大夫河東第二將折公(可存)墓誌銘》, 見《北京大學學報》
(哲學社會科學版)1978 年 2 期;及注一牟潤孫文。

〔9〕據薛仲三、歐陽頤:《兩千年中西曆對照表》, 1956 年。

　　附言: 本文主要是介紹李若水的《捕盜偶成》。關於宋江的其他史料,
可參看蘇金源、李春圖:《宋代三次農民起義史料彙編》, 1963 年; 馬蹄疾:
《水滸資料彙編》, 1977 年。

原載《中華文史論叢》1981 年第 1 輯

《從李若水的〈捕盜偶成〉詩論歷史上的宋江》發表後記

　　在我發表的文章中，以《從李若水的〈捕盜偶成〉詩論歷史上的宋江》影響較大。該文徵引新發現資料，利落解決一兼及文史的極具爭議性問題。宋史專家王曾瑜説過："因《水滸傳》的流行，宋江可稱是家喻户曉的歷史人物。但其真實事蹟如何，迄今爲止，主要有三篇文章。余嘉錫先生的《宋江三十六人考實》的長文，……張（政烺）先生的《宋江考》……。近四十年來，人們討論宋江的文章雖多，其實没有超越余、張二先生提供的史料範圍。後來，由馬泰來先生《從李若水的〈捕盜偶成〉詩論歷史上的宋江》（《中華文史論叢》1981 年第 1 輯）一文，利用了文淵閣《四庫全書》本的李若水《忠愍集》的一首詩，算是對余、張二先生的作品，作了惟一的史料補充。"〔1〕拙文當然不能和余、張二先達的文章并列，作爲史料補充，還算略有微勞。

　　關於前賢對宋江史料的看法，可以錢鍾書《宋詩選注》爲例。錢氏稱："宋代的五七言詩雖然真實反映了歷史和社會，却没有全部反映出來。有許多情况宋詩裏没有描敘，而由宋代其他文體來傳真留影。譬如宋江領導的起義那件偉大事蹟，當時的五七言詩裏都没有'采著'，而祇是通俗小説的題材。"〔2〕以爲宋江史料已盡爲人知。

　　由於涉及農民起義，史學界對此發表論文不少。《中國歷史學年鑒 1979 年》，漆俠《宋遼金史研究的"大有"年》特設專章，提到：“關於宋江問題的爭論，由來甚久。《水滸》上的宋江，受招安之後，又參與了對方臘起義的鎮壓，是徹頭徹尾的投降派。歷史上的宋江是否也是這樣呢？爭論的焦點即在於此。……近一年多來有關宋江問題的熱烈討論，取得了一些進展。對歷史上的宋江和《水滸》中的宋江，不論怎樣講，是應當區分開來的；歷史的真實與藝術的真實是相互聯繫的，也應該和可以有所區別。……至於是否投降，就目前援引的材料看，還不能驟然作出結論來，有待於進一步研究。”[3]

1981 年拙文刊佈後，情勢劇轉，一向力主宋江未曾投降的史學名宿鄧廣銘首先撰文回應。他說的話極客氣，也極誠懇：“我讀過（馬文）之後，深感自己的孤陋太甚，慚愧無似。過去我祇曾翻閱過一卷本的李若水《忠愍集》，竟沒有注意到它是一個不全的本子。……我祇是在讀過馬先生的文章之後，纔知道李若水有《捕盜偶成》一詩，纔知道此詩中談到了宋江等三十六人一同接受招安的事。……宋江等三十六人是的確曾經一度投降過北宋王朝的。同時這也就證明，我們在《歷史上的宋江不是投降派》一文中堅持反對宋江曾經投降之説，是完全錯誤的了。”[4]

鄧氏這種不堅持己見、實事求是的精神，頗爲輿論所稱許。如《人民日報·大地漫筆》欄説：“看到這消息心頭不禁爲之一快。所快者，是歷史學家在學術討論中的求實精神。在新的有力的材料面前，他勇敢地修改自己的觀點。這種風格，遠遠勝過一個學術觀點的得失。”[5]而有關宋江受招安的問題，看法也漸趨一致。《中國歷史學年鑒 1986 年》，謝保成、賴長揚的《建國以來中國古代史問題討論簡介（上）》《宋江起義》提到：“原來堅持未降説的主要同志改變了自己的觀點，指出宋江等人之曾投降是確有其事的，并説明原觀點是完全錯誤的。至此，使這一問題的看法基本趨於一致。”[6]

當然，完全趨於一致是不可能的事。認爲李若水詩不可信的至少有兩家。其一是竹寺《李若水〈捕盜偶成〉與宋江受招安史實》[7]；其二是王珏、李殿元《李若水的〈捕盜偶成〉之謎》。[8]

竹寺的文章有點含糊其詞。他說："由於此詩僅見於《四庫全書》所輯三卷本《忠愍集》，前此尚未被發現及使用過，故轉錄於此并略談淺見。"很像是他發現此詩的。按《四庫全書》原本，國內僅國家圖書館、浙江圖書館等三館有藏，有機會翻閱的人不多。竹寺亦未說明他看到的是文津閣本，還是文溯閣本，還是文瀾閣本？我引用的是臺灣"商務印書館"影印文淵閣《四庫全書》本，收入《四庫全書珍本四集》，1973 年發行，國內至罕見。臺灣"商務印書館"影印全部文淵閣《四庫全書》，和上海古籍出版社重印，皆已是竹寺文刊佈後之事。

竹寺對《捕盜偶成》詩的主要問難是："這首詩是否他人在《水滸》故事流行後假托李若水之名所作？如果是僞作，爲何要假托李若水之名？"按此詩主題是反對招安的，宋江并未被歌頌，和《水滸》故事流行後的宋江形象不合。退一萬步說，假如《捕盜偶成》詩真的是僞作，作者也應會假托是和宋江有關的名人，如張叔夜。

王珏、李殿元的文章就更妙。該文首先說自從《文史雜誌》1993 年第 5 期發表了王珏本人的《從家傳墓誌之諛說到宋江之謎》一文之後，"宋江是否實有其人，發生了疑問。李若水的這首詩的真僞也就提到日程上來了"。但該文主要是引用史料以證李詩和歷史上的宋江不合！

王珏、李殿元認爲《捕盜偶成》詩"存在的問題是很多的"。今故引其一，以見其思維邏輯，這裏也就不再一一駁辨。"第一，這首詩對宋江情況的描寫是很不真實的，說宋江'殺人紛紛翦草如'，這簡直是誹謗了。歷史上的宋江，若果有其人的話，也是爲官府的繁役重稅所逼。他們有可能爲復仇而殺某一官吏，但不會像割草那樣殺老百姓。他們跟老百姓今世無仇，往世無冤，何必要在老百姓身上費那麼大的力氣？若果是亂殺老百姓，老百姓不會把宋江傳說得那麼好。"

其實，李若水這首詩，明人已曾引用。夏承燾《天風閣學詞日記》1941年2月2日有以下記載："見適園抄本明初象山僧（忘其名）《北遊集》，有《宋江分贓臺》詩，注云：宋江三十六人同拜官，見《李若水詩集》，在梁山泊中，不知前人考水滸者，曾及此否？"[9]夏氏對此未再作深考，而他的發現亦隱藏在其未刊日記，至1992年始面世。荒林落樹，了無人知，至爲可惜。

《天風閣學詞日記》同日有以下一則："發鄧恭三四川南溪航空復，告增改《稼軒詞箋》經過。"鄧恭三就是鄧廣銘。假如當日夏承燾重視其發現，廣告友朋，鄧廣銘早在1941年就知道宋江受招安了。

我特別重視資料，廣徵博引，可說是"上窮碧落下黃泉"。發現李若水的《捕盜偶成》詩，不是偶然或幸運的事。但資料也不是一切。我早歲和家兄合撰《〈京本通俗小說〉各篇的年代及其真僞問題》時，還是一個中學生，祇能參考就讀中學（香港聖馬可中學）圖書館和兄弟倆的藏書，未曾引用任何罕見典籍。今日該文的結論已爲大多學者所認同，袁世碩在《文學史與考證學》一文甚至引爲辨僞書的一個例案[10]。

在衆多考證歷史上宋江的文章中，我認爲周璧的《〈淮南盜〉析疑》是十分有見地的。周璧的工作單位是常州市燃料公司，大概是一位業餘歷史學愛好者。該文引用的都是常見資料，但周璧能言別人所不敢言，認爲學者以衆多人力和時間去考證歷史上的宋江，"把本來簡單的問題弄複雜了，把本來清楚的問題弄糊塗了，把本來明白的是非顛倒了"〔11〕。《從李若水的〈捕盜偶成〉詩論歷史上的宋江》一文的主要貢獻，就是終結了宋江曾否受招安的辯論，節省了不少學者的精力和時間。

2008 年 10 月 30 日初稿，11 月 21 日補訂

注　釋

〔1〕王曾瑜：《我所認識的張政烺師》，收入《求真務實五十載——歷史研究所同仁述往，1954—2004》（北京：中國社會科學出版社，2004），頁 348—349。

〔2〕錢鍾書：《宋詩選注》（北京：人民文學出版社，1958），頁 7—8。2001 年北京三聯書店《錢鍾書集》本，以 1997 年人民文學出版社版爲底本，文字稍有更易，但意旨無異。

〔3〕《中國歷史學年鑒 1979 年》（北京：三聯書店，1980），頁 117—119。

〔4〕《中華文史論叢》，1982 年第 4 輯，頁 4—5。又收入《鄧廣銘治史叢稿》（北京：北京大學出版社，1997）。

〔5〕頌葵：《修正觀點》，《人民日報》，1983 年 3 月 15 日。相仿報道，見虞丹：《鄧廣銘服善》，《文匯報》，1993 年 4 月 13 日；劉浦江：《"博學於文，行己有恥"——鄧廣銘教授的宋史研究》，《北京大學學報》（哲學社會科學版），1995 年第 2 期，頁 106；沙健孫：《"獨斷之學"與"考索之功"——憶鄧廣銘與宋史研究》，《光明日報》，1998 年 4 月 10 日。

〔6〕《中國歷史學年鑒 1986 年》（北京：人民出版社，1986），頁 499。其他綜論亦持同樣看法，如：中國史研究編輯部編：《中國古代史研究概述》（天津：天津教育出版社，1995），頁 254；趙儷生、鄭寶琦：《中國通史史論辭典》（哈爾濱：黑龍江人民出版社，1992），頁 629—630；李天石、陳振：《宋遼金史研究概述》（天津：天津教育出版社，1995），頁 182—183。

〔7〕收入《中國農民戰爭史論叢》第 4 輯（1982），頁 610—620。

〔8〕《水滸大觀》（成都：四川人民出版社，1995），頁 568—571。

〔9〕夏承燾：《天風閣學詞日記》第 2 册（杭州：浙江古籍出版社，1992），頁 272。劉永翔：《讀〈宋詩選注〉》，收入《慶祝施蟄存教授百歲論文集》（上海：上海古籍出版社，2003），頁 239，首先發現夏氏這條日記。

〔10〕《西華師範大學學報》（哲學社會科學版），2002 年第 5 期，頁 7。

〔11〕《中州學報》，1984 年第 5 期，頁 100。

原載《天禄論叢》（2009）

元代水滸雜劇辨僞

元代的水滸雜劇是水滸故事進化過程中的一個重要環節，它填補了《宣和遺事》和今本《水滸傳》間的一段空間，是水滸研究者不可忽視的研究對象。

關於這些雜劇，今人亦多有爲文論及，可惜大抵都是一開始就指出現存元代水滸雜劇是哪幾種，跟着便談及這些雜劇的寫作技巧或主題，對於這些雜劇是否真的全是元人作品，置之不理。

徐朔方《元代的水滸雜劇及其代表作〈李逵負荊〉——兼評胡適、聶紺弩論元代水滸雜劇》[1]，以爲元代水滸雜劇流傳到現在的，"公認"有六種：康進之《梁山泊李逵負荊》、高文秀《黑旋風雙獻功》、李文蔚《同樂院燕青博魚》、李致遠《都孔目風雨還牢末》、無名氏的《爭報恩三虎下山》和《魯智深喜賞黃花峪》。林培志《水滸戲》[2]，則僅錄了見於《元曲選》的前五種，因爲那時脉望館抄本尚未被發現。周明泰《讀曲類稿》[3]、何心《水滸研究》[4]、陳中凡《試論〈水滸傳〉的著者及其創作時代》[5]，則除上舉六劇外，再加上無名氏的《梁山五虎大劫牢》《梁山七虎鬧銅臺》《王矮虎大鬧東平府》《宋公明排九宮八卦陣》四種。傅惜華、杜穎陶編《水滸戲曲集》第一集[6]，題記將《梁山五虎大劫牢》等四種，列爲元明間無名氏作品，目錄則但稱明無名氏撰；至於《梁山泊李逵負荊》等六種，仍全部列爲元人作品。R. G. Irwin, *The Evolution of a Chinese Novel: Shui-*

hu-chuan[7]，雖然對《梁山五虎大劫牢》等四種的年代略爲考訂，但對“公認”爲元劇的六種，亦不置疑。

　　本文目的即在考證那些今人認爲是元人作品的水滸雜劇中，真正是元人作品的實有若干種，并略及這些雜劇和今本《水滸傳》的關係。

梁山泊黑旋風負荆

　　《梁山泊黑旋風負荆》，元康進之撰。現存版本有二：一、明臧懋循《元曲選》本，題目正名作“杏花莊王林告狀，梁山泊李逵負荆”。二、明孟稱舜《新鐫古今名劇酹江集》本，正目作“杏花莊老王林告狀，梁山泊黑旋風負荆”[8]。此劇元鍾嗣成《錄鬼簿》著錄，題目正名與《酹江集》同[9]。明朱權《太和正音譜》錄簡名，作“黑旋風負荆”。

　　由於著錄明確，而劇中亦無反證，因此本劇是現存十種水滸雜劇中，唯一可以肯定列爲元人作品的。

　　劇情和今本《水滸傳》第七十三回“梁山泊雙獻頭”極相仿[10]，不特李逵砍倒“替天行道”杏黄旗和負荆請罪等情節互見，劇中李逵説“女大不中留”，亦和演義的“男大須婚，女大須嫁”意思一樣。此外劇中李逵諷刺宋江的兩句話：“帽兒光光，今日做個新郎；袖兒窄窄，今日做個嬌客。”和《水滸傳》第五回“小霸王醉入銷金帳，花和尚大鬧桃花村”，小嘍囉們的賀詞：“帽兒光光，今夜做個新郎；衣衫窄窄，今夜做個嬌客。”不過字句小異。今本《水滸傳》作者極可能曾經參考本劇。

黑旋風雙獻功

　　《黑旋風雙獻功》，《元曲選》列爲高文秀作品，題目正名作“及時雨單責狀，黑旋風雙獻功”。有注：“一云雙獻頭。”錢曾也是園舊藏明脉望館趙清常抄本，未署作者名氏，亦無題目，僅題正名。本劇《録鬼簿》及《太和正音譜》皆置於高氏名下，前者作“孫孔目上東岳，黑旋風雙獻頭”，後者作“雙獻頭”。

此劇世人多以爲高氏作品。《録鬼簿》題目雖和《元曲選》不同，但内容顯無相異的地方。值得留意的倒是本劇的聯套組織。元劇例以【仙呂】【點絳唇】套爲首折，即白樸《唐明皇秋夜梧桐雨》、王實甫《西廂記》第二本，改用【八聲甘州】爲首曲，但還是用仙呂調。就以最常見的元劇選本《元曲選》和《元曲選外編》〔11〕，所收的一百七十一種雜劇而言，首折不用仙呂調的僅本劇用【正宫】【端正好】，“同樂院燕青博魚”用大石調，和《西廂記》第五本用商調〔12〕。本劇聯套組織既和傳統規律不吻合，則不能不令人對其創作時代有所懷疑。不過這祇是一點孤證，尚不足以推翻高文秀的作者身份。在没有更具體的佐證前，本劇可仍繫之於高氏。

同樂院燕青博魚

本劇現存三種本子。《元曲選》本和《酹江集》本，題目正名俱作“梁山泊宋江將令，同樂院燕青博魚”，脉望館抄本正名同，題目別作“楊衙内倚勢行凶”。三本皆題李文蔚作。

考《録鬼簿》著録李氏作品，有《報冤臺燕青撲魚》〔13〕，而無《同樂院燕青博魚》。“報冤臺”一名亦不見今傳本“燕青博魚”。這是本劇第一點可疑處。

又上節已提到本劇首折不用【仙呂調】，而用【大石調】【六國朝】，和元劇傳統規律不合。這是第二點可疑處。

劇中捲毛虎燕順當即今本《水滸傳》的錦毛虎燕順。就以

"公認"爲元代作品的其他五種雜劇而言，出塲的梁山好漢，都是位列三十六天罡，名字早見於《宣和遺事》《癸辛雜識》[14]。甚至明初周憲王朱有燉所撰的兩種水滸雜劇：《黑旋風仗義疏財》《豹子和尚自還俗》，所涉及的梁山人物，亦全屬天罡數內。燕順既不見《宣和遺事》等書，而在今本《水滸傳》中名列地煞星，并不是一個重要人物。除了"避熟"一原因外，燕順似無在戲劇中出現的道理。這是第三點可疑處。

綜合以上各點，本劇恐怕不是元劇，創作時期甚至可能在今本《水滸傳》成書之後。

都孔目風雨還牢末

本劇現存明版有三。龍峰徐氏《古名家雜劇》本，題馬致遠撰，題目作"烟花則說他人過，僧住賽娘遭折挫"，正名作"山兒李逵大報恩，鎮山孔目還牢末"。脉望館抄本《大婦小妻還牢末》，題目正名同，劇題下有注："別作馬致遠，非也。依《太和正音譜》作無名氏。"《元曲選》本，題李致遠撰，題目正名作"李山兒生死報恩人，都孔目風雨還牢末"。此劇《録鬼簿》《録鬼簿續編》未見著録，《太和正音譜》録古今無名氏雜劇有"還牢末"一種，當即本劇。

由於載籍所著録馬致遠作品，皆没有可以和本劇緣附的，因此本劇不是馬致遠所作，爲論者所一致公認。至於李致遠大抵亦不是本劇作者。

《太和正音譜》將李致遠置於"古今群英樂府格勢"，即散曲作家行列，并没有著録他作有任何雜劇；而將"還牢末"一劇置於古今無名氏名下。可知在明初本劇尚未被認爲李氏作品。至於臧晉叔誤以本劇爲李致遠作品，相信是由於一二書賈自作聰明，把馬致遠作爲本劇作者，而臧氏發覺這點甚有問題，恰好在《太和正音譜》裏找到一位李致遠，以爲當是姓氏上一個字的錯誤，便逕將本劇列爲李致遠作品[15]。

本劇和元劇《鄭孔目風雪酷寒亭》劇情幾乎一樣。兩劇中的小妻皆作蕭娥，兒女皆作僧住賽娘。甚至兩劇中都有蕭娥"燒鵝"的科諢。顯然兩劇中必有一劇是後出而模仿別劇的。

查"鄭孔目風雪酷寒亭"是元劇作者極愛引用的一個故實。關漢卿《包待制智斬魯齋郎》第三折："這鄭孔目拿定了蕭娥胡做，知他那裏去了賽娘僧住。"石君寶《李亞仙花酒曲江池》第三折："又不曾虧負了蕭娘的姓命，雖同姓你又不同名。""你本是鄭元和也上酷寒亭。"秦簡夫《東堂老勸破家子弟》第二折："匆匆匆少不得風雪酷寒亭。"無名氏《風雨像生貨郎旦》第一折："那其間便是你鄭孔目風流結果，祇落得酷寒亭，剛留下一個蕭娥。"可知"鄭孔目"故事在元代是家傳户誦。此外《永樂大典》卷一三九八八"戲"字韻，亦有《鄭孔目風雪酷寒亭》一南戲劇目[16]。因此當是《都孔目風雨還牢末》剽竊《鄭孔目風雪酷寒亭》情節，而不是後者模襲前者。

由於本劇不見於《録鬼簿》《録鬼簿續編》，因此當是明初無名氏摹做《鄭孔目風雪酷寒亭》而寫成，和《水滸傳》故事的演變一些關係也沒有。

爭報恩三虎下山

本劇今僅有《元曲選》本，未題作者名氏，題目正名作"屈受罪千嬌赴法，爭報恩三虎下山"。《録鬼簿續編》諸公傳奇失載名氏，有"好結義一身繫獄，爭報恩三虎下山"。

此劇本事不見今本《水滸傳》，不獨如此，劇中關勝"偷了人家一隻狗，煮的熟了，賣做盤纏"，做的是時遷的勾當，和今本《水滸》"寶刀燦燦霜雪光，冠世英雄不可當。除此威風真莫比，重生義勇武安王"[17]的大刀關勝，相去何止千里。本劇的編撰當在《水滸傳》成書之前，不然劇作者似不敢如此唐突關勝。又劇中關勝、徐寧、花榮三人劫法場時大呼："梁山泊好漢，全夥在此。"實開今本《水滸傳》"劫法場石秀跳樓"的先河。

由於《錄鬼簿續編》所列失載名氏諸公，并不全是元人，本劇不能就說是元劇。而本劇對梁山人物的態度，和朱有燉《黑旋風仗義疏財》《豹子和尚自還俗》二劇不可不說極相似。把本劇列爲元末明初作品，相信和事實相距不會很大。

魯智深喜賞黃花峪

本劇現僅存脈望館抄本，題目正名作"李山兒打探水南寨，魯智深喜賞黃花峪"。錢曾《也是園書目》列於古今無名氏"水滸故事"類。《錄鬼簿續編》諸公傳奇失載名氏，有"黑旋風救答李幼奴，魯智深喜賞黃花峪"。

從正名看來，本劇主角應該是魯智深，可是今傳本的主角卻是山兒李逵。更奇的是劇中魯智深既未喜賞黃花，而全劇亦無提及黃花峪一地名。這種名實不符，不能不令人懷疑今傳本和原本頗有出入。

本劇情節不見今本《水滸傳》，不過明黃文華《鼎雕崑池新調樂府八能奏錦》所選的《木梳記》"宋公明智激李逵"齣[18]，敘述的卻是同一故事。在這齣戲文裏，蔡挖搭似是一個相撲高手，"前者楊雄下山擒拿蔡挖搭，不能取勝，反辱於我等""打聽得水南寨，凶多吉少"。可是蔡疙瘩蔡衙內在《魯智深喜賞黃花峪》裏，卻給楊雄打得"鼻凹眼腫，抹着處傷""磣可可唇齒綻，血模糊打塌鼻樑"。

案《豹子和尚自還俗》第一折。魯智深自述他的事蹟："我也曾黃花峪大鬧把強人擋，也曾共黑旋風夜劫把猱兒喪，也曾共赤髮鬼悄地把金釵颺。"明金木散人《鼓掌絶塵》月集第三十三回，提及二十八個戲文故事，有"時遷夜盜鎖子甲……林冲夜上梁山泊……黑旋風下山取母……會跌打的蔡挖搭飛拳飛脚……景陽岡武都頭單拳打虎"〔19〕。可知在原來的黃花峪故事中，蔡挖搭極可能是水南寨寨主，一位拳脚出色的強人。

因此原本《魯智深喜賞黃花峪》當已散佚，今傳本大概是伶工就舊本若干殘餘曲文重新編成，所以不特關目缺漏，甚至劇中要角蔡挖搭的身份性格亦和傳説全不吻合。

梁山五虎大劫牢　梁山七虎鬧銅臺
王矮虎大鬧東平府　宋公明排九宮八卦陣

右四劇今僅有脉望館校内府本，其他彙刊雜劇總集均未收入。題目正名作："李應酬恩韓伯龍，梁山五虎大劫牢""廣府壯士遭囹圄，梁山七虎鬧銅臺""吕彦彪打擂元宵節，王矮虎大鬧東平府""公孫勝展三略六韜書，宋公明排九宮八卦陣"。四劇《也是園書目》皆列於古今無名氏《水滸故事》類。

《録鬼簿續編》失載名氏及《太和正音譜》古今無名氏名下都没有著録這四本雜劇，因此這四劇當爲明洪宣以後作品。

《梁山五虎大劫牢》和《梁山七虎鬧銅臺》，二劇情節和今本《水滸傳》盧俊義上梁山一節大抵相同，僅前劇易盧俊義爲韓伯龍。

在《水滸傳》第六十七回裏曾略提及韓伯龍：韓伯龍原本是在江湖上打家劫舍爲生，後來想上梁山入夥，却給李逵糊裏糊塗的誤殺了。從《梁山五虎大劫牢》一劇來看，在《水滸傳》成書前，當曾有一些韓伯龍上梁山的傳説，到了施耐庵（？）編寫《水滸傳》時，大抵因爲三十六天罡的姓名早見著錄，不便改易，而把韓氏置在地煞星又似乎不當，因此便把他的事蹟改屬盧俊義，僅在第六十七回裏把他的名字略爲提及，了此公案。所以《梁山五虎大劫牢》一劇的編撰，當在《水滸》成書之前。

《梁山七虎鬧銅臺》，劇情尤近今本《水滸傳》，而且劇中已有聖手書生蕭讓一角，因此本劇顯爲後人就今本《水滸傳》故事改寫而成。R.G.Irwin以爲本劇雖然不是元劇，但内容不及演義精細，因此當較演義早出而爲後者所本。這種"後出轉精"的文學進化論，實頗難令人信服。

《王矮虎大鬧東平府》，劇情不見《水滸傳》，但和第七十四回《燕青智撲擎天柱》相近，二者因襲關係如何，目下似難下斷論，大抵是雜劇取材自演義的成份較高。又劇中提及梁山將領有華榮一人，當即花榮。稱花榮爲華榮，僅此一見，不知何故？

《宋公明排九宮八卦陣》，敘宋江受招安後，率衆征遼，是《水滸傳》第八十三至八十九回的一個撮要。劇中兀顏壽、李金吾、戴真慶三遼將，明明就是演義的兀顏延壽，李金吾、駙馬太真胥慶。此外劇中羅真人贈給宋江的八句法語："忠心者少，義氣者稀。幽燕功畢，明月輝輝。始遇冬暮，鴻雁分飛。吳頭楚尾，巨緣同回。"和《水滸傳》所錄僅有三四字不同。而劇中出現屬於地煞星的將佐特多，計神機軍師朱武、天目將韓滔、百勝將彭玘、跳澗虎陳達、摸着天杜千、雲裏金剛宋萬、病大蟲薛永、金眼彪施恩、白面郎君鄭天壽、王矮虎十人，除韓滔彭玘二人的諢號和演義的互易外，其他姓名諢號皆和《水滸傳》相同[20]。因此本劇當是《水滸傳》成書後，伶工湊合而成。内府本雜劇頗注重熱鬧場面，本劇梁山人物出塲的計二十三人，爲現存水滸雜劇之冠，大抵就是這個原故[21]。至於寫宋萬、薛永等生僻人物，大抵亦是"避熟"的原故吧。Irwin 以爲本劇編寫在《水滸傳》成書之後，自屬的論，但又以爲《水滸傳》中征遼故事的加入是受本劇影響，錯誤與其論《梁山七虎鬧銅臺》同。

結　語

現存的十種水滸雜劇，比較上可以肯定爲元人作品的，僅《梁山泊黑旋風負荆》一種。《黑旋風雙獻功》和《爭報因三虎下山》雖然皆略有問題存在，但大抵最遲亦是明初人所作。《報冤臺燕青撲魚》和《魯智深喜賞黄花峪》原本皆已散佚，今傳本并不是元人作品。《都孔目風雨還牢末》不是李致遠作品，不過是明初無名氏將《鄭孔目風雪酷寒亭》故事梁山化而已，并不是真正的水滸故事，對《水滸傳》的演變沒有產生任何影響。《梁山五虎大劫牢》和《王矮虎大鬧東平府》雖然都是明人作品，但對於考證《水滸傳》成書過程，不無幫助。至於《梁山七虎鬧銅臺》和《宋公明排九宮八卦陣》編寫皆在《水滸傳》成書後，并沒有太大參考價值。

1966 年 8 月初稿，刊《明報月刊》
第 13 期，1967 年 12 月重訂并改今題

注　釋

[1] 收入《戲曲雜記》，1956 年上海古典文學出版社出版。
[2] 刊燕京大學《文學年報》，第 5 期（1939）。
[3] 1951 年自刊本。

〔4〕1954 年上海文藝聯合出版社出版。

〔5〕原刊《南京大學學報》，第 1 期（1956 年）；後收入《水滸研究論文集》，1957 年作家出版社出版。

〔6〕1957 年古典文學出版社初版。1962 年中華書局新一版，改題傅惜華等編。

〔7〕Cambridge，Harvard University Press，1953.

〔8〕近人對於題目、正名、正目等名稱，頗多誤解。讀者可參考周妙中《關於元曲的三個問題》，刊《文學遺産增刊》2 輯，1956 年作家出版社出版。

〔9〕《錄鬼簿》的各種版本，分歧頗大。要可分爲三個系統：一、孟稱舜刊本系，二、天一閣寫本系，三、曹楝亭刊本系。本文主要是根據屬於天一閣寫本系統的馬廉《錄鬼簿新校注》，原刊《國立北平圖書館館刊》，第 10 卷第 1—5 期（1936）；又 1957 年文學古籍出版社單行本。

〔10〕《水滸傳》版本繁多，本文引《水滸傳》處，據鄭振鐸、王利器、吳曉鈴《水滸全傳》校本，1954 年人民文學出版社出版。

〔11〕隋樹森編，1959 年中華書局出版。

〔12〕關於元劇聯套組織，讀者可參看：蔡瑩：《元劇聯套述例》，1933 年商務印書館發行；司徒修（Hugh Stimson）：《元雜劇仙呂套的排列次序》，刊《清華學報》（臺北），新 5 卷第 1 期（1965）；朱尚文：《蔡瑩元劇聯套述例補遺》，刊《大陸雜誌》，第 35 卷第 5 期（1967）。

〔13〕天一閣抄本缺此條，茲據曹楝亭本補。尤貞起本有注："撲或作博。"孟稱舜本作"燕青撲魚"。《太和正音譜》亦有著錄，作"燕青摸魚"。

〔14〕《魯智深喜賞黃花峪》有王矮虎一角，該劇時代詳考見下節。這裏要說明的是劇中梁山人物出場的極多，但多屬跑龍套角色，科白俱無。如第二折"關勝同李俊、燕青、花榮、雷橫、盧俊義、武松、王矮虎、呼延灼、張順、徐寧上"，十一人中僅關勝一人有賓白。

因此其他角色極可能是出於後人增飾，而不是原來面目。

〔15〕説據嚴敦易：《元劇斟疑》，1960 年中華書局出版。本文多有參考是書者，不敢掠美，特此及之。

〔16〕此南戲今佚。輯佚的有趙景深《宋元戲文本事》，1934 年北新書局出版；錢南揚《宋元南戲百一錄》，1934 年哈佛燕京學社出版；陸侃如、馮沅君《南戲拾遺》，1936 年哈佛燕京學社出版；錢南揚《宋元戲文輯佚》，1956 年上海古典文學出版社出版。計共得佚曲八支。

〔17〕《水滸全傳》第六十四回語。

〔18〕見王古魯編著：《明代徽調戲曲散齣輯佚》，1956 年古典文學出版社出版。

〔19〕見路工編：《明清平話小説選》第一集，1958 年古典文學出版社出版。

〔20〕杜千，今本《水滸傳》作杜遷，但《宣和遺事》原作杜千。況且杜千、宋萬正是一對，"遷"字當爲後人改易。

〔21〕較可靠的三種水滸雜劇：《梁山泊黑旋風負荆》《黑旋風雙獻功》《爭報恩三虎下山》，出塲的梁山人物皆僅四人。

原載《東方：中國小説戲曲研究專號》（1968）

明版水滸傳插圖兩種書後

　　現存各種《水滸傳》版畫，除了陳洪綬（老蓮）的《水滸葉子》外，要以袁無涯刊《李卓吾評忠義水滸全傳》的插圖最爲世人稱頌[1]。

　　郭味蕖《中國版畫史略》[2]對袁本給予極高的評價，郭氏稱：

　　　　插圖的繪制，作者沒有題名，以章法結構的謹嚴，人物前後錯落的富有變化，以疏朗朗的幾條綫條，便能活潑的表現出人物的思想情感，給予讀者以極深刻的印象，看來也不是平凡的畫手。如“血濺鴛鴦樓”“四路劫法場”“醉打蔣門神”“醉入銷金帳”“説三阮撞籌”諸幅，都有力的做到了對故事情節的細緻表達，表現了栩栩如生的英雄形象。

　　　　在圖版中的“火燒草料場”一幅中，刊有“劉君裕刻”的刊記題名。全部插圖，是否出於劉氏一人之手，雖不可知，但從刀法的渾樸大方、明净有力來看，的確是掌握了雕版傳統技巧的藝術大師，無疑的是代表着明季晚期雕版大家的風範，從而給與清初刊本的百回百圖的《隋唐演義》《封神演義》等奠定了典範。

　　　　《忠義水滸全傳》插圖的藝術性和思想性，都是相當高的。作者以極大的表現才華，塑造了英雄人物的英武面相，顯示了蓬勃的創作精神。（頁93至94）

　　此外，王伯敏《中國版畫史》[3]亦以爲劉君裕所刻《忠義水滸全傳》插圖，是明代戲曲小説插圖的代表作品之一。

　　案劉君裕所刻作品，日本內閣文庫藏有二種。《李卓吾先生批評西遊記》，附圖百葉，共二百幅。其中"五行山下定心猿"一幅，有"君裕劉刻"四字[4]。尚友堂刊《二刻拍案驚奇》，卷六"李將軍錯認舅"圖，題"劉君裕刻"，卷十八"春花婢誤洩風情"圖，題"君裕刻"。而同書卷一"進香客莽看金剛經"圖，則題"劉崟摹"[5]。可知劉君裕極可能僅是一位刻工，而繪圖的另有其人。陳啟明《水滸全傳插圖前言》所云："劉君裕的生平如何，目前還沒有材料可查，但是中國古代的木刻家，有的也是畫家。劉君裕是否就是這些插圖的作者，是一個值得研究的問題。"懷疑劉君裕是袁本《水滸傳》插圖的作者，是缺乏物證的。

　　郭味蕖、王伯敏、陳啟明、傅揚[6]都忽視了一個事實，就是袁本一百二十幅插圖中，一百幅和大滌餘人序本《忠義水滸傳》的插圖相同[7]。

　　對於這個現象，嚴敦易《〈水滸傳〉的演變》[8]有如下的解釋：

　　　　大滌餘人序本，刻工姓名上有新安字樣，他的插圖，據說和楊定見的袁無涯刊一百二十回本實是一版，袁本係萬曆末年所刻，故大滌餘人序本自是在他以後。當時書版的輾轉利用，是習見的事，插圖尤甚。明清之際的芥子園本，利用了大滌餘人序本，亦可旁證。刻工姓名上有新安字樣，是新安的刻工繼承了歷來的高超技術，尤其是版畫非他們不辦，這并不能作爲大滌餘人序本是天都外臣序本同時的新安刻本的依據。這個本子大概是在楊定見之後的。（頁185至186）

　　何心《水滸研究》[9]則更以爲大滌餘人序本乃是從袁本抽去田虎王慶故事後的"僞本"，何氏稱：

　　　　據我的推想，在百二十回本刊行之後，也許有一部分人感覺不滿意。他們認爲田王兩段根本太幼稚，無論如何改不好，還是刪去爲妙，百二十回本雖然號稱全書，實在

不及郭刻百回本高明。坊賈爲迎合這般人的意思起見，要
想翻印郭本。但是郭本一時又無法找到，於是便把百二十
回刪去田王兩段，冒充郭本，因此纔有這“僞百回本”。自
從商務印書館把百二十回本排印之後，這“僞百回本”簡
直是多餘的了。（頁88）

大滌餘人序本和袁無涯本文字的相互關係，本文不準備詳
談，但就插圖而言，很明顯的袁本是後出的、是模仿大滌餘人
序本的。袁本的插圖是大滌餘人序本插圖的覆刻，而不是和大
滌餘人序本“實是一版”。這些插圖雖有虎賁中郎之似，但人物
面目不甚清晰，表情木然，已大失大滌餘人序本的神韻。

大滌餘人序本“火燒草料場”圖，有“黃誠之刻”四字，
袁無涯本在同一位置有“劉君裕刻”四字，這很明顯的是劉氏
下意識刻上。（參閱插圖一至二）

插圖一：火燒草料場（大滌餘人序本　　插圖二：火燒草料場（袁無涯本《水
　　《水滸傳》書影）　　　　　　　　　　滸傳》書影）

　　大滌餘人序本百回百圖，并没有田虎王慶的故事。袁無涯本有圖一百二十幅，所增二十幅插圖全是關於田虎王慶的；我們評介劉君裕刻的水滸插圖應祇以此二十幅爲限[10]。郭味蕖所稱頌的"血濺鴛鴦樓""四路劫法場""醉打蔣門神""醉入銷金帳""説三阮撞籌"諸圖，刻工皆以大滌餘人序本精緻。（參閱插圖三至六）

　　大滌餘人序本除了"火燒草料場"圖題"黄誠之刻"外，"誤走妖魔"圖題"新安黄誠之刻"，"林冲鬥楊志"圖題"新安劉啓先刻"，"殺閻婆惜"圖題"劉啓先刻"。

　　黄誠之和劉啓先的作品，除大滌餘人序本《忠義水滸傳》插圖外，所知尚有以下三種：

　　美國國會圖書館藏《遺香堂繪像三國志》殘本，存圖四十二幅。第一幅題"新安黄誠之刻"，第七幅題"黄誠之刻"，第八

插圖三：説三阮撞籌（大滌餘人序本　　　《水滸傳》書影）

插圖四：説三阮撞籌（袁無涯本　　　《水滸傳》書影）

插圖五：劫法場（大滌餘人序本《水
　　　　滸傳》書影）

插圖六：四路劫法場（袁無涯本
　　　　《水滸傳》書影）

幅題"黃士衡刻"[11]。

　　近年所發現的明末話本《清夜鐘》，插圖十六幅，第一幅題
"黃子和刻"，第四幅題"啓先刻"[12]。

　　王孝慈舊藏的兩册《金瓶梅》插圖[13]，在一百幅插圖中，
有刻工題名的約四分之一。計題"新安劉應祖鐫"的一幅，"黃
汝耀刻"和"黃汝耀"的二幅[14]，"黃子立刊""黃子立刻""黃
子立"的三幅[15]，"洪國良刻"和"國良刻"的六幅[16]，而題"新
安劉啓先刻""劉啓先刊""劉啓先刻""劉啓先"或"啓先"的
則共十五幅[17]。

　　最後，談一談這兩種《水滸傳》插圖的年代。袁中道《遊
居柿錄》卷九（萬曆四十二年）："袁無涯來，以新刻卓吾批點
《水滸傳》見遺。"[18]因此袁無涯本《水滸傳》的刊行年份當爲
萬曆四十一、二年間。而大滌餘人序本則應略早一點，約萬曆

三十五年至四十年間。至於李玄伯《重刊〈忠義水滸傳〉序》定爲嘉靖本，實嫌過早。《遺香堂繪像三國志》《清夜鐘》《金瓶梅》三書，皆極有可能是明末崇禎年間以至清初的刻本[19]，黃誠之和劉啓先沒有可能在嘉靖年間便有如此成熟的作品。

注　釋

〔1〕此書有商務印書館排印本，無圖，改題《一百二十回的水滸》，1929年10月初版。插圖今有陳啓明校訂影印本，題《水滸全傳插圖》，1955年2月，上海人民美術出版社刊。

〔2〕1962年12月，朝花美術出版社刊。

〔3〕1961年10月，上海人民美術出版社刊。

〔4〕據孫楷第《日本東京所見中國小説書目》，1931年6月國立北平圖書館中國大辭典編纂處初版，頁143。

〔5〕《二刻拍案驚奇》三圖，皆收入長澤規矩也編《明代插圖本圖録（內閣文庫所藏短篇小説之部）》，昭和三十七年（1962年）1月，日本書誌學會刊。

〔6〕《明代的木刻版畫與〈水滸全傳插圖〉》，見人民美術出版社刊《水滸全傳插圖》。

〔7〕大滌餘人序本，乃李宗侗（玄伯）姪興秋所發現。李氏於1925年將此本排印發行。插圖今有鄭振鐸編影印本，題《忠義水滸傳插圖》，1958年5月，古典文學出版社刊。

〔8〕1957年3月，作家出版社刊。

〔9〕1954年7月，上海文藝聯合出版社初版。

〔10〕在這些插圖中，《衆女鬧新婚》《西市剮元兇》皆題"劉君裕刻"。

〔11〕據王重民輯録、袁同禮重校《國會圖書館藏中國善本書録》，頁770—771，1957年，美國國會圖書館刊。（*A Descriptive Catalog of Rare Chinese Books in the Library of Congress*，Compiled by Wang

Chung-min，Edited by T.L. Yuan. 1957，Library of Congress.）

〔12〕據路工編《明清平話小說選》第一集，1958 年 3 月古典文學出版社刊，頁 84。

〔13〕1933 年 3 月，古佚小說刊行會將《金瓶梅詞話》影印，附此等插圖，而未加說明，致不少人（如郭味蕖《中國版畫史略》誤會插圖是屬於《金瓶梅詞話》的。詳 P. D. Hanan: *The Text of the Chin P'ing Mei*，pp. 5—6; Asia Major，New Series：Volume IX，1962.

〔14〕黃汝耀存世作品尚有《黃河清》插圖。

〔15〕黃健中，字子立，他和明季大畫家陳洪綬的合作關係極爲密切。《九歌圖》和《博古葉子》都是他刻的。《寶綸堂集》卷首《軼事》引董場（無休）語："章侯（洪綬字）博古牌爲新安黃子立摹刻，其人能手也。章侯死後，子立畫見章侯至，遂命妻子辦衣歛，曰：陳公畫地獄變相咸（成？），呼我摩刻。此姜綺園爲余言者。"（光緒十四年，會稽董氏取斯堂重刊本，頁 7—8）

〔16〕洪國良存世作品尚有與項南洲等合刻的《吳騷合編》插圖。

〔17〕"蕙蓮兒偷期蒙愛""王三官義拜西門慶""元夜遊行遇雨雪""飲鴆藥武大遭殃""薛媒婆說娶孟三兒""潘金蓮醉鬧葡萄架""蕙蓮含羞自縊""西門慶書房賞雪""苗青謀財害主""書童私挂一帆風""吳月娘弄求子息""應伯爵隔花戲金釧""李瓶兒睹物哭官哥""李瓶兒病纏死孽""春梅嬌撒西門慶"。

〔18〕阿英（錢杏邨）校點：《袁小修日記》，1935 年 9 月上海雜志公司刊，頁 244。

〔19〕參看注十一、十二、十三，及孫楷第《中國通俗小說書目》，1932 年 3 月國立北平圖書館中國大辭典編纂處初版，頁 36。

原載《（香港大學）中文學會年刊》（1966—1967）

《明崇禎刻本水滸人物譜》書評

　　影印古籍善本，最重要的是存真。假如原本間不清晰，需要描潤，必須慎重其事，以免三豕涉河之失。至於增補刪削材料，尤應説明，不然讀者失察，將誤以爲原本如此。

　　例如，1932 年《新刻金瓶梅詞話》在山西重新現世，越年，北京古佚小説刊行會據以影印。雖然祇發行一百二十部，實已功德無量，爲“金學”奠基。不過，《金瓶梅詞話》原書無圖，影印本加入《新刻繡像批評金瓶梅》插圖，每回兩幅，共二百幅，不加説明，致一些學者專家長期以來誤以爲這些都是《金瓶梅詞話》的插圖。（如：郭味蕖《中國版畫史略》，朝花美術出版社，1962。）

　　刪削材料，假如不加説明，影響同樣嚴重。最近，廣西美術出版社印行《明崇禎刻本水滸人物圖譜》，就是一個以訛傳訛，越傳越錯的例子。

　　水滸人物版畫，最有名的是陳洪綬（1599—1652）的《水滸葉子》。其次就是相傳爲明人杜堇所繪的《水滸人物全圖》。《水滸人物全圖》，較易見到的是上海朵雲軒的木刻水印複製本，印刷和紙張都十分精美。可惜，完全沒有説明文字。

　　1986 年，上海書畫出版社據朵雲軒本印製普及本，書前有簡介：“《水滸人物全圖》是明代成化年間畫家杜堇所作。……作品流傳極少，如今可見到的不過三、五幅而已，版畫也僅此一册。……本圖册在一九五八年間上海朵雲軒曾經木版水印複製，印數很少，僅百餘册，而且大多發行國外。這次加以影印，意在普及……"印數二萬二千四百册，定價八角五分。圖像和朵雲軒本相比，祇可説是虎賁中郎而已。

廣西美術出版社發行的《明崇禎刻本水滸人物圖譜》（版權頁作《明刻本水滸人物圖譜》），印數二千册，定價十五圓。圖像模糊不清。書前有《畫外的話（代序）》，但没有文字説明版本所據。很可能是據上海書畫出版社的影印本複印。

從前讀書人説笑話，有"宋版四庫全書"的故事。大家都知道不可能有宋版清人編的《四庫全書》，同樣，"崇禎刻本"和"明刻本"《水滸人物全圖》也祇能是無中生有的杜撰。

原來，《水滸人物全圖》是在清末纔第一次刻版面世。原本有光緒壬午（八年，1882）劉晚榮的序，略云："又得明杜先生堇爲之補圖，……余藏之數年，愛不釋手，因擇名工鈎摹付梓，以公同好。"序文將《水滸人物全圖》來龍去脉，説得清清楚楚。朵雲軒未將之收入複製本，可謂失策。上海書畫出版社因而誤原本爲版畫。到了廣西美術出版社，更空中樓閣地創造出什麽"明刻本""崇禎刻本"了。

1934 年，中華書局影印貫華堂本金聖嘆批《水滸傳》，也附録《水滸全圖》。但書前劉復（1891—1934）有説明，并且除了影印劉晚榮序文外，還影印了劉復藏本葉德輝（1864—1927）的手跋。前輩辦事不苟且的精神，值得今日出版界借鏡效法。

原載《讀書》1997 年第 3 期，原題《讀書偶記》

馮夢龍與文震孟

明季通俗文學大家馮夢龍（1574—1646）的生平，今日所知有限，任何新材料的發現，都是值得高興的喜訊。最近，陸樹侖撰《馮夢龍的“以言得罪”和“屬籍鈎黨”》[1]，根據《吳郡文編》所收馮夢龍的兩篇文章，《吳邑令萬公去思碑》和《代人贈陳吳縣入覲序》，對馮夢龍的生平作了重大的補充。可惜所言皆誤。

陸樹侖認爲馮夢龍在天啓二年（壬戌，1622），以言得罪明熹宗，而事由可能是越制上書，爲熊廷弼（1569—1625）申辯。又以爲馮夢龍是東林成員，和周順昌是“金石交”，曾參加吳中士民反魏忠賢閹黨逮治周順昌的鬥爭，賴吳縣知縣陳文瑞的庇護，未遭毒手。

關於“以言得罪”，陸樹侖引《吳邑令萬公去思碑》：

> 余因思侯令吳三載間，余尚困公車。壬戌即以言得罪於上，旋復里居，得始終與侯周旋，知侯善政者莫余。

和《代人贈陳吳縣入覲序》：

> 予自哲皇帝朝以言得罪，里居三載，而同安陳公始以高第來令吳。

根據［民國］《吳縣志》，萬公是萬谷春（萬曆四十七年［1619］進士），進賢人，萬曆四十七年任知縣，天啓五年（1625）擢兵部主事；陳公是陳文瑞（天啓五年進士），同安人，天啓五年任，崇禎四年（1631）調簡[2]。

馮夢龍文章題目是《代人贈陳吳縣入覲序》，既稱“代人”，文中的"予"自然不可能是馮夢龍本人。《吳邑令萬公去思碑》雖然題目未明言，也是代作，而且還是代同一人而作。

陸文謂："馮夢龍自稱'余尚困公車'，又緊接着説'以言得罪於上'，是否在鄉試過程中因言'犯上'而獲罪呢？……（天啓）二年沒有舉行鄉試……因鄉試獲罪的可能是不存在的。"

"公車"指舉人入京應會試，和鄉試沒有關係。而馮夢龍科場屢次失利，一直未能成爲舉人，到崇禎三年（1630）纔選貢任教職[3]。可知《去思碑》的"余"也不是馮夢龍。

然則馮夢龍二文是代誰撰寫的呢？我以爲是代文震孟（1574—1636）。文震孟，字文起，吳縣人，文徵明曾孫，崇禎時仕至禮部左侍郎兼東閣大學士，《明史》卷二百五十一有傳；今撮録於下：

> 震孟弱冠以《春秋》舉於鄉，十赴會試。至天啓二年，殿試第一，授修撰。時魏忠賢漸用事，外廷應之，數斥逐大臣。震孟憤，於是冬十月上《勤政講學疏》……疏入，忠賢屏不即奏。乘帝觀劇，摘疏中"傀儡登場"語，謂比帝於偶人，不殺無以示天下，帝領之。一日，講筵畢，忠賢傳旨，廷杖震孟八十。首輔葉向高在告，次輔韓爌力爭。會庶吉士鄭鄤疏復入，內批俱貶秩調外。言官交章論救，不納。震孟亦不赴調而歸……崇禎元年以侍讀召。[4]

文震孟會試屢失利，天啓二年，"尚困公車"，同年高中，但十月即"以言得罪於上"，"旋復里居"。經歷與馮夢龍二文吻合無間。

文震孟和馮夢龍是同社中人。錢謙益（1582—1664）《馮二丈猶龍七十壽詩》自注："馮爲同社長兄；文閣學、姚宮詹皆社中人也。"[5]文閣學就是文震孟，姚宮詹則是文的外甥姚希孟（1579—1636）。馮、文、姚、錢所屬的"社"，可能就是復社[6]。

關於馮夢龍的"屬籍鉤黨"和馮與周順昌的"友誼"，陸文的根據是《代人贈陳吳縣入覲序》。上文既已考訂《入覲序》是代文震孟作，可不細辨。張溥（1602—1641）《五人墓碑記》記敘閹黨因蘇州士民抗拒逮治周順昌，處死五人，"斷頭置城上，顏色不少變。有賢士大夫發五十金買五人之脰而函之，卒與屍合"。及崇禎定逆案，盡逐閹黨，"郡之賢士大夫請於當道，即除逆閹廢祠之址以葬之，且立石於其墓之門以旌其所爲"。"賢士大夫者，同卿因之吳公、太史文起文公、孟長姚公也"[7]。始終其事，不顧一己安危的正是文震孟、姚希孟和吳默（1554—1640）。

　　狀元文震孟找不第秀才馮夢龍捉刀，初看似頗荒謬，其實還是可以理解的。文震孟可能事忙，也有可能是借此藉口資助他的朋友馮夢龍。至於文震孟賞識和信賴馮夢龍的文筆，更不庸置疑。

1983 年 8 月 14 日

注　釋

〔1〕刊《遼寧大學學報》（哲學社會科學版）1981 年第 6 期，頁 83—84。

〔2〕《吳縣志》（1933）卷二，《職官表》，葉 18。

〔3〕《吳縣志》卷十六，《選舉志》，葉 15 下；《丹徒縣志》，光緒五年（1879），卷二十一，《官師表》，葉 24 下，謂馮夢龍"天啓中任"丹徒訓導，誤，蓋馮崇禎三年始爲貢生。

〔4〕《明史》（北京：中華書局，1974），頁 6495—6497。

〔5〕《初學集》（《四部叢刊》本）卷二十下，葉 3 下—4 上。

〔6〕參看胡萬川：《馮夢龍與復社人物》，刊《中國古典小説研究專集》第 1 輯（1979），頁 123—136。

〔7〕《七録齋詩文合集・古文存稿》（影印明張采選刊本）卷三，葉 1 上—3 上。

原載《中華文史論叢》1984 年第 1 輯

研究馮夢龍編纂民歌的新史料

——俞琬綸的《〈打棗竿〉小引》

　　馮夢龍所編民歌集，前此所知有《掛枝兒》和《山歌》兩種，習見者爲上世紀六十年代初期中華書局上海編輯所編刊《明清民歌時調叢書》本。《掛枝兒》所據底本爲上海圖書館藏明寫刻本九卷殘本，缺序跋。《山歌》所據爲北京圖書館藏（鄭振鐸先生舊藏）啓禎間寫刻本，有"墨憨齋主人"（馮夢龍）敘。

　　今春在美國國會圖書館檢讀明人別集，看到俞琬綸的《自娛集》十卷萬曆原刊本[1]。卷八有《〈打棗竿〉小引》，乃爲馮夢龍所編民歌集撰寫者，前此未見徵引。現逐錄於下：

　　　　街市歌頭耳，何煩手爲編輯，更付善梓，若欲不朽者，可謂童癡。吾亦素作此興，嘗爲琵琶婦陸蘭卿集二百餘首，間用改竄。不謂猶龍已早爲之，掌錄甚富，點綴甚工。而蘭卿所得者，可廢去已。蓋吾與猶龍，俱有童癡，更多情種，情多而寡緣，無日無牢愁，東風吹夢，歌眼泣衣，吾兩人大略相類。此歌大半牢愁語，聊以是爲估客樂。每一宛唱，便如歸風信鴿。平時闊絕者，恍然面對。天下多情，寧獨吾兩人乎。如以春蛙秋蟬聽之，而笑爲蟲鄙，笑者則蟲鄙矣。歌不足傳，以情傳。巴歌、櫂歌、踏歌、白苧歌、吳歈歌，或入琴箋，或供詩料，至今有其名，是豈在歌也。

俞琬綸（1578—1618），字君宣，號艷明。長洲人，與馮夢龍同縣[2]。萬曆四十一年（1613）進士，同年任浙江衢州府西安知縣。［康熙］《江南通志·人物》謂俞“風流文采，掩映一時。但放誕不能居官，臺憲劾之，云：‘聊有晉人風味，絕無漢宫威儀。’琬綸笑曰：云‘絕無’可稱知己，云‘聊有’不無遺憾。著書自娱，臨池最勝”[3]。［康熙］《衢州府志·循吏》則稱其“政清事簡，在任五年，恤民造士，罔不真切。以病歸，行李蕭然。及卒，貧不能舉喪，猶待麥舟贈賻”[4]。

《自娛集》有文震孟戊午（1618）中秋序，有“後死者之任”語，可見俞卒於萬曆四十六年（1618）病歸不久。又據姚希孟《祭俞西安君宣文》，俞卒年僅四十一[5]。如是應萬曆六年（1578）生。文震孟和姚希孟是舅甥，與馮夢龍是同社中人[6]。

馮夢龍評選散曲集《太霞新奏》（署“香月居主人評選”；“發凡”署“香月居顧曲散人”），卷十收有俞君宣《二郎神·傅靈修五調（有序）》，後附按語：

　　君宣資近於詞，下筆靈秀，頗似湯臨川，但於此道中聞見未廣耳。《自娛集》所刻，多出韻落調。偶獲全璧，亦異事也。[7]

卷十二則有龍子猶（馮夢龍）《步步嬌·別思》，注云：“改俞君宣。”曲後按語云：“君宣料，子猶調，合之雙美。”[8]馮俞皆性情中人，宜其爲友。

俞琬綸《〈打棗竿〉小引》文字不多，但對考證馮夢龍編訂民歌情況，提供重要資料。《打棗竿》疑即《掛枝兒》前身。“掛枝兒”和“打棗竿”相近，明人每不分辨。如王驥德（1623卒）《曲律》卷四《雜論下》：“小曲‘掛枝兒’即‘打棗竿’，是北人長技，南人每不能及。昨毛允遂貽我吳中新刻一帙……”[9]沈德符（1578—1642）《萬曆野獲編》卷二十五《時尚小令》：“比年以來，又有‘打棗竿’‘掛枝兒’二曲，其腔調約略相似。……以至刊佈成帙，舉世傳誦。”[10]

《山歌》又稱《童癡二弄》。馮夢龍《敘山歌》：“録掛枝詞而及山歌”，近人如鄭振鐸、關德棟諸先生，皆謂《童癡一弄》當爲《掛枝兒》。[11] 俞琬綸《〈打棗竿〉小引》，兩用“童癡”一詞，應非巧合。疑馮夢龍所編民歌初集，原名《打棗竿》，後改名《掛枝兒》，因俞序又名《童癡》。二集則爲《山歌》，又名《童癡二弄》。

《掛枝兒》之刊行，容肇祖先生以爲在萬曆三十七年（1609）前後，但未提出確證，祇是根據《萬曆野獲編》記載馮夢龍慫恿書坊購刻《金瓶梅》事猜想[12]。哈佛大學韓南（Patrick Hanan）教授則以爲王驥德大抵在 1616 年後得讀該民歌集，又如有關熊廷弼替馮夢龍解圍之傳說可靠，《掛枝兒》之刊行應在 1619 年以前[13]。俞琬綸萬曆四十六年（1618）卒，此應爲馮夢龍編訂《打棗竿》的絕對下限。《小引》似撰於俞氏成進士入仕以前，如是下限可提前到萬曆四十一年（1613）。

俞琬綸謂《打棗竿》“點綴甚工”，可見馮夢龍的編訂民歌集和他的編訂平話集《三言》一樣，頗多删訂。

《自娱集》尚有其他資料。《掛技兒》和《山歌》所録，多出自民間，僅極少數作者可考。如《山歌》卷一《捉奸》，原注：“此余友蘇子忠新作。子忠篤士，乃作此異想，文人之心何所不有。”蘇子忠生平不詳[14]，但《自娱集》卷七有《蘇子忠詩序》，云：“子忠不能謀生，而窮愁淒婉之變，多觸於幽情物候，而雜出於詩。”則亦一失意文人。

1985 年 4 月 10 日初稿，7 月 12 日補訂

注　釋

〔1〕此外，普林斯頓大學葛思德東方書庫（Gest Oriental Library of Princeton University Library）有日本内閣文庫藏本影印本；芝加哥大學遠東圖書館等有原北平圖書館藏本顯微膠卷。

〔2〕馮夢龍籍貫前有吳縣及長洲二説。據馮撰《壽寧待志》（崇禎十年〔1637〕序刊本）卷下，葉 14 上，馮爲"直隸蘇州府吳縣籍長洲縣人"。

〔3〕〔康熙〕《江南通志》卷四十三，葉 41 上。

〔4〕光緒重刊〔康熙〕《衢州府志》卷三十一，葉 39 下—40 上。

〔5〕姚希孟：《棘門集》（崇禎絳跌堂刊本）卷七，葉 29 下—31 上。〔同治〕《蘇州府志》卷八十七《人物》，謂俞卒年四十三，疑誤。《府志》俞傳主要是撮録徐𣈟《續名賢小紀》，但徐書（見《涵芬樓秘笈》第七集）并未記俞卒年。

〔6〕錢謙益《馮二丈猶龍七十壽詩》，自注："馮爲同社長兄，文閣學、姚宮詹皆社中人也。"《初學集》（《四部叢刊》本），卷二十下，葉 3 下—4 上。參看：馬泰來：《馮夢龍與文震孟》，刊《中華文史論叢》1984 年第 1 輯，頁 137—139；金德門：《馮夢龍社籍考》，刊《中華文史論叢》1985 年第 1 輯，頁 281—284。

〔7〕《太霞新奏》（影印天啓刊本，缺出版資料）卷十，葉 5 上—7 上。

〔8〕《太霞新奏》卷十二，葉 25 下—27 下。

〔9〕陳多、葉長海注釋：《王驥德〈曲律〉》（長沙：湖南人民出版社，1983），頁 272。

〔10〕《萬曆野獲編》（北京：中華書局，1980）頁 647。

〔11〕鄭振鐸：《跋〈山歌〉》，撰於 1935 年，收入鄭氏著《中圖文學研究》（北京：作家出版社，1957），頁 1033—1036。《掛枝兒》（北京：中華書局，1962），關德棟序。

〔12〕容肇祖：《明馮夢龍的生平及其著述續考》，刊《嶺南學報》，第 2 卷

第 3 期（1932），頁 103。其實馮夢龍和沈德符相晤，可能晚至萬曆四十一年（1613）；參看馬泰來：《諸城丘家與〈金瓶梅〉》，刊《中華文史論叢》1984 年第 3 輯，頁 204—205。

〔13〕Patrick Hanan, *The Chinese Vernacular Story*（Cambridge, Mass.: Harvard University Press, 1981）, pp.224—225.

〔14〕Cornelia Töpelmann, *Shan-ko.von Feng Meng-lung: cine volksliedersammlung aus der Ming-Zeit*（Wiesbaden: Franz Steiner Verlag GmbH.1973）, p.132, 根據《中國人名大辭典》，以爲蘇子忠或爲蘇濬，字子冲，濮州人，早歲隨其父宦吳。其説大誤。蘇濬，嘉靖二十八年（1549）舉人，隆慶四年（1570）會試前卒。（〔宣統〕《濮州志》，卷四，《鄉賢》葉 84。）其時，馮夢龍和俞琬綸皆尚未出生也。

原載《中華文史論叢》1986 年第 1 輯

馮夢龍友朋交遊詩考釋

明季通俗文學大家馮夢龍，編撰甚豐，影響至巨。可惜今日我們對其生平所知仍有限。近年因爲翻檢明人總、別集，共得馮夢龍友人所撰交遊、倡和詩十首。雖吉光片羽，彌足珍貴。今略按年代編次，試爲考釋。大抵略人所共知（如錢謙益生平），而詳人所未曉。闡幽顯微，或可有助馮夢龍（猶龍）的全面研究。

一、董斯張《偕馮猶龍登吳山》（1628 前）

春暉駘蕩静無氛，選勝藍輿喜共君。
湖影正當巖際落，江聲初到樹邊分。
野田鳥雀翻斜照，城郭人煙混白雲。
傳有神仙蜕遺骨，至今靈氣自氤氲。

陳濟生輯，《天啓崇禎兩朝遺詩》卷八

董斯張，原名嗣暲，字然明。後改名斯張，字遐周，號借菴。烏程（今浙江吳興）人。萬曆十四年（1586）生，崇禎元年（1628）卒。祖父董份（1510—1595），嘉靖四十四年（1565）禮部尚書，旋削籍。父道醇，萬曆十一年（1583）進士，南京工科給事中；母茅氏，茅坤（1512—1601）女。子董説（1620—1686）。斯張，廩貢生，工詩耽書，旁通釋道。著作傳世者有《静嘯齋存草》十二卷、《静嘯齋遺文》四卷、《吹景集》十四卷等。

有《瘦居士自傳》，上述諸書失載，見《潯溪文徵》卷六，又杜聯喆輯《明人自傳文抄》。

馮夢龍嘗謂："遐周曠世才人，亦千古情人。詩賦文詞，靡所不工。其才吾不能測之，而其情則津津筆舌下矣。"（《掛枝兒》卷三）又謂："董遐周絕世聰明，其所著《廣博物志》《静嘯齋集》，俱爲文人珍誦。惜詞不多作。"（《太霞新奏》卷十）

馮夢龍早歲浪跡青樓，熱戀妓女侯慧卿，可惜後爲所棄。馮夢龍有《怨離詩·憶侯慧卿》三十首，今僅存一首，見《掛枝兒》卷二；又《怨離詞》，見《太霞新奏》卷七，附"静嘯齋"評："子猶自失慧卿，遂絕青樓之好，有《怨離詩》三十首，同社知者甚多，總名曰《鬱陶集》。如此曲直是至情迫出，絕無相思套語。至今讀之，猶可令人下淚。"近人皆認爲"静嘯齋"即董斯張，無異議者。

按小説《西遊補》，題"静嘯齋主人著"。而世人則皆謂作者爲董説。恐非確論。董説其他作品，無署"静嘯齋"或"静嘯齋主人"者。順治七年（1650），董説作《漫興詩》十首，第三首有句云："西遊曾補虞初筆，萬鏡樓空及第歸。"自注云："余十年前曾補西遊，有萬鏡樓一則。"崇禎十三年（1640），董説二十歲，人生經歷至淺，似無法撰寫《西遊補》，或僅補訂其父遺著。《西遊補》目次十五回，而正文則十六回。目次第十回：萬鏡樓行者重歸，葛藟宮悟空自救。第十一回：關雎殿唐僧墮淚，撥琵琶季女彈詞。正文在此二回之間，插入第十一回：節卦宮門看帳目，愁峰頂上抖毫毛；"關雎殿"改爲第十二回。又書首静嘯齋主人《西遊補答問》，亦謂"《西遊補》十五回"，但"關雎殿"則在第十三回。可見"萬鏡樓"前後數回，修訂頗大。

吳山，在杭州。神仙云云，或指元末丁野鶴。田汝成（1526

進士)《西湖遊覽志》卷十二："丹徒丁野鶴，棄俗全真。一日，召其妻王守素入山，付偈云：'嬾散六十年，妙用無人識。順逆兩俱忘，虛空鎮長寂。'抱膝而逝。守素奉其屍而漆之，端坐如生。"

二、毛晉《和〈冬日湖村即事〉》(1617—1643)

湖曲波寒魚可叉，一舟如葉渡頭斜。

高籬懸瓠剖春榼，矮屋添茅覆水車。

沽酒前村逢故友，尋僧廢寺見梅花。

蕭然野外無人事，古木干霄聚暮鴉。

《和友人詩卷》(《虞山叢刻》)

毛晉，原名鳳苞，字子九。後改名晉，字子晉，號潛在。常熟(今屬江蘇)人。萬曆二十七年(1599)生，順治十六年(1659)卒。諸生。好古博覽，構汲古閣，藏書數萬卷，延名士校勘，刻十三經、十七史、古今百家，及從未梓行之書，有功於藝苑甚鉅。錢謙益撰墓誌銘，見《有學集》卷三十一。

《和友人詩卷》各詩，據毛晉序言，始丁巳(萬曆四十五年，1617)，迄癸未(崇禎十六年，1643)。

《和友人詩卷》，附馮夢龍原作。馮詩又見朱彝尊(1629—1709)輯《明詩綜》卷七十一，文字有出入，當以《和友人詩卷》所錄爲確。又《虞山叢刻》所據毛晉稿本《汲古閣集》，今存上海圖書館；參看：沈津，《燁齋書跋》，刊《九州學刊》，總第 2 期(1986 年 12 月)。

三、潘一桂《送馮猶龍入楚》(1608—1620)

世事已如許，悲歡安用深。青天不相照，白日幾浮沉。

寥落原吾輩，淹留更此心。湘江從古地，慎勿效行吟。

《中清堂集・詩》卷五

　　潘一桂，字木公，又字無隱。吳江（今屬江蘇）人。萬曆二十年（1592）生，崇禎八年（1635）卒。少機警，過目成誦。年十六，補諸生。念賦學衰廢，思一振勵之，乃杜門研思，年未三十，作賦數十篇，爲時所稱。唐世孫好詞賦，以書幣招之，再三辭。及世孫立爲王，遣使迎候，不得已，往居一月，稱疾辭歸。一桂爲復社中人。著作傳世者有《中清堂集》十七卷、《潘木公集》六卷。其子潘陸撰行狀，見《潘木公集》。

　　馮夢龍早歲習舉業，治《春秋》頗有名，然失意科場。萬曆末，宦遊湖廣，館麻城田家。潘一桂詩當作於馮夢龍入楚之時。潘詩意氣低沉，可知馮夢龍作客遠方，并非本志。按馮夢龍編撰《麟經指月》，有泰昌元年（1620）梅之煥序，略云："敝邑麻，萬山中手掌地耳，而明興獨爲《麟經》藪。……迺吾友陳無異令吳，獨津津推轂馮生猶龍也。……無何而馮生赴田公子約，惠來敝邑，敝邑之治春秋者，遑遑反問渡於馮生。"陳無異，名以聞，麻城人，萬曆三十五年（1607）進士，知吳縣，三十六年到任。馮夢龍赴麻城，當在此年之後。

四、毛瑩《馮夢龍先生席上，同楚中耿孝廉夜話》（1620後）

蕭蕭文酒雅相宜，沅芷湘蘭慰所思。
千里雲停懷舊社，一時星聚結新知。
騷壇共識南風競，郢曲重翻白雪奇。
自笑囊錐已無用，好憑何物校妍媸。

《晚宜樓集》卷五

　　毛瑩，始名培徵，後改名瑩，字湛光，又字休文，晚號大休老人。吳江（今屬江蘇）人。萬曆二十二年（1594）生，康熙九年（1670）尚在世。諸生，窮居自適，日事吟詠，多方外交，常寓僧寮，累月不出。［嘉慶］《黎里志》卷九有小傳。

　　按瑩父以燧，字允遂，號粲花館主人，太學生，王驥德好友。嘗爲王氏《新校注古本西廂記》撰序。以燧妻汝文淑，善繪事，摹宋元諸家山水人物花草，無不逼肖。王驥德以其所臨錢叔寶《會真卷》重摹入梓，作爲《西廂記》插圖。天啟三年（1623），王驥德病重，以《曲律》稿本寄毛以燧告訣。王驥德死後，毛以燧不負知己，將《曲律》刊佈，并邀馮夢龍撰序。及毛以燧卒，馮夢龍有《輓毛允遂》詩。馮夢龍於毛瑩爲父輩。

　　馮夢龍在楚時結文社曰"韵社"，自爲社長。《麟經指月發凡》謂："頃歲讀書楚黃，與同社諸兄弟掩關卒業。"又所編《古今笑》，有"韵社第五人"。《題古今笑》謂："韵社諸兄弟抑郁無聊，不堪復讀《離騷》，計唯一笑足以自娛，於是爭以笑尚，推社長子猶爲笑宗焉。"馮夢龍返吳後，社友耿孝廉嘗過訪。馮夢龍宴客，毛瑩作陪。"結新知"云云，可知毛、耿前未相識。

　　孝廉，舉人雅稱。翻檢［光緒］《黃州府志》卷十五，明代萬曆中迄崇禎末，黃安耿姓舉人，僅萬曆四十三年（1615）耿汝忞，及四十六年（1618）耿汝思二人。而二人又皆名列《麟經指月》"參閱姓氏"中。"楚中耿孝廉"，應爲耿汝忞或耿汝思。按汝忞爲定力子，汝思爲定理子，皆定向姪。

五、艾容《寄馮猶龍京口，著有〈智囊〉〈衡庫〉等集》（1630—1634）

幾載行雲寄遠思，美人相望在江湄。

《智囊》自屬救時宰，經篋原爲天下師。

月滿絳紗移樂部，風清狼石看潮時。

海門樽酒言何日，寒氣城高詠昔詩。

《微塵閣稿》卷七

艾容，字子魏。江寧（今南京）人。天啓時副榜充恩貢。［康熙］《江寧縣志》卷十有傳，略云："艾容，幼負經世之略，豪於詩文，悲時嫉俗，慷慨淋漓，不能自已。壬申（崇禎五年，1632），客劉總戎（保定總兵劉國柱？）幕中，力爭機務於督撫，不從，知其必敗。……目擊時事日非，徒長鳴永號，不得行其志，鬱鬱以死。識者稱其強忍有力，達觀遠見，確然中當世受病之源。惜未能竟用也。"

京口，即丹徒（今江蘇鎮江）。艾容此詩，撰於馮夢龍爲丹徒訓導任內。顧炎武（1613—1682）《日知錄》卷十七《進士得人》："明初薦辟之法既廢，而科舉之中，尤重進士。神宗以來，遂有定例，州縣印官，以上中爲進士缺，中下爲舉人缺，最下乃爲貢生缺。"馮夢龍本人初亦輕視貢生，嘗撰話本《老門生三世報恩》（在《警世通言》第十八卷），主角爲才高數奇的鮮于同，屢次科第不得中式，本可循資出貢，"他是個有才有志的人，貢途的前途是不屑就的"，甚至説："不中進士，再做不得官。俺寧可老儒終身，死去到閻王前面高聲叫屈，還博得個來世出頭。豈可屈身小就，終日受人懊惱，吃順氣丸度日！"正是馮夢龍夫子自道。故事中鮮于同最後"五十七歲登科，六十一歲登甲，歷仕二十三年，腰金衣紫，錫恩三代”。則是馮夢龍的夢想。可惜事與願違，馮夢龍科場失利，到了崇禎三年（1630），他也五十七歲了，終於忍聲下氣，循資出貢，被任爲丹徒縣訓導。而在崇禎七年（1634），升任福建壽寧知縣。

在馮夢龍衆多著作中，艾容特別提出《智囊》和《春秋衡庫》二種。《智囊》成於天啓六年（1626），《四庫全書總目》卷一百三十二《子部雜家類存目》著錄，謂：“取古人智術計謀之事，分爲十部，亦間繫以評語，佻薄殊甚。”佻薄云云，有失公允。從書中評語，可以見到馮夢龍的經世理論，所以艾容稱之爲“救時宰”。

《春秋衡庫》三十卷，有天啓五年（1625）麻城李長庚序，又“楚黃門人”周應華跋，云：“吾師猶龍氏才高殖學，所著多爲世珍，而《麟經》尤擅專門。《指月》既行，嗣有《衡庫》。”《麟經指月》和《春秋衡庫》，皆爲習舉業者編輯，以備時文掎摭之用，并非有個人見解的經學著作。不過《春秋衡庫》在明末實頗有名。如張自烈（1597—1673）爲馮如京的《春秋大序》撰序，即謂：“應舉獨《愍渡》《指月》《匡解》《發微》《因是》諸書，而《衡庫》爲尤備。”（《芑山文集》卷二十二）時譽如此。

“紗帳樂部”，用馬融典，或非實況。《後漢書》卷六十上《馬融列傳》：“常坐高堂，施絳紗帳，前授生徒，後列女樂。”

六、阮大鋮《同虞來初、馮猶龍、潘國美、彭天錫登北固甘露寺》（1630—1634）

> 莫禦馮高意，同人況復臨。雲霞鄰海色，鴻雁赴霜心。
> 川氣飲殘日，天風侮定林。無嫌誦居淺，暝月已蕭森。
>
> 《詠懷堂詩集》卷三

阮大鋮，字集之，號圓海，又號石巢，百子山樵。桐城（今屬安徽）人。萬曆十五年（1587）生，順治三年（1646）卒。萬曆四十四年（1616）進士。天啓初，吏科都給事中缺，阮大鋮次當遷，而爲趙南星、高攀龍等所沮，因附魏忠賢，得授爲太常少卿。及忠賢敗，尚起爲光禄卿。崇禎元年（1628）五月，御史毛羽健劾其黨邪，免官。又明年三月定逆案，論徒三年，輸贖爲民，遂返故里。終崇禎一朝，廢置不用。及李自成破北京，馬士英迎立福王於南京。阮大鋮復起，官至兵部尚書，兼右副都御史。起逆案中人，而與東林、復社爲仇。清軍破南京，降，隨進軍福建，斃於仙霞嶺上，傳見《明史》卷三百八《奸臣傳》。大鋮，品格卑劣，然詩文俱佳，尤善詞曲，傳世作品有《春燈謎》《燕子箋》《雙金榜》《牟尼合》等。

北固山在丹徒東北江濱，山勢陡峭，與金山、焦山并稱京口三山，而甘露寺則相傳爲三國時劉備招親之所。《詠懷堂詩集》正集所收各詩，皆撰於崇禎九年（丙子，1636）以前。此詩應作於馮夢龍在丹徒任内。

虞來初，名大復，又字元見。金壇（今屬江蘇）人。萬曆三十五年（1607）進士。崇禎二年（1629）三月，南京户部尚書署吏部事鄭三俊掌"南察"，降斥魏忠賢遺黨六十五人，虞大復在焉。鄭三俊疏文，收入吳應箕（1594—1645）《兩朝剥復録》卷九，今抄録其有關虞大復部分："原任本部（禮部）祠祭司郎中，今升任（江西參政）虞大復：揮霍多能，跅弛自喜，操持少檢，穢跡喧傳。以周應秋之愛婿，作魏忠賢之義孫。躬詣璫祠，當先叩首。稱頌形之，拜跪擁戴，載入疏詞。……轉官全憑泰山之力，附奄多聯八拜之交。廉恥都捐，面目有靦。"同月，定逆案，虞大復照不謹例，冠帶閒住。福王時，阮大鋮翻案，虞大復始復起。（參看《國榷》卷八十九、《明史》卷三百六）周應秋，魏忠賢門下"十狗"之首，吏部尚書。

虞大復亦治《春秋》。孔貞時《在魯齋文集》卷三《元見麟經草序》謂："余友虞元見以《麟經》爲天下第一人，年最少，才名最著。……稱麟家宗匠。"而馮夢龍《麟經指月》"參閱姓氏"，虞大復即在其中。可知馮夢龍在赴丹徒前和虞大復早有交往。丹徒和金壇同屬鎮江府，相距匪遥，二人聚面機會至多。阮、馮之相會，或出虞大復介紹。

潘國美，名不詳。事蹟待考。

彭天錫，名不詳。溧陽（今屬江蘇）人。明末著名業餘演員。張岱（1597—1679）《陶庵夢憶》卷六《彭天錫串戲》："彭天錫串戲妙天下，然齣齣皆有傳頭，未嘗一字杜撰。曾以一齣戲，延其人至家費數十金者，家業十萬緣手而盡。三春多在西湖。曾五至紹興，到余家串戲五六十場而窮其技不盡。"卷四《不繫園》："甲戌（崇禎七年，1634）十月。携（朱）楚生住不繫園看紅葉，至定香橋，客不期而至者八人：南京曾波臣（鯨），東陽趙純卿，金壇彭天錫，諸暨陳章侯（洪綬），杭州楊與民、陸九、羅三、女伶陳素芝。……是夜彭天錫與羅三、與民串本腔戲，妙絕。與楚生、素芝串調腔戲，又復妙絕。"卷五《劉暉吉女戲》："天錫，曲中南董，絕少許可。"阮大鋮和馮夢龍皆爲戲劇作家，并重視表演，和彭天錫共遊，殊不意外。

七、文從簡《馮猶龍》（1638 後）

早歲才華衆所驚，名場若個不稱兄。
一時文士推盟主，千古風流引後生。
桃李兼栽花霧濕，宓琴流響訟堂清。

歸來結束墻東隱，翰繪機蓴手自烹。

陳濟生輯，《天啓崇禎兩朝遺詩》卷八

文從簡，字彥可，晚號枕烟老人。長洲（今江蘇蘇州）人。萬曆二年（1574）生，順治五年（1648）卒。文徵明（1470—1559）曾孫。祖父文嘉，父元善。善書畫，傳其家法而少變。崇禎十三年（1640）廷試貢士，例得學博，不赴選人。小傳見張庚（1685—1760）《國朝畫徵續録》卷上。

此詩寫於馮夢龍致仕後，頗能綜述其生平。首四句敘其入仕前情況，意氣風發。“桃李”句大抵指其任丹徒訓導，雖然前此馮夢龍數爲館師。“宓琴”句贊其在壽寧知縣任內，政簡刑清。末二句描述當日馮夢龍歸隱林下，逍遥自在。

八、錢謙益《馮二丈猶龍七十壽詩》（1643）

晉人風度漢循良，七十年華齒力强。

七子舊遊思應阮，五君新詠削山王。

（馮爲同社長兄。文閣學、姚宮詹皆社中人也。）

書生演説鵝籠裏，弟子傳經雁瑟旁。

縱酒放歌須努力，鶯花春日爲君長。

《牧齋初學集》卷二十下

錢謙益，字受之，號牧齋，又自號蒙叟，絳雲老人、東澗遺老。常熟（今屬江蘇）人。萬曆十年（1582）生，康熙三年（1664）卒。萬曆三十八年（1610）進士，授編修，名隸東林黨。崇禎初官禮部侍郎，會推閣臣，與温體仁争，削籍歸。福王時，官禮部尚書。多鐸定江南，謙益迎降。官禮部侍郎管秘書院事，充修明史副總裁，俄乞歸。《清史稿》卷四百八十四有傳。

此詩在牧齋《東山詩集》四，卷内所收詩“起癸未（崇禎十六年，1643）正月，盡十二月”。“馮二丈”，馮夢龍兄弟三人，夢龍居中，兄夢桂，弟夢熊。

“晉人風度漢循良”句，贊美馮夢龍政蹟，令人聯想到馮夢龍另一友人俞琬綸。馮夢龍《古今譚概》卷十一《酒狂》：“俞華麓宦京師，有鄉人邀飲，醉後大譁。某大僚居密飲所，患疾，使人請勿譁。俞曰：‘爾患疾，吾亦患酒狂，各無害也。’譁如故。後俞遷閩，而某適撫閩，疏劾曰：‘聊有晉人風度，絕無漢官威儀。’俞拍案笑曰：‘言“絕無”可謂知己，但云“聊有”，不無遺憾。’”按俞琬綸，字君宣，長洲人，萬曆四十一年（1613）進士，同年任浙江西安知縣。［康熙］《江南通志》卷四十三，謂俞“風流文采，掩映一時。但放誕不能居官，臺憲劾之，云：聊有晉人風味……”尤侗（1618—1704）《西堂雜俎三集》卷五《題俞君宣遺蹟》：“又聞先生作令時，許百姓以素扇花箋隨投文而入，放衙揮洒，令堂吏纍纍抱之出。一切薄書束弗問。幾以官爲戲矣。”（俞琬綸生平，及和馮夢龍的交往，詳拙文，《研究馮夢龍編纂民歌的新史料——俞琬綸的〈打棗竿小引〉》，刊《中華文史論叢》，1986 年第 1 輯）。

俞、馮二人同縣友好，先後仕宦，皆以“晉人風度”稱。但一被述爲“絕無漢宮威儀”，一則被述爲“漢循良”。可能馮夢龍引俞爲鑑。徐𤊾《壽寧馮父母詩序》：“令早起坐堂皇、理錢穀簿書，一刻可了。退食之暇，不丹鉛著書，則撚鬚吟咏。……顧先生雖耽詩乎（原文如此），而百端苦心，政平訟理。”（上海圖書館藏《紅雨樓集》稿本，册一）馮夢龍治壽寧，競競業業，無愧“漢循良”。

“七子”“五君”用漢晉間建安七子、竹林七賢典。《宋書》卷七十三《顔延之傳》：“延之好酒疏誕，不能斟酌當世，見劉湛、殷景仁專當要任，意有不平。……辭甚激揚，每犯權要。……
出爲永嘉太守，延之甚怨憤，乃作《五君詠》以述竹林七賢，
山濤、王戎以貴顯被黜。"錢謙益作此詩時，家居失意，引顏延
之自況。（按錢謙益盜宋楊億（974—1020）句。方回（1227—
1307）《瀛奎律髓》卷六，選楊億《書懷寄劉五》詩二首，有"四
客高風驚楚漢，五君新詠棄山王"聯。）

　　應、阮，漢末應瑒、阮瑀，此處指文震孟和姚希孟，皆已前
卒。文震孟，字文起，長洲人，文徵明曾孫（祖文彭，父元發），
與文從簡爲再從兄弟。天啟二年（1622）狀元，崇禎時仕至禮部
左侍郎，兼東閣大學士。《明史》卷二百五十一有傳。馮夢龍嘗
爲其代撰《邑令萬公去思碑》及《贈陳吳縣入覲序》。參看《馮
夢龍與文震孟》。姚希孟，字孟長，文震孟甥。萬曆四十七年
（1619）進士，改庶吉士。崇禎時爲少詹事，掌南京翰林院。《明
史》卷二百十六有傳。馮夢龍嘗撰《貞節姚母旌表序》。

　　馮、錢、文、姚爲同社中人。時彥或以爲"社"即復社，
其說不確。馮夢龍名字下見眾多復社名册。錢詩連用建安七子、
竹林七賢典，疑馮等嘗結一七人文社，而至是五人尚存。

　　"書生"句，用有名的《續齊諧記》中的《陽羨書生》典，
疑指馮夢龍編撰小說。"弟子"句，則言其學有所長，以《春秋》
授徒。

　　末二句述馮夢龍當時情況。"鶯花春日"，馮夢龍生辰應在
年初。又按《東山詩集》各詩，按年月編次，頗爲井然。《馮二
丈猶龍七十壽詩》，在《癸未元日》和《蟲詩十二章》之間，後
者有癸未三月十六日序，《馮》詩當作於三月十六日前。

原載《中國圖書文史論集》（1991）

補記：原文尚録有沈自晉及王挺二詩詩目，缺原文及箋注。蓋《中國圖書文史論集》爲錢存訓先生八十祝壽集，而二詩則爲馮夢龍去世撰寫，故刪去未録。二詩研究者衆，今亦不補。

本文録詩八首，存目二首。高洪鈞，《馮夢龍集箋注·時人題詩》(2006)，録詩九首，全同，毛晉詩一首，改置《遺詩編》。楊曉東《馮夢龍研究資料彙編·友人酬答題詠詩拾遺》(2007)，録詩八首，另毛晉詩別置，僅未録艾容詩。何其巧合！

本文引用潘一桂、艾容及阮大鋮詩，皆爲第一次發表。潘、艾二人別集，國内罕見。芝加哥大學圖書館有日本内閣文庫藏本影印本。

2016 年 12 月 14 日

馮夢龍研究獻芹

由於新史料的發現，加上學者集思廣益的努力，今日我們對馮夢龍生平的認識，較之前彦已有長足的進步。但待解決的問題仍不少。今試提出一些初步看法，聊爲芹獻。

一、馮夢龍的假名和筆名

明清之際，不少通俗文學作品僞托馮夢龍的名字出版。這個問題并不太嚴重，因爲僞托多頗明顯，辨別不難，雖然近人編訂馮氏著作目録，每貪多務得，涇渭不分。而近年又有一新傾向，就是認爲馮氏的假名和筆名甚多，幾至化身千萬。

馮夢龍的別字、筆名不少，這是事實。但却并未改名換姓。馮夢龍作品，常有別人署名的序跋，意見或和馮氏近。其中一些序跋可能是馮氏代作，但我們不可以説某人是馮夢龍的假名[1]。

《太平廣記抄》有"楚黄友人李長庚"序。橘君稱："李長庚，生平不詳。他於天啓五年九月，曾爲馮之《春秋衡庫》作序。從《太平廣記抄序》中所用手法，與《情史序》手法極爲類似——用了化名，托言自己本擬輯此一書，却被馮夢龍先著一鞭——這幾點看來，李長庚疑即馮之化名。"[2]按李長庚，字孟白，又字西卿，明季麻城名宦，崇禎初仕至六部之首的吏部尚書。傳見《明史》卷二百五十六。爲梅國楨（1542—1605）婿，故三袁兄弟致梅函件每提及李，如：袁宗道（1560—1600）謂："李孟白來，得常聚談甚快。凡人聰明者，多欠眞實。此君既聰明，又眞實，大是難得。"[3] 袁宏道（1568—1610）謂："近日與西卿往來甚密。西卿聰明可人，至其老成練達，豈僕之師。"[4] 袁中道（1570—1623）謂："久不獲通明公，然近嘗於西卿處知動定。"[5] 三袁中又以中道和李長庚交最深，集內有致李函十封。他的《遊居柿錄》記萬曆三十七年（1609）七月"偶於李西卿舟中晤劉延伯"[6]，更是近日一些《金瓶梅》研究者用以考訂劉承禧（延伯）生平，以至《金瓶梅》初刻本年代的證據。箋注舊籍，非博學愼思，必多誤失。"李長庚，生平不詳"云云，注者難免寡聞之譏。

　　古人用假名撰作的例子不是沒有，但多是假托名人，如東方朔《十洲記》、劉向《列仙傳》之類；又如唐代牛李黨爭，李黨撰《周秦行紀》，嫁禍牛僧孺。至於朱熹化名"鄒訢"，撰寫《周易參同契考異》和《陰符經考異》，這樣的例子已屬罕見。明代著作，不少僞托名人。但在自己的著作，化名撰序，恕我孤陋，實在舉不出例子。就以馮夢龍著作言，以明顯筆名撰寫序文的例子不少，如"墨憨齋主人""姑蘇詞奴""綠天館主人"之類，但如是以一般人名撰序的，其人生平今日大都可考。可是近人卻有認爲《三遂平妖傳》二序撰者隴西張譽無咎、楚黃張無咎，并無其人，祇是馮夢龍化名。楚黃張無咎，不如楚黃李長庚有名，但我們不能斷言并無其人，又據此影響之詞引申其他結論。

　　龍子猶、墨憨齋主人、吳下詞奴、古吳詞奴、姑蘇詞奴、前周柱史、香月居顧曲散人等，爲馮夢龍的筆名別號，應毫無疑問。少數近人的"大膽假設"，如謂吳越草莽臣、崢霄主人、笑花主人、桃源居士、抱甕老人等，皆可能是馮夢龍的筆名，則尚乏實證，暫可不理[7]。今日需要考訂的是一些公認是馮氏編撰作品的序文作者，是否馮氏本人。特別是《三言》序文的作者問題。

《古今小説序》，緑天館主人題;《警世通言敍》，豫章無礙居士題;《醒世恒言序》，朧西可一居士題。近人多認爲"緑天館主人""無礙居士"和"可一居士"都是馮夢龍的筆名。1978年，芝加哥大學芮效衛（David Roy）始指出馮夢龍同時代的上海人葉有聲（萬曆四十四年［1616］進士）的室名爲緑天館，著有《緑天館集》[8]。及至1991年，蘇州大學楊曉東認爲"緑天館主人應是董其昌的門人，江南名士葉有聲"，雖然"馮、葉交遊的直接材料尚有待進一步發現"[9]。最近，楊氏又發表《"可一居士"辨析》一文，指出張獻翼號"可一居士"，但"張獻翼死於1604年（萬曆甲辰）已可論定，因此他不可能是那位於二十餘年後的天啓年間爲《三言》評次作序的'可一居士'"。最後結論是："《三言》之三'序'并非出自馮氏一人之手，其中'緑天館主人'和'豫章無礙居士'均是馮氏友人之別號，祇有'隴西可一居士'纔真正是馮夢龍之別號。"[10]

楊氏諸文多引新材料，故能提出新説。但序《古今小説》的"緑天館主人"是否就是葉有聲，尚非定論。目前我們并没有任何馮、葉交往的材料。正如楊氏所指出，張獻翼號"可一居士"，但不是序《醒世恒言》的"可一居士"。

需要指出的是同時尚有另一"緑天館主人"。徐𤊹（1570—1643）《鰲峰集》録詩二首:《花朝前一夕，朱孝穆緑天館雨後見月，分得開字》（卷十二）、《過孝穆緑天館題贈》（卷二十一）。這位朱孝穆名字和生平都不詳。徐𤊹詩謂"誰知名邸賢王後"[11]，應是明代某王府宗室。朱孝穆大概和《古今小説》并無關係，雖然徐𤊹曾撰《壽寧馮父母詩序》[12]，又多與書坊往來。總之，古人室名別號頗多雷同，不能單憑室名的孤證下結論。

我個人的看法是：一些我們確信爲馮夢龍編撰的作品，如《三言》《情史》《太霞新奏》等，書内用筆名撰寫的序文應多出馮手，特別是如該書衹有一序。當然，有一分證據，衹宜説一分話。爲慎重計，我們可以説"可一居士，應是馮夢龍筆名"或"綠天館主人，疑是馮夢龍筆名"，而不能斷言綠天館主人就是馮夢龍，更不能説序《古今小説》的綠天館主人是葉有聲。

二、"代人"撰文問題

近人研究馮夢龍，以陸樹侖（1931—1984）用力最勤，貢獻最大。1987 年，復旦大學出版社出版他在六十年代撰寫的舊稿《馮夢龍研究》，書内不少材料和見解，在今日仍有啓迪作用。

陸氏晚年見到一些新的材料，最主要的是蘇州博物館所藏清人顧沅編的《吳郡文編》抄本[13]，收録馮夢龍文章十七篇。陸氏據以撰寫馮夢龍傳記三篇，分刊《中國大百科全書·戲曲曲藝》《中國大百科全書·中國文學》和《中國歷代文學家評傳》，影響深遠[14]。

可惜，陸氏在這些晚期文章中犯了一個嚴重錯誤：把馮夢龍代人撰文中的"余"視爲馮本人。這樣考證出來的馮氏生平，自然是張冠李戴，不足爲憑。前有《馮夢龍與文震孟》一文討論這個問題。不幸陸氏在 1984 年 3 月意外去世，大概未看到拙文。由於陸撰馮傳讀者甚多，所以這裏舊事重提，希望能澄清史實，也提出一些原則性問題。

代人撰文，古今中外都是常事。我們翻看古人文集常見文章題目下有一"代"字，或"代某某作"字樣。但也有些文章原來是代作，收入文集時却無説明。如錢謙益《牧齋初學集》

卷六十四《……梅公（國楨）神道碑》，未言代作，文字和［光緒］《黃州府志》卷三十八的《梅少司馬神道碑》幾完全相同，但《黃州府志》文署名葉向高（1559—1627）。此文當爲錢謙益代葉向高撰寫，故未收入葉氏文集，而方志所載則據原碑抄錄。

《吳郡文編》所收馮夢龍文章十七篇[15]，五篇題目已標明是代作：《代人爲萬吳縣孝跡序》《代人贈陳吳縣入覲序》《代人贈陳吳縣行序》《代人爲謝嘉定考跡序》和《代人賀范長自得子序》。

陸樹侖據《代人贈陳吳縣入覲序》和《吳邑令萬公去思碑》，認爲：“天啓二年（1622），馮夢龍在外宦遊時因言得罪，回歸故鄉。天啓六年（1626），周順昌被閹黨逮捕入獄，馮夢龍因與周順昌友契，亦被牽連，曾築室山中避禍。”[16]

其實《代人贈陳吳縣入覲序》云“余自哲皇帝朝以言得罪，里居三載”，和《吳邑令萬公去思碑》云“余因思侯令吳三載間，余尚困公車。壬戌即以言得罪於上，旋復里居”，二文都是馮夢龍代其好友文震孟撰寫。（考證見前《馮夢龍與文震孟》，此處不贅。）

《吳邑令萬公去思碑》，題目未明言是代作。馮夢龍的其他文章也有同樣情形。考證馮夢龍生平，需要特別留意。

馮夢龍《承天寺代化大悲像疏》：“余以丁卯（天啓七年［1627］）秋攜襆被石湖上……乃未幾，余表舅氏刺史玉亭毛公迎住承天寺方丈。”近人因此認爲“他表舅毛玉亭當過刺史”[17]，或“表舅毛玉亭做過知府”[18]。按明代無刺史官職，不過明清文人好用前代相應官名，如知府稱“太守”、同知稱“司馬”、通判稱“別駕”。“刺史”爲知州非知府[19]。

毛玉亭生平，見文震孟長子文秉（1609—1669）《姑蘇名賢續編·莒州知州玉亭毛公》，略云：“公名文煒，玉亭其號也。中萬曆壬午（十年，1582）舉人，七上春官不第。司教青浦……
升廣東博羅知縣……補浙江泰順……復司教江西，升袁州府通
判。考績贈父如其官，母安人。隨升山東莒州知州。公遂引年歸。
歸惟與戚屬故人尋山問水，否則獨坐僧舍中，蕭然如寒士。……
優遊林下者十餘年而卒，年八十有二。"[20]［民國］《吳縣志》
卷六十六上："毛文煒，字肇明，師事王敬臣。孝親從兄，不失
尺寸。萬曆丙子（四年，1576）舉於鄉，屢試不第，授青浦教
諭，以理學氣節勸勉諸生，饋遺弗納。……升莒州知州。文煒曰：
兩親贈典已膺，吾又何求。竟謝歸里。卒年八十四。"[21]二者所
記不盡吻合。文震孟外甥姚希孟《棘門集》，卷四目錄有《奉直
大夫山東青州府莒州知州致仕玉亭毛公墓誌銘》，應可解決問題。
可惜所見"中央圖書館"和北京大學圖書館所藏絳跌堂刊本《棘
門集》（及前北平圖書館藏本膠卷[22]），雖無缺葉，但都未收此文。

　　姚希孟《秋旻集》卷五，又有《表舅玉亭毛先生八十初度，
余以廬居未效一言之祝。今補贈二律，既伸頌禱，并寓仰止》詩。
可知毛文煒爲姚希孟表舅。疑《承天壽代化大悲像疏》乃馮夢
龍代姚希孟作。毛文煒同時是馮夢龍和姚希孟二人表舅的可能
性是有的。但不大。

　　馮夢龍和文震孟、姚希孟二人交深。錢謙益《馮二丈猶龍七十
壽詩》，注："馮爲同社長兄，文閣學、姚宮詹皆社中人也。"[23]文
震孟仕至東閣大學士，姚希孟曾爲詹事。又萬曆四十三年（1615），
姚希孟母（文震孟姊）以孀居三十六年，巡按御史請得表署旌門，
馮夢龍撰《貞節姚母旌表序》，內稱："余輩二三子，夙從孟長（姚
希孟字）遊以旁飫太夫人之教者。"[24]

　　高洪鈞不悟《承天寺代化大悲像疏》可能是代作，遂謂馮
姚兩家有世親關係，馮夢龍和姚希孟是表兄弟[25]。我翻檢過姚
希孟著作十一種：《文遠集》《響玉集》《秋旻集》《棘門集》《循

滄集》《松瘦集》《風唫集》《迦陵集》《沆瀣集》《公槐集》和《薇天集》，皆無馮姚兩家爲世親跡影。反之姚希孟每稱馮夢龍弟夢熊（號杜陵）爲“友人”[26]，又謂“余之交杜陵最晚，知杜陵最早，而賞杜陵文最真”[27]。表兄弟云云，全非事實。

總之，傳世馮夢龍詩文可資考證其生平、思想，但引用時需極小心，得先確定是否代人撰作，不然郢書燕説，盡是空言。而編輯馮夢龍詩文集，尤應注出，以免讀者望文生義，自我作古。

三、《〈俟後編〉跋》作者

毛文煒所師事王敬臣（1513—1595），字以道[28]，著有《俟後編》，《四庫全書總目》卷一百二十八，子部雜家類存目。

橘君輯注《馮夢龍詩文（初編）》，錄《〈俟後編〉跋》，略云：“孝子以道王先生，與先君子交甚厚，蓋自先生父少參公（來按：王庭，1488—1571）即折行交先君子云。……先君子必提耳命曰：‘此孝子王先生，聖賢中人也，小子勉之。’……余猶記先君子居恒每嘆先生斯人可用，恨當國有心，成均一銜，反如處士賜號，巧錮之林泉不出也。……若余不肖，以無用自錮林泉，與忌先生有用而巧錮之林泉者等爲不孝也夫。”大抵錄自《吳郡文編》卷二百十二。

按陸樹侖《馮夢龍研究》據《俟後編》原書，亦節引此跋，而跋文題作《杜陵馮先生跋》，文末署“通家後學馮非熊跋”[29]。頗疑跋文作者實爲馮夢龍弟夢熊（字非熊、杜陵），而《吳郡文編》筆誤爲馮夢龍。近世周樹人、作人兄弟早期著譯署名多互用，馮氏兄弟想亦如此。

《俟後編》原書，海外無法得讀，故尚未能斷言跋語作者爲馮夢熊。此書國内容或有藏，希望國内學者能查檢原書，徹底解決此一問題。

後　記

9月間在"中國古代小説國際研討會"始識胡小偉兄，承示中國社會科學院文學研究所圖書館所藏康熙三十八年（1699）彭定求重訂本《俟後編》，内有《杜陵馮先生原跋》，題"通家後學馮非熊跋"。《〈俟後編〉跋》作者是馮夢熊，應是不刊之論。馮夢龍斷無代其弟捉刀之理。

胡兄又言《吳郡文編》所收馮夢龍文，都應是馮夢熊作品，他已撰專文討論這個問題。雖然我尚未拜讀胡兄的鴻文，但聽他的簡述，覺得極有説服力。以後，我們討論馮夢龍的生平，即不能再隨便引用《吳邑令萬公去思碑》等文，説是馮夢龍經世思想的表現。當然，馮夢龍和馮夢熊是同胞兄弟，《貞節姚母旌表序》《〈俟後編〉跋》和《侯雍瞻西堂初稿序》，仍是考證馮夢龍家世交遊的極重要第一手史料。

韓南教授在十多年前，《吳郡文編》各文尚未公開發表，單憑馮夢熊和姚希孟及侯峒曾兄弟的友誼，懷疑各文作者實爲馮夢熊，可謂卓識，尤所欽佩。

　　　　　　　　　　　　　1993 年 8 月初稿，10 月補訂

注　釋

〔1〕反過來説，一些序跋已收入各人別集，作者應不是問題。如：《麟經指月序》，見梅之煥（1575—1641）《梅中函遺稿》（順治衛貞元刊本；中國科學院圖書館藏）卷六，葉 15 上—16 上；《打棗竿小引》，見俞琬綸《自娱集》（萬曆四十六年［1618］文震孟序刊本；美國國會

圖書館藏）卷八，葉 11 上—下；《四書指月序》，見陳仁錫（1579—1634）《無夢園遺集》（崇禎八年［1635］家刻本；美國國會圖書館藏）卷二，葉 3 上—4 上。

〔2〕橘君輯注：《馮夢龍詩文（初編）》（福州：海峽文藝出版社，1985），頁 61。

〔3〕袁宗道著，錢伯城標點：《白蘇齋類集》（上海：上海古籍出版社，1989），頁 218。

〔4〕袁宏道著，錢伯城箋校：《袁宏道集箋校》（上海：上海古籍出版社，1981），頁 733—734。

〔5〕袁中道著，錢伯城標點：《珂雪齋集》（上海：上海古籍出版社，1989），頁 976。

〔6〕《珂雪齋集》，頁 1157—1158。

〔7〕其中"崢霄主人"，今日已確知爲陸雲龍。"吳越草莽臣"則應爲陸氏或其弟陸人龍。

〔8〕David T.Roy，"Review of Traditional Chinese Stories: Themes and Variations，edited by Y.W.Ma and Joseph S.M.Lau，" *Ming Studies 7*（Fall 1978），P.23.

〔9〕楊曉東：《〈古今小說〉序作者考辨》，《文學遺產》1991 年第 2 期，頁 102—107。

〔10〕楊曉東：《"可一居士"辨析》，《蘇州大學學報》（哲學社會科學版）1993 年第 2 期，頁 65—70。

〔11〕徐𤊺：《鼇峰集》（天啓五年［1625］南居益刊本；"中央圖書館"藏）卷二十一，葉 8 下。

〔12〕徐𤊺《紅雨樓集》稿本（上海圖書館藏），冊一，葉 10 上—11 上。

〔13〕簡介見路工《顧沅編輯的〈吳郡文編〉》，收入氏著《訪書見聞錄》（上海：上海古籍出版社，1985），頁 139—142。

〔14〕原刊《中國歷代著名文學家評傳》的馮夢龍傳，近又收入其遺著《馮夢龍散論》（上海：上海古籍出版社，1993）。

〔15〕目見易名：《〈馮夢龍著述考補〉補正》，《文獻》1985 年第 2 輯，頁
56。此十七文今俱見橘君輯論《馮夢龍詩文（初編）》，惜未注明出處。

〔16〕此段撮要，見《中國大百科全書·戲曲曲藝》（北京：中國大百科全
書出版社,1983），頁 73。詳細論證見：陸樹侖《馮夢龍的"以言得罪"
和"屬籍鈎黨"》，《遼寧大學學報》（哲學社會科學版）1981 年第 6 期，
頁 83—84。

〔17〕王凌：《畸人·情種·七品官——馮夢龍探幽》（福州：海峽文藝出
版社，1992），頁 35。

〔18〕《馮夢龍散論》，頁 74。

〔19〕關於明清兩代地方官制及官名雅稱，可參看余行邁：《中國古代官制》
（上海：上海古籍出版社，1989），頁 143—151。

〔20〕《甲戌叢編》本，葉 7 下—8 上。

〔21〕〔民國〕《吳縣志》卷六十六上，葉 35 上。

〔22〕北平圖書館藏本，見王重民《中國善本書提要》（上海：上海古籍出
版社,1983），頁 671。按《棘門集》全書八卷，北平圖書館藏本，殘，
缺第四卷目錄及後四卷。

〔23〕錢謙益著，錢仲聯標校：《牧齋初學集》（上海：上海古籍出版社，
1985），頁 713。

〔24〕錢謙益撰：《節婦文氏旌門頌，有序》，《牧齋初學集》，頁 834—835；
崇禎元年（1628），又撰《書姚母旌門頌後》，同上，頁 1773—1774。
姚母生平，見姚希孟：《先考誥贈奉政大夫右春坊右庶子兼翰林院侍
讀穎菴府君先姚旌表節婦封文太孺人累贈宜人行狀》，《棘門集》卷
六，葉 1 上—24 下；李維禎：（1547—1626）《姚孀節家傳》，《大泌山
房集》（萬曆三十九年〔1611〕張惟任序刊本；美國國會圖書館藏）
卷七十五，葉 3 上—4 下；趙南星：（1550—1627）《姚節婦傳》，《趙
忠毅公文集》（《乾坤正氣集》本）卷七，葉 17 下—19 上。

〔25〕高洪鈞：《馮夢龍交遊考補》，《天津師大學報》1990 年第 2 期，

頁 49。

〔26〕《芳樹軒社藝序》,《響玉集》(姚氏絳跗堂家刊本,哈佛大學圖書館藏)卷九,葉 45 上;《馮杜陵稿序》,同上,卷十,葉 36 上。

〔27〕《馮杜陵稿序》。

〔28〕王敬臣生平,見《明史》卷二百八十二《儒林傳》(北京:中華書局,1974),第 24 册,頁 7252;馮時可(隆慶五年［1571］進士)《王少湖先生傳》,收入《國朝獻徵錄》(臺北:臺灣學生書局,1965,影印萬曆原刊本)卷一百十四,頁 5044—5047。

〔29〕陸樹侖:《馮夢龍研究》(上海:復旦大學出版社,1987),頁 9。又韓南亦謂 1924 年版《侯後編》有馮夢熊跋,并疑《吳郡文編》各文作者應爲馮夢熊。

Patrick Hanan, *The Chinese Vernacular Story* (Cambridge.Ma.Harvard University Press, 1981), P.221, n.17; P.222, n.20。

原載《1993 中國古代小説國際研究會論文集》

補記: 緑天館主人朱孝穆,名鍠,明宗室學者朱謀㙔第三子。朱謀㙔,《明史》卷一百十七有傳。朱鍠應與馮夢龍無交往。

2016 年 7 月 20 日

評橘君輯注《馮夢龍詩文‧初編》

“頌其詩，讀其書，不知其人可乎？”近人因爲研究《西遊記》《聊齋志異》《紅樓夢》《老殘遊記》等小説，廣而及其作者（和傳作者、續作者），先後校刊《吳承恩詩文集》《蒲松齡集》《高鶚詩文集》《鐵雲詩存》等，提供了各書作者生平的第一手材料。明季俗文學大家馮夢龍，編撰甚豐，影響至大，可惜今日我們對他的生平所知仍有限，而他的別集《七樂齋稿》，亦早已亡佚。1985 年，福州海峽文藝出版社刊行橘君輯注《馮夢龍詩文‧初編》，頗便讀者，但缺點實在不少，尚非定本。

首先是體例。本書是一輯佚書，但所收詩文絕大多數不注明出處，僅在書首《小引》説明：“所收詩文，多數散見於馮夢龍的各類著作；一部分係手抄資料，未經正式發表；有些則存於其友人之著作或書稿中；有些則見於後人的著錄中；有些則散佚異域，承海外友人翻印寄贈。”籠統其詞，并不符合嚴謹學術著作的要求。如“文抄”部分録文十七篇，前此未發表，諒録自蘇州博物館所藏顧沅編《吳郡文編》抄本，但本書并無説明。最不滿人意的是頁 135—136 録《無題‧三絶》（“不共歡娛却共遊”），注：“傳此三絶爲馮夢龍所作，待查證。”傳者何人？見於何書？

本書分“小説、筆記、戲劇之序跋、評語、凡例”“詩、摘句、

聯語”“文抄”“經學著作敍跋”“志書引言、行政公文”“史事
論文”六部分。每部分或附“其親友作品而與馮氏詩文有關者”。
“小說……凡例”部分，主要是輯自馮氏編撰（或疑爲馮氏編撰）
書籍，但亦收入《曲律序》，這是爲王驥德書而寫的序，注衹云：
“《曲律序》作於天啓乙丑（1625 年）春，馮夢龍時年五十二歲。”
讀者如不細心，或會誤以爲《曲律》爲馮氏作品。至於親友作品，
亦宜置於書後，以清眉目。“詩、摘句、聯語”部分，收入錢謙
益《馮二丈猶龍（目録及正文皆誤作“猶尤”）七十壽詩》，沈
自晉《和子猶辭世原韻二律》，王挺《挽馮猶龍》。沈詩“與馮
氏詩文有關”，錢、王二詩則不知因何入選？本書非馮夢龍史料
集，明人所撰詩和馮氏有關者亦不止此三首。（除錢、沈、王外，
董斯張、文從簡等六人亦有與馮氏倡和詩。）

　　本書的編輯準則頗難理解。“經學著作敍跋”部分，僅録《春
秋衡庫發凡》，附周應華《跋〈春秋衡庫〉》。書首則有梅之煥《敍
麟經指月》，和馮夢熊《麟經指月序》全文書影，但又無隻字説
明。北京大學藏《麟經指月》有馮夢龍自序[1]，本書失録。“小
說……凡例”部分，附張無咎《批評北宋三遂新平妖傳敍》。按
此爲重刻本序，泰昌元年（1620）本張譽敍與此大異[2]。橘君
應該兩序俱録，并加説明。此外，張敍：“他如《玉嬌麗》《金瓶
梅》，另闢幽蹊，曲終奏雅……”輯注本竟誤《玉嬌麗》爲《玉
嬌梨》[3]。

　　本書《小引》云：“詩文之後，有題注。校注者不拘泥於體
例之統一，而從實際出發：或注或不注；或引用前人資料，或獨
抒個人見解；有三言兩語帶過，或洋洋灑灑千言，將對馮夢龍
研究的一得之見，作爲題注附於詩後，以供參考。”結果，很多
應注的地方沒有注，或注文過簡，如本書收入馮氏友人梅之熉、
張明弼、沈幾、錢謙益、沈自晉等人詩文，皆未注其生平。僅

王挺一人，抄録《離懮集》原注："王挺，字立臣，文肅曾孫，太史孫，太常子也。……"大概橘君以爲每一讀者都知曉"文肅""太史""太常"爲誰吧？當然，也有可能橘君自己亦不知"文肅"等爲誰。（按：指王錫爵、王衡、王時敏。）又如"文抄"部分，收録《代人爲萬吳縣考跡序》《真義里俞通守去思碑》《貞節姚母旌表序》《代人爲謝嘉定考跡序》《〈俟後編〉跋》《撫吳疏檄草序》《侯雍瞻西堂初稿序》等，皆無注，僅《代人贈陳吳縣入覲序》有注："文中所指'陳吳縣'，即陳文瑞字應萃，福建同安人。"不悉何故，希望不是因爲陳文瑞是福建人而特別被垂青吧？其實，這些文章有些是馮夢龍代文震孟寫的，理應注出[4]。姚母爲馮好友姚希孟母、文震孟姐；《撫吳疏檄草》作者爲曹文衡，崇禎元年（1628）七月巡撫應天，三年擢兵部侍郎，總督薊遼；侯雍瞻爲侯岐曾，峒曾弟，明亡後匿藏陳子龍，事發，一門俱被難。凡此亦宜注出。

　　頁 128，《冬日湖村即事》詩，題下注："馮夢龍有詩集《七樂齋稿》，惜未見，此詩存於朱彝尊之《明詩綜》。"按此詩又見毛晉《和友人詩卷》，附毛晉和作[5]。馮夢龍此詩爲毛氏而作。《和友人詩卷》文字和《明詩綜》有出入，應校出説明。頁129—130，《無題·三絶》（"同衾同穴兩情甘"），注："録自《掛枝兒》卷五際部（應作"隙部"）《負心》評注。……"按此三首詩亦見《情史類略》卷四《馮蝶翠》篇。頁 143—145，《和許琰〈絶命詩〉》《奉挽玉重先生四絶》，後者有注："玉重，即許琰字。"按李清（1602—1683）《三垣筆記》下《弘光》："長洲許生員琰聞毅廟縊殉，慟哭投水死。于少參重慶先濟南道，以國變南歸，與同鄉馮紳猶龍（原注：長洲人，名夢龍。貢生，壽寧知縣。）飲，猶龍力稱琰忠，重慶曰：'不然，若非憂貧則憂病，假此爲名耳。'猶龍斥其言，重慶幾與大鬨，衆解之乃已。"[6] 或可補注。

　　一些"洋洋灑灑千言""言前人之所未言"的題注，則每有
訛誤。頁 40："早在天啓二年（1622 年）馮夢龍即因得罪了閹黨
而困居故里。"頁 68："證之馮氏所作《吳邑令萬公去思碑》，知
馮氏曾於天啓二年（1622 年）因'以言得罪上'而返鄉里居。
其時魏忠賢擅政，馮所謂'得罪'的，當然是魏黨了。"按"以
言得罪上"疑爲"以言得罪於上"之訛[7]。以言得罪，困居故
里的是文震孟，不是馮夢龍，"上"指明熹宗（朱由校，天啓）。
《吳邑令萬公去思碑》是馮氏代文震孟作[8]。

　　頁 61："李長庚，生平不詳。他於天啓五年九月，曾爲馮
之《春秋衡庫》作序。從《太平廣記抄序》行文之恢宏，對六
經之'不敬'，以及《春秋衡庫序》中所用手法，與《情史序》
手法極爲類似——用了化名，托言自己本擬輯此一書，却被馮
夢龍先著一鞭——這幾點看來，李長庚疑即馮之化名。"此注大
誤。李長庚，麻城人，萬曆二十三年（1595）進士，梅國楨婿，
傳見《明史》卷二百五十六。天啓三年（1623）召拜户部尚書，
未任，以憂歸；崇禎元年（1628）起工部尚書，後爲户部。又橘
君既疑李長庚爲馮之化名，本書却未收入李撰《春秋衡庫序》，
誠不可解。

　　本書另一缺點是没有充分利用前人輯佚成果，這大抵是輯
注者聞見未廣的原故。第一位收輯馮氏佚著的是馬廉（1893—
1935），可惜未曾刊行[9]。繼之者爲汪正禾，得佚詩十八首，除
《冬日湖村即事》一首外，其餘皆録自《情史》[10]。而橘君僅從
《情史》卷六《王元鼎》篇録出詩四首，失録卷一《美人虞》篇
詩一首，卷四《馮蝶翠》篇詩三首（按又見《掛枝兒》卷五），
及卷十四《驛亭女子》篇詩九首，失録比例不爲不大[11]。此外，
范烟橋，《馮夢龍的〈春秋衡庫〉及其遺文佚詩》，記南京博物

館藏馮氏畫的一幅扇面，有馮氏題詩：“颯颯垂楊自欲衰，小船深系草堂隈。即今景色猶如此，何處秋橫一雁來。”[12] 謝巍，《馮夢龍著述考補》，指出鍾惺編《明詩歸》卷七，錄馮撰《春日往府》一首；錢尚濠編《買愁集》第一集（應作“集之二”）《恨書》，錄馮撰《離亂歌》二首[13]，橘君皆未收輯。

還有，本書校對不精。上文已指出“猶龍”誤作“猶尤”，“玉嬌麗”誤作“玉嬌梨”等。影響讀者信心。

總之，橘君輯注馮夢龍詩文，固便讀者，但瑕瑜互見，缺點似乎比優點還多一點。一部較完善的馮夢龍集，我以爲可以由二部分組成，正編爲馮夢龍作品，按文體分爲“文、詩、散曲”，再按内容排次，但不細分；附編爲馮夢龍著述考、序跋、評論。所錄作品，皆注明出處。如有異文，亦詳爲校出，注文一般以史實爲主，不爲長篇議論。當然，輯佚能否完備，注文能否正確，皆有賴於輯注者的聞見和學力。

注 釋

〔1〕王重民：《中國善本書提要》（上海：上海古籍出版社，1983），頁 30。

〔2〕孫楷第：《日本東京所見小説書目》（北京：人民文學出版社，1981，頁 92—93）。參看陸樹侖：《〈平妖傳〉版本初探》，刊復旦大學《中國古典文學叢考》第 1 輯（1985 年 7 月），頁 200—230；歐陽健：《〈三遂平妖傳〉原本考辨》，刊《中華文史論叢》1985 年第 3 輯，頁 119—165。

〔3〕《玉嬌麗》爲《金瓶梅》續書，今佚《玉嬌梨》則是荑荻散人所撰才子佳人小説。二書非一。

〔4〕馬泰來：《馮夢龍與文震孟》，刊《中華文史論叢》1984 年第 1 輯，頁 137—139。

〔5〕《隱湖邊稿》（《虞山叢刻》本），頁 6 下—7 上。

〔6〕《三垣筆記》（北京：中華書局，1982），頁95。

〔7〕《吳邑令萬公去思碑》，原收入《吳郡文編》，未見。本書頁157作
"壬戌即以言得罪上"，但陸樹侖，《馮夢龍的"以言得罪"和"屬籍
鉤黨"》，刊《遼寧大學學報》（哲學社會科學版）1981年第6期，頁
83—86，引《吳郡文編》，作"壬戌即以言得罪於上"，疑陸氏引文
無誤，本書誤。

〔8〕馬泰來：《馮夢龍與文震孟》。

〔9〕知堂（周作人）：《隅卿紀念》，刊天津《大公報・文藝副刊》第152期，
1935年5月19日；"嘗考馮夢龍事蹟著作甚詳備，又抄集遺文成一卷，
屢勸其付印，亦未允，"據謝巍《〈馮夢龍著述考補〉訂補》，刊《文獻》
1985年第2輯，頁58，馬稿已被發現。

〔10〕《馮夢龍詩輯》，刊《天地》1951年第6期，頁10—11。

〔11〕岳麓書社1983年版《情史類略》，刪去《驛亭女子》，不知是因"內
容近於荒誕淫穢"，還是"故事內容雷同和文字過簡而缺乏故事情
節"？總之，翻印舊籍，不應胡亂刪改，此又一例。

〔12〕《江海學刊》，1962年9月號，頁38。

〔13〕《文獻》第11輯，1982年12月，頁71。

原載《文學遺產》1987年第6期

麻城劉家和《金瓶梅》

　　《金瓶梅》成書後，初期祇是抄寫流傳，參差散失，看到全書的人不多，如：謝肇淛（1567—1624）"於袁中郎（宏道）得其十三，於丘諸城（志充？）得其十五"，祇看到全書的十分之八。謝氏提到"唯弇州家藏者，最爲完好"[1]。屠本畯（1539？—1622）《山林經濟籍》亦謂："王大司寇鳳洲先生家藏全書，今已失散。"[2] 後來種種有關王世貞（1526—1590）是《金瓶梅》作者的傳說，可能就是因爲王家藏有此書而生。另一藏有全本的劉承禧，却没有受到同樣重視[3]。

　　沈德符《萬曆野獲編》有一段文字提及《金瓶梅》，云："袁中郎《觴政》以《金瓶梅》配《水滸》爲外典，余恨未得見。丙午（1606）遇中郎京邸，問曾有全帙否？曰：第睹數卷，甚奇快。今惟麻城劉涎白承禧家有全本，蓋從其妻家徐文貞録得者。"[4] 其中"涎白"乃"延伯"之訛（詳下），徐文貞則是徐階（1503—1583）。近日張遠芬謂："劉承禧的岳父根本不是徐階，而是文震亨。"復設想袁、沈二人談話的情況："袁中郎說：'今惟麻城劉延伯承禧家有全本，蓋從其妻家文震亨録得者。'由於同音字的關係，沈德符把'延伯'聽成了'涎白'，把'文震亨'聽成了'文貞'。并且，他當即又把'文貞'理解爲已故宰相徐階，因爲徐階死後的諡號就是'文貞'。幾年之後，沈德符再來追記這段話，'文震亨'自然就成了'徐文貞'。"[5]

想象力豐富，可是考證殊草率。劉承禧是徐階曾孫婿，稱妻家無誤[6]。至於文震亨（1585—1645），是劉友王穉登（1535—1612）孫婿，比劉晚兩輩[7]。

劉承禧生平，附見［民國］《麻城縣志·劉守有傳》："劉守有，號思雲，襲祖莊襄公蔭，官錦衣衛，加太傅。神宗寵眷殊渥。子承禧，號延伯，亦襲職。好古玩書畫。奕葉豐華，人認爲邑之王、謝也。（原注：舊志）"[8]同書《蔭襲》："劉天和（1479—1546），謚莊襄，以平虜功，世襲錦衣衛千户。孫守有、曾孫承禧、玄孫僑，均以世襲，仕至都督。"[9]劉承禧雖然世襲錦衣衛千户，仍參加武舉，萬曆庚辰（1580）武進士、會魁、榜眼[10]。又據同書《劉僑傳》："劉僑，字東卿。天啓辛酉（1621）襲高祖莊襄公天和錦衣職。"[11]及下引吳廷《快雪帖跋》，劉承禧應是在天啓元年（1621）去世。

劉承禧是一大收藏家，和當時文士頗有交往。袁中道《遊居柿録》卷三云："（萬曆己酉，1609）偶於李酉卿（長庚，1595進士）舟中晤劉延伯，出周昉《楊妃出浴圖》……又有《浴鵪鶉》一小圖，黄荃筆。"[12]

臧懋循（1580年進士）編訂《元曲選》，即頗賴劉氏藏書。臧氏《復李孟起書》："僕壬子（1612）冬，攜幼孫就婚汝南。歸途出麻城，從劉延伯錦衣家借得元人雜劇二百種。"[13]《寄謝在杭（肇淛）書》："還從麻城，於錦衣劉延伯家得抄本雜劇三百餘種，世所稱元人詞盡是矣。其去取出湯義仍（顯祖，1550—1616）手。"[14]《元曲選序》："予家藏雜劇多秘本。頃過黄，從劉延伯借得二百五十種，云録之御戲監，與今坊本不同。因爲校訂，摘其佳者若干，以甲乙釐成十集。"[15]

有名的王羲之《快雪時晴帖》，亦曾歸劉承禧。此帖今藏臺北"故宮博物館"，附有下開題跋："天下法書第一，吾家法

書第一。麻城劉承禧永存珍秘。""……此帖賣畫者盧生攜來
吳中，余傾囊購得之。欲爲幼兒營負郭，新都吳用卿以三百鍰
售去。今復爲延伯所有。……因延伯命題，并述其流傳輾轉若
此。己酉（1609）七月廿七日，太原王穉登謹書。""萬曆己
酉（1609）八月十有九日，新安汪道會（1544—1613）敬觀於
秦淮之水閣……。""余與劉司隸延伯寓都門，知交有年，博古
往來甚多。司隸罷官而歸，余往視兩番，歡倍疇昔。余後偕司
隸至雲間，攜余古玩近千金。余以他事稽遲海上，而司隸舟行
矣，遂不得別。余又善病，又不能往楚。越二年，聞司隸仙逝
矣。……余亦傷悼不已，因輕裝往吊之。至其家，惟空屋壁立。
尋訪延伯事，并所藏之物，皆云爲人攫去。又問《快雪帖》安在，
則云存，還與公，尚未可信。次日，往奠其家，果出一帳，以
物償余前千金值，《快雪帖》亦在其中。復恐爲人侵匿，聞於
麻城令君，用印托汝南王思延將軍付余。臨終清白，歷歷不負，
可謂千古奇士。不期吳門攫去之物，復爲合浦之珠。……天啓
二年（1622）三月望日書於楚舟，餘清齋主人記。（印二：吳廷
私印、江邨）"[16]

袁宏道說劉承禧有全本《金瓶梅》，應是事實。但說錄自徐
階家，則可能僅是推想。可能《金瓶梅》一書根本就是出自麻
城劉家。

謝肇淛的《〈金瓶梅〉跋》，是今日所知最早評介《金瓶梅》
的專文。謝說："《金瓶梅》一書，不著作者名代。相傳永陵中有
金吾戚里，憑怙奢汰，淫縱無度。而其門客病之，采摭日逐行事，
匯以成編，而托之西門慶也。"[17]所謂"金吾戚里"，可能是指
劉承禧父親劉守有的中表和兒女姻梅國楨。

梅國楨，字客生，號衡湘，麻城人。萬曆十一年（1583）進士，
官至兵部右侍郎，總督宣大山西軍務。與李贄（1527—1602）友善，

曾序李著《藏書》及《孫子參同》[18]。沈德符《萬曆野獲編》:

> 麻城梅客生(原注:國楨)大司馬,少登公車,高才任俠。其中表劉思雲(原注:守有),亦大司馬(原注:天和)孫,時領緹騎,與江陵、吳門二相相暱,而好文下士。梅每遊京師,輒以羽林衛士給之,因得縱遊狎邪,如杜牧之爲淮南書記時。嘗題詩倡館,有"門垂夜月梨花冷,簾卷東風燕子寒"之句,爲時所膾炙[19]。

袁中道《梅大中丞傳》:

> 遊金吾戚里間,歌鐘酒咒,非公不歡。……下至三河年少,五陵公子,走馬章臺,校射平原,酒後耳熱,相與爲裙簮之遊,調笑青樓,酣歌酒肆。……後房姬侍繁多,亦無華飾,頗有夏侯妓衣之誚。……公爲孝廉時,時太冢宰王公爲子覓禮經師。……王公明日往謁麻城劉大金吾守有,曰:"公邑有梅孝廉否?"劉公曰:"有之,不佞兒女姻也。"[20]

葉向高《梅少司馬神道碑》:"女六人:長女爲大金吾太子太傅劉僑母,四女適吏部尚書李長庚。"[21]梅國楨長女可能是劉承禧兄弟的妻子,也可能是劉承禧的繼室[22]。

梅國楨是"金吾戚里","縱遊狎邪""調笑青樓",不能不說和謝肇淛所説"憑怙奢汰,淫縱無度"的"金吾戚里",有相近處。至於《金瓶梅》書名,音與"今評梅"同,或不僅是巧合。謝肇淛所記是傳説,并不一定完全正確。他説的"永陵"是明世宗朱厚熜,也就是説事情發生在嘉靖年間(1522—1566)。這和梅國楨生平不合,也和吳晗所考出《金瓶梅》成書不能早於隆慶二年(1568)不合[23]。

梅國楨的仇家似不少。後來攻擊李贄的人,有一些其實項莊舞劍,志在梅公。馬經綸(1589進士)《與當道書》,提及李贄被謗與婦女交遊事:"且所謂麻城士女云者,蓋指梅衡湘守節之女言也。夫衡湘身冒矢石，爲國討賊，凜凜大節，是當今一個有數奇男子。乃有女不能制，有家不能正，有仇不能報，有恥不能雪，必待諸公爲伊抱不平，而慷慨陳言代爲處分，世間曾有此理否？然則諸公自視何大，自待何有餘，而視梅衡湘何輕，待梅衡湘何淺鮮不足齒數一至此極也。蓋此事起於麻城士夫相傾，借僧尼宣淫名目以丑詆衡湘家聲，因以敗壞衡湘之官，如斯而已。"[24] 梅國楨被作爲小説丑詆對象，殊有可能。

劉承禧看來不是一咨嗇之人。他肯將家藏秘本元雜劇二三百種借給臧懋循，死前囑付後人以物償吳廷千金值。但他所有《金瓶梅》一書，則似秘不示人。袁宏道知道劉承禧有全本《金瓶梅》，却無法看到，僅從董其昌（1555—1636）那裏借來數卷[25]。王穉登是劉承禧友人。屠本畯説："復從王徵君百穀家，又見抄本（《金瓶梅》）二帙，恨不得睹其全。"[26] 可見王穉登也未有全書。這是不是因爲《金瓶梅》影射梅國楨，所以劉承禧不願此書廣爲流傳？

可是，近日張遠芬却以爲《金瓶梅》的初刻本是劉承禧付刻。張氏所據主要仍是沈德符的《萬曆野獲編》。"今唯麻城劉涎白承禧家有全本"，要印行全書，祇有劉承禧纔有可能。"丙午（1606），遇中郎京邸……又三年，小修（袁中道）上公車，已攜有其書，因與借抄，挈歸。吳友馮猶龍（夢龍）見之驚喜，慫惥書坊以重價購刻。馬仲良（之駿，1588—1625）時榷吳關，亦勸余應梓人之求，可以療飢……遂固篋之。未幾時，而吳中懸之國門矣。"張氏以爲"吳中懸之國門"是萬曆三十八年（1610）事，而根據王穉登《快雪帖跋》，劉承禧萬曆三十七年（1609）正在吳中[27]。

沈德符原文云："未幾時，而吳中懸之國門矣。然原本實少五十三回至五十七回，遍覓不得，有陋儒補以入刻。無論膚淺鄙俚，時作吳語，即前後血脉亦絕不貫串。一見知其贋作矣。”沈德符明明不以爲“吳中”本所據是劉承禧的全本[28]。至於說“吳中”本刊於萬曆三十八年（1610），這是近人常犯的錯誤。沈德符說“未幾時”，并沒有說“小修上公車”“馬仲良時榷吳關”和“吳中懸之國門”，都發生在同一年。袁中道於萬曆三十八年（1610）赴京會試，并沒有問題，雖然他要至萬曆四十四年（1616）纔成進士。馬之駿主榷吳縣滸墅抄關，則是萬曆四十一年（1613）的事[29]。所以《金瓶梅》的“吳中”本，應刊行於萬曆四十一年後，可能也就是今日所見萬曆四十五年（1617）東吳弄珠客序刻本《金瓶梅詞話》[30]。

總之，謝肇淛所聽聞“金吾戚里，憑怙奢汰，淫縱無度，而其門客病之，采摭日逐行事，匯以成編，而托之西門慶”的傳說，可能是説梅國楨。假如《金瓶梅》成書於梅國楨中進士前，則門客應是錦衣衛都督劉守有的門客。這也就是説《金瓶梅》成書於萬曆十一年（1583）前。梅國楨中進士後，即除固安知縣，未十年以平寧夏哱拜亂事成大名，有關他的傳說，便會說“大中丞某”，而不是“金吾戚里”了。當然，傳說不一定是事實，但麻城劉、梅二家和《金瓶梅》的關係，是值得繼續探究的。

附記一：

臧懋循《寄謝在杭書》說劉承禧所藏元雜劇三百餘種，“其去取出湯義仍手”。湯顯祖和梅國楨是同年進士（1583），大概因此而與劉守有認識。湯顯祖集內，有《劉思雲錦衣謝客服餌，代諸詞客戲作》和《寄麻城陳偶愚，懷梅克生、劉思雲》詩[31]，而沒有詩文提及劉承禧。湯顯祖可能是成進士後，在北京觀政禮部時，替劉守有校定元雜劇的。劉守有死後，書物自然皆歸劉承禧。

附記二：

劉僑生平，見﹝民國﹞《麻城縣志·劉僑傳》：“劉僑，字東卿，天啓辛酉（1621）襲高祖莊襄公天和錦衣職。授北鎮撫司。魏忠賢屬陷汪文言，以株累正人。僑不從，由是削籍歸。崇禎初，起用爲五府都督。命訊喬允昇、易應昌事；僑素知二人端方，力保全之。後委緝六部十三省事，僑極言耳目難信，且非政體所宜；忤旨，謫戍。都御史馮元颷疏僑忠直，宜還舊職。報可。未用而卒。（原注：省志）”〔32〕按馮元颷，崇禎十四年（1641）任右僉都御史〔33〕。忤魏忠賢事，亦散見《明史》，但沒有說明他是《明史》有專傳的劉天和的玄孫。《宦官傳·魏忠賢傳》：“（天啓）四年（1624），給事中傅櫆結忠賢甥傅應星爲兄弟，誣奏中書汪文言，并及左光斗、魏大中。下文言鎮撫獄，將大行羅織。掌鎮撫劉僑受葉向高教，止坐文言。忠賢大怒，削僑籍，而以私人許顯純代。”〔34〕《魏大中傳》：“獄方急，御史黃尊素語鎮撫劉僑曰：‘文言無足惜，不可使縉紳禍由此起。’僑頷之，獄辭無所連。”〔35〕《楊漣傳》記楊漣（1572—1625）劾魏忠賢二十四大罪，其一即爲“北鎮撫劉僑不肯殺人媚人，忠賢以不善鍛煉，遂致削籍。”〔36〕至其結局，《奸臣傳·馬士英傳》謂：“故都督掌錦衣衛劉僑者，嘗遣戍，由周文江賄張獻忠，受僞命，爲錦衣指揮使。及（左）良玉復蘄、黃，僑削髮逃去，（黃）澍持之急。而士英納僑賄，令訐澍。遂復僑官，削澍職。”〔37〕傳聞異詞，與《麻城縣志》不合。

1981 年 6 月 11 日初稿，6 月 30 日抄正

追記：

　　日前承芝加哥大學芮效衛（David Roy）教授告知，孫楷第的《也是園古今雜劇考》（1953 年，上海雜志公司出版社），有劉承禧資料。翻檢後，發覺孫氏未提及梅國楨和劉家的親戚關係，但找出劉僑不是劉承禧的兒子。孫氏所據是麻城和黃州的方志。"劉守濟，以孫僑貴，贈光禄大夫。劉承榮，以子僑貴，贈光禄大夫。"兹將劉天和五代和本文有關的，列表於下：

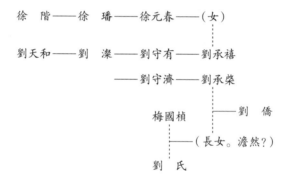

徐　階──徐　璠──徐元春──（女）

劉天和──劉　瀠──劉守有──劉承禧

　　　　　　　──劉守濟──劉承榮

　　　　　　梅國楨　　　　──劉　僑

　　　　　　　　　　──（長女。澹然？）

　　　　　　劉　氏

　　根據上表，劉守有并不是梅國楨的"兒女姻"。劉、梅二人甚相得，想應如沈德符所説是"中表"。梅國楨妻劉氏，亦可能爲劉守有姊妹。

1981 年 9 月 9 日

注　釋

〔1〕〔17〕謝肇淛：《〈金瓶梅〉跋》，收入《小草齋文集》（天啓六年〔1626〕序本）卷二十四，葉 30 下─31 下。參看馬泰來：《謝肇淛的〈金瓶梅跋〉》，刊《中華文史論叢》，1980 年第 4 輯，頁 299─305。

〔2〕《山林經濟籍》有兩種不同版本。其一分爲《棲逸》《達生》《治農》

《訓族》《奉養》《寄興》《澤遊》《玩物》八部，美國國會圖書館有藏，參看王重民：《國會圖書館藏中國善本書録》（1957 年本），頁 659—660；此本無此段引文。另一分爲《山部》《林部》《經部》《濟部》《籍部》，共二十四卷，參看阿英：《明人筆記小話》，收入《中國俗文學研究》（1944 年中國聯合本），頁 212—218；此本未見。引文據阿英：《〈金瓶梅〉雜話》，收入《夜航集》（1935 年良友本），頁 211—212。

〔3〕戴望舒：《關於劉延伯》，收入《小説戲曲論集》（1958 年作家本），頁 91—92，據方志找出劉承禧生平大略，雖然未能深入，筆路襤褸，其功甚偉。但張遠芬：《新發現的〈金瓶梅〉研究資料初探》，刊《徐州師範學院學報》（哲學社會科學版），1980 年第 4 期，頁 35，竟說"戴望舒先生曾經專門查考過《麻城縣志》，但結果一無所獲"，未知何指？至於師陀：《從我的舊筆記而想起的及其他》，收入《山川・歷史・人物》（1979 年上海文藝本），頁 24："據説戴望舒先生解放後曾特意查《麻城縣志》，因爲徐階的女婿是麻城人，好像沈德符曾在他的《野獲編》裏講到徐氏以《詞話》作嫁妝的話。然而他們得到的是失望。"顯然并未看到戴文，也未翻檢《萬曆野獲編》。

〔4〕沈德符：《萬曆野獲編》（1959 年中華本）卷二十五，頁 652。

〔5〕張遠芬：《新發現的〈金瓶梅〉研究資料初探》，頁 34。

〔6〕王世貞：《明特進光禄大夫柱國少師兼太子太師吏部尚書建極殿大學士贈太師諡文貞存齋徐公行狀》，收入《弇州山人續稿》（崇禎本）卷一百三十八，葉 20 下，稱徐階孫徐元春（1574 進士）女"受劉承禧聘"。

〔7〕顧苓：《武英殿中書舍人致仕文公行狀》，收入《塔影園集》（《殷禮在斯堂叢書》本）卷一，葉 15 下："元配王氏，故徵君王百穀先生女孫。"張遠芬誤讀文震亨《快雪帖跋》"余婿於太原，故徵君所藏卷軸無不寓目"，爲"余婿於太原故徵君所藏卷軸，無不寓目"，以爲"余婿"就是劉承禧。

〔8〕《麻城縣志》（1935 年本）卷九，葉 33 上。

〔9〕《麻城縣志》卷八，葉 35 上。

〔10〕《麻城縣志》卷八，葉 13 上。

〔11〕《麻城縣志》卷九，葉 49 上。

〔12〕袁中道著，阿英校點：《袁小修日記》（1935 年上海雜志公司本），頁 57。

〔13〕臧懋循：《負苞堂集》（1958 年上海古典文學本），頁 82。

〔14〕《負苞堂集》，頁 92。

〔15〕《負苞堂集》，頁 55。

〔16〕收入《故宮歷代法書全集》，第 9 册（1977 年本），頁 4—7。又見《石渠寶笈》卷十；《三希堂法帖》，第 1 册。

〔18〕梅國楨傳，見《明史》（北京：中華書局，1974）卷二百二十八，頁 5979—5982；張自烈：《明少司馬衡湘梅公傳》，收入《苞山文集》，（《豫章叢書》本）卷十七，葉 14 下—26 上；及下引袁中道：《梅大中丞傳》，葉向高：《梅少司馬神道碑》。

〔19〕沈德符：《萬曆野獲編》卷十七，頁 449。

〔20〕袁中道：《珂雪齋前集》（萬曆四十六年〔1618〕本）卷十六，葉 12 下—24 下。

〔21〕見〔光緒〕《黃州府志》卷三十八《金石》，葉 86 上—94 下。按：此神道碑不見葉向高文集《蒼霞草》《蒼霞續草》及《蒼霞餘草》，而文字與錢謙益：《通議大夫兵部右侍郎兼都察院右僉都御史贈副都御史梅公神道碑銘》，收入《牧齋初學集》（《四部叢刊》本）卷六十四，幾完全相同。此神道碑當爲錢謙益代葉向高撰寫。《初學集》文，削去"長女爲大金吾太子太傅劉僑母"句，疑《初學集》刊刻時，劉僑方被遣戍。劉僑事蹟，見附記二。

〔22〕劉僑不一定是劉承禧的兒子，也可以是猶子襲職。徐階曾孫女不會是劉承禧繼室。王世貞撰《徐公（階）行狀》時，徐氏年尚幼，故僅"受劉承禧聘"。稚女受聘爲繼室的可能性至微。沈德符：《萬曆

野獲編》卷二十三，頁 594："梅衡湘司馬長女，犛居有才色。結庵事佛，頗於宗門有入悟之處。即李卓吾所稱澹然師者是也。"如是，梅長女爲劉承禧兄弟遺孀。但錢謙益：《梅公（國楨）神道碑銘》，葉 11 下，則謂："公次女澹然，早寡爲尼，從卓吾問佛法，微言扣畫。"澹然是次女而非長女。或沈德符誤記。關於澹然，參看李贄：《復澹然大士》，收入《焚書》（1975 年中華本）卷二，頁 79；《與梅長公（之煥）》，收入《續焚書》卷一，頁 31。及下引馬經綸：《與當道書》。

〔23〕吳晗：《〈金瓶梅〉的著作時代及其社會背景》，原刊《文學季刊》，第 1 期（1934），收入《讀史札記》（1956 年三聯本），頁 1—38。

〔24〕馬經綸：《與當道書二》，收入潘曾紘（1616 進士）輯：《李温陵外紀》（明刊本）卷四，葉 21 下—22 上。

〔25〕袁宏道：《［與］董思白》，收入《錦帆集》（萬曆三十一年（1603）本）卷四，葉 18 下："《金瓶梅》從何得來？伏枕略觀，雲霞滿紙，勝於枚生《七發》多矣。後段在何處？抄竟當於何處倒換？幸一的示。"董其昌和劉守有亦有交往，見《題劉金吾牛山讀書圖》，收入《容臺詩集》（崇禎三年［1630］本）卷三，葉 37。

〔26〕見阿英：《明人筆記小話》引。

〔27〕張遠芬：《新發現的〈金瓶梅〉研究資料初探》，頁 32、34—35。

〔28〕近人考證《金瓶梅》文章，引述沈德符時，常刪去不利一己説法的部分。張遠芬文是一例。朱星：《〈金瓶梅〉考證（一）》，刊《社會科學戰綫》，1979 年第 2 期，頁 261，是另一例；參看黃霖：《〈金瓶梅〉原本無穢語説質疑》，刊《復旦學報》（社會科學版），1979 年第 5 期，頁 105。

〔29〕［民國］《吳縣志》卷六《職官》："明景泰三年，户部奏設抄關監收船料抄。十一月，立分司於滸墅鎮，設主事一員，一年更代。……張銓……（萬曆）四十年任。馬之駿，仲良，新野人，進士。四十一年任。李佺臺……四十二年任。"（葉 22 下，27 上）參看魏

子雲:《論明代的〈金瓶梅〉史料》,原刊《中外文學》,第 6 卷第 6 期（1977）,收入《〈金瓶梅〉探源》（1979 年巨流圖書本）,頁 129。魏氏的《金瓶梅》研究,甚多大膽創見,如以爲明代《金瓶梅》史料多不可信,《金瓶梅》之寫作動機爲諷喻明神宗宮闈事,《金瓶梅》或出沈德符手。而以發現馬之駿主榷吳關年份,最有貢獻。

〔30〕參看法人 André Lévy（雷威安）, *About the Date of the First Printed Edition of the Chin P'ing Mei, Chinese Literature: Essays, Articles and Reviews*, 1.1（1979）, 43—47。雷威安雖未知馬之駿主榷吳關年份,但已認爲可能根本沒有近人所謂已失佚的萬曆三十八年（1610）本《金瓶梅》。

〔31〕徐朔方箋校:《湯顯祖集·詩文集》（上海:上海人民出版社, 1973 年）,頁 166、690。

〔32〕《麻城縣志》卷九,葉 49。

〔33〕《明史》卷二百五十七,頁 6642。

〔34〕《明史》卷三百五,頁 7818。

〔35〕《明史》卷二百四十四,頁 6335。

〔36〕《明史》卷二百四十四,頁 6326。

〔37〕《明史》卷三百八,頁 7942—7943。

原載《中華文史論叢》1982 年第 1 輯

諸城丘家與《金瓶梅》

一

　　沈德符《萬曆野獲編》《金瓶梅》條稱："中郎（袁宏道）又云：尚有名《玉嬌李》者，亦出此名士手。與前書各設報應因果……，中郎亦耳剽，未之見也。去年抵輦下，從邱工部六區志充得寓目焉。僅首卷耳……，邱旋出守去，此書不知落何所。"[1]

　　謝肇淛《〈金瓶梅〉跋》："此書向無鏤版，抄寫流傳，參差散失。……余於袁中郎得其十三，於丘諸城得其十五，稍爲釐正，而闕所未備，以俟他日。"[2]丘諸城，應即丘志充；現存《萬曆野獲編》爲康熙庚辰（1700）錢枋輯本，丘字因清代避孔子諱改作邱。

　　丘志充的生平對考證《金瓶梅》一書早期的流傳極爲重要。假如我們知道丘志充出守的年份，即可推算出沈德符撰寫有關《金瓶梅》一段文字的大約日期[3]。至於謝肇淛從丘志充借得半部《金瓶梅》的日期，更可幫助考訂《金瓶梅》刊本何時最早面世。可惜前人對此并未著意。

　　根據［乾隆］《諸城縣志·選舉表》：邱志充，字左臣，雲嶵子。萬曆三十一年（1603）舉人，三十八年（1610）貢士，未殿試，

四十一年（1613）進士，二甲六十名。仕至山西布政使司右布
政使[4]。同書《明洪熙以來誥敕表》："邱雲嶽，志充父，天啓
□年封中憲大夫，河南汝寧府知府；天啓六年（1626）封通議大
夫，河南按察使司按察使。"[5]《明史·職官志》："京官滿一考，
及外官滿一考而以最聞者，皆給本身誥敕。七品以上皆得推恩
其先。……曾祖、祖、父皆如其子孫官。……生曰封，死曰贈。"[6]
可知丘志充在天啓年間嘗爲汝寧府知府（正四品）、河南按察使
（正三品）。

　　［嘉慶］《汝寧府志·官師》："（知府）：邱志充，諸城人，進
士，萬曆四十八年（1620）任。"[7]丘志充，萬曆四十一年（1613）
進士，如按照明代官員升遷的一般程序，大抵先爲六部主事（正
六品），然後升爲員外郎（從五品），至萬曆四十八年離京出守時，
應爲工部郎中（正五品）。

　　明季兵亂，史籍多失佚，故方志記載常缺漏。如丘志充任
河南按察使，不見［雍正］《河南通志》；任山西布政使，不見［光
緒］《山西通志》。可幸地方官員自按察司僉事以上的任免，皆
見《明實錄》。

　　《明熹宗實錄》卷十："（天啓元年五月辛酉），升河南汝寧府
知府兵（丘）志充爲磁州兵備副使（正四品）。"[8]卷十八："（天
啓二年正月乙巳），調河南按察司副使丘志充爲四川監軍副使。"[9]
丘志充所監爲徐如珂軍。

　　天啓元年，四川永寧土司奢崇明反，遣頭目樊龍、張彤據重
慶。徐如珂時爲川東兵備副使，與石砫女土官秦良玉攻復之[10]。
徐如珂事後取文武將吏同事渝城者，撰《攻渝諸將小傳》；茲撮錄
《總理監軍道丘憲副毛兵小傳》於下：

　　　　河南毛兵者，監軍丘憲副督以援渝，而伍家營兵，則
　　　其子弟兵也。督臣以蜀亂，請設總理監軍一員。詔河南憲

臣丘志充領之。奉璽書得以上方行事，諸將自副帥以下，咸稟成焉。比至渝，短衣小帽，出入於行陣間，若不知其爲監軍道者。……而監軍則可謂善將將者。望之若不勝衣，而遇大敵奮大勇，何桓桓神武也。事成而一病幾不起，遂謝事而去。豈犂庭掃穴，天意稍緩須臾耶？論者稱爲功首不虛耳。[11]

《明熹宗實録》卷四十一："（天啓三年十一月丙子），起補原任四川按察司副使丘志充於湖廣，分守荆西。"[12]天啓四年《實録》今佚。《明熹宗實録》卷六十四："（天啓五年十月甲辰），升湖廣布政使司右參政丘志充爲河南按察使，遵化道。"[13]丘志充應在天啓四年，自副使分守荆西道升右參政（從三品）。

［宣統］《湖北通志·職官》：邱志克（充）天啓二年分守荆西道。[14]二年應作三年。［光緒］《湖南通志·職官》：邱志克（充）崇禎時爲左參政，分巡下湖南道。[15]誤。

丘志充僅起補副使，徐如珂頗爲代抱不平，《復邱六區大參》謂："渝城之役，惟弟與台肝膽相照，議論亦最相合，仰仗威棱，三旬底績……皆台主之，而弟輩特因人成事耳，中外共推以爲功首，良非虛語。茲廟堂之上所以待首功者何如乎？病已痊而不即補，補而仍得原物，即近日加升一級，亦循資之轉，非不次之擢也。弟有慨於中，往往向當事言之。而格於蜀功未敘，徒令人扼腕短氣耳。"[16]丘志充在湖廣雖不及兩年，宦蹟頗顯。

［康熙］《湖廣通志·名宦》：

丘志克（充），山東諸城人。先爲河南副使，督兵援渝州，稱文武才。擢大參（參政），分巡湖南。精嚴廉正，風紀肅如。然喜延攬才雋之士，或詩文尤異者，輒倒屣折節。每集守令，勗之曰："承平久矣，有志者當思報國。諸君優遊飾文治，竊爲不取也。"升布政使。[17]

《明熹宗實錄》卷七十四："（天啓六年七月丁酉），升河南按察司按察使丘志充爲山西布政使司右布政使，懷來道。"[18]自天啓三年起補副使（正四品），四年升參政（從三品），五年升按察使（正三品），六年升布政使（從二品），三年之內丘志充自副使至布政使，可謂不次之擢。但不及半年，即因行賄被逮。

《明熹宗實錄》卷八十："（天啓七年正月辛未），逮山西布政使司右布政使、懷來道丘志充至，下鎮撫司究問，以東廠緝獲王家棟，供稱志充車載餉銀，鑽謀京堂也。"[19]"（丙子），鎮撫司具丘志充、王家棟獄詞。贓銀九千一百三十兩，命勒限嚴追，以助大工。隨以緝獲功，廕魏忠賢弟姪一人錦衣衛指揮使，賜敕獎勵，仍賞銀幣羊酒新抄。"[20]卷八十二："（三月辛未），刑部具犯官丘志充、王家棟獄詞。俱著監候處決。"[21]

談遷（1594—1658）《國榷》卷八十八，亦記："逮山西懷來道右布政丘志充至，下鎮撫獄。以餉金三千托太醫院吏目王家棟營京堂，東廠跡之。論死。"[22]

丘志充行賄謀京堂事，在山東似頗流傳，蒲松齡（1640—1715）《聊齋志異·遵化署狐》即述此事，云：

> 諸城丘公爲遵化道。……後二年，公遣幹僕齎銀如干數赴都，將謀遷擢。事未就，姑窖藏於班役之家。忽有一叟詣闕聲屈，言妻子橫被殺戮；又訐公克削軍糧，夤緣當路，現頓某家，可以驗證。奉旨押驗。至班役家，冥搜不得。叟惟以一足點地。悟其意，發之，果得金；金上鐫有"某郡解"字。……公由此罹難。[23]

丘志充於天啓五年爲遵化道，天啓七年被逮，事隔正二年。而〔乾隆〕《遵化州志·官職表》竟缺丘志充名。

丘志充於天啓七年（1627）論死，但延至崇禎五年（1632）始被處死。李清《三垣筆記》：

王撫化貞、邱副憲志充，皆諸城人，又皆癸丑進士，一坐失陷封疆，一坐行賄謀升，同日棄市。亦云怪矣。[24]

王化貞生平，附見《明史》卷二百五十九《熊廷弼傳》。天啓二年（1622）廣寧失陷，王化貞與熊廷弼并論死。熊廷弼於天啓五年（1625）棄市，而王化貞至崇禎五年（1632）始被處死[25]。李清誤稱丘志充爲"副憲"，當因懷來道一般爲按察副使之故。

可見丘志充自萬曆四十八年（1620）任汝寧府知府後，一直在外省任官，至天啓七年（1627）被逮返京。沈德符謂："去年抵輦下，從邱工部六區志充得寓目焉。……邱旋出守去。"因此，《萬曆野獲編》中有關《金瓶梅》的一段文字，大抵書寫於天啓元年或二年（1621或1622）。

二

謝肇淛的《〈金瓶梅〉跋》，是今日所知最早評介《金瓶梅》的專文[26]。文中云："此書向無鏤版，抄寫流傳，參差散失。"撰寫在刊本《金瓶梅》面世以前。

謝肇淛說："余於袁中郎得其十三，於丘諸城得其十五，稍爲釐正，而闕所未備，以俟他日。"袁本《金瓶梅》，謝肇淛得之甚早。萬曆三十五年（1607）前後，袁宏道曾有信給謝，謂："《金瓶梅》料已成誦，何久不見還也？"[27]丘本《金瓶梅》不可能和袁本完全無重複處，所以丘本應超過全書之半。"得其十五"，乃因先已"得其十三"之故。而謝肇淛何時得見丘本，正是考訂刊本《金瓶梅》面世上限的重要綫索。

《明史》卷二百八十六《文苑傳》，記載謝肇淛生平至簡略，且誤謝爲萬曆三十年（1602）進士。今撮録錢謙益《列朝詩集小傳·謝布政肇淛》於下：

> 肇淛，字在杭，長樂人。萬曆壬辰（1592）進士，除湖州推官，量移東昌，遷南京刑兵二部，轉工部郎中，管河張秋。……升雲南參政，歷廣西按察使，至右布政。[28]

按謝肇淛父汝韶在萬曆三十四年（1606）十月去世，謝肇淛時爲南京兵部職方司主事[29]。萬曆三十七年（1609）服闋，補工部郎中，但在北京時日不多，即外放治河[30]。

謝肇淛《王黃州〈小畜集〉跋》："去歲入長安，從相國葉進卿（向高）先生借得內府抄宋本，疾讀數過，甚快，因抄而藏之。……萬曆庚戌（1610）三月望日，晉安後學謝肇淛敬跋。"[31]《五雜組》卷十三："內府秘閣所藏書甚寥寥，然宋人諸集，十九皆宋版也。……吾鄉葉進卿先生當國時，余爲曹郎，獲借抄得一二種，但苦無傭書之資，又在長安之日淺，不能盡窺東觀之藏，殊爲恨恨耳。"[32]而葉向高《小草齋文集序》亦云："余在綸扉，公方郎水部（即工部），日從余借秘書抄録，録竟即讀，讀竟復借，不浹歲而幾盡吾木天之儲。"[33]謝自謂"在長安之日淺"，葉謂"不浹歲"，謝可能在萬曆三十八年底即離京（長安，指京師北京，并非陝西西安）。

根據謝肇淛著述，萬曆四十一年（1613）至四十四年（1616）初，謝皆在外地治河。《五雜組》卷三："萬曆癸丑（1613）四月望日，與崔徵仲孝廉登張秋之戊巳山。"[34]《殤女志銘》："以癸丑十二月六日寅時殤，其父肇淛時以水部郎治河張秋。"[35]《護送福藩行記》："今上萬曆四十二年（1614）春三月，封皇子常洵爲福王都洛，……肇淛河臣也，職宜繕堤岸，瀹淤滯，以導樓櫓。"[36]《朝列大夫河東陝西都轉運鹽使司同知含吾馬公暨元配宜人劉氏合葬墓誌銘》："丙辰（1616）之春，余治河安平而得代。"[37]《山陵記》："丁巳歲（1617）七月中元，臣肇淛視屯田篆。"[38]可知在萬曆四十五年（1617）或以前，謝肇淛已返北京任工部屯田司郎中。但謝肇淛此次逗留北京的時日亦短暫。《明神宗實錄》卷五百七十二："（萬曆四十六年七月甲寅），升……工部郎中……謝肇淛爲雲南參政。"[39]及後升按察使、布政使，皆在廣西，未再爲京官。

謝肇淛《〈金瓶梅〉跋》的"丘諸城"，無疑應是他的工部同僚丘志充。謝、丘二人共事的日子并不長久。在萬曆四十一年（1613）成進士以前，丘志充和謝肇淛認識的機會不大。而在四十一年至四十四年（1616）初，謝肇淛并不在北京。因此丘志充和謝肇淛相熟，并借予《金瓶梅》抄本，衹可以是萬曆四十四年（1616）初到萬曆四十六年（1618）七月謝肇淛離北京往雲南以前三年間之事。這也就是説在萬曆四十四年前，尚無刊本《金瓶梅》傳世。

前撰《麻城劉家和〈金瓶梅〉》文，已指出近人所謂萬曆庚戌（1610）"吳中"本《金瓶梅》，子虛烏有[40]。沈德符謂："丙午（1606），遇中郎京邸，……又三年，小修（袁中道）上公車，已攜有其書；因與借抄，挈歸。吳友馮猶龍（夢龍）見之驚喜，慫恿書坊以重價購刻。馬仲良（之駿）時榷吳關，亦勸予應梓人之求，可以療饑。予曰：'……吾豈以刀錐博泥犁哉？'仲良大以爲然。遂固篋之。未幾時，而吳中懸之國門矣。"袁中道在萬曆三十八年（1610）在京會試，一般人遂以爲"未幾時"亦在同年，而此"吳中懸之國門"的庚戌本即爲《金梅瓶》的最早刊本。

其實馬之駿主榷吳縣滸墅抄關的任期，史有明言。魏子雲根據［民國］《吳縣志·職官》，已考出爲萬曆四十一年（1613）[41]。不過，法國學者雷威安（André Lévy）以爲《吳縣志》內容有錯失，孤證不足爲憑[42]。

去歲秒在上海圖書館看到凌壽祺纂修，道光七年（1827）序刊本《重修滸墅關志》。卷六《榷使》載有萬曆年間主榷滸墅關主事：

張銓，字平仲，北直大名人，甲辰（1604）進士。才識通敏，商民樂其寬大。四十年（1612）任。

馬之駿，字仲良，河南新野人，庚戌（1610）進士。四十一年（1613）任。

李銓台，字爲輿，福建惠安人，丁未（1607）進士。釐易奸蠹，關政澄肅。四十二年（1614）任。

馬之駿既在萬曆四十一年主榷吳關，吳中懸之國門的《金瓶梅》刊本，衹能在該年以後面世。所謂萬曆庚戌（1610）刊本，并未存在，純出誤解沈德符文。

因此有萬曆丁巳季冬（1617 年 12 月—1618 年 1 月）東吳弄珠客序的《金瓶梅詞話》應該是《金瓶梅》的最早刊本。刊本流通後，謝肇淛即無訪尋釐正抄本的必要。我們可以精確地指出：謝肇淛是在萬曆四十四年（1616）至四十五年（1617）這兩年內，在北京自其工部同僚丘志充處借得《金瓶梅》抄本，并撰寫《〈金瓶梅〉跋》。

三

丘志充有子，名石常。［乾隆］《諸城縣志・選舉表》："邱石常，志充子。（順治二年）歲貢。"[43] 同書《列傳》："邱元武，字慎清。父石常，字子廩。器宇俊偉，嘗往來江淮吳越間，所交多奇士。以歲貢授夏津訓導，勸學屬（勵）士，士多興起者。升高要知縣，不赴，卒年五十七。詩文裒然成集。"[44] 頗簡略。

鄧之誠（1887—1960）《清詩紀事初編》有丘石常傳，云："丘石常，字子廩；築海石山房於九僊山，因號海石。諸城人。副貢生，入清選利津訓導，升高要縣知縣，不赴官。卒於順治十八年（1661），年五十六。撰《楚村詩集》六卷、《文集》六卷，刻於康熙十二年（1673），凡詩五百一十二首，文九十七首。石常家世貴盛，少與兄子和及劉子羽、陳術公、戴賓庭讀書鐵水園，早著聲稱，與丁耀亢齊名。……大約石常與丁耀亢皆權奇好事，不屑計較名節，且視富貴甚輕。及其窮也，雖末職亦復甘之，不樂又復棄去。視殺身成仁爲無濟於事。兩人才情行徑略同，故《祝丁母八秩序》云：‘野鶴言滿天下無口過，交遍天下無朋禍，則以其與世推移，玩弄澹宕也。’是雖以稱耀亢，不啻自稱。……石常没，耀亢有詩挽之，因得推知石常卒年。”[45]

王士禛（1634—1711）《古夫于亭雜録》卷五：“諸城丁耀亢野鶴，與丘石常海石友善，而皆負氣不相下。一日飲鐵溝園中，論文不合，丘拔壁上劍擬丁，將甘心焉。丁急上馬逸去。”[46]王士禛和丁、丘皆相熟，所言應可信。王撰《懷人絕句》：“九僊僊人丁野鶴，掛冠仍作武彝遊。齊名當日邱靈鞠，埋骨青山向幾秋。”[47]所撰《感舊集》，卷六收有丁耀亢詩五首；卷七收有丘石常詩一首，即《答丁野鶴》：“傳來消息未堪論，誓老名山不出門。祇當我今行腳去，水雲興盡即歸村。”[48]

傳世《續金瓶梅》一書，一般皆以爲丁耀亢（1599—1669）撰[49]。而丁好友丘石常父志充藏有《金瓶梅》的最早續書《玉嬌麗》。《玉嬌麗》是否爲《續金瓶梅》原本，頗值得探討。

丘石常《楚村詩集》《楚村文集》，海外無法得讀，國內容或有藏。書內可能有一些有關丘志充的材料，或可幫助追尋丘家所藏《金瓶梅》和《玉嬌麗》二書的來源及其作者。

《清詩紀事初編》録有丘石常兩首《水滸傳》詩，不見近人馬蹄疾編《水滸資料彙編》。朱一玄、劉毓忱編《水滸傳資料彙編》則僅録其一。今附録於下。《過梁山泊》：

　　施羅一傳堪千古，卓老標題更可悲。今日梁山但爾爾，
天荒地老漸無奇。

《爲内人買水滸傳》：

　　玉鏡臺前一架書，《西遊》《水滸》及詩餘。挑針才罷
傳杯酒，紅綻櫻桃念“奪魚”。

四

　　綜上所述，可以得出如下結論。

　　丘志充（1632卒），山東諸城人，字左臣，又字六區（或
作六渠）[50]，萬曆四十一年（1613）進士。在京仕至工部郎中。
萬曆四十八年（1620）外放河南汝寧府知府；天啓元年（1621）
爲磁州兵備副使；二年（1622）爲四川監軍副使，助徐如珂復重
慶，旋因病離職；三年（1623）起補湖廣副使，分守荆西道；四
年（1624）爲參政，分巡下湖南道；五年（1625）爲河南按察使，
遵化道；六年（1626）爲山西布政使，懷來道；七年（1627）因
行賄謀京堂，爲東廠所悉，下鎮撫司，論死；崇禎五年（1632），
棄市。

　　丘志充藏有《金瓶梅》及其續書《玉嬌麗》的抄本。萬曆
四十四年至四十五年（1616—1617）間，嘗借《金瓶梅》予工
部郎中謝肇淛。謝肇淛以之併合前抄自袁宏道部份，仍缺十分
之二。又撰《〈金瓶梅〉跋》。約在萬曆四十八年（1620），丘志
充借予沈德符《玉嬌李（麗）》首卷。

　　丘志充所藏《金瓶梅》和《玉嬌麗》的來源，值得探討。
他和當時文士似乏交往，二書可能俱得自故里。這就對二書同
出一人之手，和作者爲山東人的説法，有一定的支持作用。

自萬曆四十八年（1620）離京出守，迄天啓七年（1627）下獄、崇禎五年（1632）棄市，丘志充的行止皆明確可考。但入仕以前事蹟，今日尚一無所知。丘志充兒子丘石常（1604？—1661）的《楚村詩集》和《楚村文集》，或可提供一些資料。

此外，丘石常和同縣丁耀亢至交友好，而今人皆以爲《續金瓶梅》是丁耀亢所作。《玉嬌麗》和《續金瓶梅》的關係，亦需重新探討。

《金瓶梅》刊本面世，當在謝肇淛撰寫《〈金瓶梅〉跋》之後，不可能早於萬曆四十四年（1616）。有萬曆四十五年季冬（1617年12月—1618年1月）序的《金瓶梅詞話》，大抵就是《金瓶梅》的最早刊本，也就是沈德符所説的"吳中懸之國門"的本子。近人所謂萬曆庚戌（1610）刊本，并未存在，純出誤解沈德符文字。

附：《麻城劉家和〈金瓶梅〉》補

近日黄霖撰《〈金瓶梅〉作者屠隆考》[51]，資料解説俱新。其中論點之一爲"屠隆寫這小説與劉承禧，一是爲了報恩，二是爲了勸戒。而劉承禧正是《金瓶梅》最初稿本的獲得者"。黄氏證據主要是屠隆（1542—1605）《與劉金吾》函：

> 獨念明公疇昔周旋，義高千古。當不佞初被仇口，明公一日三過不佞邸中，對長安諸公衝冠扼腕，義形於色。……及不佞掛冠出神武門，蹇驢且策，而兩兒子痘瘍適作。公曰："君第行抵潞河，留八口京邸。薪水醫藥，余維力是視。"不佞遂行。明公果惠顧不佞妻孥甚至。而不佞之阻凍潞上，則又時使人起居逐客饋餉不絶，所以慰籍之良厚，又爲治千里裝。不佞八口所以得不路餒者，明公賜也。[52]

黃霖以爲："屠隆與劉承禧不但是一般的交密，而且在屠隆遭到一生中最嚴重的打擊而最困難的時候，得到了劉的全力資助。"

雪中送炭、資助屠隆的"劉金吾"，其實是劉承禧之父劉守有。屠隆"掛冠出神武門"，事在萬曆十二年（1584）十月[53]，當時掌錦衣衛的是劉守有。

劉守有、承禧父子事蹟，數見《明實錄》及《明史》，拙文《麻城劉家和〈金瓶梅〉》失錄，今補考於下。

《明史·刑法志》：

> 萬曆初，劉守有以名臣子掌衛，其後皆樂居之。士大夫與往還，獄急時，頗賴其力。守有子承禧及吳孟明其著者也。[54]

劉承禧仕至錦衣衛都督，而近人竟有謂"爲較低級的武職"[55]，甚至是"一個义物商人"[56]，殊失考。

劉守有爲張居正黨[57]，居正歿，先後爲御史毛在鵬、陳性學，給事中劉一相所劾，賴申時行等力解[58]。不獨如此，萬曆十二年十二月（1585）丙午，"升錦衣衛掌衛事都督同知劉守有爲左都督，提督巡捕"[59]。

及至萬曆十六年（1588），劉守有始被革任回籍。《明神宗實錄》卷二百五：

> （萬曆十六年十一月）壬戌，貴州道御史何出光劾內侍張鯨，及其黨鴻臚寺序班邢尚智、錦衣衛都督劉守有，相倚爲奸，專擅威福，罪當死者八，贓私未易縷指。上命張鯨策勵供事，邢尚智、劉守有等革任，餘犯法司提問。[60]

> 壬申，刑部覆議張鯨、劉守有、邢尚智贓罪。尚智論死，守有斥，鯨被切責，仍令策勵供事。[61]

屠隆又有《寄贈大金吾劉公歌》[62]，這和《與劉金吾》函，皆應是寄與劉守有。

　　正如前文《麻城劉家和〈金瓶梅〉》所指出，"劉守有死後，書物自然皆歸劉承禧"。假如屠隆真的曾贈劉守有《金瓶梅》，日後亦爲劉承禧所有。

1984 年 3 月 4 日初稿，28 日補訂

注　釋

〔1〕《萬曆野獲編》（北京：中華書局，1980），頁 652。

〔2〕《小草齋文集》（天啓丙寅葉向高序刊本）卷二十四，頁 31 下。

〔3〕沈德符《萬曆野獲編序》署"萬曆三十四年丙午（1606）仲冬日"；《續編小引》署"萬曆四十七年己未歲（1619）新秋"。但該書并非在萬曆四十七年面世，書中有關《金瓶梅》的一段文字即撰寫於該年之後。

〔4〕《諸城縣志》（乾隆二十九年刊本）卷二十一，頁 21 下、23 上—24 上。

〔5〕《諸城縣志》卷二十四，頁 4 下。

〔6〕《明史》（北京：中華書局，1974）卷七十二，頁 1736。

〔7〕《汝寧府志》（嘉慶元年）卷十四，頁 10 下。

〔8〕《明實録》（"中央研究院歷史語言研究所"影印本），冊 125，頁 532。

〔9〕《明實録》，冊 126，頁 910。

〔10〕參看《明史》卷二百四十九，頁 6439—6441、6447—6448。

〔11〕《攻渝諸將小傳》（臺北：臺灣學生書局，1969 影印天啓四年序刊本），頁 8 上—10 上。

〔12〕《明實録》，冊 129，頁 2140。

〔13〕《明實録》，冊 131，頁 3056。

〔14〕《湖北通志》（武漢：湖北通志局，1921）卷一百十三，頁 60 下。

〔15〕《湖南通志》（光緒十一年）卷一百二十，頁 7 下。

〔16〕《徐念陽公集》(《乾坤正氣集》卷二百八十九—二百九十六）卷七，
　　　頁 19 下—20 上。

〔17〕《湖廣通志》（康熙二十三年）卷二十八，頁 36 下。

〔18〕《明實錄》，冊 132，頁 3611。

〔19〕《明實錄》，冊 133，頁 3869。

〔20〕《明實錄》，冊 133，頁 3875。

〔21〕《明實錄》，冊 133，頁 3976。

〔22〕《國榷》（北京：古籍出版社，1958），頁 5346。

〔23〕張友鶴輯校：《聊齋志異（會校會注會評本）》（上海：上海古籍出版
　　　社，1978），頁 244。青柯亭刊本，無此故事。

〔24〕《三垣筆記》（北京：中華書局，1982），頁 155。

〔25〕《明史》卷二百五十九，頁 6706。

〔26〕參看馬幼垣：《研究〈金瓶梅〉的一條新資料》，刊《中國古典小説
　　　研究專集》，第 1 輯（1979），頁 151—156，又收入所著《中國小説
　　　史集稿》（臺北：時報文化出版事業公司，1980），頁 233—240；馬
　　　泰來：《謝肇淛的〈金瓶梅跋〉》，刊《中華文史論叢》，1980 年第 4
　　　輯，頁 299—305；蔡國梁：《謝肇淛與〈金瓶梅〉》，刊《福建論壇》，
　　　1982 年第 4 期，頁 111、114—115。

〔27〕錢伯城箋校：《袁宏道集箋校》（上海：上海古籍出版社，1981），頁
　　　1596—1597。

〔28〕《列朝詩集小傳》（上海：上海古籍出版社，1983），頁 648。

〔29〕謝肇淛《先考奉政大夫吉府左長史天池府君行狀》，《小草齋文集》卷
　　　十七，頁 15 下—17 上、20 上；曹學佺：《明廣西方伯在杭謝公墓誌銘》，
　　　《曹能始先生石倉全集・石倉三稿》（明刊本）卷七，頁 17 下。

〔30〕謝肇淛傳，最詳盡者見富路特（L.Carrington Goodrich）主編、房兆
　　　楹助編：《明代名人傳》（*Dictionary of Ming Biography, 1368—1644*，
　　　New York：Columbia University Press，1976），頁 546—550；可惜誤

謂謝在 1608 年服闋，1609 年爲南京刑部主事，繼爲兵部主事，而任北京工部郎中則疑爲 1610 年至 1614 年間事。謝國楨《明清筆記談叢》（上海：上海古籍出版社，1981），頁 23，謂謝肇淛 "官至工部郎中"，尤誤。

〔31〕黃丕烈：《蕘圃藏書題識》卷八，頁 1 下。又見《小草齋文集》卷二十四，頁 17 上下，删去末二句題署。

〔32〕《五雜俎》（北京：中華書局，1959），頁 382。

〔33〕《小草齋文集序》，頁 3 下—4 上。

〔34〕《五雜俎》，頁 84。

〔35〕《小草齋文集》卷十八，頁 50 下—51 上。

〔36〕《小草齋文集》卷九，頁 42 上下。

〔37〕《小草齋文集》卷十八，頁 54 下。

〔38〕《小草齋文集》卷十，頁 18 上。

〔39〕《明實錄》，册 121，頁 10813。

〔40〕馬泰來：《麻城劉家和〈金瓶梅〉》，刊《中華文史論叢》，1982 年第 1 輯，頁 115、120。

〔41〕魏子雲：《論明代的〈金瓶梅〉史料》，原刊《中外文學》，第 6 卷第 6 期（1977），收入《〈金瓶梅〉探源》（臺北：巨流圖書公司，1979），頁 129。

〔42〕André Lévy, "Recent Publications on the *Chin P'ing Mei*", *Chinese Literature, Essays, Articles and Reviews, 3.1*（1981），p.146。

〔43〕《諸城縣志》卷二十二，頁 2 下。

〔44〕《諸城縣志》卷三十六，頁 9 下。

〔45〕鄧之誠：《清詩紀事初編》（北京：中華書局，1965），頁 686—688。

〔46〕《古夫于亭雜録》（《嘯園叢書》本）卷五，頁 12 上下。

〔47〕王士禎選，盧見曾補傳：《感舊集》（乾隆十七年序刊本）卷七，頁 18 下。

〔48〕《感舊集》卷七，頁 18 下—19 上。

〔49〕丁耀亢生卒年有多種説法，此從李濟賢：《丁耀亢生卒年考》，刊《中國古代史論叢》，1982 年第 1 輯，頁 348—351。

〔50〕與丘志充共事重慶之役的總兵杜文焕，有《合州贈丘六渠、楊華毓兩觀察》詩，見《太霞洞集》（弘光年間刊本），卷九，頁 5 上。

〔51〕《復旦學報》（社會科學版），1983 年第 3 期，頁 31—39。

〔52〕《棲真館集》（萬曆庚寅序刊本）卷十八，頁 11 下—12 下。

〔53〕《明史》卷二百八十八，頁 7388；《明實錄》，册 103，頁 2856—2857。

〔54〕《明史》卷九十五，頁 2339。

〔55〕李錦山：《〈金瓶梅〉最早付刻人淺探》，刊《徐州師範學院學報》（哲學社會科學版），1983 年第 3 期，頁 38。李文辨證張遠芬謂劉承禧爲文震亨婿説之誤，但又誤謂劉承禧爲徐階婿，文震亨爲王穉登婿。事實上，劉是徐階曾孫婿，文是王穉登孫婿；詳拙文《麻城劉家和〈金瓶梅〉》。

〔56〕張遠芬：《新發現的〈金瓶梅〉研究資料初探》，刊《徐州師範學院學報》（哲學社會科學版），1980 年第 4 期，頁 35。張氏所提出的資料，《快雪時晴帖》諸家跋語，其實和《金瓶梅》一點關係也没有。

〔57〕《萬曆野獲編》，頁 464、534、536。

〔58〕《明史》卷三百五，頁 7803；卷二百三十六，頁 6143。《明實錄》，册 102，頁 2454、2459、2800—2801。

〔59〕《明實錄》，册 103，頁 2877。

〔60〕《明實錄》，册 105，頁 3828。

〔61〕《明實錄》，册 105，頁 3831。

〔62〕《棲真館集》卷二，頁 9 上—10 上。

原載《中華文史論叢》1984 年第 3 輯

有關《金瓶梅》早期傳播的一條資料

　　近刊王重民先生（1903—1975）《中國善本書提要》（上海古籍出版社，1983），撰寫於 1939 年至 1949 年間，前此多未曾發表，其中頗多新資料。《新刻金瓶梅詞話》條，引用明人《天爵堂筆餘》，提供了《金瓶梅》早期傳播情形的重要史料，惜未詳考。今試爲補證。爲行文方便，先節引王氏原文於下：

　　　　薛岡《天爵堂筆餘》卷二云："往在都門，友人關西文吉士以抄本不全《金瓶梅》見示，余略覽數回，謂吉士曰：此雖有爲之作，天地間豈容有此一種穢書！當急投秦火。後二十年，友人包岩叟以刻本全書寄敝齋，予得盡覽。初頗鄙嫉，及見荒淫之人皆不得其死，而獨吳月娘以善終，頗得勸懲之法。但西門慶當受顯戮，不應使之病死。簡端序語有云：讀《金瓶梅》而生憐閔心者菩薩也，生畏懼心者君子也，生歡喜心者小人也，生傚法心者禽獸耳。序隱姓名，不知何人所作，蓋確論也。"薛岡所見，殆即此刻本，故備録之，冀或由包岩叟一名，以蹤跡撰人真姓氏也。

　　薛岡，浙江鄞縣人，嘉靖四十年（1561）生，崇禎十四年（1641）仍在世[1]。胡文學（順治九年［1652］進士）編、李鄴嗣敍傳《甬上耆舊詩》，卷二十四有傳："薛山人岡，字千仞。少以事避地客於長安，爲新進士代作考館文字得與選，因有盛名，一時共稱薛千仞先生。所著《天爵堂集》，亦稱天爵翁。千仞年八十，集其生平元旦除夕詩爲一卷，起萬曆庚辰（1580），至崇禎庚辰（1640）；福建林茂之敘之。身爲太平詞客六十年，名重天下，亦盛事也。晚年歸，卒於里中。"（影印文淵閣《四庫全書》抄本）《天爵堂集》，四庫未著録，頗罕見。前北平圖書館藏、現存臺北"中央圖書館"《天爵堂文集》十九卷、附《筆餘》三卷，有天啓二年（1622）薛三省，天啓四年（1624）李維楨，天啓五年（1625）米萬鐘及崇禎五年（1632）范汝梓四序。（又《北京大學圖書館藏善本書目》，頁八十五，著録《天爵堂文集》二十卷，天啓四年序刻本。）

　　王重民謂薛岡所見《金瓶梅》刻本全書，即《金瓶梅詞話》，應爲事實。"讀《金瓶梅》而生憐悯心者菩薩也……生傚法心者禽獸耳"數句，見《金瓶梅詞話》東吳弄珠客序。《金瓶梅詞話》是《金瓶梅》的最早刊本，近人所謂"萬曆庚戌（1610）刊本"，并未存在，純出誤解沈德符《萬曆野獲編》文字[2]。

　　包岩叟以《金瓶梅詞話》贈薛岡，疑包氏與該書之刊行或不無關係。包氏生平，王重民未考。《甬上耆舊詩》卷二七，録包詩五首并包傳："包德州士瞻，字五衢，號岩叟。少有文名。以太學生官同知德州。江干包氏世有詞人，德州最爲後來之秀。"［乾隆］《德州志》卷八《職官》，列萬曆時州判三十五人，包士瞻名列三十四，僅謂"鄞縣人，監生。"此外，《天爵堂文集》卷二，有《〈妄譚〉小序》，乃爲包氏所著書而作；卷四，有《送包岩叟赴德州判官序》；卷十七，有《與包岩叟》函。

　　《金瓶梅詞話》東吳弄珠客序，署萬曆丁巳季冬（1617年12月28日至1618年1月25日）。沿此上溯二十年，爲萬曆二十五年（1597），但二十年或是約數，不宜過分執著。在北京以抄本《金瓶梅》示薛岡的"關西文吉士"，大抵是萬曆二十九年（1601）舉進士的三水文在兹。

　　"吉士"疑非别字，而是庶吉士略稱。明人著述，常有此例，如：屠隆《由拳集》，卷五《感懷詩五十五首》，其一爲《馮吉士開之》；馮夢禎，字開之，萬曆五年會元，選翰林院庶吉士。邢侗（1551—1612）《來禽館集》，卷二十六《松江董吉士玄宰以座師田宗伯喪南歸，慨然移疾護行，都不問解館期，壯而賦之》；董其昌，字玄宰，萬曆十七年進士，第二甲第一名，選庶吉士。

明代翰林院庶吉士，文姓者僅二人：文在茲，萬曆二十九年（1601）進士，陝西三水人；文安之，天啓二年（1622）進士，湖廣夷陵州人[3]。文在茲是關西人，時間亦吻合。文在茲甚至可能就是薛岡"爲新進士代作考館文字得與選"的"新進士"。

［雍正］《陝西通志》，卷六十三《人物·文學》："文在茲，字少元，三水人。萬曆辛丑（1601）進士。善八分楷書。"［乾隆］《三水縣志》，卷十《科貢·進士》："萬曆辛丑科，文在茲，字少元，在中胞弟，登許獬榜進士。初授翰林院庶吉士，不二載以終養歸卒。"[4]可見文在茲在北京的日子并不長久，大抵在萬曆三十一年（1603）離京返三水。而在此段時期北京有抄本不全的《金瓶梅》在流通。

王重民引錄《天爵堂筆餘》時，略去文末數語。今補録於下："……蓋確論也。所宜焚者，不獨《金瓶梅》，《四書笑》《浪史》當與同作坑灰。李氏諸書存而不論。"《四書笑》未見著錄，不悉內容如何。《浪史》現存，爲一色情小説。"李氏諸書"，大抵指李贄所著書。

文在茲和包士瞻都不會是《金瓶梅》的作者，但前者在萬曆二十九年（1601）前後，已擁有一不全抄本，比刊本《金瓶梅詞話》面世要早約十七年；後者與《金瓶梅詞話》刊行或不無關係。二人的生平，交遊及著作，值得進一步探討。

1984 年 5 月 27 日初稿　6 月 23 日補訂

注　釋

〔1〕《天爵堂文集》卷八，《織屨道人傳》：“嘉靖辛酉七月十日（1561 年 8 月 20 日）之未時而岡墜地。”杜濬（1611—1687）《變雅堂詩集》卷四，《燕磯感舊并序》：“歲在辛巳（1641），余年三十有一，束遊鹿城，荷諸同人餞送於燕子磯者，爲四明薛千仞，時八十二……。”

〔2〕詳拙撰：《麻城劉家和〈金瓶梅〉》，刊《中華文史論叢》1982 年第 1 輯；及《諸城丘家和〈金瓶梅〉〈玉嬌麗〉》，刊《中華文史論叢》1984 年第 3 輯。

〔3〕據杜聯喆：《明朝館選錄》，刊《清華學報》（臺北），新 5 卷第 2 期，1966 年 12 月。

〔4〕錢謙益：《列朝詩集小傳》丁集下：“文少卿翔鳳。翔鳳，字天瑞，三水人。……天瑞父在兹，舉萬曆甲戌（1574）進士，以程文奇異，爲禮官所糾，遂不復仕，作《梅花詩》至萬五千言，講德摛詞，以奧古爲宗。”誤。翔鳳父爲文在中，在兹兄，萬曆二年（1574）進士，見〔乾隆〕《三水縣志》。鄒漪《啓禎野乘》卷七文翔鳳傳，誤從錢書。

原載《光明日報·文學遺產》650 期（1984 年 8 月 14 日）

謝肇淛《〈金瓶梅〉跋》考釋

一

謝肇淛的《〈金瓶梅〉跋》是今日所知評介《金瓶梅》的第一篇專文。謝跋所涉内容廣泛，包括作者傳説、早期傳播、文學批評，以至做續書等等。雖然這篇文章晚至 1976 年纔被我發現，但自從在海峽兩岸的學術刊物公佈後[1]，今日已是研治《金瓶梅》學者常引用的資料，其重要性爲大家所公認。

前撰《謝肇淛的〈金瓶梅跋〉》，頗簡略，目的主要是提供新史料。最近十多年來，我在各種明人文集中，又陸續找到了一些資料，加上時彦對《金瓶梅》的研究，使我對謝跋有進一步的看法。今重爲考釋。先録謝跋原文於下：

《金瓶梅》一書，不著作者名代。相傳永陵中有金吾戚里，憑怙奢汰，淫縱無度。而其門客病之，採摭日逐行事，彙以成編，而托之西門慶也。書凡數百萬言，爲卷二十，始末不過數年事耳。其中朝野之政務，官私之晉接，閨闥之媟語，市里之猥談，與夫勢交利合之態，心輸背笑之局，桑中濮上之期，尊罍枕席之語，駔儈之機械意智，粉黛之自媚爭妍，狎客之從臾逢迎，奴怡之稽唇淬語，窮極境象，駴意快心。譬之范工搏泥，妍媸老少，人鬼萬殊，不徒肖其貌，且并其神傳之。信稗官之上乘，鑪錘之妙手也。其不及《水滸傳》者，以其猥瑣淫媒，無關名理。而或以爲過之者，彼猶機軸相放，而此之面目各別，聚有自來，散有自去。讀者意想不到，唯恐易盡。此豈可與褒儒俗士見哉。此書向無鏤版，抄寫流傳，參差散失，唯弇州家藏者最爲完好。余於袁中郎得其十三，於丘諸城得其十五，稍爲釐正，而闕所未備，以俟他日。有嗤余誨淫者，余不敢知。然溱洧之音，聖人不刪，則亦中郎帳中必不可無之物也。倣此者，有《玉嬌麗》，然而乖彝敗度，君子無取焉。

《〈金瓶梅〉跋》，見《小草齋文集》卷二十四。按《小草齋文集》二十八卷，謝肇淛母舅徐𤊹選，有天啓丙寅（六年[1626]）葉向高序。考上海圖書館藏徐𤊹《紅雨樓集》稿本十二冊，冊八，《答李公超（丁卯五月十日）》云："謝在杭文集刻成，尚未裝刷。今索其《五雜俎》一種、《文海披沙》一種、《小草續詩》一種、《麈譚》一種致上。" 可知《小草齋文集》是謝氏卒後，徐𤊹編刊，面世應在天啓七年（丁卯，1627）五月稍後。《小草齋文集》頗罕見，就所知僅日本尊經閣文庫及江西省圖書館藏全本，日本內閣文庫藏本缺卷一至卷三。我用的是尊經閣文庫藏本的影印本。

北京圖書館藏小草齋抄本《小草齋集》十一卷，未收錄《〈金瓶梅〉跋》[2]。此外，福建省圖書館及福建師範大學圖書館，皆藏明本《小草齋集》，原書三十卷，存卷一至十八，卷二十四至三十。惜此本尚乏機緣翻檢，不知收入《〈金瓶梅〉跋》否[3]？

"相傳永陵中有金吾戚里，憑怙奓汰，淫縱無度。而其門客病之，採摭日逐行事，彙以成編，而托之西門慶也。"永陵，是明世宗朱厚熜的墓陵，也可作朱厚熜本人的代稱，這裏就是説嘉靖（1522—1566）時。"金吾戚里"一詞頗罕見，但意義明確，指錦衣衛高官的親戚。近人有謂："'戚里'是一條街巷的名稱，……‘金吾戚里’是指趙王府金吾衛使住的里巷。”[4]大誤。最近二十年來，我翻檢過明人別集九百多種，雖然看得不仔細，可能有遺漏，但“金吾戚里”一詞，僅另見袁中道的《梅大中丞傳》：“遊金吾戚里間，歌鐘酒兒，非公不歡。……下至三河年少、五陵公子，走馬章臺，校射平原，酒後耳熱，相與爲裙屐之遊，調笑青樓，酣歌酒肆。……後房姬侍繁多……。”[5]謝肇淛是袁氏兄弟好友，不能不使人猜想二人所指或爲同一人。

梅大中丞是梅國楨，字客生，號衡湘，麻城人。萬曆十一年（1583）進士，官至兵部右侍郎，總督宣大山西軍務。李贄好友[6]。沈德符《萬曆野獲編》卷十七《兵部·梅客生司馬》曰：“麻城梅客生（原注：國楨）大司馬，少登公車，高才任俠。其中表劉思雲（原注：守有），亦大司馬（原注：天和）孫；時領緹騎，與江陵、吳門二相相暱，而好文下士。梅每遊京師，輒以羽林衛士給之，因得縱遊狎邪，如杜牧之爲淮南書記時。嘗題詩倡館，有‘門垂夜月梨花冷，簾捲東風燕子寒’之句，爲時所膾炙。”[7]

值得注意的是梅國楨的戚里、掌錦衣衛事的劉守有，就是袁宏道所說當時唯一擁有全本《金瓶梅》的劉承禧的父親。《萬曆野獲編》，卷二十五，《詞曲·金瓶梅》：“袁中郎《觴政》，以《金瓶梅》配《水滸傳》爲外典。予恨未得見。丙午（萬曆三十四年，1606）遇中郎京邸，問曾有全帙否？曰：第睹數卷，甚奇快。今惟麻城劉涎白承禧家有全本，蓋從其妻家徐文貞錄得者。”[8]

麻城劉家和《金瓶梅》早期傳播，關係至爲密切。雖然早年戴望舒（1905—1950）已有《關於劉延伯》短文[9]，但未被重視，近年麻城劉家已成《金瓶梅》研究的一個重要論題[10]。爲免枝蔓，此處暫不詳談。

梅國楨有《中秋戲簡劉子大司隸》詩，劉子大就是劉守有。

詩云："西風元不到青樓，日暮歡聲微曉籌。花裏亦能留上客，尊前別自有中秋。雙雙蟬鬢行相逐，處處鸞笙醉未休。爲問朝回千萬騎，何如此夕踏歌遊。"[11]可見梅國楨并不諱言狎遊。總之，梅國楨生平，不能不說有一點西門慶的影子。又梅國楨有《見沈叔成畫梅，戲作短歌索之》及《閉關問沈叔成畫梅》二詩[12]。按沈襄，字叔成，沈鍊（1507—1557）子，善畫梅花[13]。梅國楨似對自己的姓氏頗爲自覺。《金瓶梅》，今評梅，或不全是巧合。

梅國楨是"金吾戚里"，但是萬曆時人。謝肇淛説"永陵中"，可能是故意略作改動，不直指梅國楨。

"書凡數百萬言，爲卷二十。"今日所見明版《金瓶梅》，皆一百回，但《金瓶梅詞話》十卷，《新刻繡像批評金瓶梅》二十卷。時人多以爲《詞話》本近於原本，而《繡像》本後出，據《詞話》本修訂。但謝肇淛在"向無鏤版，抄寫流傳"時所見抄本，已是二十卷，至堪注意。《繡像》本的祖本和謝抄本或同出一源，而不是《詞話》本。

"此書向無鏤版，抄寫流傳，參差散失，唯弇州家藏者最爲完好。"弇州，是王世貞。明人提到王世貞家藏《金瓶梅》的，尚有屠本畯（1542生）的《山林經濟籍》："王大司寇鳳洲先生家藏全書，今已失散。"[14]皆未説王世貞是作者。及至康熙十一、十二年間（1672—1673）宋起鳳撰《稗説》纔稱："世知《四部稿》爲弇洲先生平生著作，而不知《金瓶梅》一書，亦先生中年筆也。即有知之，又惑於傳聞，謂其門客所爲書。"[15]此後王世貞"苦孝説"日益風行，世人多以爲嚴嵩謀取王家所藏《清明上河圖》，害死王世貞父王忬（1507—1560），王世貞撰寫《金瓶梅》復仇[16]。但自從吳晗（1909—1969）發表《〈金瓶梅〉的著作時代及其社會背景》[17]，詳證《清明上河圖》故事的無稽，王世貞爲《金瓶梅》作者的説法纔少信者。但近年朱星（1911—1982）和周鈞韜又重申王世貞爲作者的説法[18]。朱星是近年打開《金瓶梅》禁區的第一人，篳路藍縷，貢獻實大，可惜論證薄弱，不足服人。周鈞韜則以爲《金瓶梅》是王世貞及其門人聯合創作。屠本畯和謝肇淛輩份僅稍晚於王世貞，二人皆以爲王家擁有（或曾擁有）《金瓶梅》全書，其説可信。但二人實未言王世貞爲作者。

“余於袁中郎得其十三，於丘諸城得其十五，稍爲釐正，而闕所未備，以俟他日。”袁宏道和《金瓶梅》的早期傳播，關係匪淺，他曾借所藏《金瓶梅》給謝肇淛，事見《與謝在杭》函：“《金瓶梅》料已成誦，何久不見還也。”[19]此函一般皆認爲是袁宏道在萬曆三十四年（1606）在公安作[20]，魏子雲獨疑其爲僞作[21]。作僞必有目的，此函内容泛泛，今日我們因爲函中提到《金瓶梅》，纔加重視。對明人言，并不足珍。何需僞作？魏氏説：“這封信，不是呼應了謝肇淛《小草齋文集》中的《〈金瓶梅〉跋》嗎？”這是以今人所知所見，推想前人所知所見亦必如是。典籍亡佚，今日所見，一般比前人少。但正因爲我們所知明人有關《金瓶梅》的記載，寥寥可數，我們對每一字每一句皆細加推考。明人所見時人著述至多，未經挑選，着重强調，其觀感必大異。明人看到謝肇淛跋的不會太多，此跋廣泛流傳應是天啓七年（1627）《小草齋文集》刊印後，前此原跋僅見“小草齋抄本”《金瓶梅》，或有副本在少數友人中傳閱而已。如説有人看到《〈金瓶梅〉跋》，因而僞撰袁宏道《與謝在杭》函，再設法令此僞函收入袁宏道集中，希望別人看到《〈金瓶梅〉跋》和《與謝在杭》函，這兩篇分載在兩部文集的短文便簡，加以聯繫。這説法未免迂迴。

“丘諸城”可以是任何一位丘姓的諸城人。我以爲應是謝肇淛的工部同僚丘志充。這個説法目前爲大多數學者所接受，僅顧國瑞認爲“丘諸城”是丘志充的父親丘雲嶬[22]。顧氏説：“以姓氏加籍貫稱呼某人，一般來説有兩個前提，一要該姓在當地爲大族，或歷史上曾爲大族；二要其人多少有點名氣，爲世人所知。"第一個前提，不知有何根據。明人多稱張居正（1525—1582）爲張江陵，張姓在江陵怎樣也説不上是個大族。有名的湯臨川湯顯祖，也并不出身什麽大族。第二個前提是成立的。"其人多少有點名氣，爲世人所知。"丘雲嶸，孝友純厚，或有名於鄉里，但并不爲世人所知。謝肇淛如以"丘諸城"稱之，恐怕無人能知其何所指。顧氏又説："謝肇淛'客諸城'時，雲嶸已年近五十，被人以'丘諸城'相稱，也是理所當然的。"這又是一個新的前提：年齡。同樣不合情理。諸城丘姓年近五十的，應不止丘雲嶸一人。

反過來説，丘志充是謝肇淛的工部同僚，稱之爲丘諸城是順理成章之事。（如稱之爲"丘工部"，則并不合同僚相稱。）及後，丘志充出任汝寧知府，其友人馬之駿嘗撰《得丘汝寧書却寄》詩[23]，梅國楨姪梅之煥有《復汝寧丘太守》啓[24]。丘志充後爲湖廣參政，徐如珂（1562—1626）有《復丘六區大參》二函[25]。皆以官職稱之。

更重要的是丘志充擁有《金瓶梅》的續書《玉嬌麗》。上引沈德符《萬曆野獲編》續言："中郎又云：尚有名《玉嬌李》者，亦出此名士手，與前書各設報應因果。……中郎亦耳剽，未之見也。去年抵輦下，從邱工部六區（原注：志充）得寓目焉。僅首卷耳，而穢黷百端，背倫滅理，幾不忍讀。其帝則稱完顏大定，而貴溪、分宜相構亦暗寓焉。至嘉靖辛丑庶常諸公，則直書姓名，尤可駭怪。因棄置不復再展。然筆鋒恣橫酣暢，似尤勝《金瓶梅》。邱旋出守去，此書不知落何所。"[26]在同時有兩個諸城丘姓分藏《金瓶梅》和它的續書，可能性是存在的，但并不大。

丘諸城是丘志充，而不是丘雲嶸，對於考訂《《金瓶梅》

跋》的撰寫年代，關係至大。顧國瑞根據謝肇淛的一首《秋日客諸城同蓋伯王明府登超然臺》詩，考證出謝肇淛在萬曆三十年（1602）左右曾客諸城，時間大抵無誤，但他的結論：“可以肯定地説，謝氏專程而來，就是爲借抄諸城丘家所藏《金瓶梅》。”則純是推論，全乏證據。“萬曆三十年左右，丘志充還是個兒童。……而將所藏《金瓶梅》抄本借予謝肇淛的‘丘諸城’，無論如何不會是十來歲的兒童或十四、五年的少年。”顧氏遂斷言：“僅此一點就足以證明，謝肇淛所説的‘丘諸城’，根本不可能是丘志充。”而祇可以是丘志充的父親丘雲嶸。大前提謝肇淛在萬曆三十年左右專程到諸城借《金瓶梅》，既乏實證，跟着的推論無所依附，亦不能成立。

丘志充，字介子，又字左臣，號六區（或作六渠），山東諸城人。生平事蹟見其從弟丘志廣（1596—1677）撰《山西懷來道傳》及《記方伯六區兄逸事》[27]、徐如珂撰《總理監軍道丘憲副毛兵小傳》[28]、及蒲松齡撰《遵化署狐》[29]。萬曆四十一年（1613）進士，授工部主事。四十七年（1619）三月，以工部郎中升河南汝寧知府[30]。以後歷任河南磁州兵備副使；四川監軍副使；湖廣副使、荊西道；湖廣右參政、湖南道；河南按察使、遵化道[31]。天啓六年（1626）七月，升山西右布政使、懷來道[32]。七年正月，因行賄謀京堂，下鎮撫司，論死[33]。崇禎五年（1632），與王化貞同日棄市[34]。丘志充在北京任職前後不過六年：萬曆四十一年（1613）三月成進士後，任工部主事；四十七年（1619）三月以工部郎中升汝寧知府。在此數年，謝肇淛亦在工部任職，但并不長駐北京。謝肇淛《〈金瓶梅〉跋》所稱“丘諸城”應是其工部同僚丘志充，而其借得《金瓶梅》亦當在二人在京共事的短短數年。

謝肇淛，萬曆二十年（1592）進士，授湖州推官，以後歷任東昌推官、南京刑部主事、南京兵部主事。三十四年（1606）丁父憂，三十七年（1609）服闋，補工部[35]。四十六年（1618）七月以工部郎中升雲南參政[36]。但在此九年內，謝肇淛在京時日不多。萬曆四十一年（1613）或稍前，至四十四年（1616）春，謝肇淛皆在外地治河[37]。也就是說謝肇淛和丘志充在北京工部共事，始萬曆四十四年（1616）初，迄四十六年（1618）七月，前後不及三年。謝肇淛借得丘藏《金瓶梅》和撰寫《〈金瓶梅〉跋》，皆應在此三年。

可知萬曆四十四年（1616）前後，《金瓶梅》尚在"抄寫流傳"階段，并無刊本。而以謝肇淛交遊之廣，也未能錄得全本。丘志充的抄本，應不祇半部。"於丘諸城得其十五"，是因爲先已"於袁中郎得其十三"。如果說袁、丘兩個抄本，吻合無間，全無重複，這是不可能的事，除非袁、丘兩個抄本是從一個抄本分出。

又謝肇淛任職工部時，嘗托徐熥贈書屠本畯。徐熥《寄屠田叔》函："舍姪謝在杭水部，久慕使君風猷，不敢通尺一。謹將家刻數種，托不肖代致閣下，欲以瓦石而博珠玉。使君家塾所梓諸撰述，乞檞見惠，當什襲珍之耳。"[38]屠本畯也是《金瓶梅》早期讀者。謝肇淛主動謀取屠家刻書事，知者不多，特此及之。

"倣此者，有《玉嬌麗》，然而乖彝敗度，君子無取焉。"《玉嬌》應該就是沈德符所說丘志充擁有的《玉嬌李》。《王嬌李》可能是沈德符誤記，也可能是後人傳抄筆誤。《萬曆野獲編》晚至清代道光七年（1827）始由扶荔山房第一次刊行，此外還有一些清初抄本[39]。傳本頗有訛字，如上文所引"今惟麻城劉涎白承禧家有全本"，"劉涎白"爲"劉延伯"之訛。更重要的是別的明人著述，皆作《玉嬌麗》。如泰昌元年（1620）"隴西張譽無咎父"敘《天許齋批點北宋三遂平妖傳》："他如《玉嬌麗》《金瓶梅》，如慧婢作夫人，祇會記日用帳簿，全不曾學得處分家政，效《水滸》而窮者也。"稍後《墨憨齋批點北宋三遂平妖傳》"楚黃張無咎"敘："他如《玉嬌麗》《金瓶梅》，另闢幽蹊，曲中奏雅，然一方之言，一家之政，可謂奇書，無當巨覽，其《水滸》之亞乎。"[40]清初宋起鳳《稗説》亦謂："聞弇洲尚有《玉〔嬌〕麗》一書，與《金瓶梅》埒，係抄本，書之多寡亦同。"[41]

和早期《金瓶梅》抄本的其他收藏者，如王世貞（1547 進士）、王穉登、董其昌（1589 進士）、謝肇淛（1592 進士）、袁宏道（1592 進士）、袁中道（1616 進士）和沈德符（1618 舉人）等相比，丘志充（1583—1632；1613 進士）年紀較輕、交遊亦不廣泛。但他同時擁有《金瓶梅》和《玉嬌麗》，來源如何，值得探討。如二書俱得自故里山東諸城，這就對二書同出一人之手，和作者爲山東人的説法，有一定的支持作用[42]。

二

謝肇淛對《金瓶梅》的評語，言簡意賅，鞭辟入裏，是中國傳統小説批評的一篇重要文章。而對考證《金瓶梅》的成書和傳播，《〈金瓶梅〉跋》更提供了不可忽視的資料。

根據謝肇淛的《〈金瓶梅〉跋》和上文考證，我們可作以下結論：

1. 萬曆四十四年（1616）至四十六年（1618）間，謝肇淛在北京自其工部同僚丘志充處借得不全《金瓶梅》抄本。前此謝肇淛已自其同年袁宏道處借得《金瓶梅》抄本，約得全書十分之三。至是稍爲釐正，約得全書十分之八。

2. 丘志充擁有《金瓶梅》和《玉嬌麗》，似皆爲不全抄本。

3. 萬曆四十四年前後，《金瓶梅》尚在抄寫流傳階段，并無刊本。

4. 謝肇淛所見《金瓶梅》爲二十卷本。

5. 謝肇淛所見《金瓶梅》不著作者名代。

6. 謝肇淛以爲王世貞家藏有《金瓶梅》全本。

7.《金瓶梅》可能是嘉靖間一“金吾戚里”的門客撰寫。謝肇淛説“相傳”云云，并不一定是事實，但至少他并不以爲這全是無稽之談，纔會加以複述。

我自己的一個大膽假設：《金瓶梅》的成書，可能和梅國楨有點關係。袁中道的《梅大中丞傳》，亦有用“金吾戚里”一詞，而梅國楨的中表、兒女姻劉守有的兒子劉承禧藏有《金瓶梅》全本。《金瓶梅》書名，固然是取自書中三女角，但仍是費解。“今評梅”的巧合，或并不是巧合。

1992 年 9 月脱稿於密芝根湖畔去僞閣

補記：承家兄幼垣托其友人代查福建師範大學圖書館所藏《小草齋集》。悉是詩，當然未收録《〈金瓶梅〉跋》。2016 年 11 月 9 日。

注　釋

〔1〕馬幼垣：《研究〈金瓶梅〉的一條新資料》，刊《中國古典小説研究專集》（1979 年 8 月），頁 151—156；後收入氏著《中國小説史集稿》（臺北：時報出版公司，1980），頁 233—240。馬泰來：《謝肇淛的〈金瓶梅跋〉》，刊《中華文史論叢》1980 年第 4 輯，頁 299—305。

〔2〕劉輝：《〈金瓶梅〉成書與版本研究》（瀋陽：遼寧人民出版社，1988），頁 3，徐朔方序；後收入徐朔方：《論〈金瓶梅〉的成書及其他》（濟南：齊魯書社，1988），頁 256。關於謝肇淛的“小草齋抄本”，參看沈祖牟：《謝抄考》，刊《福建文化季刊》第 1 卷第 1 期（1941 年 3 月），頁

17—20。

〔3〕《明史》卷九十九《藝文志》:"謝肇淛文集二十八卷、詩三十卷。"(北京:中華書局,1974),册8,頁2484。文集卷數與徐燉選本同。但謝氏好友兼兒女姻曹學佺(1574—1646)《明廣西方伯在杭謝公墓誌銘》則謂:"著述甚富。其集曰小草齋,詩卷二十,文卷三十。"《曹能始先生石倉全集・石倉三稿》(明刊本,日本内閣文庫藏;影印本)卷七,葉18上。文集卷數與福建藏本同,但福建藏本是否祇收文不録詩,尚待查檢。至於《小草齋續集》三卷,謝肇淛弟肇湘、肇澍校,則爲詩集。關於謝肇淛的著述,參看 Fou Yun-tseu(傅芸子),"Etude bibliographique des oeuvres litteraires de Sie Tsai-hang (1567—1624)",《漢學》(Han-hiue)第2輯第4期(1949),頁373—385。

〔4〕王螢、王連洲:《〈金瓶梅〉作者之謎》,刊《〈金瓶梅〉作者之謎》(《〈金瓶梅〉考論》第1輯;銀川:寧夏人民出版社,1988),頁74。

〔5〕袁中道:《珂雪齋集》(上海:上海古籍出版社,1989),頁711—719。

〔6〕明人所撰梅傳,除袁中道《梅大中丞傳》外,尚有錢謙益《通議大夫兵部右侍郎兼都察院右僉都御史贈副都御史梅公神道碑》,收入《牧齋初學集》(上海:上海古籍出版社,1985)卷六十四,頁1498—1507;張自烈(1597生)《明少司馬衡湘梅公傳》,收入《苞山文集》(《豫章叢書》本)卷十七,葉14下——26上。又參看《明史》卷二百二十八,頁5979—5982。

〔7〕沈德符:《萬曆野獲編》(北京:中華書局,1980),頁449。

〔8〕同上,頁652。又見黃霖編:《〈金瓶梅〉資料彙編》(北京:中華書局,1987),頁230。

〔9〕戴望舒《關於劉延伯》,收入氏著《小說戲曲論集》(北京:作家出版社,1958),頁91—92。

〔10〕馬泰來:《麻城劉家和〈金瓶梅〉》,刊《中華文史論叢》1982年第1輯,頁111—120。黃霖:《〈金瓶梅〉成書問題三考》,刊《復旦學報》(社

會科學版）1985 年第 4 期，頁 56—59；後收入氏著《〈金瓶梅〉考論》（瀋陽：遼寧人民出版社，1988），頁 191—198。魏子雲：《麻城劉大金吾》，刊《臺灣日報》（1986 年 1 月 29—30 日）；後收入氏著：《小説〈金瓶梅〉》（臺北：臺灣學生書局，1988），頁 106—113。劉宏：《關於〈金瓶梅〉最早收藏者的補證》，刊《文學遺産》1989 年第 3 期，頁 113—115。胡小偉：《〈金瓶梅〉全本早期收藏者劉金吾考》，刊《文學遺産》1992 年第 1 期，頁 90—96。

〔11〕梅國楨：《梅司馬燕臺遺稿》（萬曆壬子〔1612〕陳以聞序刊本；中山大學圖書館藏），卷下，葉 24 下。

〔12〕同上，卷上，葉 5 上下；卷下，葉 25 上下。

〔13〕沈鍊、沈襄父子事，見馮夢龍：《情史》卷四《沈小霞妾》；《古今小説》，卷四十《沈小霞相會出師表》。參看譚正璧：《三言兩拍資料》（上海：上海古籍出版社，1980），頁 223—227。徐沁：《明畫録》（《叢書集成》本），卷七，頁 79：“沈襄，字叔成，號小霞。……所畫梅，幹隨筆生，枯潤有天趣。”徐渭（1521—1593）與沈鍊父子兩代友好，有《沈刑部善梅花，却付紙三丈，索我雜畫》及《沈小霞梅，爲姪良甫題》二詩，謂“刑部梅梢如拗鐵”，又謂“沈郎放筆梅幹古”。《徐渭集》（北京：中華書局，1983），頁 131、721。

〔14〕《〈金瓶梅〉資料彙編》，頁 231。

〔15〕同上，頁 236—237。原刊《明史資料叢刊》第 2 輯（南京：江蘇人民出版社，1982），頁 103。

〔16〕此等傳説，見下引吳晗文。

〔17〕刊《文學季刊》創刊號（1934 年 1 月），後收入氏著《讀史札記》（北京：三聯書店，1957），頁 1—38。

〔18〕朱星：《〈金瓶梅〉考證》（天津：百花文藝出版社，1980）；周鈞韜：《〈金瓶梅〉新探》（天津：百花文藝出版社，1987）。

〔19〕錢伯城箋校：《袁宏道集箋校》（上海：上海古籍出版社，1981），頁

1596；又見《〈金瓶梅〉資料彙編》，頁 228。

〔20〕如：上注錢伯城箋。任訪秋：《袁中郎研究》（上海：上海古籍出版社，1983），頁 189。

〔21〕魏子雲：《論一封僞造的袁宏道信》，刊《書和人》第 434 期（1982年 2 月 6 日）；後改題《論袁宏道給謝肇淛的這封信》，收入氏著《〈金瓶梅〉審探》（臺北：臺灣“商務印書館”，1982），頁 59—69。

〔22〕顧國瑞：《“丘諸城”是誰？——兼與馬泰來先生商榷》，刊《徐州師範學院學報》（哲學社會科學版）1987 年第 3 期，頁 35—39。

〔23〕馬之駿：《妙遠堂全集·詩·日集》（天啓七年〔1627〕新野馬氏金陵家刊本，“中央圖書館”藏），葉 26 上下。

〔24〕梅之煥：《梅中丞遺稿》（順治衞貞元刊本，中國科學院圖書館藏），卷二，葉 19 上下。

〔25〕徐如珂《徐念陽公集》（《乾坤正氣集》，卷二百八十九—二百九十六）卷七，葉 19 下—20 上。“丘六區”原作“邱六區”，蓋清人避孔子諱，易丘爲邱，此處逕改正。

〔26〕《萬曆野獲編》，頁 449；《〈金瓶梅〉資料彙編》，頁 230—231。

〔27〕丘志廣：《柴村全書·柴村文集》（雍正四年〔1726〕序刊本，“中央研究院歷史語言研究所”圖書館藏膠卷）卷七，葉 15 上—16 上；卷八，葉 6 上下。

〔28〕徐如珂：《攻渝諸將小傳》（臺北：臺灣學生書局，1969，影印天啓四年〔1624〕序刊本），頁 39—43。

〔29〕張友鶴輯校：《聊齋志異會校會注會評本》（北京：中華書局，1962），頁 244—245；朱其鎧主編：《全本新注聊齋志異》（北京：人民文學出版社，1990），頁 241—242。按《聊齋志異》僅謂“諸城丘公爲遵化道”，二注本皆未指出丘公爲丘志充。朱注甚至誤《遵化署狐》爲清朝事。

〔30〕《明實錄》（臺北：“中央研究院歷史語言研究所”，1962—1967，影

印本），冊 122，《明神宗實錄》卷五百八十，頁 11020。前撰《諸城丘家與〈金瓶梅〉》，大意遺漏此條。首先補正的是李時人《萬曆野獲編〈金瓶梅〉條寫作時間考》，刊《復旦學報》（社會科學版），1986 年第 1 期，頁 106—107；後收入氏著《〈金瓶梅〉新論》（上海：學林出版社，1991），頁 144—146。

〔31〕馬泰來：《諸城丘家與〈金瓶梅〉》，刊《中華文史論叢》1984 年第 3 輯，頁 199—212。

〔32〕《明實錄》，冊 132，《明熹宗實錄》卷七十四，頁 3611。

〔33〕《明實錄》，冊 133，《明熹宗實錄》卷八十，頁 3869、3875；卷八十二，頁 3976。

〔34〕李清：《三垣筆記》（北京：中華書局，1982），頁 155；《明史》，冊 22，卷二百五十九，頁 6706。

〔35〕謝肇淛生平，見錢謙益：《列朝詩集小傳》（北京：中華書局，1961），頁 648—649；前引曹學佺《明廣西方伯在杭謝公墓誌銘》；Leon Zolbord and L.Carrington Goodrich 撰傳，*Dictionary of Ming Biography, 1368—1644*（《明代名人傳》）（New York：Columbia University Press，1976），I，pp.546—555.

〔36〕《明實錄》，冊 121，《明神宗實錄》卷五百七十二，頁 10813。

〔37〕謝肇淛：《五雜俎》（北京：中華書局，1959）卷三，頁 84："萬曆癸丑（1613）四月望日，與崔徵仲孝廉登張秋之戊己山。"《小草齋文集》，卷十八《殤女誌銘》："以癸丑十二月六日寅時殤，其父肇淛時以水部郎治河張秋。"《朝列大夫河東陝西都轉運鹽使司同知含吾馬公暨元配宜人劉氏合葬墓誌銘》："丙辰（1616）之春，余治河安平而得代。"葉 50 下—51 上，54 下。

〔38〕徐𤊹：《紅雨樓集》稿本（上海圖書館藏），冊六。

〔39〕李文衡：《清代禁書版本叢談——萬曆野獲編專稿》，刊《四川圖書館學報》1990 年第 4 期，頁 70—80。

〔40〕張榮起整理:《三遂平妖傳》(北京:北京大學出版社,1983),頁141、143。

〔41〕《〈金瓶梅〉資料彙編》,頁237。原刊《明史資料叢刊》第2輯,頁103。

〔42〕時人喜創《金瓶梅》作者説法,日新月異,層出不窮。又貪多務得,如葉桂桐《〈金瓶梅〉作者諸説分析》,刊《〈金瓶梅〉作者之謎》,頁35—51,謂作者之説已逾三十,其中有"丁耀亢、丘志充説",列倡説者爲魏子雲和馬泰來。這是莫大的曲解。魏子雲和我都没有提出或暗示丁耀亢和丘志充是《金瓶梅》作者。

原載《慶祝饒宗頤教授七十五歲論文集》(1993)

《湯顯祖詩文集》徐箋補正

　　時人整理明人別集，成績較著者，有徐朔方先生箋校湯顯祖集，和錢伯城先生箋校袁宏道集，皆有功讀者。徐氏箋校湯集，曾於 1962 年及 1973 年刊行兩次，與錢南揚先生校點的湯撰戲曲合稱《湯顯祖集》。1982 年單獨刊行，改名《湯顯祖詩文集》，對舊箋校有所增訂修正。惜其間仍有缺誤，兹就平日讀書所得，試爲補正。

　　頁 37，《同宣城沈二君典表背衚衕宿……》。徐箋：“懋學遂與居正子嗣修偕及第，同授修撰。”萬曆五年殿試，沈懋學一甲第一名，張嗣修一甲第二名。明制，狀元授修撰，榜眼、探花授編修。沈懋學授修撰，張嗣修授編修。

　　頁 155，《送袁滄州》。徐箋：“袁滄州名應祺，字文穀，是年離黃岩知縣任他調。”袁應祺改任滄州州判，見〔乾隆〕《滄州志》卷七《職官》。

　　頁 172，《梅庶吉公岑席中送衡湘兄固安》。徐箋：“梅庶吉公岑：據詩‘復是連枝爲太史’，當爲梅國楨兄弟，選爲庶吉士入翰林院讀書。”梅國樓，字公岑，號瓊宇，萬曆十一年與其兄國楨及湯顯祖同舉進士，選庶吉士，見〔民國〕《麻城縣志》卷九《耆舊志》。

　　頁 210，《答王恒叔給事憶丁鄒二君》。徐箋：“王恒叔名士性，臨海人。時任吏（或禮）科給事中，丁母憂在籍。”王士性，由碻山知縣徵授禮科給事中，萬曆十三年丁母憂。十六年復補，遷吏科給事中，見中華書局點校本《廣志繹》，附錄《明史·王士性傳》《台州府志·王士性傳》。

頁269，《送汪仲蔚備兵入閩》："肅帝金天精，庚戌秋八月。七日子生辰，再七我如達。……云何旬朔中，受生多穎發？子共毘陵顧，我同柏舉梅。"徐箋："子共毘陵顧，我同柏舉梅：不詳。"毘陵顧爲顧憲成，常州無錫人，嘉靖二十九年（庚戌）八月七日生；見顧與沐等編《顧端文公年譜》。柏舉梅爲梅國樓。《湯顯祖詩文集》頁1319，《寄梅瓊宇》："仁兄與弟生同年月日。"參前《梅庶吉公岑席中送衡湘兄固安》條。

頁361，《送費閩簿》："曾遊太學稱高弟，爲厭鴻臚乞外遷。"徐箋："費閩簿：名堯年，江西鉛山人。參看《玉茗堂文》之十二《費太僕夫人楊氏哀辭》及《列朝詩集小傳》丁集中《費秀才元禄》條。"李維楨《大泌山房集》卷一百九，《南京太僕寺卿費公神道碑》，及徐氏所引《楊氏哀辭》和《費秀才元禄》，皆未言費堯年嘗爲太學生、於鴻臚寺供職，及任"閩簿"。費閩簿當爲費長年。［同治］《鉛山縣志》卷十三《選舉·仕籍》："費長年，字柱峰，清湖人。萬曆時閩縣主簿。"

頁368，《送臨海王福州暫歸覲司空作》。徐箋："司空指南京工部侍郎王宗沐，福州知府王某當爲宗沐之子侄。臨海人。"［乾隆］《福州府志》卷三十一《職官·知府》："王士琦，臨海人，萬曆間任。"王士琦，王宗沐子，傳附見《明史》卷二百二十三《王宗沐傳》。

頁392，《鬱孤臺留別黃郡公鍾梅……》。徐箋："作於萬曆十九（1591）辛卯九月……黃郡公鍾梅，當是贛州知府。"黃鍾梅爲黃克纘，晉江人，萬曆八年進士，《明史》卷二百五十六有傳。黃克纘，萬曆十七年任贛州知府，見［同治］《贛州府志》

卷三十四《官師志》。

頁 434,《石城吊鄒汝愚》。徐箋:“鄒汝愚:宋人。以言事下獄,讁石城吏。”鄒智,字汝愚,合州人,成化二十三年進士,選庶吉士。以言事爲劉吉所惡,下詔獄,讁廣東石城吏目,死於讁所,年僅二十六。《明史》卷一百七十九有傳。

頁 448,《過曾贈公舊宅,時參知君如春在秦》。徐箋:“曾贈公:名佩,臨川人。官御史。其子粵祥與顯祖爲友。其侄如春,據實録,萬曆十九年二月任陝西參政,是年九月升按察使備兵鞏昌道。”曾贈公,應爲如春父,而非如海(粵祥)父。曾如海,萬曆二十年始舉進士,十九年時其父不可得封贈。況且曾佩本人,仕至山東道監察御史。曾如春父,名仕,“數奇”,無功名,見吳道南《吳文恪公文集》卷十八,《明總督河道工部右侍郎……景默曾公墓表》)。

頁 615,《送宜黃令武昌趙明府入覲并懷解元令侄》。徐箋:“據《撫州府志》,趙明府爲劉孕昌之後任。……趙以舉人任,故云解元。”趙名邦梅,萬曆三十四年任宜黃知縣,見[同治]《宜黃縣志》卷二十二《職官志·文職》。“解元令侄”,爲趙嗣芳,武昌咸寧人,邦楫子,萬曆二十八年解元,萬曆四十四年進士;見[光緒]《咸寧縣志》卷六《人物·選舉表》。解元爲鄉試第一名,非舉人泛稱。

頁 723,《送學官成都》。徐箋:“學官:當指王志,任四川參知備兵松潘,兼督學政。”學官,指府、州、縣學之教官:教授、學正、教諭及訓導。主管一省學政者,爲提學副使或僉事(直隸及邊地爲提學御史),稱督學、學使或學臣,無稱學官者。

頁 723,《輓司徒新城王公十四韻》:“蜀制府公尊人也。”徐箋:“蜀制府公:王象乾,山東新城人。時以兵部左侍郎總督川湖貴州。其父或名之輔,官終户部員外郎,故云司徒。”司徒,指户部尚書。户部員外郎，衹可簡稱户部。王象乾父爲王之垣，官終户部尚書，見沈鯉《亦玉堂稿》卷十，《明户部尚書王公墓誌銘》。

頁782，《浙中具區赤水茂吳漢城一時沮落，悲之》。徐箋："具區，馮夢禎，約萬曆三十四年卒；赤水，屠隆，三十三年卒。餘待考。"馮夢禎，萬曆三十三年卒，見錢謙益《初學集》卷五十一，《南京國子監祭酒馮公墓誌銘》。茂吳，徐桂，浙江餘姚人，萬曆五年進士，授袁州推官，投劾歸；見［嘉慶］《餘姚縣志》卷二十七《文藝傳》。

頁1017，《騷苑笙簧序》。徐箋："杜君韜武：名文煥，崑山人。歷官延綏遊擊將軍、寧夏總兵。見《崑新合志》卷二十四。"杜文煥，《明史》卷二百三十九有傳，又見臧懋循《負苞堂集》卷四，《三教逸史傳》。

頁1053，《太學同遊記敘》："然遊太學至久，師董余公、吳周公，次師郭許公、豫章張公。"徐箋："吳周公：不詳。""郭許公：名國。鄒縣人。鄒縣秦時屬郭郡。《明史》卷二百十九有傳。何時任官太學不詳。"吳周公，名子義，無錫人，隆慶六年任南國子司業，攝祭酒事，萬曆五年改北雍，見孫繼皋《宗伯集》卷七，《通議大夫吏部左侍郎兼翰林院侍讀學士掌詹事府事……儆庵周公行狀》。許國，萬曆六年爲南國子祭酒，八年拜太常寺卿；見《國朝獻徵錄》卷十七，王家屏撰《……吏部尚書建極殿大學士……潁陽許公國墓誌銘》。

頁1114，《新建汀州府儒學記，代李太守作》："今上歲丙午，予以比部郎積歲來守是邦。"徐箋："文代李太守作。據《撫州府志》卷五十一，李日文，字維實，金溪人。萬曆五年進士。升南比部主事，出守漳州。漳州似爲汀州之誤。"刑部主事不可稱爲"比部郎"。李太守爲李自芳，非李日文。［乾隆］《汀州府志》

卷十二《學校》：“汀州府儒學……（萬曆）三十七年，知府李自芳修葺。”卷十六《職官·知府》：“李自芳，號毓和，東鄉人。萬曆間任，捐俸四百金，創建郡庠。”［康熙］《東鄉縣志》卷三《選舉志·進士》：“李自芳，萬曆己丑（十七年）焦竑榜，刑部郎中，汀州知府。”

頁 1296，《答駱台晉督學》：“憶明公起文章於玉署，典禮樂於金陵。”駱日昇，字啓新，號台晉，惠安人，萬曆二十三年進士，授南京禮部主客司主事。嘗任江西提學副使。其《駱台晉先生文集》，卷首列“校文門人姓氏”，“江右門人”中有湯開遠，顯祖三子。

頁 1341，《與熊芝岡》：“讀大疏，始知鉅人在邊不在廷也。”熊廷弼，號芝岡，江夏人，萬曆二十六年進士。萬曆三十六年巡按遼東，在遼數年。《明史》卷二百五十九有傳。

原載《文學遺產》1984 年第 4 期

補記：徐先生虛懷若谷，1998 年箋校《湯顯祖全集》，多處採用拙說，并明言所據，如頁 292、390、1176（“此條承馬泰來先生指正。謹謝。”）大家風範，有異近人習於盜用別人學術成果。

2016 年 12 月 24 日

《醉醒石》本事來源及作者考證

　　明代及清初衆多話本集，清末民初仍流行於世的大概衹有《今古奇觀》一種。今日大家耳熟能詳的《三言》和《二拍》，當時罕有知者。第一位介紹稀見話本集的是董康（1867—1947），他在 1917 年刊印東魯古狂生的《醉醒石》，收入《誦芬室叢刊二編》[1]。書首有繆荃孫（1844—1919）序，署“歲在强圉大淵獻盈月之朔，江東老蟫序”。“强圉大淵獻”是丁亥，也就是光緒十三年（1887），早該書面世三十年。而此書扉頁有吳昌綬題署：“醉醒石，丁巳十月松鄰”。我懷疑時已年過古稀的繆氏把“巳”的太歲紀年“大荒落”誤作“大淵獻”。丁巳年是民國六年（1917）。

　　繆荃孫序文内容頗充實，對《醉醒石》本事來源略有考證。“李微化虎事，見唐人《李微傳》。他卷又有云屠赤水作傳者。又以孕婦爲二命上諭所駁不作二命，乃崇禎帝事，此蓋崇禎年時作。”此後近百年，諸家雖對繆説有所補訂，絶大多數仍局限於第四回及第六回，而對崇禎上諭事鮮有考證[2]。近年徐復嶺及張清吉，認爲《醉醒石》和《醒世姻緣傳》同出一手，并以《醉醒石》本事考訂其作者[3]。

　　《醉醒石》本事多信而有徵，見於正史、方志、筆記及其他文獻。今先簡述《醉醒石》版本，再考論各回本事來源，然後及其作者問題。

《醉醒石》的主要版本有三：清初刊本，清乾隆五十四年（1789）瀛經堂印本，及民國六年（1917）董康《誦芬室叢刊二編》刊本。前賢曾提到的"明刊原本"，實無其物，因爲書成於清世。二例已足。第二回謂："祇是明季做官的，朝廷增一分，他便乘勢加增一分，……。"第十二回稱："祇待［甲］申（1644）、［乙］酉（1645）之年，更易天下。"清初刊本及董康刊本，皆十五回。瀛經堂印本十四回，刪去原書第五回，而以第十五回替補。本文主要根據 1994 年江蘇古籍出版社《中國話本大系》中的程有慶校點本，并參考《誦芬室叢刊二編》本，上海古籍出版社《古本小説集成》的拼合影印本[4]，和美國國會圖書館（Library of Congress）攝製北平圖書館善本書膠卷中的清初刊本[5]。

第一回　救窮途名顯當官　申冤獄慶流奕世

故事述明嘉靖年間（1522—1566），上海姚一祥行善事。回末稱："其孫名永濟，登萬曆戊戌（1598）進士，後官至浙江左布政。予告歸家。雲礽俱有盛德，擅後伐其世業，簪纓正未有艾。"

張清吉認爲東魯古狂生是丁耀亢。姚一祥故事"實則是丁耀亢摯友查繼佐（1601—1676）與吳六奇（1665 年卒）恩德相報故事的翻版！……小説中姚一祥乃查繼佐化身。……丁耀亢對查繼佐與吳六奇交往的這段佳話是深知的，也是極欣賞的，將這段佳話寫入自己的小説也是順理成章的。"[6]

查繼佐與吳六奇交往的故事，清初甚流行，見《香祖筆記》《嘯亭雜録》和《觚剩》等，而《聊齋志異》中的《大力將軍》尤有名，張清吉對此當然十分熟悉。但英雄落難，善人援手，并非吳六奇一人獨有經歷。姚一祥及姚永濟祖孫，實有其人，姚一祥并非查繼佐化身。［乾隆］《上海縣志》卷十："姚永濟，字通所。祖一祥，肄業太學，嘗拯湖州一生於厄，而不問其姓名。……永濟，萬曆戊戌（1598）進士，初令東陽，……改調（煩）〔繁〕永嘉，……遷刑部主事，……擢禮科給事中。……崇禎二年（1629）備兵太原，尋轉浙江之左布政。時有給事督餉浙中，永濟不爲禮，銜之，遂劾免。……年九十七卒。"[7]

葉夢珠（1624年生）《閱世編》卷五《門祚》，記上海一帶望族，提及"姚方伯通所永濟，由萬曆戊戌（1598）進士，入禮垣，歷兩浙藩臬長，家甚豐腴。鼎革之際，散於兵火。順治中，年九十餘，步履矍鑠，如六十許人，遠近慕爲人瑞。九十七而卒。今子孫寥落，不異寒士矣"[8]。"今"爲康熙年間，大異《醉醒石》之"雲初俱有盛德，擅後伐其世業，簪纓正未有艾"。

姚廷遴（1628年生）《歷年記》敘其叔祖姚永濟家在弘光元年（1645）"遭數千人亂搶，百號舡裝載，三晝夜不停，餘剩者還有論換之貨，其富可知矣"[9]。姚永濟似未能如其祖一祥之清廉。《歷年記》又記："高祖，諱一祥，號笃石公，由太學生授江西臨江府知事。嘗兼攝司獄，曾鬻產救囚，刪除苛斂。監司褒獎。遷九江知事。以疾終。……順治十年（1653）二先伯至山西遼州，買小說一本，有高祖救囚實事載焉。"[10]該小說無疑就是《醉醒石》，也就是說《醉醒石》在順治十年已面世。

第二回　恃孤忠乘危血戰　仗俠孝結友除凶

故事言明太祖初定天下，各地尚多盜寇。連江巡檢劉浚剿賊遇害，其子劉璉結死士殺賊爲父復仇。

張清吉引《明史》卷二百六十八《王漢傳》，謂："讀罷這則史料，無須作更多的闡釋，我們即可明白，'劉浚'乃王漢（應駿）的化身！丁耀亢與王漢是摯友，在對明末農民起義的態度上吻合一致。"[11]

劉浚事見史册,《元史》卷一百九十五述其殉難頗詳[12]。《醉醒石》作者易劉浚子健名爲劉璉,又將事件時間自元至正十三年(1353)移至明初。爲蒙元效力的劉氏父子,遂成明室忠臣孝子。劉浚并不是明末王漢的化身。

第四回　秉松筠烈女流芳　圖麗質癡兒受禍

故事異於一般"烈女傳",不是講殉夫或守寡,而是强豪逼婚,女堅持父遺命拒婚,及後督府檄縣捕女兄嚴刑,女自殺。故事末言"程孝女雖不得旌表,却得屠赤水先生爲他作傳"。屠赤水是屠隆,所撰《程列女傳》見其《由拳集》。[13]

《由拳集》及《醉醒石》皆未言事情何時發生。[雍正]《開化縣志》卷六《人物》有程氏傳,頗詳盡,稱其死"時嘉靖庚申(1560)五月廿五日事也"[14]。并提到檄縣捕女母及其兄者爲胡督府。這位胡督府無疑應是胡宗憲(1511—1565)。縣志和《由拳集》所述,細節不盡相同,《醉醒石》所據應是《由拳集》。

第五回　矢熱血世勳報國　全孤祀烈婦捐軀

這是十五回本的第五回。十四回本以原書的第十五回替易此回。

故事述倭寇陷福建興化,姚姓指揮同知遇害,其妾曹瑞貞逃難,拒官兵逼姦被殺。城未破時,"出文書求救。其時請得一個總兵,姓劉,帶領三千步兵,離城十五里駐紮。……劉總兵也是個名將,但曉得倭人善戰,善伏兵,所以不敢輕進挫銳"。先差健兵五人齎書城中,未抵城而爲倭兵擒獲。倭以從賊僞裝劉兵，城中納之，城遂陷。事後姚指揮追升指揮使，建祠春秋祭祀。"曹瑞貞，縣官怕劉總兵體面上不好看，著里遞做遇倭罵賊，不屈死節。道兵與倭原不差一綫，纍纍結勘相同。"

張清吉以爲"按之〔乾隆〕《諸城縣志》和丁耀亢詩文稿，這個故事乃崇禎十五年（1642）十二月清兵破諸城，丁耀亢家破人亡一事的實録！"〔15〕

嘉靖四十一年（1562）十一月，倭寇陷興化，八閩震動，《醉醒石》所述多與史册合，與清兵破諸城，風馬牛不及。劉總兵是劉顯（1581年卒），傳見《明史》卷二百十二。《明世宗實録》卷五百十五："顯大兵留江西剿廣寇，所提入閩卒不及七百人，且疲於屢戰，倭新至，勢衆且銳，顯知不敵，乃逼爲營，以伺賊隙。顯有威名，興化人初聞顯至，以爲旦夕破賊，既而相持日久，疑其養寇，深以爲恨。"〔16〕

劉顯縱軍害民，傳聞甚廣。沈德符《萬曆野獲編》補遺卷三《兵部》："頃閩人談及嘉靖癸亥（1563。來按：應爲壬戌1562之誤。）十一月，倭至興化府，僞官軍赴救，城中開門納之，倭遂入據其城。踰歲方去，其慘毒不必言。其時立功大將如劉顯者，即今劉綎（1558—1619）父也。其在東南號爲良弁，然御軍全無紀律。興化城逃出婦人。顯軍即掠奪之。"〔17〕明季大學士黃景昉（1596—1662），福建泉州人，在其《國史唯疑》仍未能釋懷："劉顯稱名將，其在閩不惟無功，興化郡城陷，實爲所誤。復觀望不赴援，乘亂擄城中逃出婦女。……顯功全不蔽罪。"〔18〕

關於倭寇冒劉顯部下賺城事，戚繼光子戚祚國匯纂《戚少保年譜耆編》記述甚詳。"時都督劉公屯兵江口橋迎僊寨，逗留不進。……劉又遣八卒背繡'天兵'字入城會議，爲賊所得，殺之。而以從賊二十人裝劉兵，賫移文馳城下求登埤，且詭言大兵夜約砍營，宜急刁斗静俟之。守者誤聽而解嚴。夜四鼓，賊僞名天兵者殺守埤卒，賊衆自西門四鋪布梯登城，乘風縱火，廬室盡焚。"[19]

《醉醒石》所記嘉靖四十一至四十二年（1562—1563）福建興化倭禍，實有其事，與崇禎十五年（1642）清兵破山東諸城無關。

至於姚指揮同知及其妾死難事，純出杜撰。何喬遠（1557—1631）《閩書》卷七十《武軍志》，記興化"嘉靖末死於陷城之難"將官三人：指揮使彭光祚、指揮同知魯師亮、指揮僉事張珊，并無姚姓。卷一百四十四《閩合志》，記嘉靖"四十一年，倭陷興化城，與難者四十七，其事可表，其志皎如也"。其中亦無曹氏，及將官妻妾[20]。

本回首葉，版面甚殘破，此應爲瀛經堂以第十五回替代的主因。但近人有以爲第五回是因觸犯清人忌諱而被删去。戴不凡稱："'□□□□□時，舉族殉義固多，若浙江按察使王□□□□子於同僚之妻，然後同夫自焚。蓋臣死國，妻死夫，乃天地間大道理。'其語氣亦斷非出於明人。前缺五字，大約是'虜騎南下之時'一類的'違礙字眼'被挖版的結果。"[21]程有慶同意其説法，認爲"很有道理"[22]。

此段文字雖殘缺，但人物和時間并非不能考證。"浙江按察使王"是王良，王氏夫妻自盡，乃明初靖難時事，見《明史》卷一百四十三《王良傳》。其妻托子於同僚之妻，《明史》未載，但與田汝成（1526年進士）《西湖遊覽志餘》卷七所述大致吻合。[23]靖難事件，清人并不介懷。

第六回　高才生傲世失原形　義氣友念孤分半俸

故事述唐朝李微恃才傲世，不能屈居下僚，後得狂疾變虎。與明陸楫（1515—1552）編《古今説海》所收《人虎傳》大致相同[24]。

《太平廣記》卷四百二十七，收録《李徵》，原注"出《宣室志》，末段文字較《人虎傳》簡略"[25]。《宣室志》，唐張讀（852年進士）撰。傳世《稗海》本，不全，無《李徵》條。

李徵，史有其人，唐玄宗天寶十五年（756）進士[26]。《醉醒石》作"李微"，所據當爲《古今説海》，而非《太平廣記》。前人考證多僅引《太平廣記》，趙景深《〈醉醒石〉與笑話》，始指出李徵、李微之别，和《醉醒石》所據應非《太平廣記》。

第八回　假虎威古玩流殃　奮鷹擊書生仗義

故事記成化年間（1465—1487），錦衣衛千户王臣往江南採買書畫玩器，假公濟私，生事擾民，地方騷然。又召生員抄謄，并辱之，以致諸生暴動。應天王巡撫連上三疏，"聖上英明，既批了個着即會官處決，還傳首江南"。

此事徐復嶺指出王巡撫爲王恕（1416—1508），事見《明史》卷一百八十二《王恕傳》、卷一百八十七《陸完傳》，及清龔煒《巢林筆談》卷四[27]。

奉使江南的是太監王敬，王臣爲其侍從，并非如《醉醒石》所述，王臣是"欽差"。陸容（1436—1494）《菽園雜記》卷十，時人記時事，可信度至高。"憲宗（朱見深，1465—1487年在位）朝未嘗輕殺人，末年殺二人，於人心最痛快。遊民王臣者，以幻術遊貴戚之門。嘗從太監王敬江南公幹，所過需索財物，括掠玩器及諸珍怪之物，不勝騷擾。事發棄市，傳首梟於蘇州等處。"[28]

稍後之王世貞《弇山堂别集》卷九十二，記此事始末尤詳，認爲王敬亦應被處極刑。"（成化）十九年（1483）九月，誅妖人王臣，傳首江南示衆。臣任錦衣衛千户，以妖術爲太監王敬所信任。敬奉使蘇、常等府，奏請臣及百户王完等十九人以從。所至陵轢官吏，毒害良善，詐傳詔旨，括取奇玩之物，皆出臣所爲。……至蘇州府，令生員抄録所謂《子平遺集》者，衆以妨廢學業辭，敬即令有司追逮至驛中亂筆之。生員趙汴等哄然攘罵，數其擾害百姓諸罪。……江南巡撫王恕疏奏太監王敬，其略曰：‘……千户王臣專弄左道邪術，而王敬聽伊撥置。……’詔差官校械三人下錦衣獄。王敬、段應充净軍，王臣伏誅。中外雖稱快，以爲敬等猶倖免云。”〔29〕《醉醒石》處處淡化王敬罪行。

第九回　逞小忿毒謀雙命　思婬佔禍起一時

故事述京師無賴王四等殺人强姦。“管巡捕是馬太監，他看招繇，殺人强姦，都是干大辟。至張氏腹有八月之孕，母斃以致子亡，雖非毆斃，但致死有因，簡驗已明。他竟以殺死一家無罪三人具題，參送刑部。近來刑部，因批駁嚴，參罰重，縉紳中視如畏途。十人中八九孝廉、官生，殊少風力。凡系廠衛捕營題參，并不敢立異。不過就他供詞參語，尋一條律例，與他相合。拿定一個有重無輕，有入無出，爲保官保身妙策。這原參三命，部中也作三命。將王四擬了凌遲，阮良、王三擬決不待時。疏上，幸聖主敬慎刑獄，道腹中有形無生，果否可作三命，批着該部再讞。前番刑部依捕營，這番刑部體著聖意，不敢擬作三命。”

此故事應該就是繆荃孫所説“又以孕婦爲二命上諭所駁不作二命，乃崇禎帝事”。但《醉醒石》未明言“聖主”爲誰，繆氏亦未解説，以致後人未能追考著實。

繆氏所言無誤，惜未提出所據。崇禎十一至十三年（1638—1640）任刑部給事中的李清在其《三垣筆記》卷上提到："上於刑部諸招多駁，每絲輕之重，然時有絲重之輕者。如某氏女已嫁夫，夫出不歸，復寓母家。一奸棍心涎其艾，懇伊母求娶，母不允，怒甚，誘殺母并幼子。時母現懷孕，刑部援殺一家三命律，擬凌遲。上謂以孕作一命，太重，命改斬。"[30]所述應即《醉醒石》本事來源，及繆氏序文所本[31]。

第十回　濟窮途俠士捐金　重報施賢紳取義

故事述"嘉靖時，住居浙、直交界地方，相近平望。姓浦，名其仁，字肫夫"，行善不謀報，助一寡婦不爲鄉官奪產，及三遇盜舉人赴京應試。

徐復嶺認爲義助寡婦故事，乃據《戒庵漫筆》敷衍而來[32]。不過現存《戒庵漫筆》[33]并無該段文字，徐復嶺蓋轉引張亮采《中國風俗史》。

張亮采未言所據，引文實出趙翼（1727—1814）《廿二史劄記》卷三十四："又《戒庵漫筆》：'萬曆中，嘉定、青浦間有周星卿，素豪俠。一寡婦薄有貲產，子方幼，有佃陰獻其產於勢家，勢家方坐樓船，鼓吹至閬莊，星卿不平，糾强有力者突至索鬥，乃懼而去，訴於官。會新令韓某頗以扶抑爲己任，遂直其事。'此亦可見當時獻產惡習。此一家因周星卿及韓令得直，其他小民被豪佔而不得直者，正不知凡幾矣。"[34]

徐復嶺稱："兩相比較，故事情節完全相同，故事發生的地點也相一致，祇是主人公的名字不同，但也可以尋覓出小説作者更改的軌跡。《漫筆》中作周星卿，當系真名實姓；小説中改爲浦其仁，字肫夫，既暗示'青浦之人'這樣一層意思，又道出此人仁義肫厚的品性。"徐説是。又按《戒庵漫筆》所提到的"新令韓某",實有其人,應爲韓浚,山東淄川人,萬曆二十六年(1598)進士,二十七年(1599)任嘉定知縣[35]。

第十一回　惟内惟貨兩存私　削禄削年雙結證

故事述明張居正(1525—1582)當政時,廣東魏進士任江陵府推官,本來他日可爲湖廣巡撫,并位至吏部尚書。但其妻受賄,枉斷一人。魏推官知悉後,"不及考滿,病弱,祇得告假回籍,不數年身故"。

陳良謨(1517年進士)《見聞紀訓》應爲《醉醒石》故事所本。"荆州府推官魏釗,廣東人。……復夢神曰:'可怪魏推官此去受賄,故出人罪,使死者含冤之極。上帝已盡删其應有爵秩,并年壽亦不永矣。'……未幾,魏丁母憂歸,起復,補任濟南。尋升户部主事,纔一年遽卒於京邸,家遂凋落云。此長兒在國學聞同捨生彭汝清道其詳(原注:彭館於徐,親聞是事),歸爲余言如此。"[36]煞有其事。《見聞紀訓》有嘉靖丙寅(四十五年,1566)陳良謨"引"。如故事真有其事,應發生在嘉靖四十五年前,張居正尚未執政。

《醉醒石》改易年代,祇稱魏進士、魏推官,而不從《見聞紀訓》作魏釗。

其實廣東進士、荆州推官魏釗,也是子虚烏有。朱保炯、謝沛霖《明清進士題名碑録索引》,并無魏釗其人。再檢[光緒]《荆州府志》卷三十一《職官志》和[道光]《濟南府志》卷二十七《秩官》,兩府明代隆慶前之推官、通判、同知及知府,皆無魏釗。

第十二回　狂和尚妄思大寶　愚術士空設逆謀

故事述明成化年間，易州遊僧明果（本名侯立柱），聽信術士之言，以爲有天子之分，改名李子龍，結合內臣謀反。事發，伏誅。

李子龍謀反失敗，事在成化十二年（1476）九月。官大梁有文考證，并節録《明實録》卷一百五十七[37]。

第十五回　王錦衣蠹起園亭　謝夫人智屈權貴

故事述明嘉靖年間，王指揮掌錦衣衛，與其同僚陸指揮友善，教導陸子刑名之學。"王錦衣因打問這些諫大禮的官都從寬；又打問山西巡按馬録拿妖人張寅一案，又據實，不得聖意，還又不得內閣的意。他也急托病，告了個致仕。"而陸指揮兒子因行宮失火，救駕有功，不四五年，掌衛事。王指揮前已去世，留下花園三。小陸指揮恩將仇報，使計謀取，并捕王子，賴王指揮妾謝夫人上堂申辯，方守得一園。

王錦衣及陸錦衣父子，爲王佐、陸松（1536年卒）及陸炳（1510—1560）。陸炳爲明世宗朱厚熜（1507—1567）寵臣，生平見《明史》卷三百七《佞幸傳》。王佐雖亦通顯，姓名僅三見《明史》，其中《佞幸傳》謂："帝初嗣位，掌錦衣者朱宸，未久罷，代者駱安，繼而王佐、陳寅，皆以興邸舊人掌錦衣衛。佐嘗保持張鶴齡兄弟獄，有賢聲。寅亦謹厚，不爲惡。及炳代寅，權勢遠出諸人上。"[38]未詳述王佐生平。

王佐是武狀元。王世貞《錦衣志》："未幾王佐爲都指揮使，領衛事。佐試武舉第一，授錦衣千户，累遷督漕參將。佐爲人謹願有志，介閑射便騎。以刀筆吏能稱也，然時時援古義。……
上大怒，下鶴齡等詔獄，置對〔劉〕東山等，因得以株引素所
不快人。定國、京山諸公侯俱坐累，繫三法司。大臣色奪，不
敢訊。佐謬爲厚東山者，次第探得其情，論誣罔法，反坐，報
可。佐以三木囊東山等闕門外，昂之，不及旬悉死。是舉也，
中外以佐安慈慶，曲成上孝，稱社稷臣云。而佐竟以憂思過度，
得疾死。詔特贈二階，爲左都督。代佐者，陸松。……代松者，
陳寅，寅亦興國衛士也。……代寅者，陸炳。"[39] 王佐似卒於
任內，非如《醉醒石》所述，致仕後三四年方去世。

　　故事主要來源應爲馮夢龍《智囊》或《智囊補》。兹引《智
囊補》卷二十五《閨智部賢哲》："都指揮使王佐掌錦衣篆，而陸
松佐之。松子炳未二十，佐器其才貌，教以爰書公移之類，曰：
'錦衣帥不可不精刀筆。'炳甚德焉。後佐卒，炳代父職，有寵，
旋掌篆，勢益張。而佐有孽子不肖，縱飲博，有別墅三，炳已
計得其二。最後一墅至雄麗，炳復圖之，不得，乃陷以狎邪中罪，
捕其黨與其不才奴一二，使證成佐子罪，而後捕之，死杖下者
數人矣。佐子窘甚，而會其母，故妾也，名亦在捕中。既入對，
炳方與其僚列坐，張刑具而脅之。其子初亦固抗，母膝行而前，
道其子罪甚詳。其子恚，呼母曰：'兒頃刻死，忍助虐耶。'母叱
曰：'死即死，何說？'指炳坐而顧曰：'而父坐此非一日矣，作
此等事應亦非一，而生汝不肖子，天道也，復奚言。'炳頰發赤，
偽旁顧，汗下，趣遣出，事遂寢。"[40]

　　《醉醒石》共收十五篇小說，本事流源或人物可考者十一篇。
需要指出，一些故事祇可說是事見《元史》或〔乾隆〕《上海縣
志》或某書，《醉醒石》作者未必確曾閱覽該書，所據可以是其
他典籍。不過東魯古狂生無疑曾參考《由拳集》（第四回）、《人
虎傳》（第六回）、《見聞紀訓》（第十一回）及《智囊》（第十五

回），或其衍生文獻。

十五篇小説，第三及第十三兩回，未明言其年代。餘下十三篇，十二篇述明事，僅第六回敘唐玄宗時事。第一回，"嘉靖年間"；第二回，"明朝太祖高皇帝"，按此實元至正十三年（1353）事；第四回，嘉靖年間事；第五回，嘉靖四十一年（1562）事；第七回，"明時"；第八回，"成化年間"；第九回，崇禎年間；第十回，"嘉靖時"；第十一回，"其時值張太岳母喪回籍"，萬曆初；第十二回，"成化間"；第十四回，"先朝時"；第十五回，"先朝嘉靖間"。

《醉醒石》各篇撰作，當在明末清初。如第九回："這正是太祖高皇帝六論中所禁"，"幸聖主敬慎刑獄"，不用"明時"或"先朝時"等字樣，似撰於崇禎時。而第十四回"先朝時"，及第十五回"先朝嘉靖間"，明顯撰於清世。至於第二回："衹是明季做官的，朝廷增一分，他便乘勢加增一分……"。第十二回："衹待［甲］申（1644）、［乙］酉（1645）之年，更易天下。"更非明人所能言，所敢言。總之，《醉醒石》各篇話本，雖或有撰於明代，全書修訂刊行則已入清。

《醉醒石》第七回："明時，中州有個縉紳姓呂。……還用了千金，討得一個儀真知縣。"《明史》卷四十《地理志一》："儀真，［揚州］府西。元真州，治揚子縣。洪武二年（1369），州廢改縣，曰儀真。"〔41〕《清史稿》卷五十八《地理志五》："揚子，冲，繁。［揚州］府西南七十里。明爲儀真。雍正二年（1724），改'真'爲'儀'。"〔42〕《醉醒石》不避清諱，不作"儀徵"，仍作"儀真"，撰寫及刊佈在雍正二年前。

姚廷遴《歷年記》提到"順治十年（1653）二先伯至山西遼州，買小説一本，有高祖救囚實事載焉"。該小説無疑就是《醉醒石》，談的是第一回姚一祥行善事，也就是説《醉醒石》最晚在順治十年已面世。

《醉醒石》作者署名"東魯古狂生"。近人因"東魯"而聯想到清初山東小説作家。清初山東小説最著名的是西周生的《醒世姻緣傳》和丁耀亢的《續金瓶梅》。徐復嶺首先提出東魯古狂生是西周生，也就是賈鳧西（1589—1675）[43]。張清吉同意東魯古狂生和西周生是同一人，但他一直認爲西周生是丁耀亢，所以東魯古狂生也是丁耀亢[44]。

《醉醒石》和《醒世姻緣傳》二書文字風格大不相同。《醉醒石》文字拙樸，而《醒世姻緣傳》通俗活潑，多山東方言。

東魯古狂生不一定是山東人，"東魯"極可能是地望。上海古籍出版社《十大古典白話短篇小説叢書》，收入秋谷標校的《醉醒石》。秋谷在其"前言"指出："本書幾個明代遺聞軼事，發生的地點，絶大部分是在江南。……這位'東魯古狂生'對'東魯'知之甚少，而對江浙兩省却特别瞭解。……作者實際居住和活動的地域，似乎不會超出江浙一帶。"[45]言之成理。

關於《醉醒石》作者，我也有一個看法，但目前尚乏確證。野人獻曝，備供參考而已。

《醉醒石》中之歷史人物，多有姓無名，如第五回的劉總兵（劉顯），第八回的王撫（王恕），第十五回的王錦衣（王佐）和陸錦衣父子（陸松、陸炳）。用真姓名的衹有第一回的姚一祥、姚永濟祖孫，和第二回的劉浚，而後者兒子的名字仍被改易。第五回述興化衛指揮同知報國捐軀，故事出於虛構，人物姓名本可隨意創造，而作者選用姚姓，似對姚姓情有獨鍾。

第一回，開宗明義，意義并不尋常。姚永濟名望不能和劉顯、王恕、陸炳諸人相比。故事流佈地域應不太廣。《醉醒石》復善頌善禱，"雲礽俱有盛德，擅後伐其世業，簪纓正未有艾"。似是耳聞目睹，時人説時事。

　　至於姚廷遴《歷年記》稱"順治十年（1653）二先伯至山西遼州，買小説一本，有高祖救囚實事載焉"。亦易解釋。如姚氏家族撰寫小説，歌頌先人，斷不會明言。山西遼州，并非書業重鎮，姚廷遴伯父襄明（姚永濟侄）在該地買得談及其先人之小説，實甚巧合。頗疑姚襄明或與《醉醒石》之出版有關，雖然不一定就是作者。姚廷遴隱晦之言，實有深意。

　　第十回故事原型，發生於韓浚爲嘉定知縣任內，而姚永濟爲韓浚同年，又繼韓爲嘉定知縣，於周星卿事當有所聞，平日恐亦有告其族人。

　　姚姓，出於齊魯。《新唐書》卷七十四下《宰相世系表下》："姚姓，虞、舜生於姚墟，因以爲姓。陳胡公裔孫敬仲，仕齊爲田氏，其後居魯。……避［王］莽亂，過江，居吳郡，改姓爲嬀。五世孫敷復改姓姚。"[46]江南姚姓，自稱"東魯古狂生"，并無不可。

　　第一回稱姚永濟"後官至浙江左布政。予告歸家"。姚永濟被劾免，事在崇禎十年（1637）[47]，故該回之撰寫當在崇禎十年後，明亡前。

　　總之，《醉醒石》之撰寫始於明世，而刊佈在清初，順治十年（1653）前。作者爲江南人，或姚姓，姚永濟族人。

附言：

　　繆荃孫寫的《醉醒石序》，署"歲在强圉大淵獻盈月之朔，江東老蟫序"。"强圉大淵獻"是丁亥，也就是光緒十三年（1887），但我懷疑繆氏把"巳"的太歲紀年"大荒落"誤作"大淵獻"，序文實撰於民國六年（1917）。最近找到鐵證。《藝風老人日記》丁巳年（1917）十月二日"撰《醉醒石序》"；五日"與

董受經一束，索碑，又交《醉醒石序》。而繆氏誤丁巳爲"强
圉大淵獻"，尚有一例。繆氏爲徐乃昌《積學齋藏書記》寫序，
署"歲在强圉大淵獻長至日"，而《藝風老人日記》丁巳年冬月
（十一月）十三日"撰積學齋書目序"。繆荃孫看來每誤把大淵
獻作爲巳的太歲紀年。

注　釋

〔1〕《誦芬室叢刊二編》同時收入《景宋殘本五代平話》《剪燈新話》和《剪
燈餘話》，董康見識高於時人。

〔2〕如趙景深：《〈醉醒石〉與笑話》，收入其《中國小説叢考》（濟南：
齊魯書社，1980），頁398；葉德均《〈醉醒石〉成書年代》，收入
其《戲曲小説叢考》（北京：中華書局，1979），頁606—609；戴不
凡：《〈醉醒石〉隨録》，收入其《小説見聞録》（杭州：浙江人民出版
社，1980），頁253—256；胡士瑩：《話本小説概論》（北京：中華書
局，1980），頁609；孫楷第：《小説旁證》（北京：人民文學出版社，
2000），頁381—383。

〔3〕徐復嶺：《〈醉醒石〉作者新考》，《濟寧師專學報》，第15卷第1期
（1994年3月），頁52—57；張清吉《〈醉醒石〉作者考—兼與徐復嶺
先生商榷》，《濟寧師專學報》，第18卷第1期（1997年3月），頁
74—79；徐復嶺《東魯、〈醉醒石〉本事及其他》，《濟寧師專學報》，
第18卷第4期（1997年12月），頁38—75。

〔4〕臺北天一出版社《明清善本小説叢刊》所收清初刊本影印本，質量
差劣，無法採用。

〔5〕原書現由臺北"故宮博物院"代存。

〔6〕《〈醉醒石〉作者考》，頁74—75。

〔7〕［乾隆］《上海縣志》卷十，頁37上—38下。

〔8〕葉夢珠《閲世編》（上海：上海古籍出版社，1981），頁129。

〔9〕姚廷遴:《歷年記》(上海市文物保管委員會，1962)，頁 22。

〔10〕《歷年記》，頁 3。

〔11〕《〈醉醒石〉作者考》，頁 76。

〔12〕《元史》(北京:中華書局，1976)，頁 4421—4422。

〔13〕屠隆:《由拳集》(萬曆八年〔1580〕刊本)卷十九，頁 19 下—21 下。

〔14〕〔雍正〕《開化縣志》卷六《節烈》，頁 2 上—3 下。

〔15〕《〈醉醒石〉作者考》，頁 77。

〔16〕《明世宗實錄》(臺北南港:"中央研究院歷史語言研究所"，1965)，第 90 册，頁 8470。

〔17〕沈德符:《萬曆野獲編》(北京:中華書局，1959)，頁 869 頁。

〔18〕黄景昉:《國史唯疑》(上海:上海古籍出版社，2002)卷七，頁 204。

〔19〕新版改名《戚繼光年譜》(濟南:山東大學出版社，1999)，卷三，頁 80。封面、書名頁及版權頁，皆不錄原編纂者姓名，於理不合。

〔20〕何喬遠:《閩書》(福州:福建人民出版社，1994—1995)，頁 2055—2056、4275—4278。

〔21〕戴不凡:《小説見聞錄》，頁 253。

〔22〕程有慶:《關於十四回本〈醉醒石〉》，《文津流觴》"善本部論文專輯" (2006)，頁 20—21。

〔23〕田汝成:《西湖遊覽志餘》(北京:中華書局，1965)，頁 131。

〔24〕陸楫編:《古今説海》(文淵閣本《四庫全書》本)卷七十二，頁 1 上—7 上。

〔25〕《太平廣記》(北京:中華書局，1961)，頁 3476—3479。

〔26〕《宣室志》原作"天寶十載"，孫楷第據徐松《登科記考》，訂爲十五年。見《小説旁證》，頁 381。

〔27〕《東魯、〈醉醒石〉本事及其他》，頁 40—41。徐氏誤書《明史》卷一百八十二爲卷一百十八。

〔28〕陸容：《菽園雜記》（北京：中華書局，1985），頁124。

〔29〕王世貞：《弇山堂別集》（北京：中華書局，1985），頁1768—1769。

〔30〕李清：《三垣筆記》（北京：中華書局，1982），頁25。

〔31〕《三垣筆記》清代僅有抄本流傳。1923年嘉業堂刊本李詳序：“繆藝風（荃孫）先生昔官京師，得自假抄，亦系兩卷本。余之族人有藏六卷本者，假觀有年，曾以語藝風，藝風大喜，移抄一部，以爲定本。”繆氏於《三垣筆記》耳熟能詳。

〔32〕《東魯、〈醉醒石〉本事及其他》，頁41。

〔33〕李詡：《戒庵老人漫筆》（北京：中華書局，1982）。

〔34〕趙翼著，王樹民校證：《廿二史劄記校證（訂補本）》（北京：中華書局，2001），頁786，795。

〔35〕韓浚修：［萬曆］《嘉定縣志》（萬曆三十三年［1605］）卷八，頁27下。

〔36〕陳良謨：《見聞紀訓》（《紀錄彙編》本）卷下，頁13下—14上。《續修四庫全書》及《四庫全書存目叢書》所收萬曆七年（1579）徐琳刊本《見聞紀訓》，次序及文字頗有異同，較《紀錄彙編》本少五則而多一則。

〔37〕官大梁：《〈醉醒石〉第十二回的故事來源》，《文學遺產》1987年第1期，頁123。

〔38〕《明史》（北京：中華書局，1974）卷九十五，頁2337—2338；卷三百，頁7677；卷三百七，頁7893。

〔39〕王世貞：《弇州四部稿》（文淵閣本《四庫全書》本）卷七十九，頁17下—18下。

〔40〕《馮夢龍全集》（上海：上海古籍出版社，1993），第36冊，頁1559—1560。

〔41〕《明史》卷四十，頁917。

〔42〕《清史稿》（北京：中華書局，1976）卷五十八，頁1987—1988。

〔43〕《〈醉醒石〉作者新考》。徐氏有關西周生是賈鳧西的考證，見徐復

嶺《〈醒世姻緣傳〉作者和語言考論》（濟南：齊魯書社，1993 ）。

〔44〕《〈醉醒石〉作者考》。張氏有關西周生是丁耀亢的考證，見張清吉
　　《〈醒世姻緣傳〉新考》（鄭州：中州古籍出版社，1991 ）。

〔45〕秋谷標校：《醉醒石》（上海：上海古籍出版社，1993 ），《前言》，頁 2。

〔46〕《新唐書》（北京：中華書局，1975 ），頁 3169。

〔47〕張德信：《明代職官年表》（合肥：黃山出版社，2009 ），頁 3562—
　　3563。

原載《實證與演變》（2014 ）

《波斯人》作者非蒲松齡

　　現存《聊齋志異》的各種抄本，自然是以蒲氏原稿本價值最大，可惜僅存半部。其次，則爲乾隆十六年（1751）鑄雪齋抄本，此抄本據云抄自濟南朱氏，而朱氏則是根據原稿抄錄。（原稿及鑄雪齋抄本，今皆有影印本，後者近且有排印本。）再其次，當推現存四川大學圖書館的黃炎熙選抄本。黃本雖爲選本，但文字與原稿近，未經刪改。（參見林名均《成都劉氏所藏寫本聊齋志異記》及《聊齋志異所表現的民族思想》）

　　黃炎熙選抄本所獨有的篇章，凡三篇：《豬咀道人》《張牧》《波斯人》。林名均、葉德均（《聊齋志異集外遺文考》）對其作者問題，皆未置疑。1962 年張友鶴輯校《聊齋志異會校會注會評本》云：“《豬咀道人》《張牧》《波斯人》等三篇，是原作還是後人僞托，尚有待於考證，因此暫衹作爲附錄。”1978 年此書新版，此問題仍未解決。

　　《豬咀道人》《張牧》二篇，是否出於僞托，目下尚難遽下定論。但《波斯人》一篇作者實爲宋濂。

　　《波斯人》篇原文如下：“波斯人來閩，相古墓，有寶氣，乃謁墓鄰以錢數萬。墓鄰不許。波斯曰：‘此墓已無主五百年矣。’墓鄰始受抄。波斯發之，見棺中惟存一心，堅如石。鋸開，有佳山水，青碧如畫，傍有一女，靚妝憑欄凝睇。蓋此女有愛山水癖，朝夕玩望，吞吐清氣，故能融結如此。”

宋濂《宋學士全集》卷二十八《錄客語》："昔波斯人來閩，相古墓，有寶氣，乃謁墓鄰以錢數萬市之。墓鄰譁不與。波斯曰：'汝無庸爾也。此墓已無主五百年矣。'墓鄰始受錢。波斯發之，見棺衾肌肉潰盡，唯心堅如石。鋸開觀之，佳山水青碧如畫，傍有一女，靚妝憑欄凝睇。蓋此女有愛山癖，朝夕吐吞清氣，故能融結至於如此。"（《金華叢書》本）

按此故事又見李時珍《本草綱目》卷五十《獸部·狗寶》，卻將作者誤爲程顥、程頤。文曰："按《程氏遺書》，載有波斯人發閩中古塚，棺內俱盡，惟心堅如石。鋸開觀之，有山水青碧如畫，傍有一女，靚妝憑欄。蓋此女有愛山癖，朝夕注意，故融結如此。"

李時珍所據，應是梅純（明成化十七年［1481］進士）的《損齋備忘錄》："《潛溪文集》內一事：'昔波斯人來閩，相古墓，有寶氣，乃謁墓鄰以錢數萬市之。墓鄰譁不與。波斯曰："汝無庸爾也。此墓已無主五百年矣。"墓鄰始受錢。波斯發之，見棺衾肌肉潰盡，惟心堅如石。鋸開觀之，有佳山水，青碧如畫，傍有一女，靚妝憑欄凝睇。蓋此女有愛山水癖，朝夕玩望，吐吞清氣，故能融結如此。'此志一動氣也。《程氏遺書》內一事：'南中有人因採石，石陷，壓閉石罅中。幸不死，饑甚，衹取石膏食之。不知幾年後，他人復採石，見此人。引之出，漸覺石硬。纔見風，便化爲石。'此氣一動志也。"（《古今說海》本）《潛溪集》乃宋濂仕明前作品，日本內閣文庫有元至正十六年（1356）刊本。李時珍引錄時不小心，張冠李戴，竟將宋濂作品誤爲《程氏遺書》。

總之，《波斯人》乃宋濂在元時所撰，與蒲松齡無涉。《聊齋志異會校會注會評本》重版時，應將此故事刪去，或加説明。

原載《中華文史論叢》1980 年第 1 輯

《清實録》中的劉鶚

《老殘遊記》作者劉鶚（1857—1909），功名事業心頗重，而最後被清廷以"違法罔利"罪名，流放新疆，卒於迪化（今烏魯木齊）。《清實録》中多次提到劉鶚，可以説是劉鶚的官方紀録[1]，可惜近人對劉鶚生平的編著，如魏紹昌《老殘遊記資料》（北京：中華書局，1962），蔣逸雪《劉鶚年譜》（濟南：齊魯書社，1981），皆未曾參考引用。兹抄録《德宗景皇帝實録》中劉鶚資料於下，并略爲解説。

光緒十八年壬辰冬十月十六日庚午，1892 年 12 月 4 日

以諳習算學，予同知劉鶚交吏部帶領引見。

卷三百十七葉 8

按：劉鶚有"壬辰咨送總理衙門考試，不合例，未試而歸。臘月宿齊河城外"詩[2]，可知無成。

光緒二十二年丙申三月十二日丁未，1896 年 4 月 24 日

諭軍機大臣等：督辦軍務王大臣奏，遵議司業瑞洵奏盧漢鐵路商辦難成、請撥款官辦一摺。盧漢鐵路前經明降諭旨，各省富商如有集股在千萬兩以上者，准其設立公司，自行興辦。兹據該王大臣奏稱，官辦不如商辦，上年十月間奉旨後，即有廣東在籍道員許應鏘來京具呈，集資承辦。當經剳飭回粵勸募。

現據該員股已集至七百萬兩，五月初即可到京。又有廣東商人方培垚等，并候補知府劉鶚、監生呂慶麟，均稱集有股分千萬，先後具呈，各願承辦，請派大員督理等語。盧漢鐵路關繫重要，提款官辦萬不能行，惟有商人承辦，官爲督率，以冀速成。王文韶、張之洞均係本轄之境，即著責成該督等會同辦理。道員許應鏘等分辦地段，准其自行承認，毋稍掣肘。并著該督等詳加體察，不得有洋商入股爲要。原摺均著抄給閱看，將此由四百里各諭令知之。

卷三百八十七葉 9

按：盧漢（一作蘆漢）鐵路後由盛宣懷（1844—1916）組織"鐵路總公司"承辦[3]。蔣譜但謂是年"六月，應兩湖總督張之洞召，赴鄂，商蘆漢路事。……之洞倡議興築，遠在八年以前。至是，鐵路總公司設立，施工在即，鶚素主開礦、築路，特召往有所諮詢。"[4]未知劉鶚本人先具呈謀承辦。劉鶚蒙召，一心以爲鴻鵠將至，曾致其表弟卞德銘書，謂："知香帥（來按：張之洞）電召，爲欲將鐵政、鐵路二事并歸兄辦。"[5]其實張之洞（1837—1909）對劉鶚向無好感，召之赴鄂，主要在面詢實在，詳加審察。三月二十六日，張之洞致直隸總督王文韶（1830—1908）電謂："劉鶚無銀行作保，其爲不正派之洋人招攬洋股無疑。……原奏將許應鏘、武勳等發交任用，劉鶚、呂慶麟交查，自應電請督辦軍務處，迅速飭令諸人即行赴鄂，由鄂赴津，公與弟會同考察，面詢實在。股分是否悉屬華商，如何承認分辦，自能水落石出。揭破之後，再行會奏真實辦法。"三月二十八日，王文韶致張之洞電謂："呂、劉先後到津。呂，山東人，在京開堆坊一，飯莊一，財東爲巨商韋立森，直言不諱，亦殊可笑。劉更渺茫。均飭赴鄂矣。……劉則敢爲欺謾，但思包攬而已。一經犀照，當畢露真形也。"及張之洞見劉鶚後，五月二十六日致盛宣懷電謂："鐵路事關繫大局，亟須定議，未便久延。劉鶚已見，已向上海查明，全是虛誕；即洋股亦不可靠。"[6] 蔣譜謂劉鶚六月赴鄂，誤。

光緒二十四年戊戌二月初八日壬戌，1898 年 2 月 28 日

諭軍機大臣等：都察院奏，山西京官呈訴山西興辦鐵路流弊滋多，請飭停辦一摺。山西興辦鐵路，前據該撫奏稱，因所產煤鐵各礦，須修鐵路方能運銷，現在皖粵各紳商籌借洋款來晉開辦，并聲明洋款與洋股有別。當經降旨，允其興辦，并令豫防流弊，酌定詳細章程，奏明辦理。迄今尚未奏到。茲據山西京官呈稱，該撫竟將潞安、澤州、沁州、平定二府二州典與洋人等語。覽奏深堪詫異，疆吏身膺重寄，興辦大舉，總當計慮周詳，而慎之於始；若但顧目前之微利，而不思後日之隱憂，孟浪從事，而後患至不可思議，朝廷亦安用此疆吏爲耶？況山西地非衝要，又山徑崎嶇，修造鐵路本重利微，斷非華商所樂爲，必有洋商巨股爲之壟斷，稍有不慎，墜其術中，將來堂奧洞開，險要盡失；加以各國競相援照，引爲口實，彼時應之不能，拒之不得，該撫能當此咎否？總之此事關繫重大，必須慎之又慎，不可稍涉遷就。現在辦理情形若何，所稱皖粵紳商是何姓名，是否的實可靠，所議合同是否細密，總以計出萬全毫無流弊爲第一要義。著將現辦情形及擬定章程，刻日具奏。至該京官原呈所指方孝傑、劉鶚二員，聲名甚劣，均著撤退，毋令與聞該省商務。

卷四百十五葉 5 上—6 上

按：蔣譜記上年"七月，應外商聘，主辦山西礦務。時外商組福公司，籌采山西礦產，與晉撫胡聘之有成議，聘鶚爲華經理"[7]。未言是年劉鶚被斥退事。福公司（Peking Syndicate, Ltd.），乃意人羅沙第（Angelo Luzatti）於光緒二十三年春發起組成，在英國

倫敦注册，業務主要爲礦務和鐵路，而攬辦山西礦務則爲其主要目的之一[8]。劉鶚、方孝傑等組設晉豐公司，"於光緒二十三年九月初三日。禀奉山西巡撫部院批准，獨自開辦孟平澤潞諸屬礦務；同日又奉批准，自借洋債辦理該礦"[9]。同月三十日，劉鶚即代表晉豐公司與福公司羅沙第簽訂借款開辦山西礦務合同，喪失利權甚鉅[10]。時論對劉、方所爲，至爲不滿。即張之洞亦於光緒二十四年正月十六日致電胡聘之，謂："惟此事務望慎重。大率攬辦此事者，皆係洋商影射，後患非輕。方、劉二人，前年攬辦蘆漢鐵路，奉旨令來鄂考核，深知甚荒唐謬妄，不敢不以奉聞，祈鑒察。"[11]蔣譜未言晉豐公司，劉鶚亦非福公司華經理。

光緒三十四年戊申正月十一日丁酉，1908 年 2 月 12 日

諭內閣：開缺山西巡撫胡聘之，前在巡撫任內，昏謬妄爲，貽誤地方，著即行革職。其隨同辦事之江蘇候補道賈景仁、已革知府劉鶚，膽大貪劣，狼狽爲奸。賈景仁著革職永不敘用，劉鶚著一併永不敘用，以示薄懲。

卷五百八十六葉 7 下

按：胡聘之，字蕲生，湖北天門人。同治四年（1865）進士，二甲第九名，選庶吉士。光緒二十一年（1895）八月任山西巡撫，二十五年（1899）八月解職[12]，至是已八年。舊事重提，想與三十三年十二月十七日（1908 年 1 月 21 日），山西商務局以二百七十五萬兩，向福公司贖回山西省前後所議定開礦製鐵轉運正續各章程合同事，不無關係[13]。

光緒三十四年戊申六月二十二日丙子，1908 年 7 月 20 日

又諭：外務部奏，已革知府劉鶚貪鄙謬妄不止一端，請旨懲

處一片。革員劉鶚違法罔利，怙惡不悛，著發往新疆永遠監禁。該犯所有產業，著兩江總督查明充公，辦理地方要政。

卷五百九十三葉 11

按：袁世凱（1859—1916）時爲外務部尚書，兩江總督則爲端方（1861—1911）。據蔣譜引端方與袁世凱及外務部往還電文[14]，劉鶚於六月二十日在南京已先被拿獲看管。

前人論劉鶚被流放新疆，多以爲因庚子聯軍入北京，劉鶚私售太倉粟。證以《清實錄》，禍端實始光緒二十三年山西礦務。

1983 年 6 月 1 日

注　釋

〔1〕關於《清實錄》（特別是《德宗景皇帝實錄》）的版本和刊佈，參看陳象恭：《談〈清實錄〉和〈清史稿〉》，刊《歷史教學》1957 年 1 月號，頁 41。

〔2〕《鐵雲詩存》（濟南：齊魯書社，1980），頁 43。

〔3〕參看宓汝成編：《中國近代鐵路史資料：1863—1911》（北京：中華書局，1963），第 1 冊，頁 221—322；何漢威：《京漢鐵路初期史略》（香港中文大學出版社，1979），頁 1—43；李國祁：《中國早期的鐵路經營》（臺北："中央研究院近代史研究所"，1961）頁 133—178。

〔4〕頁 27。

〔5〕《劉鶚年譜》，頁 28 引。

〔6〕張之洞、王文韶電文皆見盛宣懷：《愚齋存稿》，收入《中國近代鐵路史資料》，第 1 冊，頁 226—228。

〔7〕頁 28。

〔8〕Percy Horace Kent，*Railway Enterprise in China; An Account of the Origin and Development*（London：Edward Arnold，1907），pp.122—

128.關於清末山西礦務和福公司，詳"中央研究院近代史研究所"編：《礦務檔》（臺北：該所，1960）第 3 册；李恩涵：《晚清的收回礦權運動》（臺北："中央研究院近代史研究所"，1963）頁 201—265。

〔9〕《礦務檔》第 3 册，頁 1384。

〔10〕合同見《礦務檔》第 3 册，頁 1384—1385。

〔11〕《張文襄公全集》（北平：楚學精廬，1937）卷一百五十四，葉 29 上。

〔12〕錢實甫：《清代職官年表》（北京：中華書局，1980）第 2 册，頁 1735—1738，第 4 册，頁 3190；朱保烱、謝沛霖：《明清進士題名碑録索引》（上海：上海古籍出版社，1980）第 2 册，頁 1725。

〔13〕《晚清的收回鑛權運動》，頁 239—265。

〔14〕《劉鶚年譜》，頁 54—55 引。

原載《清末小説研究》（中文版）（1983）

《無專鼎銘》和劉鶚

　　最近高健行先生撰文，提到他在其祖父遺稿中，發現摹臨
《周無專鼎銘》和過錄跋文。跋文末題："鶚於癸酉冬日在焦山
曾見之，闇然渾古。曲阜張潤甫明府自京江取得拓本見貽，即
摹刻之。"高先生認爲這位自署名"鶚"的人，就是劉鶚，因爲
劉鶚原名孟鵬或夢鵬。"癸酉那年，即同治十二年（1873），是
十七歲。雖則他父親出官河南，他隨侍任所。也正是這一年娶
妻王氏。婚嫁禮儀或其他事由，勢必有機會返鄉。途出鎮江焦
山一遊，亦情理中事"。又因跋文首稱："李善蘭精推步之學，據
銘中所謂九月既望甲戌之文推之，此鼎必作於周宣王之十六年。"
高氏以爲"劉鶚於考據文物年代，請李善蘭指點或依其算法定
理推論，都是十分自然的事。從而可以看出劉鶚這位同時代稍
早些的學長李善蘭，與他總有着學術上的關聯，這就不單對充
實李氏故鄉的鄉邦文獻有作用，并且對中國現代科學史研究，
也是項有用的綫索"[1]。

　　按"鶚"是清代嘉、道年間通州學者馮雲鵬，不是劉鶚。
高氏祖父過錄"跋文"凡一百九十八字，文字幾全見馮雲鵬
編撰的《金石索》卷一。出處待考者僅首段引用李善蘭説法
三十五字，和"（鱗次）三層，腹內自緣邊至底，皆刻篆文"
十三字。

　　《金石索》有道光二年（1822）書於東魯書院的馮雲鵬自敍。

《無專鼎銘跋》所記"癸酉"應爲嘉慶十八年（1813），而不是高健行考訂的同治十二年（1873）。"曲阜張潤甫（來按：應作'浦'）明府"，應是道光元年（1821）任山東曲阜知縣的鎮江府丹徒縣人張爕[2]。

馮雲鵬弟雲鵷，嘉慶十六年（1811）進士，二十年（1815）起歷任山東東阿等地知縣幾二十年[3]。馮雲鵬因之遊寓山東，講學書院，訪覓古蹟[4]。馮雲鵬治金石，其弟同府（兗州府）鄰縣同僚張爕贈以家鄉著名拓本，合情合理。

《無專鼎銘》自明代重現於世以後，文士吟詠，學者考訂文字不少。翁方綱（1733—1818）嘗編撰《焦山鼎銘考》[5]，認爲鼎銘的最早拓本藏者爲明季藏書家徐𤏡。諸家考訂文字，福開森（John Calvin Ferguson，1866—1945）《歷代著録吉金目》

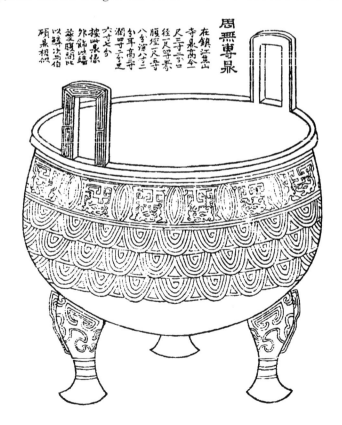

（1939），列十一家；周法高主編，張日昇、黃秋月編纂《三代吉
金文存著錄表》（1977），列二十三家；孫稚雅《金文著錄簡目》
（1981），列二十四家。讀者如有興趣，或可按圖索驥，追訪李
善蘭和《無專鼎銘》的關係。

　　又按無專鼎，原藏鎮江焦山定慧寺。［光緒］《丹徒縣志》
卷九《興地・古蹟》和《丹徒縣志摭餘》卷三《金石真蹟》，俱
有著錄。但近日刊行《鎮江要覽》一類書籍，皆未提到無專鼎。
此珍貴文物的去向，亦待中國學者追尋。

鼎銘　在腹內近口廔直下

惟九月既望甲戌王格
于周廟烝子圖室司徒
南仲右無專入門立中廷
王呼史習用命。無專曰
官司紅王顧側。弗作錫
女元衣帶束紱珊戟綯
緯彤矢馨勒鑾旂無專
敢對揚鼎用享于氒列孝
用匄眉壽萬年子孫永寶用

具在焦山鼎銘九□字僧行載
焦山志云具傳于吾鄉親氏
弗宜相蓋無當國以不得山
鼎將鼎之嵩歡魏氏恐子孫
終不保送焦山鼎于癸酉冬日
在焦山曾見此鼎闇然漳古
今曲阜張潤浦覡府自京
江取傳拓本見貽即篆刻之

　　總之，高健行先生近日發表的《無專鼎銘跋》，和劉鶚一點關係也沒有，自然更不能用以推考劉鶚和李善蘭的交往。知人論世，發掘佚文是意義重大的事，但假如考證不實，鏡花水月，則不唯於事無補，反導人誤入歧途，不可不慎。

1996 年 11 月 24 日　芝加哥

注　釋

〔1〕高健行：《新發見劉鶚〈無專鼎銘跋〉及與李善蘭關係》，刊《清末小説から》41 期（1996 年 4 月）。

〔2〕[民國]《曲阜縣志》卷三《政教志・職官・官吏》："知縣……張燮，江蘇鎮江人，舉人，道光元年到任。姚學純……道光二年到任"。又據［光緒］《丹徒縣志》卷二十二《選舉二・科目》，張燮，乾隆五十九年（1794）舉人。

〔3〕據［宣統］《山東通志》（民國印）卷五十七、五十九、六十五《職官志》，馮雲鵷於嘉慶二十年（1815）任東阿知縣、二十一年（1816）任滋陽知縣，道光四年（1824）任膠州知州、八年（1828）任曲阜知縣。馮雲鵷傳附見［光緒］《通州直隸州志》卷十三《人物志・文苑傳》馮雲鵬傳。

〔4〕《金石索》馮雲鵬自敘，及賀長齡（1785—1848）、梁章鉅（1775—1849）、景慶、徐宗幹諸人序。又張慧劍《明清江蘇文人年表》（1986），嘉慶二十年、道光二年、七年、九年。

〔5〕此書有乾隆三十八年（1773）序刊本、咸豐二年（1852）重刊本，及民國十年（1921）《百一廬金石叢書》影印本。

原載《清末小説から》45 期（1997）

林譯閑談

一

　　早期介紹西方文學的翻譯家中，林紓（1852—1924）的影響可說最大。近日，商務印書館爲紀念創館八十五年，重刊林氏譯作十種，可見林譯是經得起時間考驗的。商務印書館同時將刊行《林紓的翻譯》論文集，收錄國人對林譯的研究。在國外，林紓的譯作亦頗受重視。

　　英國人韋利（Arthur Waley, 1889—1966）以翻譯東亞文學馳名，可以說是西方的林紓，雖然他懂得中、日文，不用依賴口述者。他在美國的《大西洋月刊》1958 年 11 月號，撰寫《論翻譯》一文，述說翻譯的原則和甘苦，特別提到林紓的貢獻。韋利認爲翻譯者的文字技巧應高超；林紓是古文名家，用古文翻譯是理所當然。他甚至認爲林紓翻譯的狄更司作品優於原著。

　　1964 年牛津大學出版社刊行《中國的遺產》（*The Legacy of China*）一書，其中文學部分的前言由霍克思（David Hawkes）撰寫。霍克思以一整段的篇幅來評述林譯的歷史地位，指出林紓翻譯的作品包括不少無聊的流行小說，不過人們閱讀林紓以典雅古文翻譯的哈葛德（H.Rider Haggard, 1856—1925）和科南達利（A.Conan Doyle, 1859—1930）作品，并不僅是消遣，也是在追尋西方。霍克思并指出林紓常在譯序點明書中教訓，如《斐洲煙水愁城録序》，論及歐人志在維新，非新不學；《霧中人序》，言白人唯利，中國危甚。

林紓譯作以哈葛德作品最多，已出版者二十三種。科恩（Morton Cohen）寫的《哈葛德：生平和作品》（*Rider Haggard: His Life and Work*）特別指出林紓曾翻譯司各德、狄更司、科南達利、預勾（此從林譯，今譯作雨果）、史蒂文森、托爾斯泰、西萬提司和其他名家小説，但林紓所喜歡的西方作家是哈葛德。頗引林紓來提高哈葛德的地位。

1968 年至 1970 年，哥倫比亞大學編印的《民國名人傳》（*Biographical Dictionary of Republican China*），有林紓傳，作者未署名，據所知是威斯康辛大學的周策縱教授。這篇傳記長四頁，一半的篇幅是談林譯。周氏以爲林紓的合譯者中，僅王子仁、魏易、王慶通、王慶驥、李世中和嚴復二子（嚴培南、嚴璩）具有文學修養，加上林紓完全依賴合譯者選擇譯書，林氏譯作中可稱名作的祇有四十多種；雖然如此，林譯的影響仍是十分重大。

以英文撰寫評論林紓的論文，有李歐梵的《林紓和他的翻譯：中國人看西方小説》（Lin Shu and His Translations: Western Fiction in Chinese Perspective）和康普頓（Robert William Compton）的《林紓的翻譯的研究》（A Study of the Translations of Lin Shu, 1852—1924）。前者是哈佛大學研究班討論會的習作，刊該校的油印刊物《中國論文》（*Papers on China*），第 19 輯，1965 年。後者是史丹福大學 1971 年博士論文。

李歐梵利用林紓譯作的序言來研究他的思想和個性，是一篇思想史論文，而不是以文學立場來看林譯。從林紓的衆多譯作中，李歐梵選擇了小仲馬的《巴黎茶花女遺事》，和狄更司、哈葛德及司各德三人的作品爲例子，來説明林氏的三個世界：感

傷、倫理和冒險的世界。李歐梵的選擇甚爲明智，林紓翻譯最多的是英國作品，就中又以哈葛德、科南達利、狄更司和司各德四人作品最多，科南達利作品略與哈葛德作品近，可以視爲其附庸；至於《巴黎茶花女遺事》，則是林紓的第一部譯作，影響深遠。

　　康普頓的論文凡574頁，是各種林譯研究中最詳盡的一種。林譯目錄幾乎佔了論文一半的篇幅（266頁），詳列原著作者書名、同譯者、出版商及年份，并附提要。本來考訂林譯原著應該是研究林譯的基礎工作，鄭振鐸先生在林紓死後不久寫的《林琴南先生》一文，列出林譯原著作者書名多種，皆考訂極爲審慎；後來替林譯編目的寒光、朱羲冑、曾錦漳和韓迪厚，卻多以意測度，甚或轉相販抄，未睹原書，以訛傳訛。康普頓參考了前人的著述，但并不盲從，盡量復檢原書，所以能夠改正前人錯誤多處，和考訂出一些原著作者書名。（康普頓最重大的發現是林紓曾翻譯美國作家歐・亨利［O.Henry，1862—1910］的短篇小說集《文雅騙子》［*The Gentle Grafter*］）可惜的是康普頓看見的林譯不多，僅六十七種；由於資料所限，康普頓的書目缺誤處仍不少。

　　日本學者研究林譯的有中村忠行，著有《林譯哈氏小說考》，未刊。他所寫的《清末探偵小説史稿》（日文），刊《清末小説研究》第 2—4 號，1978 年至 1980 年，搜集資料頗全，其中有一節專談林譯小説。他指出林譯《貝克偵探談》作者馬克丹諾·保德慶，《藕孔避兵録》作者蜚立伯·倭本翰和《賒史》作者亞波倭得，分別爲 M.McDonnel Bodkin，E.Phillips Oppenheim 和 Allen Upward，都是前人所未知；雖然他未能進一步考訂出原著書名。此外，他在論述清末民初甚爲流行的聶格·卡脱（Nick Carter）探案時，未能指出林譯的《焦頭爛額》即爲聶格·卡脱探案之一。

二

1980 年的《書林》有兩篇文章談及林譯，都有一些錯誤的地方，需要更正。

張肇祺的《一個不懂外文的翻譯家》（刊 1980 年第 4 期），謂狄更司的《滑稽列傳》，即《匹克威克外傳》。林譯書名實爲《滑稽外史》，原著爲 *Nicholas Nickleby*，不是 *Pickwick Papers*。

許文焕的《晚清翻譯偵探小説一瞥》（刊 1980 年第 5 期），資料主要是上引中村忠行文。許氏大抵未翻檢原書，所以頗有一些臆度之詞。許文關於《聶格·卡脱偵探案》的一段文字，錯誤最大。"美國偵探小説《聶格·卡脱偵探案》的作者訖克，也是一位有影響的偵探小説作家。這部作品共有十六册之多……。訖克是一位有才氣的作家，他的《聶格·卡脱偵探案》是一部洋洋大觀的巨著。除此以外，他還寫過幾個偵探小説，如《美人唇》……。遺憾的是這位有才華的美國作家訖克的生平，還没發現詳盡的文字資料。"《聶格·卡脱偵探案》是一套定期刊行叢書，不是一部十六册的巨著。正如我們不可以

説："科南達利的《福爾摩斯探案》是一部洋洋大觀的巨著。除此以外，他還寫過幾個偵探小説，如《四名案》。"

更嚴重的錯誤是根本没有訖克這一位"有才氣"的作家。聶格·卡脱是十九世紀末、二十世紀初美國極流行的偵探小説人物，紐約的 Street and Smith 書店共出版一千零七十六種聶格·卡脱偵探案，大多是以雜誌形式每周刊行一種。作者皆署"尼可拉司·卡脱"（Nicholas Carter），

（"聶格""訖克"Nick，是 Nicholas 的昵稱。）真正作者包括 John Russell Coryell, Frederick Dey, Frederic William Davis, Eugene T.Sayer, G.C.Jenks 等。此等公式化偵探小説，實無價值可言，不過由於當時極流行，發行量達數百萬册，所以一般參考書，如《美國百科全書》《新哥倫比亞百科全書》，皆有專條。更詳盡的文字資料，可見 1955 年出版雷諾兹（Quentin Reynolds）寫的 Street and Smith 史，《小説製造廠》（*The Fiction Factory*）。和中村忠行一樣，許文焕没有指出林紓在 1919 年翻譯的《焦頭爛額》，亦是聶格·卡脱探案。

許文焕説林譯偵探小説有《紅衣大俠傳》一種，也不是事實。林紓所譯阿克西（Emma Orczy, 1865—1947）的《大俠紅蘩蕗傳》（*The Scarlet Pimpernel*），是一部歷史傳奇，雖然阿克西也是一位有名的偵探小説作家。

三

人們談到林紓的譯作時，常常説他曾翻譯過莎士比亞的作品。這説法是不正確的，因爲莎士比亞寫的是戲劇，而林紓翻譯的祇是劇情撮要。

林紓翻譯的莎劇本事，最成功和最有名的是和魏易同譯的《吟邊燕語》。林譯署"莎士比原著"，其實是翻譯蘭姆姊弟（Mary Lamb，1764—1847；Charles Lamb，1775—1834）的《莎劇本事》（*Tales from Shakespeare*）。《莎劇本事》本身便是成功的文學作品，翻譯起來自是事半功倍。

至於林紓和陳家麟同譯的《雷差得紀》《亨利第四紀》《亨利第六遺事》《凱徹遺事》和《亨利第五紀》，都僅是撮述劇情而已。《亨利第五紀》刊行在林紓死後，未署同譯者姓名，應仍是陳家麟。

林紓和陳家麟還翻譯過一個和莎劇有關的小説《奇女格露枝小傳》，所據是瑪麗·考登·克拉克（Mary Cowden Clarke，1809—1898）所寫的《莎士比亞劇中女主角的童年》（*Girlhood of Shakespeare's Heroines*）中的《族長的女兒》（The Thane's Daughter），述麥克貝思夫人（Lady Macbeth）的故事。《麥克貝思》是莎士比亞著名悲劇之一，可是歷來考訂林譯原著的文章，都没有指出《奇女格露枝小傳》的來源。反之，寒光、朱羲冑、曾錦漳、韓迪厚等懷疑克拉克是寫兒童讀物的女作家 Dinah Maria Craik（1826—1887）。

假如我們可以説林紓曾經翻譯過莎士比亞作品，我們也可以説林紓曾經翻譯過英國文學之父喬叟（Geoffrey Chaucer，約1340—1400）的《坎特伯雷故事》（*Canterbury's Tales*）。林紓和陳家麟根據查爾斯·考登·克拉克（Charles Cowden Clarke，1787—1877）的《白話本喬叟故事》（*Tales from Chaucer in Prose*）前後共翻譯了九篇坎特伯雷故事，但由於刊佈時僅一篇署名"曹西爾"，又混雜了他人作品，所以一直沒有人指出林紓介紹過喬叟作品。

林紓弟子朱羲冑的《林畏廬先生學行譜記》謂："商務館民國六年《小說月報》第8卷1號刊載之《探海燈》、2號刊載之《格雷西達》、4號之《悔過》、5號之《路西恩》、6號之《公主遇難》《死口能歌》、7號之《魂靈附體》、8號之《決鬥得妻》，皆寓言，先生與陳家麟同譯，而著者姓名無考。又3號刊載之《林妖》一篇，則英國曹西西爾原著，亦先生與陳家麟譯著，亦云寓言也。"

按"曹西西爾"原作"曹西爾"，乃喬叟異譯。朱氏所舉諸篇，《探海燈》大抵應屬希登希路的《紅篋記》；《悔過》作者爲包魯烏因（James Baldwin，1841—1925），已先見1916年刊行的《秋燈譚屑》，作《孝子悔過》；《路西恩》（*Lucerne*）作者爲托爾斯泰；餘下的《格雷西達》《公主遇難》《死口能歌》《魂靈附體》《決鬥得妻》和《林妖》，皆譯自《白話本喬叟故事》。《小說月報》第7卷第12號刊載的《雞談》和《三少年遇死神》，亦譯自克拉克書，朱羲冑誤以爲屬於《紅篋記》而已。

1925年，《小說世界》第12卷第13號刊《加木林》，署"林琴南遺稿"，未題原作者及同譯者，所據亦是克拉克書，同譯者當是陳家麟。

查爾斯·考登·克拉克就是上面所提到的瑪麗·考登·克拉克的丈夫。夫妻二人都是十九世紀英國有名的文學批評家。《白話本喬叟故事》的對像是青少年，內容頗有刪節。全書除導言外，共收入坎特伯雷故事十篇，林紓翻譯了九篇，僅一篇未譯，或已譯未刊。

前面提到林紓曾翻譯托爾斯泰的《路西恩》。由於未署原作者，這篇名作也一直被忽視。林紓和陳家麟合譯托爾斯泰作品多篇，陳家麟大抵不懂俄文，應是根據英譯本重譯。林譯的第一部托爾斯泰作品是《羅刹因果錄》，共收短篇小説八篇，初刊1914年《東方雜誌》第11卷第1—6號，單行本1915年5月初版。"羅刹"就是俄羅斯。八篇小説中，誤收了并不是托爾斯泰作品的《梭倫格言》。這個錯誤比《路西恩》沒有署名嚴重得多。

美國人包魯烏因寫了多種兒童讀物，《梭倫格言》見其 *Thirty More Famous Stories Retold*，篇名作 *As Rich As Croesus*。林紓和陳家麟後來選譯了書中十五則故事，和不知出處的《大演説家丹尼阿傳略》，題作《秋燈譚屑》，1916年4月商務印書館出版。

林紓不懂外文，這些張冠李戴的錯誤，都應由陳家麟負責。奇怪的是，這六十多年來，沒有人指出《路西恩》的作者是托爾斯泰，以及《羅刹因果錄》誤收包魯烏因的兒童故事。

四

東海覺我（徐念慈）的《丁未年（1907）小説界發行書目

調查表》，原刊 1908 年的《小説林》第 9 期，是研究晚清小説的重要史料。但其中也有失實處，雖然是時人記載，仍得複查，不宜盲從。例如徐氏著録《漫郎・攝實戈》，法國約雷華斯德原著，林紓譯，丁未年五月商務印書館出版。約雷華斯德（Abbe Prevost，1697—1763），今譯作普列服，《漫郎・攝實戈》（*Manon Lescaut*）是他的代表作。林紓翻譯小仲馬的《巴黎茶花女遺事》，亦曾提及《漫郎・攝實戈》。但林紓并沒有翻譯普列服的作品，這書的譯者是商務印書館編譯所。

後來，林紓也翻譯了《漫郎・攝實戈》的故事，不過所據是普契尼（Giacomo Puccini，1858—1924）的同名歌劇，而不是普列服原著。

林紓和陳家麟選譯了達威生（Gladys Davidson）的《泰西古劇》（*Stories from the Opera*）歌劇本事三十一篇，1920 年 5 月商務印書館出版。（其中十五篇，先刊 1919 年《小説月報》第 10 卷第 1—12 號。）包括貝多芬的《菲岱里奧》、貝里尼的《清教徒》、比才的《卡門》、古諾的《浮士德》、阿列維的《猶太女》、莫差特的《費加羅的婚禮》《唐璜》、奧芬巴赫的《霍夫曼的故事》、普契尼的《漫郎・攝實戈》《蝴蝶夫人》、羅西尼的《塞維勒的理髮師》、柴可夫斯基的《葉甫蓋尼・奧涅金》、威爾地的《弄臣》《阿依達》和瓦格納的《尼伯龍根指環》等名劇。可惜，這些歌劇的原著作者劇名，并無人注出。朱羲胄等謂達威生爲 H.C.Davidson，更有礙考證。茲詳列各劇作者劇名於下：

　　檳盜　　Auber's *Fra Diavolo*

　　鹿緣　　Balfe's *The Bohemian Girl*

　　獄圓　　Beethoven's *Fidelio*

　　夢魘　　Bellini's *La Sonnambula*

　　風婚　　…'s *I Puritani*

湖燈　Benedict's *The Lily of Killarney*

刺蠱　Bizet's *Carmen*

酖兒　Donizetti's *Lucrezia Borgia*

危婚　···'s *The Daughter of the Regiment*

鬼弄　Gounod's *Faust*

佣誤　Flotow's *Martha*

烹情　Halevy's *The Jewess*

劇殺　Leoncavallo's *I Pagliacci*

情哄　Mozart's *The Marriage of Figaro*

情寨　Offenbach's *The Tales of Hoffmann*

蠻殞　Puccini's *Manon Lescaut*

婬讉　Mozart's *Don Juan*

妒變　Puccini's *La Boheme*

劍酬　···'s *Madam Butterfly*

婚詭　Rossini's *The Barber of Seville*

情悔　Tschaikovsky's *Eugene Onegin*

踐誓　Verdi's *Ernani*

屍囊　···'s *Rigoletto*

戕弟　···'s *Il Trovatore*

讖庶　···'s *The Masked Ball*

埋恨　···'s *Aida*

藥禍　Wagner's *Tristan and Isolda*

虹渡　···'s *The Rhinegold*

槐劍　···'s *The Valkyrie*

貞驗　Wallace's *Maritana*

星幻　Gounod's *Philemon and Baucis*

林譯《泰西古劇》有四事是值得指出的。其一是用二字劇名，這和《吟邊燕語》相同。其二是達威生書原共收歌劇本事五十四篇，包括三種據莎士比亞劇本改編的歌劇：古諾的《羅密歐與朱麗葉》、尼古來（Otto Nicolai，1810—1849）的《温莎的風流娘兒們》，和威爾地的《奧瑟羅》，林紓都没有譯出。(《吟邊燕語》中的《鑄情》和《黑瞀》，即《羅密歐與朱麗葉》和《奧瑟羅》。）其三是林、陳二人對歐西戲劇的源流體制大抵一無所知，不然不會稱普契尼、柴可夫斯基、威爾地等人的作品爲"古劇"。其四是達威生書祇是一本歌劇指南，撮述劇情大要，并無文學價值可言，不能和蘭姆姊弟的《吟邊燕語》相提并論。我們祇可説林紓翻譯過《卡門》《浮士德》《唐璜》《蝴蝶夫人》等故事，而不可説他曾翻譯比才、古諾、莫差特、普契尼的作品。

原載《書林》1982 年第 1 期

林譯提要二十則

　　清季翻譯，影響最大的是嚴復和林紓。嚴復留學英國，精通西文，翻譯重點爲西方學術名著；林紓則昧於外語，全賴別人口述，翻譯以文學作品爲主。嚴復譯作不多，而且都是名著，考訂原著作者書名，并不困難[1]。林紓譯作幾達二百種，除若干名著外，其他原著并非習見。前人編訂林譯書目，多未睹原書，以意測度，謬誤處不少；甚或轉相販抄，以訛傳訛，積非成是[2]。拙舊編《林琴南所譯小説書目》[3]，亦有此失。新編《林紓翻譯作品全目》[4]，所著録林譯，除未刊者外，未見原書或書影的，僅六種[5]，至於所考訂原著，皆曾覆檢原書。諒可稍補前愆。《全目》限於體例，各書多僅述作者書名。兹選出前人未曾着意的林譯二十二種二十則，爲撰提要。闡幽顯微，或可有助林譯的全面研究。

一、《布匿第二次戰紀》(*The Second Punic War*，1886)

　　英國阿納樂德原著，魏易同譯。北京大學堂官書局，光緒二十九年（1903）九月。有譯序。

　　此書寒光、朱羲冑、曾錦漳、韓廸厚、Compton 皆未著録。阿納樂德（Thomas Arnold，1795—1842）是英國有名的教育家，曾任 Rugby 公學校長十四年。Thomas Hughes（1822—1896）的名著 *Tom Brown's School Days*，即述阿納樂德長 Rugby 情形。

1841 年，阿納樂德被委任爲牛津大學的近代史皇家講座教授（Regius Professor of Modern History）。但他的史學研究主要是羅馬史，受德國史學家 Barthold Georg Niebuhr（1776—1831）的影響甚深。他計劃寫一羅馬通史，因早逝而未及完成，生前僅出版二卷（1838、1840）。第三卷述布匿第二次戰爭，死後出版（1843），未爲定稿。1886 年，阿納樂德的孫子 William Thomas Arnold（1852—1904）據手稿重新編訂，單獨發行。

參考：*Dictionary of National Biography*（London，1908—1909），I，585—589.

> Stanley J.Kunitz and Howard Haycraft. *British Authors of the 19th Century*（New York，1936），pp.19—20.

> Arthur Penrhyn Stanley，*The Life and Correspondence of Thomas Arnold, D.D.*（London，1844）.

> T.W.Bamford，*Thomas Arnold*（London，1960）.

二、《神樞鬼藏録》（*Chronicles of Martin Hewitt*，1895）

英國阿瑟·毛利森原著，魏易同譯。上海：商務印書館，光緒三十三年（1907）五月。有譯序。

此書共收偵探小説六篇。《小説林·小説管窺録》（收入阿英［錢杏邨］《晚清文學叢抄·小説戲曲研究卷》［北京，1960]）謂："細細檢之，即本社上年所發行之《馬丁休脱偵探案》也……。尚有五案，未經林君譯出。"（頁 509）非是。原著祇六案。《小説林》所譯，選自 *Martin Hewitt, Investigator*（1894），*Chronicles of Martin Hewitt*（1895）和 *Adventures of Martin Hewitt*（1896）三書。

阿瑟·毛利森（Arthur Morrison，1863—1945），英國寫實小説家，作品最有名的是 *Tales of Mean Street*（1894），*A Child of the Jago*（1896）和 *A Hole in the Wall*（1902），都是敘述倫敦的

貧民生活。蒲梢（徐調孚）《漢譯東西洋文學作品編目》（上海：
真美善書店,1929；此據張靜廬《中國現代出版史料甲編》[北京,
1954]）誤謂《神樞鬼藏錄》爲 The Hole in the Wall（頁 308），
寒光（頁 82）、朱羲胄（頁 49）、曾錦漳（頁 226）、韓廸厚（頁
25）沿襲其誤。阿瑟・毛利森撰寫偵探小説，衹是一種消遣。他
所創造的 Martin Hewitt 是一極平常人物，并不像當時風湧模仿
科南・達利（Arthur Conan Doyle）的福爾摩斯（Sherlock Holmes）
的衆多偵探人物，行徑怪異。一般以爲毛利森的成就僅次於科
南・達利，在早期偵探小説史佔有重要地位。1981 年美國 Jimcin
Recordings 發行 Martin Hewitt 偵探案録音帶四卷，仍甚獲好評。

參考：Kunitz and Haycraft, *20th Century Authors*（New York，1942），
　　　pp.988—990.

　　Jocelyn Bell，"A Study of Arthur Morrison," *Essays and
　　　Studies*，5（1952），77—89.

　　Howard Haycraft, *Murder for Pleasure: The Life and Times of
　　　the Detective Story*（New York，1968），pp.64—65.

　　中村忠行《清末探偵小説史稿（二）》，《清末小説研究》第
　　　3 號，1979 年 12 月，頁 10—19。

　　"Audiovisual Revlew," *Library Journal*，10（Jan.1982），161.

三、《大俠紅蘩蕗傳》（*The Scarlet Pimpernel*，1905）

　　法國男爵夫人阿克西原著，魏易同譯。上海：商務印書館，
光緒三十四年（1908）九月。有譯序。

　　阿克西（Baroness Emma Orczy，1865—1947），匈牙利貴族
後人，十五歲移居英國，1894 年嫁與英人 Montague Barstow，所
有著作皆以英文撰寫。林譯誤以爲法國人，曾錦漳（頁 227）因
以原著爲 *Le mouron-rouge*。《大俠紅蘩蕗傳》成書於 1902 年，

初曾被十二家出版商退稿，待阿克西夫婦就該小說改編的話劇在倫敦上演，始爲出版商接受。以後一紙風行，有法、德、西、意等語譯本，并多次改編拍成電影。阿英《晚清小說史》（新一版。北京，1980）誤書《紅蘩蕗傳》作者爲狄更司（頁185）。許文煥《晚清翻譯偵探小說一瞥》（《書林》，1980年5期，1980年10月），謂林譯偵探小說有《紅衣大俠傳》，尤誤。阿克西曾撰寫偵探小說多種，但《大俠紅蘩蕗傳》是一歷史傳奇，以法國大革命爲背景。

參考：*Dictionary of National Biography: 1941—1950*（London，1959），
　　　　pp.644—645.

　　　Kunitz and Haycraft，*20th Century Authors*，pp.1054—1055.

四、《藕孔避兵錄》（*The Secret*，1907）

英國蜚立伯·倭本翰原著，魏易同譯。上海：商務印書館，宣統元年（1909）五月。

蜚立伯·倭本翰（Edward Phillips Oppenheim，1866—1946）是一長壽的多産流行小說家。1887年出版第一部小說，1943年退休，五十六年內寫了大約一千三百萬字，包括長篇小說一百十五種，短篇小說集三十九種。成名後作品皆爲口授。他寫的小說，逃避現實，每涉及國際陰謀，主角多爲"上流社會"中人；在第一次世界大戰後，極風行一時。*The Great Impersonation*（1920）一書，在美國銷量過一百三十萬册。他的作品有法、德、俄、荷蘭、挪威、瑞典、丹麥、波蘭、捷克、匈牙利、西班牙、葡萄牙等語言和世界語譯本。在第一次世界大戰前，倭本翰曾撰寫多部反德小說，《藕孔避兵錄》即其一。又按此書美國版書名作 *The Great Secret*。

參考：*Dictionary of National Biography: 1941—1950*，p.644.

Kunitz and Haycraft，*20th Century Authors*，pp.1052—1053.

Robert Standish（Digby George Gerahty），*The Prince of Storytellers:The Life of E.Phillips Oppenheim*（London，1957）.

Alice Payne Hackett,*70 years of Best Sellers: 1895—1965*（New York and London，1967），pp.24，117—118，121.

五、《西奴林娜小傳》（*A Man of Mark*，1890）

英國安東尼・賀迫原著，魏易同譯。上海：商務印書館，宣統元年（1909）七月。

安東尼・賀迫（Anthony Hope）爲 Anthony Hope Hawkins（1863—1933）的筆名。他是十九世紀末極流行的 Ruritanian romances 的始創者。成名作 *The Prisoner of Zenda*（1894），一年之內發行二十六版。所謂 Ruritanian romances，多述一外國人在歐洲一小國旅行，身不由主的捲進一些宮闈陰謀。得名之由，是因爲 *The Prisoner of Zenda* 故事發生在 Ruritania，一個虛構的國家。林譯馬支孟德／馬尺芒恣（Arthur W.Marchmont，1852—1923）的《西利亞郡主別傳》（1908；原著 *For Love or Crown*，1901）和《黑樓情孽》（1914；原著 *The Man Who Was Dead*，1907），即屬此類作品。《西奴林娜小傳》，是賀迫的第一部小說，是他在作律師時工餘撰寫。也是以一虛構國家爲背景，但諷刺無節約，近於胡鬧，亦缺乏 *The Prisoner of Zenda* 的傳奇氣氛和魅力。此書初版賀迫以五十英鎊自資出版，并未受讀者歡迎，售書所得不過十三英鎊。

參　考：*Dictionary of National Biography: 1931—1940*（1949），pp.408—409.

Kunitz and Haycraft，*20th Century Authors*，pp.628—629.

Charles Mallet，*Anthony Hope and His Books*（London，1935），pp.53—55.

Malcolm Elwin，*Old Gods Falling*（New York，1939），pp.279—286.

James D.Hart，*The Popular Book: A History of America's Literary Taste*（Berkeley and Los Angeles，1963），pp.192—193.

六、《蘆花餘孽》（*From One Generation to Another*，1892）

英國色東·麥里曼原著，魏易同譯。上海：商務印書館，宣統元年（1909）十月。

色東·麥里曼（Henry Seton Merriman）爲 Hugh Stowell Scott（1862—1903）筆名。寒光（頁 85）、朱羲胄（頁 15）、曾錦漳（頁 228）、韓廸厚（頁 27），皆誤謂原著爲色東·麥里曼另一作品 The Last Hope。寒光謂："此書如無訛當係節譯，因原書凡兩冊，而譯本僅薄薄一冊。"已提出疑問。朱、曾、韓不覆檢原書，照錄如儀。朱氏不懂外文，情有可諒。曾、韓皆通外文，而所編林譯書目此類訛誤竟達二十餘處，責無旁貸。色東·麥里曼雖然是一傳奇小說作家，但寫作態度極嚴謹。他受法國作家 Flaubert，Maupassant 及 de Goncourt 影響頗深，作品緊湊，重視結構，以及人物的心理狀態，開近代小說的先河。

參考：*Dictionary of National Biography, Supplement, January 1901—December 1911*（1920），II，278—279.

Kunitz and Haycraft，*British Authors of the 19th Century*，p.543.

Homer T.Cox，*Henry Seton Merriman*（New York，1967），pp.48—53.

Malcolm Elwin，*Old Gods Falling*，pp.274—279.

七、《羅刹因果録》

俄國托爾斯泰原著，陳家麟同譯。上海：商務印書館，民國四年（1915）五月。原刊《東方雜誌》，第 11 卷第 1 號至第 6 號，民國三年（1914）七至十二月。

這是林譯的第一部托爾斯泰（Leo Tolstoy，1828—1910）作品，收短篇小説八篇。陳家麟所據英譯本，無法考出。下開英語篇名，據 Leo Wlener 編譯 *The Compleie Works of Count Tolstoy*（1904）。《二老朝陵》（The Two Old Men，1885），《觀戰小紀》（*The Incursion*，1852），《幻中悟道》（The Godson，1886）《天使淪謫》（What Men Live By，1881），《覺後之言》（Ilyas，1885），《島仙海行》（The Three Hermits，1886），《訟禍》（Neglect the Fire，1885）。餘下一篇，《梭倫格言》（As Rich As Croesus），并不是托爾斯泰作品；見美國包魯烏因（James Baldwin）所撰兒童讀物 *Thirty More Famous Stories Retold*（1905）。陳家麟和毛文鍾是林紓後期翻譯的主要合作者，他的鑒賞能力并不高明，前人多已指出他同譯的《秋燈譚屑》《詩人解頤語》《妄言妄聽》等都是兒童讀物，并非文學作品。《羅刹因果録》中這一張冠李戴的嚴重錯誤，則無人提及。

八、《薄倖郎》（*The Changed Brides*，1867）

英國鎖司倭司女士原著，陳家麟同譯。上海：商務印書館，民國四年（1915）七月。原刊《小説月報》，第 2 卷第 1 期至第 12 期，宣統三年（1911）一至十二月。

九、《以德報怨》（*The Bride of Llewellyn*，1864）

美國沙司衛甫夫人原著，毛文鍾同譯。上海：商務印書館，民國十一年（1922）一月。寒光（頁 99）、朱羲冑（頁 17）、韓迪厚（頁 33）誤作沙司甫衛甫，曾錦漳（頁 234）誤作沙甫衛甫。

鎖司倭司和沙司衛甫都是美國 Mrs.E.D.E.N.（Emma Dorothy Eliza Nevitte）Southworth（1819—1899）的異譯。Frank Luther Mott 在 1947 年時認爲鎖司倭司是美國出版史上最受歡迎的女作家。她寫的小說 *Ishmael* 和 *Self-raised*，銷量皆過二百萬册，此外 *Hidden Hand* 亦接近這一數字。她的作品很少銷量不及十萬册，而她是一個多產作家。Street & Smith 出版的"全集"（*New Southworth Library: Complete Works of Mrs.E.D.E.N.Southworth*）包括作品九十一種。她的小說多先於期刊連載，然後就篇幅長短結集；例如：*Winning Her Way* 原刊 *The New York Ledger* 結集時始分爲 *The Changed Brides* 和 *The Brides'Fate* 二書；後者無林譯，《薄倖郎》一書成了斷尾蜻蜓。

鎖司倭司的作品，都是哥特式（Gothic）的言情小說，文筆蕪雜，情節夸張，曲折離奇；人物黑白分明，缺乏深度。十九世紀中葉時一度極受婦女歡迎，但事過境遷，在世紀末已不復流行。毛文鍾在二十世紀二十年代，仍譯介此種小說，可謂與時代脫節。

參考：*National Cyclopaedial of American Biography*（New York，1892），I，432.

　　Dictionary of American Biography（New York，1935），XVII，414—415.

　　Notable American Women，1607—1950: A Biographical Dictionary（Cambridge，Mass.1971），III，327—328.

　　Kunitz and Haycraft，*American Authors: 1600—1900*（New York，1938），p.305.

　　Regis Louise Boyle，*Mrs.E.D.E.N.Southworth, Novelist*

（Washington，D.C.，1939）.

Hart，*The Popular Book*，pp.96—97.

Frank Luther Mott，*Golden Multitudes: The Story of Best Sellers in the United States*（New York，1947），pp.136—142.

Helen Waite Papashvily，*All the Happy Endings: a Study of the Domestic Novel in America, the Women Who Wrote It, the Women Who Read It, in the Nineteenth Century*（New York，1956），pp.110—121，125—133，198—201.

十、《秋燈譚屑》（*Thirty More Famous Stories Retold*，1905）

美國包魯烏因原著，陳家麟同譯。上海：商務印書館，民國五年（1916）四月。

包魯烏因（James Baldwin）原著共收兒童故事三十則；林譯選十五則，最後一則《大演説家丹尼阿傳略》，不見原著。三則曾刊《小説月報》：《織錦拒婚》（*Penelope's Web*），刊第 7 卷第 1 號，民國五年（1916）一月；《木馬靈蛇》（*The Fall of Troy*），刊第 7 卷第 2 號，民國五年二月；《悔過》（*Dr. Johnson and His Father*，刊第 8 卷第 4 號，民國六年（1917）四月。最後一則刊布在單行本之後。此外，林譯托爾斯泰（Leo Tolstoy）原著《羅刹因果録》，所收《梭倫格言》（As Rich as Croesus），并非托翁作品，實出是書。

包魯烏因是美國有名教育家，編撰書籍五十餘種。1910 年時美國學校所採用語文課本，約半數是包魯烏因編訂，年銷過一百萬册。*Thirty More Famous Stories Retold* 一書，在中國亦有採用爲課本。商務印書館嘗翻印此書英文原本，更名《泰西三十軼事》。

參考：*National Cyclopaedia of American Biography*（1910），XIV，134.

十一、《鷹梯小豪傑》（*The Dove in the Eagle's Nest*，1866）

英國楊支原著，陳家麟同譯。上海：商務印書館，民國五年（1916）五月。原刊《小説海》，第 2 卷第 1 號至第 5 號，民國五年一至五月。有譯序。

楊支（Charlotte Mary Yonge，1823—1901），英國女作家，虔誠基督教徒，作品説教味頗重，但由於人物個性特出，對白傳神，甚受讀者歡迎。《鷹梯小豪傑》是楊支第一部爲成人而寫的歷史傳奇，一些人認爲是她所寫的歷史傳奇中的壓卷傑作。Arthur Waley 誤書原著爲 *The Eagle and the Dove*，曾錦漳（頁230）從之。林譯另一楊支作品，《戎馬書生》（*The Lances of Lynwood*，1855），則本爲兒童讀物。

參考：*Dictionary of National Biography, Supplement, January 1901—December 1911*.II，717—719.

Kunitz and Haycraft，*British Authors of the 19th Century*，pp.675—676.

Ethel Romanes，*Charlotte Mary Yonge: An Appreciation*（London，1908），pp.104—108.

Margaret Mare and Alicia C.Percival，Victorian Bestseller：*The World of Charlotte M.Yonge*（London，1947），pp.207—208.

Arthur Waley，"Notes on Translation"，*in his The Secret History of the Mongols and Other Pieces*（London，1963），p.190.

十二、《奇女格露枝小傳》（*The Thane's Daughter*，1850）

英國克拉克原著，陳家麟同譯。上海：商務印書館，民國五年（1916）五月。

　　寒光（頁 92）疑克拉克即 Mrs.Craik（Dinah M.Mulock，1826—1887），朱羲冑（頁 47）、曾錦漳（頁 230）、韓迪厚（頁 30）從之，誤。克拉克（Mrs.Mary Cowden Clarke，1809—1898），莎士比亞專家，編有 *The Complete Concordance to Shakespeare*（1844—1845），*Shakespeare Proverbs*（1847），*Shakespeare's Works, Edited with a Scrupulous Revision of the Text*（1859—1860）等。本篇選自 *The Girlhood of Shakespeare's Heroines*，述 Lady Macbeth 事，可以視作莎劇 *Macbeth* 前傳。克拉克共寫了十五個莎劇女主角童年故事，筆法模仿其好友蘭姆姊弟（Mary Lamb; Charles Lamb）的《吟邊燕語》（*Tales from Shakespear*，1807），但內容全出想像，僅人物和地點根據莎劇。通過這些故事，克拉克試圖解說莎劇女主角性格的形成。

參考：*Dictionary of National Biography*，XXII，453—454.

　　　　Richard D.Altick，*The Cowden Clarkes*（London，1948），pp.138—142.

十三、***Tales from Chaucer in Prose***（*Designed Chiefly for the Use of Young Persons*，1833，2nd.，1870.）

　　故事九篇。八篇刊《小說月報》:《鷄談》（*The Nun's Priest's Tale: The Cock and the Fox*）、《三少年遇死神》（*The Pardoner's Tale: The Death—slayers*），第 7 卷第 12 號，民國五年（1916）十二月;《格雷西達》（*The Clerk's Tale: Griselda*）第 8 卷第 2 號，民國六年（1917）二月;《林妖》（*The Wife of Bathe's Tale: The Court of King Arthur*），第 8 卷第 3 號，民國六年三月;《公主遇難》（*The Man of Law's Tale: The Lady Constance*），《死口能歌》（*The Prioress's Tale: The Murdered Child*），第 8 卷第 6 號，民國六年六月;《魂靈附體》

（ *The Squire's Tale: Cambuscan* ），第 8 卷第 7 號，民國六年七月；《決鬥得妻》（ *The Knight's Tale: Palamon and Arcite* ），第 8 卷第 10 號，民國六年十月；皆陳家麟同譯，但僅《林妖》一篇署 "英國曹西爾原著"。《加木林》（ *The Cook's Tale: Gamelin* ），刊《小説世界》，第 12 卷第 13 號，民國十四年（1925）十二月，署 "林琴南遺稿"，未題原作者或同譯者，當亦爲陳家麟同譯。

曹西爾（Geoffrey Chaucer，約 1340—1400），今一般譯作喬叟。這些故事皆見《坎特伯雷故事》（ *Canterbury Tales* ），但林譯所據不是喬叟原書，而是 Charles Cowden Clarke 爲少年改寫的散文本。全書除導言外，包括故事十篇，僅一篇未譯。Charles Cowden Clarke 就是《奇女格露枝小傳》作者克拉克 Mary Cowden Clarke 的丈夫，也是詩人濟慈（John Keats，1795—1821）早年的導師。他對普及喬叟作品貢獻頗大，除公開演講外，曾編訂 *The Riches of Chaucer* （1835；1870），和替第七版《大英百科全書》（ *Encyclopaedia Britannica* ，1842）撰寫 "喬叟" 條。本書頗忠於原著，但凡是 Clarke 認爲不純雅的情節，皆略過不提。

《坎特伯雷故事》是世界聞名的文學巨著，但這六十年來没有人指出林紓曾介紹喬叟作品。這大抵是因爲林譯刊佈時僅一篇署名，而又混雜了他人作品。（按：《小説月報》第 8 卷第 1 號，刊《探海燈》；第 8 卷第 4 號，刊《悔過》；第 8 卷第 5 號，刊《路西恩》，皆未署作者。《悔過》作者是包魯烏因［James Baldwin］；《路西恩》作者是托爾斯泰［Leo Tolstoy］）。

參考： *Dictionary of National Biography* ，IV，418—419.

　　Altick， *The Cowden Clarkes* ，pp.100—102.

十四、《女師飲劍記》（ *A Brighton Tragedy* ，1905）

英國布司白原著，陳家麟同譯。上海：商務印書館，民國六年（1917）七月。

　　布司白（Guy Newell Boothby，1867—1905），生於澳洲，1894年移民英國。所寫小説凡五十五種，重視情節的戲劇性，徒以聳人聽聞爲目的，忽略人物個性和文字技巧，但頗流行一時。寒光（頁89）、朱羲胄（頁51）、曾錦漳（頁231）、韓迪厚（頁29）皆誤謂原著爲 Love Made Manifest。

參考：*Dictionary of National Biography, Supplement, January 1901—December 1911*，pp.193—194.

　　　　Kunitz and Haycraft，*British Authors of the 19th Century*，p.63.

　　　　Elwin，*Old Gods Fallings*，pp.287—288.

十五、《玫瑰花》，又《續編》（*The Rosary*，1909）

　　英國巴克雷原著，陳家麟同譯。上海：商務印書館，民國七年（1918）十一月；《續編》，民國八年（1919）七月。

　　巴克雷（Mrs.Florence L.Barclay，1862—1921）所著原爲一書，林譯強析爲二。這是 1910 年美國最暢銷書，越年仍保持爲十大暢銷書之一，總銷量爲一百萬零九萬九千册。巴克雷寫的其實祇是一普通言情小説，以當時極流行的 Ethelbert Nevin（1862—1901）歌曲 The Rosary（1901）爲主題。初時并不暢銷，全賴出版商廣播該歌曲數節爲廣告，引起人們興趣。除中譯本外，本書有法、德、意、西等文字譯本。

參考：Kunitz and Haycraft，*20th Century Authors*，p.70.

　　　　Hackett，*70 Years of Best Sellers*，pp.27，106—107.

　　　　Hart，*The Popular Book*，p.213.

　　　　Mott，*Golden Multitudes*，pp.222—223.

　　　　National Union Catalog: Pre—1956 Imprints（London and Chicago，1968— ），XXXV，138.

十六、《蓮心藕縷緣》（*When Knighthood Was in Flower*，1898）

英國卡扣登原著，陳家麟同譯。上海：商務印書館，民國八年（1919）八月。

本書作者實爲美國 Charles Major（1856—1913）。卡扣登（Edwin Caskoden）乃書中敘事者。Compton（頁 474）因未見原書，誤卡扣登爲 "卞扣登"，疑原著爲 Max Pemberton 的 *I Crown Thee King*。Major 是一業餘史學家，尤熟英國都鐸（Tudor）王朝史事。本書是他的第一部小説，述英皇亨利第八（Henry VIII，1491—1547）妹 Mary Tudor 和 Charles Brandon 戀愛事。1889 年和 1890 年兩年，都是全美十大暢銷書之一，分列第二、九位；銷量過四十萬册。1953 年，改編拍成電影，更名 The Sword and the Rose，香港譯作《寶劍玫瑰》。Major 重視小説中記敘的歷史事實，又以爲歷史人物不可使用現代語言。但他書中人物多缺乏深度，未能感人。

參考：*Dictionary of American Biography*，（1933），XII，214.

　　　National Cyclopaedia of American Biography（1906），XIII，135—136.

　　　Kunitz and Haycraft，20th Century Authors，pp.895—896.

　　　Hackett，*70 Years of Best Sellers*，pp.95—96.

　　　Hart，*The Popular Book*，p.199.

　　　Mott，*Golden Multitudes*，p.212.

十七、《焦頭爛額》

美國尼可拉司原著，陳家麟同譯。上海：商務印書館，民國九年（1920）四月。原刊《小説月報》，第 10 卷第 1 號至第 10 號，民國八年（1919）一至十月。

偵探小説三篇：《豹伯判象》（*The Dumb Witness*，1899）、《德魯曼》《火車行劫》。尼可·卡芯（Nick Carter）是十九世紀末、二十世紀初美國極流行的偵探小説人物。紐約的 Street and Smith 書店共出版"尼可·卡芯探案"一千零七十六種，大多是以雜志形式每周刊行一種，總發行量過四百萬册。作者每署尼可拉司·卡芯（Nicholas Carter; Nick 是 Nicholas 的昵稱），真正作者包括 John Russell Coryell（1851—1924），Frederick V.R.Dey（1922 卒），Eugene T.Sayer（1924 卒），Frederick W.Davis，George C.Jenks 等。尼可·卡芯的創造人 John Russell Coryell，少年時嘗來中國，二十歲在上海任副領事（vice consul），并在根據不平等的治外法權而設的租界法庭任法官。他日後撰寫小説，每取材於當時所聽審案件云。此等公式化偵探小説，并無文學價值可言，即一般偵探小説史亦未提及。但在當時可謂風行全世界，有十二種文字譯本。在中國，《小説林》刊《聶格卡脱偵探案》十六册（1906—1908）、一新書局刊《聶克卡脱偵探案》初、二編（1907）；此外，商務印書館刊《玫瑰花下》（1907）、尼哥拉著《雙環案》（1908）、尼古剌著《秘密社會》（1909）、尼果拉著《蛇環記》（1909），中國圖書公司刊訖克著《美人唇》（1908），小説進步社刊訖克著《女魔王》（1909），都是"尼可·卡芯探案"。1963 年，美國書商重新發行"尼可·卡芯探案"選集，收小説六篇。

參考：John Russell Coryell，in *National Cyclopaedia of American Biography*（1931），XXI，279—280.

Russell M.Coryell，"The Birth of Nick Carter，" *Bookman*（July 1929），495—502.

Edmund Pearson，*Dime Novels, or, Following an Old Trail in Popular Literature*（Boston，1929），pp.210—215.

Quentin Reynolds，*The Fiction Factory, or, From Pulp Row to*

Quality Street: The Story of 100 Years of Publishing at Street & Smith（New York，1955），pp.61—68，77—78，173—174.

Nick Carter，*Detective: Fiction's Most Celebrated Detective: Six Astonishing Adventures*，With an introduction by Robert Clurman（New York，1963）

中村忠行《清末探偵小説史稿》（二），頁 34—38。

十八、《泰西古劇》（Stories from the Opera，1914）

英國達威生原著，陳家麟同譯。上海：商務印書館，民國九年（1920）五月。歌劇本事三十一篇，其中十五篇，原刊《小説月報》，第 10 卷第 1 號至第 12 號，民國八年（1919）一至十二月。

達威生（Gladys Davidson）先後撰寫歌劇本事集多種，版本繁多；1962 年，紐約 A.S.Barnes 書店還重版達威生書，改題 *The Barnes Book of the Opera*。根據編次，《泰西古劇》當譯自 1914 年刊行的 *Stories from the Opera*；原書本事五十四篇，二十三篇未譯出。寒光（頁 93）疑達威生爲 H.C.Davidson，誤。朱義冑（頁 59）、曾錦漳（頁 233）斷言二人爲一，錯誤實甚。《泰西古劇》祇是一本歌劇指南，撮述劇情大要；但其中包括"卡門""浮士德""唐璜""蝴蝶夫人"等故事，原作者包括貝多芬、莫扎特、普契尼、柴可夫斯基、威爾地、瓦格納等，仍值得重視。茲詳列各劇作者劇名於下：

《檟盜》Auber's *Fra Diavolo*

《鹿緣》Balfe's *The Bohemian Girl*

《獄圓》Beethoven's *Fidelio*

《夢魘》Bellini's *La Sonnambula*

《風婚》…'s *I Puritani*

《湖燈》Benedict's *The Lily of Killarney*

《刺蠱》Bizet's *Carmen*

《酖兒》Donizetti's *Lucrezia Borgia*

《危婚》…'s *La Fille du Regíment*

《鬼弄》Gounod's *Faust*

《傭誤》Flotow's *Martha*

《烹情》Halévy's *La Juive*

《劇殺》Leoncavallo's *I Pagliacci*

《情哄》Mozart's *The Marriage of Figaro(Le Nozze di Figaro)*

《情塞》Offenbach's *Les Gontes d'Hoffmann*

《蠻殞》Puccini's *Manon Lescaut*

《淫譴》Mozart's *Don Juan(Don Giovanni)*

《妬變》Puccini's *La Bohème*

《劍酬》…'s *Madama Butterfly*

《婚詭》Rossini's *Il Barbiere di Seviglia*

《情悔》Tschaikovsky's *Eugene Onegin*

《踐誓》Verdi's *Ernanl*

《尸囊》…'s *Rigoletto*

《戕弟》…'s *Il Trovatore*

《讖庶》…'s *Il Ballo in Mascbera*

《埋恨》…'s *Aida*

《藥禍》Wagner's *Tristan und Isolde*

《虹渡》…'s *Das Rheingold*

《槐劍》…'s *Die Walkure*

《貞驗》Wallace's *Mariana*

《星幻》Gounod's *Philemon et Baucis*

林、陳二人對歐西戲劇的源流體制，大抵一無所知，不然不會稱同時人普契尼、柴可夫斯基、威爾地等人的作品爲"古劇"。

十九、《想夫憐》

美國克雷夫人原著，毛文鍾同譯。刊《小説月報》，第 11 卷第 9 號至第 12 號，民國九年（1920）九至十二月。

二十、《僵桃記》

美國克雷夫人原著，毛文鍾同譯。上海：商務印書館，民國十年（1921）五月。

克雷夫人當爲 Bertha M.Clay 譯名。Bertha M.Clay 原爲英國言情小説家 Charlotte M.Brame（1836—1884）爲美國出版商 Street and Smith 撰寫小説時所用筆名。Brame 去世後，Street and Smith 先續聘其女仍以 Bertha M.Clay 名義撰寫小説，及後用此筆名者十餘人，包括撰寫"尼可・卡芯探案"的 John Russell Coryell（1851—1924）和 Frederick V.R.Dey（1922 卒）等。Coryell 曾經同時用六個不同的筆名：Bertha M.Clay，Barbara Howard，Julia Edwards，Geraldine Fleming，Lucy May Russell 和 Lillian R.Drayton，在同一雜志上撰寫六個長篇連載小説，每年交稿一百萬字。此等小説的價值，不言而喻。林譯小説未刊稿，尚有克雷夫人作品四種：《孝女履霜記》《黃金鑄美記》《金縷衣》和《鳳藻皇后小紀》，皆毛文鍾同譯。毛文鍾文學鑒賞能力的低下，亦於此可見。林紓晚年翻譯成果遠遜早期，陳家麟和毛文鍾二人難辭其責。

參考：*National Cyclopaedia of American Biography*（1931），XXI，279—280.

Reynolds，*The Fiction Factory*，p.38.

二十一、《厲鬼犯蹕記》（*Windsor Castle*，1843）

英國安司倭司原著，毛文鍾同譯。上海：商務印書館，民國十年（1921）五月。寒光（頁 90）誤謂陳家麟同譯。

安司倭司（William Harrison Ainsworth，1805—1882），十九世紀中葉英國小説家，作品主要是歷史傳奇。在四十年代與狄更司（Charles Dickens，1812—1870）齊名，但到了六十年代作品已不復流行。《厲鬼犯蹕記》是安氏最受歡迎作品之一，1849 年發行普及本三萬册，在極短時間內即售完。安氏小説的特色是史事確實，善於描敘景物，但人物個性刻板，對話不自然。《厲鬼犯蹕記》初分期連載於安氏編刊的 Ainsworth's Magazine；除編輯雜志外，安氏同時還撰寫另一長篇小説 *The Miser's Daughter*，所以《厲鬼犯蹕記》的結構頗松散。

參考：*Dictionary of National Biography*，I，197—199.

Kunitz and Haycraft，*British Authors of the 19th Century*，pp.6—8.

S.M.Ellis，*William Harrison Ainsworth and his Friends*（London，1911），II，54—61，174.

Malcolm Elwin，*Victorian Wallflowers*（London，1934），pp.154—176.

J.A.Sutherland，*Victorian Novelists and Publishers*（Chicago，1976），pp.152—160.

二十二、《沙利沙女王小紀》（*The Island Mystery*，1918）

英國伯明罕原著，毛文鍾同譯。上海：商務印書館，民國十年（1921）十一月。

伯明罕（George Birmingham）爲愛爾蘭教士 James Owen
Hannay（1865—1950）筆名。他的小説多是以愛爾蘭爲背景。本
書虛構一美國人購一小島自建王國，頗涉及間諜鬥智。朱羲冑（頁
22）置此於"傳記軼事之屬"，和《凱徹遺事》（Julius Caesar）、《拿
破崙本紀》（The History of Napoleon Bonaparte）、《興登堡成敗鑑》
（Hindenburg）等并列，誤，因事實上無沙利沙女王其人。
參考：Dictionary of National Biography: 1941—1950，pp.353—354.
　　　Kunitz and Haycraft，20th Century Authors，pp.611—612.

附：林譯小説要目

　　關於林譯，人們常喜作一些"數字遊戲"，如：林紓翻譯
作品總數，林譯"名作"數目等等。前者，拙編《林紓翻譯作
品全目》已試圖解決，失錄的或不會超過五種。後者，則難有
一絶對答案，見仁見智，甲認爲佳構的，乙可能認爲平平。一
較客觀的辦法，是不論林譯文筆如何，而僅考慮原著是否"名
作"。林譯主要是小説，而 Ernest Albert Baker 和 James Packman
的 Guide to the Best Fiction, English and American, Including
Translations from Foreign Languages，new and enl.ed.（London，
1932），正可代表林紓同時期人對小説的評價。該書所選錄主要
是長篇小説，也有一些短篇小説集。
　　下列林譯的作品和書名皆見 Guide to the Best Fiction；祇列
作者的表示林譯的原著沒有被選錄，被選的是作者其他作品。
William Harrison Ainsworth（1805—1882）　安司倭司（英）
　　Windsor Castle（1843）《厲鬼犯蹕記》（1921）
Honoré de Balzac（1799—1850）巴魯薩（法）
George A.Birmingham（1865—1950）伯明罕（英）

The Island Mystery（1918）《沙利沙女王小紀》（1921）

M.McDonnel Bodkin（1850—1933）馬克丹諾保德慶（英）

Guy Boothby（1867—1905）布司白（英）

Marjorie Bowen 巴文（英）

    Carnival of Florence（1915）《妖髡纏首記》（1923）

Miguel de Cervantes Saavedra（1547—1616）西萬提司（西）

    Don Quixote de la Mancha, I（1605）《魔俠傳》（1922）

Georges Clemenceau（1841—1929）克里孟索（法）

Hendrick Conscience（1812—1883）恩海貢斯翁士（比）

    De arme edelman（1851）《孝友鏡》（1918）

Francois Coppée（1842—1908）麥梭阿過伯（法）

    Le coupable（1897）《溷中花》（1915）

Daniel Defoe（1660？—1731）達孚（英）

    Life and Strange Surprising Adventures of Robinson Crusoe
（1719）《魯濱孫飄流記》（1905）

Charles Dickens（1812—1870）却而司狄更司（英）

    Nicholas Nickleby（1839）《滑稽外史》（1907）

    The Old Curiosity Shop（1841）《孝女耐兒傳》（1907）

    David Copperfield（1850）《塊肉餘生述》及《續編》（1908）

    Oliver Twist（1838）《賊史》（1908）

    Dombey and Son（1848）《冰雪因緣》（1909）

Arthur Conan Doyle（1859—1930）科南達利（英）

    Micah Clarke (1889)《金風鐵雨錄》（1907）

    A Study in Scarlet（1887）《歇洛克奇案開場》（1908）

    The Refugees（1893）《恨綺愁羅記》（1908）

    Uncle Bernac（1897）《髯刺客傳》（1908）

    The White Company（1891）《黑太子南征錄》（1909）

Alexandre Dumas，père（1802—1870）大仲馬（法）

    Le Chevalier de Maison—Rouge（1846）《玉樓花劫》（1908）
又《續編》（1909）

    Une fille du regent（1845）《蟹蓮郡主傳》（1915）

Alexandre Dumas fils（1824—1895）小仲馬（法）

    La dame aux camélias（1848）《巴黎茶花女遺事》（1899）

Erckmann-Chatrian 阿猛查登（法）

    Histoire d'un conscrit de 1813（1864）《利俾瑟戰血餘腥記》
（1904）

    Waterloo（1865）《滑鐵盧戰血餘腥記》（1904）

Henry Fielding（1707—1754）斐魯丁（英）

    A Journey from This World to the Next（1743）《洞冥記》（1921）

Henry Rider Haggard（1856—1925）哈葛得（英）

    Eric Brighteyes（1891）《埃司蘭情俠傳》（1904）

    Nada the Lily（1892）《鬼山狼俠傳》（1905）

    Cleopatra（1889）《埃及金塔剖尸記》（1905）

    Montezuma's Daughter（1893）《英孝子火山報仇録》（1905）

    Allan Quatermain（1887）《斐洲烟水愁城録》（1905）

    Mr.Meeson's Will（1888）《玉雪留痕》（1905）

    Colonel Quaritch, V.C.（1888）《洪罕女郎傳》（1906）

    Black Heart and White Heart, and Other Stories（1900）《蠻荒
誌異》（1906）

    People of the Mist（1894）《霧中人》（1906）

    King Solomon's Mines（1885）《鍾乳髑髏》（1908）

    Jess（1887）《璣司刺虎記》（1909）

    Fair Margaret（1907）《雙雄較劍録》（1915）

    She（1886）《三千年艷尸記》（1910）

The Brethren（1904）《烟火馬》（1914）

The Witch's Head（1887）《鐵匣頭顱》又《續編》（1919）

Maiwa's Revenge《豪士述獵》（1919）

Henry Rider Haggard and Andrew Lang（1844—1912）（英）

The World's Desire（1890）《金梭神女再生緣》（1920）

Anthony Hope（1863—1933）安東尼·賀迫（英）

A Man of Mark（1890）《西奴林娜小傳》（1909）

Victor Hugo（1802—1885）預勾（法）

Quatre-vingt-treize（1874）《雙雄義死録》（1921）

Washington Irving（1783—1859）華盛頓歐文（美）

Pierre Loti（1850—1923）辟厄略坻（法）

Pêcheur d'Islande（1886）《魚海淚波》（1915）

John Gibson Lockhart（1794—1854）洛加德（英）

Charles Major（1856—1913）（卡扣登）（美）

When Knighthood Was in Flower（1898）《蓮心藕縷緣》（1919）

Henry Seton Merriman（1862—1903）色東·麥里曼（英）

Charles Louis de Secondat Montesquieu（1689—1755）孟德斯鳩（法）

Lettres persanes（1721）《魚雁抉微》（1915—1917）

Arthur Morrison（1863—1945）阿瑟毛利森（英）

David Christie Murray（1847—1907）大隈克力司蒂穆雷（英）

E.Phillips Oppenheim（1866—1946）蜚立伯·倭本翰（英）

Baroness Emma Orczy（1865—1947）阿克西（英）

The Scarlet Pimpernel（1905）《大俠紅蘩蕗傳》（1908）

Berdardin de Saint-Pierre（1737—1814）森彼得（法）

Paul et Virginie（1787）《離恨天》（1913）

Walter Scott（1771—1832）司各德（英）

Ivanhoe（1820）《撒克遜劫後英雄略》（1905）

　　The Talisman（1825）《十字軍英雄記》（1907）

　　The Betrothed（1825）《劍底鴛鴦》（1907）

Robert Louis Stevenson（1850—1894）路易司地文（英）Fanny

Van de Graft Stevenson（1840—1914）佛尼司地文（英）

　　More New Arabian Nights: The Dynamiter（1885）《新天方夜譚》（1908）

Harriet Beecher Stowe（1811—1896）斯土活（美）

　　Uncle Tom's Cabin（1852）《黑奴籲天録》（1901）

Jonathan Swift（1667—1745）斯威佛特（英）

　　Gulliver's Travels（1726）《海外軒渠録》（1906）

Lev Nikolayevich Tolstoi（1828—1910）托爾斯泰（俄）

　　The Kreutzer Sonata（1889），*Domestic Happiness*（1859）《恨縷情絲》（1918）

　　Childhood（1852），*Boyhood*（1854），*Youth*（1857）《現身説法》（1918）

　　Baker 和 Packman 選録了多種托爾斯泰短篇小説集，林譯《羅刹因果録》《社會聲影録》和其他單篇短篇小説，大抵皆見這些短篇小説集。

Allan Upward（1863—1926）亞波倭得（英）

Charlotte Mary Yonge（1823—1901）楊支（英）

　　The Dove in the Eagle's Nest（1866）《鷹梯小豪傑》（1916）

　　The Lances of Lynwood（1855）《戎馬書生》（1919）

德富健次郎（日）（1868—1927）

　　《不如歸》（1900）林譯（1908）

注　釋

〔1〕王栻：《嚴復傳》（上海：上海人民出版社，1976），頁 104—105。

〔2〕林譯書目，較重要的有五家，水平不一。寒光：《林琴南》（上海：中華書局，1935）。朱羲冑：《林畏廬先生學行譜記四種》（上海：世界書局，1949）；翻印本，改題《林琴南學行譜記四種》（臺北：世界書局，1961）。曾錦漳：《林譯小說研究》，《新亞學報》7 卷 2 期（1966 年 8 月）；8 卷 1 期（1967 年 2 月）。韓廸厚：《近代翻譯史話》（香港：辰衝圖書公司，1969）。Robert William Compton，"A Study of the Translation of Lin Shu. 1852—1924"（Dissert.Stanford，1971）.

〔3〕《出版月刊》24 號（1967 年 5 月），頁 73—79。

〔4〕《林紓的翻譯》（北京：商務印書館，1981），頁 60—101。

〔5〕惠寄書影的有上海人民出版社胡道靜先生，上海古籍出版社錢伯城先生，香港大學中文系趙令揚先生、容世誠君，和香港大學圖書館楊國雄先生，謹此致謝。

原載《馮平山圖書館金禧紀念論文集》（1982）

林紓譯書序文鉤沉

　　林紓早期的翻譯，每附有序跋，頗可見林紓翻譯該書的緣起和感想，是研究林紓的重要資料。阿英《晚清文學叢抄‧小説戲曲研究卷》[1]，共收録林譯六十四種的序跋，最便查檢。

　　年來因爲編訂《林紓翻譯作品全目》[2]，搜羅到阿英所失録林譯序文三篇。今抄録如下，并略爲解説，稔對林譯研究，不無少助。

一、《民種學》譯序

　　西人於國人之盛衰離合叛坿有書焉，曰民史；又考其飲食服御營搆之所從來，與夫部落種族之所自始有書焉，曰民種學。顧民種學之爲書，追摹荒獷，刻劃駮樸，敘述衰涼，銓次而下，使讀者審窮裔之外，其爲飲食服御營搆諸制度，均有合於吾皇古羲軒巢燧之所爲者。其書蓋深有裨於中國之學者矣。顧西人恒言中國歷史特紀朝廷一家一姓之事，無所謂民史者；又於民種一學，不立專科之書，民於邃古軼事殊病無所窺涉。嗚呼，中國固未嘗無民史也。東三省而外，列爲行省者，厥數十八，省有志焉，郡有志焉，縣有志焉。其間冠族望胄，下逮寒細，苟有足紀，咸與著録。外此尤有歲時、風土、寰宇、九域、廣興諸記，采摭遺俗，收紀風謠，是獨非民史耶。若夫陳勝、吳廣、赤眉、黄巾之徒，則麗之正史，準諸西人民史之例，似陳勝、吳廣、赤眉、黄巾之徒，當別成一史者，則與中國之史體異矣。至民種一學，太史公之傳匈奴、朝鮮及西南夷，固已開其竅竇，病在未立專書，亦坿之紀傳。然匈奴傳次在衞、霍之上，朝鮮、西南夷傳次在循吏、儒林之上。蓋史公當日已具文明思想，無外視異族之心。後儒能本此意而充擴之，當蔚然成爲鴻學。惜乎朱輔、

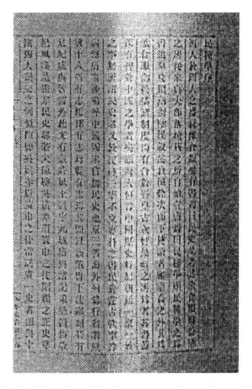

洪皓、文惟簡、宇文懋昭諸人之書，如《谿蠻叢笑》《松漠紀聞》《虜廷事實》《遼志》之類，皆粗言種類大致，不復詳備。嗟夫，嗟夫。使歐西不有腓尼基人方舟於地中海之外，黑魯度忒斯弗起而踵跡其所爲，則亦不萌其拓地之思，而亞歷山大又何至以兵力刜割斐亞，哥侖布又安能奮其孤往之槪，開闢全美，令四州民種洞然歐人之胸中，因而席文明舊基，鞭笞他種，指數其蚩鄙之俗，用爲抃笑耶？綜之西人之腦力思慮有高絶於黄人者，在不封乎其所已饗，而力趣乎其所未涉，因是威力遂方洋於全球之上，莫與捍格。勇哉，西人也。然因其所見著而成書，吾今得譯而讀之，猶坐召眩人陳幻戲於廡下，吾據堂皇觀之，不其逸乎。顧吾尤願讀是書者，知西人殖民之心不能一日置乎震旦。吾須嚴鑑其鞭笞他種、恣爲抃笑之故，用自愓厲，則蒙譯是書之意爲不負矣。光緒癸卯（1903）五月譯者識。

來按：《民種學》，德國哈伯蘭原著，英國魯威原譯。閩縣林紓、仁和魏易同譯。北京大學堂官書局印行，無印行日期。

哈伯蘭（Michael Haberlandt, 1860—1940），德國人類學家，所著 *Völker-kunde* 一書，是一入門書籍，1898 年初版。近日刊佈魯迅在東京時所寫擬購德文書目，即有此書[3]。林譯所據是英人魯威（J.H.Loewe）譯本，Ethnology（London：J.M.Dent，1900）。

此書罕見。朱羲冑《春覺齋著述記》置於"待訪蒐之書"，謂"此編之名，見《玉雪留痕》自序，而亦未獲見其書"[4]。曾錦漳《林譯小說研究》，則以爲"未詳刊否"[5]。

二、《布匿第二次戰紀》譯序

古之善兵者，必顧衛其根本，復能掀動敵人之根本，而後爲得兵要。凡兵勢無兼顧四面者。三面應敵，一面即所謂根本之地，芻輓出焉，征調出焉，健兒出焉。故必實力規劃根本之地，而後始言進取。進取之道，猶弈者之置碁，閒閒著子，初若不屑意，及其收局，而敵之命脉形勢已爲所阨，則一二子之先著勝也。余觀乎布匿第二次之戰，韓尼伯以天人之資，策勇駕智，鏖撲意大利全境。堪尼一戰，羅馬十萬衆皆覆，積尸如丘，流血成渠。加波阿爲羅馬中樞腹地，首先納款。因而馬基頓、西西里颺飛景附。意大利南服，無一稟承羅馬號令者。羅馬之亡，殆如髮矣。顧余不能解者，太倫敦姆城外一小堡耳，韓尼伯用累年之力圖之，久不克。因之鐵法塔一軍不能久駐，加波阿無衛，復入羅馬。於是嵌攀尼亞全部遂斷韓尼伯馬跡。論者以爲加波阿亡，韓尼伯之軍鋒挫矣。余曰不然，馬基頓之攻具絶兇也，西西里之亞奇默德又精於攻具者也。韓尼伯當移軍鐵法塔時，四日出間道至羅馬都城，獨不挾攻具，頓兵嚴城之下，走馬投槊，大掠南還，而加波阿之圍卒不解。弊猶不在無攻具以制羅馬也，在無水軍以靖意大利之南服。何以言之。西西里之梅雪納海峽與立力別姆一城，瀕海南部之鎖鑰也，羅馬已以重兵阨之。馬基頓可以通羅馬，又苦無水軍。意土利亞人爲羅馬所訌，馬基頓終年防之，莫出一甲。太倫敦姆城外瀕海，可以通水軍者而小堡復久不下。棋之先着已爲羅馬所得。韓尼伯若能厚集海軍，搗此三險，南部當全入韓尼伯掌握，何至心懸南服，四面應敵，孤軍飄泊，不能陷入中堅。此羅馬所以徐徐得衛其根本，不爲韓尼伯所掀動者也。不審惟是。西班牙全部爲加達斯與羅馬均利之區。當韓尼伯雄師越阿而迫司山時，考尼立司西比阿已以勁旅入據西班牙，又佔加達斯之勝著矣。及西比阿兄弟爲韓尼伯之兄所戕，西班牙全境已爲加達斯領土。顧馬鼓諸將庸才耳，若以重兵與漢司屈勒白耳，嚴阸壁累尼司山，一面經營全西，結以恩信，他日小西比阿能隃度耶？迨漢司屈勒白耳那山敗歿，全局瓦解。韓尼伯廻軍時，暮氣已深，寧有不敗。根本爲人掀動，此兵家之所深忌者也。嗟夫項王以蓋世之雄，匹馬橫劍，欲以寗廓區夏，乃英布叛九江，彭越反梁地，此正牽掣項王，令其左顧根本耳。若漢高之關中，項氏顧能以一人一騎叩其城下耶，劉氏又焉不勝。究之羅馬共和之治，上下輯睦，將帥一心。加達斯諸將狂訐，動相猜忤，致敗之由，或基於此，殊不在形勝利便之得失也。悲夫。光緒癸卯（1903）閏五月一日閩縣林紓識。

來按：《布匿第二次戰紀》，英國阿納樂德原著。閩縣林紓、仁和魏易同譯。總發行所北京大學堂官書局，光緒二十九年（1903）九月發行。

阿納樂德（Thomas Arnold），英國名教育家，曾任 Rugby 公學校長十四年。1841 年，被委任爲牛津大學（Oxford University）的近代史皇家講座教授（Regius Professor of Modern History）。但他的史學研究主要是羅馬史，計劃寫一羅馬通史，因早逝未及完成，生前僅出版二卷（*History of Rome*，1838，1840）；第三卷死後出版（1843），未爲定稿，述加達斯（Carthage）名將韓尼伯（Hannibal，247 B.C.—183 or 182 B.C.）抗拒羅馬大軍始末。及後，阿納樂德的孫子 William Thomas Arnold 據手稿重新編訂第三卷，更名 *The Second Punic War*（London: MacMillan，1886）；此即林譯所據。

此書前人所輯林譯書目皆未著録。僅橋川時雄《中國文化界人物總鑑》所載林紓傳提及[6]。

三、《拿破崙本紀》譯序

紓居南時，已得拿破崙傳二種，均法文，因請諸精法文者爲紓述之，顧以無類書，莫從稽索陳典，見謝。輾去已十二年。比北來，而長沙尚書方領學務京師，以嚴幾道觀察司譯事，遂授此卷俾紓與仁和魏生易譯之。凡二年，書成。證以侗埃爾本，僅得十八分之一。侗埃爾襲拿破崙第三後領法國，摭拾波奈巴遺事甚富瞻，爲書十二巨册，册可三十萬言。畢譯之，非十五年莫就。紓力不能逮也。此卷去取尚精審。洛加德英人右英，而於拿破崙尚弗肆醜詆。究得失自在，洛亦不能詆也。波奈巴霸業今日已煨燼不再爇，然歐西名公宿老尚捃括遺事，必欲鏡見其致敗之故，因之論議積疊。紓即有所見，恐亦無出其圍範，矧又無文，安敢妄序其書。譯成，但記其緣起，以俟能者。大清光緒三十一年（1905）二月閩縣林紓識。

來按：《拿破崙本紀》，英國洛加德原著。閩縣林紓、仁和魏易同譯。總發行所北京學務官書局，光緒三十一年（1905）七月發行。

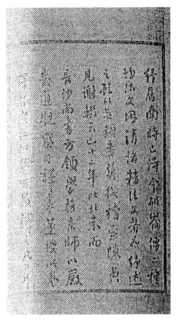

洛加德（John Gibson Lockhart，1794—1854）是名小説家、詩人司各德（Sir Walter Scott，1771—1832）女婿；最有名的作品是《司各德傳》（*Memoirs of the Life of Sir Walter Scott*，1837—1838）。所著 *History of Napoleon Buonaparte*，1829 年初版。

此書習見者爲民國六年（1917）二月，上海商務印書館本，無譯序。前人多誤商務本爲初版[7]。Compton 未見學務官書局本，但據林譯《利俥瑟戰血餘腥記》（*The Conscript*）、《吟邊燕語》（*Tales from Shakespeare*）兩序，考證本書約於1904年秋譯竣[8]，可謂卓識。

序文所提及“倜埃爾”爲 Adolphe Thiers（1797—1877）。所著 *Histories du Consulat et de l'Empire*，凡二十册，成書於 1845 年至 1862 年間，而繼拿破崙第三領法國，則在 1871 年。林序不無小誤。至謂“爲書十二册”，乃就英譯本 *History of the Consulate and the Empire*（1893—1894）而言。

光緒三十年（1904）五月，林紓撰《吟邊燕語》譯序，謂：“長沙張尚書既領譯事於京師，余與魏君適廁譯席。魏君口述，余則敍致爲文章。計二年以來，予二人所分譯者得三四種，《拿破崙本紀》爲最鉅本，秋初可以畢業矣。"可以爲本序注腳。

長沙張尚書爲張百熙（1847—1907），字埜孫，號埜秋，湖南長沙人。同治十三年（1874）進士，二甲第六名，選庶吉士。光緒二十四年（1898）以內閣學士管理京師大學堂事務。（本職後改禮部左侍郎、左都御史、工部尚書、刑部尚書。）光緒二十七年（1901）爲管學大臣，本職改吏部尚書。光緒二十九年（1903）十一月改稱學務大臣[9]。

光緒二十八年（1902），張百熙聘嚴復（1853—1921）爲京師大學堂譯書局總辦。羅惇曧（1880—1924）《京師大學堂成立記》謂："又設編譯書局，……嚴復爲譯局總辦，林紓、嚴璩、曾宗鞏、魏易等副之。"[10]《京師大學堂（癸卯1903）同學錄》亦謂："譯書局總辦兼考校處嚴復（幾道），分譯常彥（伯奇）、曾宗鞏（幼固）、胡文梯（步青）、魏易（聰叔），筆述林紓（琴南）、陳希彭。"[11]

嚴璩是嚴復長子，嚴、曾、魏皆曾與林紓合作翻譯。《吟邊燕語》譯序所提及和魏易分譯者三、四種，當指大學堂官書局刊行的《民種學》《布匿第二次戰紀》和《拿破崙本紀》。至於二人同時合譯的文學作品，如《吟邊燕語》，都是在工餘完成，多由上海商務印書館發行。

又林譯《梅孽》和《怪董》二書序跋，阿英失錄，但以已收入朱羲胄書[12]，人所習見，不復掇錄。

＊譯序書影承上海胡道靜先生、紐約 Terry Kelleher 女士攝寄，書此誌謝。

1982 年 1 月 5 日

注　釋

〔1〕北京：中華書局，1960。

〔2〕收入《林紓的翻譯》（北京：商務印書館，1981）。

〔3〕收入《魯迅研究資料》，第 4 輯，1980 年 1 月，頁 103。

〔4〕收入《林畏廬先生學行譜記四種》（上海：世界書局，1949）；重印本，改題《林琴南學行譜記四種》（臺北：世界書局，1961），頁 64。

〔5〕收入《新亞學報》，第 7 卷第 2 期，1966 年 8 月，頁 236。

〔6〕北京：中華法令編印館，1940，頁 247。

〔7〕朱羲胄：《春覺齋著述記》，頁 9；曾錦漳：《林譯小説研究》，頁 271。

〔8〕Robert William Compton，"A Study of the Translation of Lin Shu，1852—1924"，Ph.D.dissertation，Stanford University，1971，pp.305—306.

〔9〕錢實甫：《清季新設職官年表》（北京：中華書局，1961），頁 70。張百熙傳，見《清史稿》（北京：中華書局，1977）卷四百四十三，頁 12440—12442；《清史列傳》（上海：中華書局，1928）卷六十一，頁 21 下—26 下。

〔10〕收入《庸言》，第 1 卷第 13 號，1913 年 6 月，頁 2—3。羅本人是編書局分纂。

〔11〕張靜廬：《中國近代出版史料二編》（上海：群聯出版社，1954），頁 13。莊吉發：《京師大學堂》（臺北：臺灣大學文學院，1970），頁 138—139，154，僅提到嚴復爲譯書局總辦，未及林紓諸人。

〔12〕朱羲胄：《春學齋著述記》，頁 23、25。

原載《清末小説研究》第 6 號（1982）

林紓翻譯作品原著補考

1981 年，商務印書館紀念建館八十五周年，刊行《林譯小說叢書》，從大量的林紓翻譯作品選出十部重印，又編刊《林紓的翻譯》一小册，收入鄭振鐸（1896—1958）、錢鍾書和阿英（錢杏邨，1900—1977）的三篇評論舊作，及我的新編《林紓翻譯作品全目》。《全目》主旨是考訂林譯原著作者書名，計共考出書名 118 種，其中 46 種補正前人所失考或誤考，對林紓研究，或不無按圖索驥之效。

在這十多年來，林譯作品續有發現[1]，但對原著的考訂則未見進展。俞久洪《林紓翻譯作品考索》[2]，既未提供任何《全目》以外的原著書名，反有訛漏[3]。

由於身在海外，尋訪林氏佚作不易，這些年來我祇是繼續着意考訂林譯原著，計再考出原著六種。兹列於下，仍用《林紓翻譯作品全目》編號。

058.《布匿第二次戰紀》（*The Second Punic War*.1886）

英國阿納樂德（Thomas Arnold）原著，魏易同譯。北京大學堂官書局，光緒二十九年（1903）九月。

阿納樂德，英國名教育家及歷史學家，曾任 Rugby 公學校長十四年，影響深遠。Thomas Hughes 小説 *Tom Brown's School Days*（1857），即述阿氏任校長情形。1841 年，任牛津大學近代

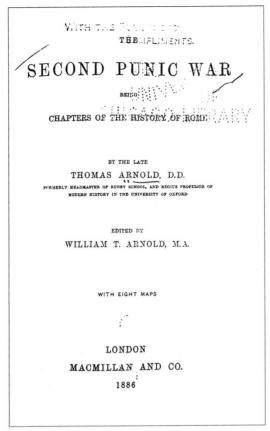

《布匿第二次戰紀》原著書影

史皇家講座教授，越年逝世。他的史學研究主要是羅馬史，計劃寫一羅馬通史，因早逝而未及完成，生前僅出版二卷（*History of Rome*，1838，1840）。第三卷死後出版（1843），未爲定稿，述加達斯（Carthage）名將韓尼伯（Hannibal，247 B.C.—183 or 182 B.C.）抗拒羅馬大軍始末；1886 年，阿氏孫子 William Thomas Arnold（1852—1904）據手稿重新編訂，更名《布匿第二次戰紀》，單獨發行，此即林譯所據。

　　此書爲史家嚴謹史學著作，林譯不宜稱爲“林譯小說”。又此書罕見，林紓譯序未收入阿英編《晚清文學叢抄·小說戲曲研究卷》[4]，今見本書前文《林紓譯書序文鉤沈》[5]。

　　按名詩人及文學批評家 Matthew Arnold（1822—1888）即阿氏子。

068.《天囚懺悔録》（ God's Prisoner.1898 ）

　　英國約翰·沃克森罕（John Oxenham，1852—1941）原著，魏易同譯。上海：商務印書館，光緒三十四年（1908）九月。

　　沃克森罕，原名 William Arthur Dunkerley。著有小説四十二種，及詩集九種，其中詩集《琥珀中的蜜蜂》（ Bees in Amber ），1913 年自刊，頗流行一時，銷量過百萬册。歐戰後，主要撰寫宗教文學及讚頌詩篇[6]。《天囚懺悔録》是他的第一部作品，内分爲"罪行"（Crime）、"懲罰"（Punishment）及"贖罪"（Redemption）三部分，略可見其宗教思想。但本書實爲一普通冒險小説，不能和陀斯妥以夫斯基（Fyodor Dostoyevsky，1821—1881）名著《罪與罰》（ Prestupleniye i nakazaniye.1866 ）相比。

088.《柔鄉述險》（ The Room in the Dargon Volant.1872 ）

　　英國利華奴（Joseph Sheridan Le Fanu，1814—1873）原著，陳家麟同譯。刊《小説月報》第 8 卷第 1—6 號，民國六年（1917）一月至六月。

　　利華奴爲十九世紀愛爾蘭小説家，所著以鬼怪故事及神秘小説爲主。長篇小説《賽拉斯叔叔》（ Uncle Silas.1894 ）及中篇小説《卡米拉》（ Camilla.1872 ）尤有名[7]。

　　利華奴作品以情節曲折勝，重視人物心理。由於作品内容相近，一般人常將他和愛倫坡（Edgar Allan Poe，1809—1849）相提并論。亦有人以爲布綸忒姊妹（Charlotte Brontë，1816—1855；Emily Brontë，1818—1848）或曾受其影響[8]。

《柔鄉述險》，原刊 *London Society* 雜志，後收入其短篇小說集 *In a Glass Darkly*，是利氏晚期的一篇重要中篇小說。故事述一英國青年赴法旅行，陷入迷魂局，財物被騙，身被活埋，險死還生。頗和《拍案驚奇》的一些故事相似。E.F.Bleiler 選編利氏《鬼怪故事和神秘故事》（*Ghost Stories and Mysteries*）"序言"稱《柔鄉述險》是十九世紀最佳神祕、冒險故事之一[9]，并非溢美之詞。

103.《怪董》（*The Legends of Charlemagne*.1863）

美國伯魯夫因支（Thomas Bulfinch，1796—1867）原著，陳家麟同譯。上海：商務印書館，民國十年（1921）五月。（林譯原誤伯氏爲英人。）

伯魯夫因支，波士頓世家[10]，1814 年哈佛大學畢業，曾任中學拉丁語教員，自 1837 年迄去世，在波士頓銀行任職。業餘興趣爲神話傳説和自然科學史。有感古代神話傳説影響深遠，而當時一般學子對此知識甚貧乏，遂編寫一系列神話傳説集：《傳説時代》（*The Age of Fable*.1855）、《騎士時代》（*The Age of Chivalry*.1858）和《沙流曼傳奇》（*The Legends of Charlemagne*.1863）；三書又常合訂刊行，稱 *Bulfinch's Mythology*。此數書內容廣博，文字流暢，成一家之言，所以在一百多年後仍極流行，爲大眾所喜用參考。《傳説時代》一書尤有名。

可惜伯氏生平，今日已罕爲人知，如 1991 年紐約 Dorset Press 刊行《騎士時代》及《沙流曼傳奇》合訂本，書衣介紹竟稱伯氏爲哈佛大學教授，又謂他因教學需要而編此數書。

《怪董》書後譯者短跋："全書係虛無飄渺之談，外國小説固有此一體。文字龐雜，譯者爲更正，似頗可存，留爲酒後茶餘消遣可也。"大抵陳家麟對原著性質不甚了了，以致林紓扣槃捫燭，跋語不得要領。

又譯書名《怪董》，應該是倣南宋沈某《鬼董》命名。"董"是董狐，春秋晉史官，"怪董"就是爲怪異事作史志。

137.《俄宮秘史》(*The Secret Life of the Ex-Tsaritza*.1918)

英國魁特（William Le Queux，1864—1927）原著，陳家麟同譯。上海：商務印書館，民國十年（1921）五月。（林譯原誤魁氏爲法人。）

關於此書，朱羲冑《春覺齋著述記》謂："法國魁特轉譯德文，先生（來按：林紓）同陳家麟譯述爲中國文字。書敍斐多路納通款德人之祕史。斐多路納者，俄皇尼叩拉司之后也。草稿是書者，則伯爵夫人丹考夫。按魁特小引云：'丹考夫草稿爲德文，或意大利文，余則譯爲英文，語語皆肖，無復謬誤。'故先生譯本標魁特轉譯德文之言。"[11]

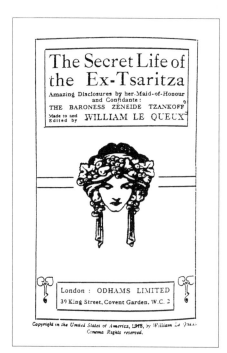

按魁特實爲英人，作品清末民初漢譯不少，作者譯名并不統一，包括：葛威廉、葛維廉、威廉勒苟氏、威廉利亞斯、威廉勒蒯、維廉勒格、維廉勒苟、惠廉奎克士、威林樂幹、威連勒格司等[12]，但未有誤爲法人者。陳家麟之不學，此又一例。

魁特是間諜小説創始期作者之一，影響深遠。曾任《環球報》(*Globe*)外國新聞編輯，及《倫敦每日郵報》(*London*

Daily Mail）戰地記者。自稱熟悉歐洲各國特工組織，并爲英國政府保安顧問。業餘消遣爲手槍射擊、無綫電廣播[13]。生平多彩多姿，又復善於自我宣傳。作品超過一百三十種，大多涉及政治陰謀，過半有關間諜工作[14]。

魁特小説好以紀實形式撰寫，如《俄宮秘史》，前有小引："此卷爲斐多路納（Alexandra Feodorovna，1872—1918）之祕史。斐多路納者，俄皇后也，今流配於西伯利亞（Siberia）矣。此祕史誰爲紀之？紀之者丹考夫伯爵夫人（Baroness Zeneida，Tzankoff）也。丹考夫與王后爲友，自其盛時，直至於流配之際，始行配袂。余爲魁克，其識夫人，則路沙（Louisa）爲余介紹。路沙爲沙克森內親王世子之夫人（Ex-Crown Princess of Saxony），余見之於最司登（Dresden）宮中。……"煞有介事，其實不過是魁氏弄虛作假。Lesley Henderson 之《二十世紀罪案與神秘故事作家》詳列魁氏作品目録，置《俄宮秘史》於長篇小説類[15]。《俄宮秘史》原著扉頁，注明"保留電影版權"。雖然此故事似未被改編拍成電影，魁氏能在 1918 年已看到電影的潛力，亦可謂遠見。

（補）《九原可作》（Le docteur servans.1849）

法國小仲馬（Alexandre Dumas，fils，1824—1895）原著，王慶通同譯。刊《婦女雜誌》第 5 卷第 1 至 12 號，民國八年（1919）一月至十二月。

林紓的第一部譯作，就是和曉齋主人（王壽昌）同譯的小仲馬原著《巴黎茶花女遺事》（1889）（La dame aux camélias.1848），一時洛陽紙貴，家弦户誦。及後，林紓再譯小仲馬作品五種，同譯者都是王慶通：《香鈎情眼》（1916）（Antonine.1849）、《血華鴛鴦枕》（1916）（L'affaire Clemenceau.1866）、《鸚鵡緣》（1918）

（Aventures de quatre femmes et d'un perroquet.1846—1847）、《九原可作》（1919）和《伊羅埋心記》（1920）（La boite d'argent.1855），則皆未受讀者歡迎。

《九原可作》，《林紓翻譯作品全目》失錄，爲連燕堂發現[16]，惜未考訂原著。

後記：本文所考林譯六種，除《柔鄉述險》及《九原可作》據原刊雜志外，其餘四種，先後承上海胡道靜先生、臺北魏惟儀女士、北京沈乃文先生及香港容世誠先生惠寄書影或全書影印本；又六種林譯皆已與原著比勘，確保考訂無誤，而其中 God's Prisoner 及 The Secret Life of the Ex-Tsaritza 二書罕見，芝加哥大學圖書館乏藏，蒙圖書館館際互借部設法覓得。一文之成，端賴眾力，書此誌謝。

1993 年 8 月 8 日

注　釋

〔1〕包括原刊《小説時報》的《冰洋鬼嘯》、《小説海》的《拿雲手》和《婦女雜志》的《九原可作》。參看林薇：《百年沉浮——林紓研究綜述》（天津：天津教育出版社，1990），頁 95。

〔2〕收入薛綏之、張俊才編：《林紓研究資料》（福州：福建人民出版社，

1982），頁 403—427。

〔3〕訛者如：《新天方夜譚》爲 *More New Arabian Nights: The Dynamiter*（1885），而《考索》從舊考作 *New Arabian Nights*（1881）。漏者如：《黑樓情孽》及《以德報怨》，《全目》已考出原著，而《考索》缺如。又俞氏喜改林紓譯名，如："《滑稽外史》⋯⋯可譯爲《尼古拉斯・尼克爾貝》"《埃及金塔剖屍記》應譯爲《克莉奧佩特拉》"，"《旅行述異》可譯爲《旅客談》"，"《美洲童子萬里尋親記》⋯⋯可譯爲《吉米・布朗赴歐尋親記》"，"《鸚鵡緣》⋯⋯可譯爲《四女和一鸚鵡的奇遇》"，"原譯爲安司倭司，現譯爲安斯沃思""原譯爲克拉克，現譯爲瑪麗・克拉克""原譯爲哈葛得或哈葛德，現譯爲哈格德""原譯作巴克雷，現譯爲巴克利""原譯爲伯明罕，現譯爲伯明翰"，都是畫蛇添足，於事無補而徒亂人意。《考索》的唯一貢獻，是提供了一些林譯原著的其他譯本，但缺漏甚多，如未提有名的蟠溪子（楊紫麟）和天笑生（包天笑）的半部《迦因小傳》（1901），和周樹人兄弟的《紅星佚史》（1907）（即林譯《金梭神女再生緣》），遑論《伊索寓言》的早期譯本《況義》（1625）、《意拾蒙引》（1837）和《海國妙喻》（1888），和較不重要的《長生術》（1898）（即林譯《三千年艷屍記》）、《小仙源》（1904）（即林譯《鶢巢記》）等。俞氏對晚清翻譯小說所知似極有限。

〔4〕北京：中華書局，1960。

〔5〕《清末小説研究》第 6 號（1982 年 12 月），頁 86—87。

〔6〕Stanley J.Kunitz and Howard Haycraft，*Twentieth Century Authors*（New York：H.W.Wilson，1942），pp.1062—1063；John Sutherland，*The Stanford Companion to Victorian Fiction*（Stanford. Stanford University Press，1989），p.485.

〔7〕前者嘗改編爲電影及電視劇，分別由 Jean Simmons 及 Peter O'Toole 主演。後者爲一女吸血鬼故事，亦多次拍成電影，如 *Vampyr*（1932）

及 *Vampire Lovers*（1971）。

〔8〕Edna Kenton，"A Forgotten Creator of Ghosts: J.S.Le Fanu, Possible Inspirer of the Brontës"，*Bookman* 68：5（July 1929），pp.528—534.

〔9〕J.S.Le Fanu，*Ghost Stories and Mysteries*，selected and edited by E.F.Bleiler（New York：Dover，1975），"Introduction to the Dover Edition"，p.ix.

〔10〕其父 Charles Bulfinch（1763—1844）爲名建築師，嘗任波士頓市議會議長十九年，又自 1818 年至 1830 年負責修建美都華盛頓國會大廈。

〔11〕《林琴南先生學行譜記四種》（臺北：世界書局，1961；原名《林畏廬先生學行譜記四種》，上海：世界書局，1949），第二種，卷三，頁 21。

〔12〕參看清末小説研究會編：《清末民初小説目録》（大阪：中國文藝研究會，1988），"著譯編者索引"，頁 42—43。

〔13〕*Who Was Who, 1916—1928*（London：A & C Black，1929），p.622.

〔14〕Lesley Henderson，*Twentieth Century Crime and Mystery Writers*（3rd ed.Chicago and London：St.James Press.1991），pp.664—667；Chris Steinbrunner et al.，*Encyclopedia of Mystery and Detection*（New York：McGraw-Hill，1976），pp.243—244；*The Stanford Companion to Victorian Fiction*，pp.371—372.

〔15〕*Twentieth Century Crime and Mystery Writers*，p.665.

〔16〕連燕堂：《林紓二題》，收入中國社會科學院文學研究所《近代文學史料》編輯部編《近代文學史料》（北京：中國社會科學出版社，1985），頁 227。

原載《清末小説》第 16 號（1993）

林譯遺稿及《林紓翻譯小説未刊九種》評介

　　1924 年 10 月 5 日，林紓去世。其後商務印書館在《小説世界》陸續發表一些"林琴南遺稿"，分別爲第 9 卷第 1—13 期（1925 年 1—3 月）的十三篇歐·亨利（O.Henry）短篇小説；第 12 卷第 9—10 期（1925 年 11—12 月）的《亨利第五紀》（*King Henry the Fifth*）和第 12 卷第 13 期（1925 年 12 月）的《加木林》（*The Cook's Tale: Gamelin*）。先是林紓與陳家麟合譯的四種莎士比亞（William Shakespeare，1564—1616）歷史劇本事：《雷差得紀》（*King Richard the Second*），《亨利第四紀》（*King Henry the Fourth*）及《凱徹遺事》（*Julius Caesar*），刊於 1916 年《小説月報》第 7 卷第 1—7 期；《亨利第六遺事》（*King Henry the Sixth*），1916 年商務印書館發行單行本。根據樽本照雄教授最近的重要考證，這四種歷史劇本事和《亨利第五紀》，都譯自奎勒庫奇（Arthur Thomas Quiller-Couch，1863—1944）的《莎士比亞歷史劇故事集》（*Historical Tales from Shakespeare*）[1]，無疑此五篇譯文同時完成。《加木林》原著見克拉克（Charles Cowden Clarke）的《喬叟故事集》（*Tales from Chaucer in Prose*），《喬叟故事集》中的其他七篇故事，林譯刊於 1916 和 1917 年的《小説月報》[2]。可知《亨利第五紀》和《加木林》都是早已完成的舊譯，祇因《小説月報》主編更易，成爲新文學重鎮，不刊載文言作品，而塵封商務印書館多年，至是首次發表。

商務印書館所藏未刊林譯，胡寄塵（胡懷琛，1886—1938）在 1926 年曾有調查，列林譯十六種[3]。及至 1932 年一·二八之役，上海商務印書館的東方圖書館爲日本空軍炸燬，人們遂以爲林譯遺稿亦在其中，不復存世[4]。1981 年，我編撰《林紓翻譯作品全目》，列"未刊作品十八種"，其中十六種，編目 164—179，即據胡文。當時我并不知道一些圖書館，包括中國國家圖書館（前北京圖書館），中國現代文學館，中國社會科學院文學研究所圖書館，皆有林譯稿本。但因屬善本，一般讀者不易得睹，加上圖書館目録著録簡略，或僅見内部目録，以至知者不多，見者更渺。

中國社會科學院文學研究所圖書館書目著録："林譯小説五種，（民）林紓，毛文鐘［鍾］譯。手稿本，五册。"[5]至爲簡略，提供資料有限。1995 年我在該館看到這批稿件，作了筆記，後來又托友人陳毓羆教授復查。五種小説爲：《孝女履霜記》（《林紓翻譯作品全目》編目 164，下同），見胡寄塵目；《厲鬼犯蹕記》（Windsor Castle）（105），有商務印書館 1921 年 5 月單行本；《馬妒》（107），有商務印書館 1921 年 7 月單行本；《埃及異聞録》（109），有商務印書館 1921 年 11 月單行本；《老倫司妖髡縋首記》（Carnival of Florence）（115），刊 1923 年 5—8 月《小説世界》第 2 卷第 8 期至第 3 卷第 9 期，改題《妖髡縋首記》。五種中僅《孝女履霜記》一種未刊。稿本爲紅格抄本，無標點，文字間有更易。每種皆標明"實××萬（字）""洋××百（元）"。應爲交付商務印書館的清抄本。此稿本有"文物商店"標簽：定價 60.-。品名林紓翻譯稿本 5。惜未知稿本何時自商務印書館散出，又何時爲文物商店購得，後歸中國社會科學院文學研究所圖書館。

1994 年 1 月，福建人民出版社出版李家驥先生主編《林紓翻譯小説未刊九種》，爲林譯研究提供罕見史料，是林紓研究的一個里程碑。書末有李茂肅和薛祥生寫於 1992 年 10 月的 “後記”，提到此書是李先生的 “遺著”。書首李先生的 “前言” 署 1987 年 9 月，原爲未能出版的《林紓佚文叢刊・翻譯小説卷》撰寫，修改未竟而謝世，所以間有與現刊書不合者，如謂 “英國大威森《拿雲手》一種（本卷已收録）”，“本卷收録已刊未刊共三十二種” 等等。

《林紓翻譯小説未刊九種》據現存中國國家圖書館、中國現代文學館、及林紓孫女婿周啓墾家的稿本重新抄録排印。現節録李家驥所撰説明，再爲評介。此九種小説,《林紓翻譯作品全目》皆已著録。

“《悶葫蘆》（180），美國堪白洛原著，閩縣林紓，静海陳家麟同譯。本篇爲未刊手稿，前據胡寄塵（胡懷琛）《林琴南未刊譯本之調查》（刊《小説世界》第 13 卷第 5 期，1926 年）謂該稿存商務印書館，實誤。該稿原存林紓夫人楊郁處，1955 年北京圖書館徵集近現代作家手稿時，捐贈該館。現藏北京圖書館善本庫。原著者據馬泰來調查爲美國克雷夫人 Bertha M Clay（見《林紓翻譯作品全目》1981 年商務印書館林譯小説叢書《林紓的翻譯》96 頁）。” 按：堪白洛和克雷夫人是二人非一,《林紓翻譯作品全目》未稱《悶葫蘆》著者爲克雷夫人。不知李氏何來此言。

“《神窩》（174），美國惠而東夫人原著，閩縣林紓，吳縣毛文鍾同譯。本篇係林氏譯作之未刊手稿。據薛綏云［之］，張俊才《林紓研究資料》（福建人民出版社 1982 版）載，‘原稿存商務印書館，後毀於戰火’，實誤。原手跡現藏中國現代文學館。……原稿三十七頁，約二萬五千餘字。” 按：張俊才《林紓評傳》（北京：中華書局，2007），列林氏 “未刊作品 24 種” 謂：

“《神窩》《美術姻緣》，以上二種均美國惠爾東夫人原著，毛文鍾口譯。《神窩》原稿存商務印書館，後毀於戰火。《美術姻緣》毛筆代抄稿，林紓校改，51頁，存國家圖書館。”（頁291）檢中國國家圖書館藏《美術姻緣》稿本，發現原題《神窩》，改爲《美術姻緣》。林紓僅翻譯惠而東夫人作品一種。又惠而東夫人初疑爲美國名女作家 Edith Wharton（1862—1937），但此書與 Edith Wharton 作品風格不合。

“《盈盈一水》（181），美國堪伯路原著，閩縣林紓，静海陳家麟同譯。原作者爲 Bertha M.Clay 即克雷夫［人］。本文係林譯未刊手稿。手跡原存林紓夫人楊道郁處，1955年北京圖書館徵集我國近現代作家手稿時，捐贈該館。現存善本庫中。原稿五十八頁，約四萬言。林紓還譯堪伯路《還珠艷史》，《泰西古

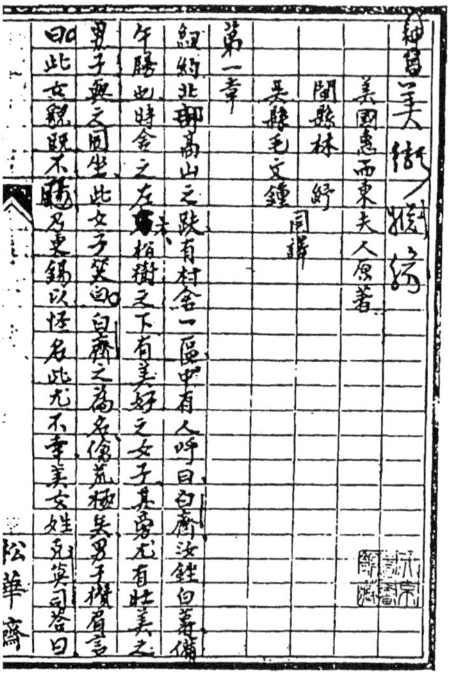
美術姻緣
美國惠而東夫人原著
閩縣林紓
吳縣毛文鍾　同譯
第一章

插圖一：《神窩》（《美術姻緣》）手稿，中國國家圖書館藏，高等教育出版社贈。

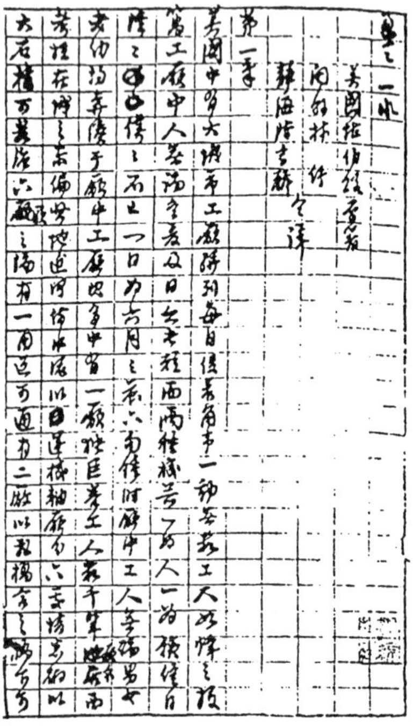
盈盈一水
美國堪伯路原著
閩縣林紓
靜海陳家麟　同譯
第一章

插圖二：《盈盈一水》手稿，中國國家圖書館藏，楊道郁贈。

劇》二種，均與陳家麟合譯”。按：堪伯路非克雷夫人，見前。《泰西古劇》(*Stories from the Opera*)(101)作者爲達威生(Gladys Davidson)，和堪伯路及克雷夫人皆無任何關係。不知李氏何來此誤。更大的錯誤是《盈盈一水》就是《還珠艷史》(100)，1920年2月商務印書館發行單行本。輯佚工作，或不細看内容，僅據書名篇名，每誤未佚爲已佚。《林紓翻譯小説未刊九種》即有此失。

"《金縷衣》(166)，美國克雷夫人原著，閩縣林紓，吳縣毛文鍾同譯。本篇係林氏譯作未刊手稿，據胡寄塵《林琴南未刊譯本之調查》記載，原稿存上海商務印書館。薛綏之、張俊才《林紓研究資料》(1982年福建人民出版社)中，并注明毁於戰火。以上兩説均誤。該稿原藏林紓夫人楊道郁處，1955年應北京圖書館徵集，捐贈該館。現存善本庫中。原稿四十八頁，計三萬二千言。"

"《情橋恨水録》(173)，英國裴爾格女士原著，閩縣林紓，吳縣毛文鍾同譯。本文係未刊手稿，據胡寄塵《林琴南未刊譯本之調查》稱此稿存上海商務印書館。1982年薛綏之，張俊才編《林紓研究資料》也説原稿存商務印書館，并説"後毁於戰火"，兩説均誤。余此次搜集林紓佚文時，發現此稿藏於林紓孫女婿周啓懇同志處。手稿係用毛邊紙紅格稿紙書寫，計六十頁，約四萬餘言。成稿年時無可考，從文字上考查，似係晚年之作。"按：此次刊佈手稿九種，八種現存圖書館，僅《情橋恨水録》係私人藏品。

"《歐戰軍前瑣語》(176)，法國安德烈·馬路亞原著，閩縣林紓，吳縣毛文鍾同譯。本文爲未刊手稿，原著者法國 Andre Manroirs(安德烈·馬路亞)(1885—1967)，原篇名爲 *Les Silenceee dn Colonel Bramile*？(1918)。本稿據胡寄塵《林琴

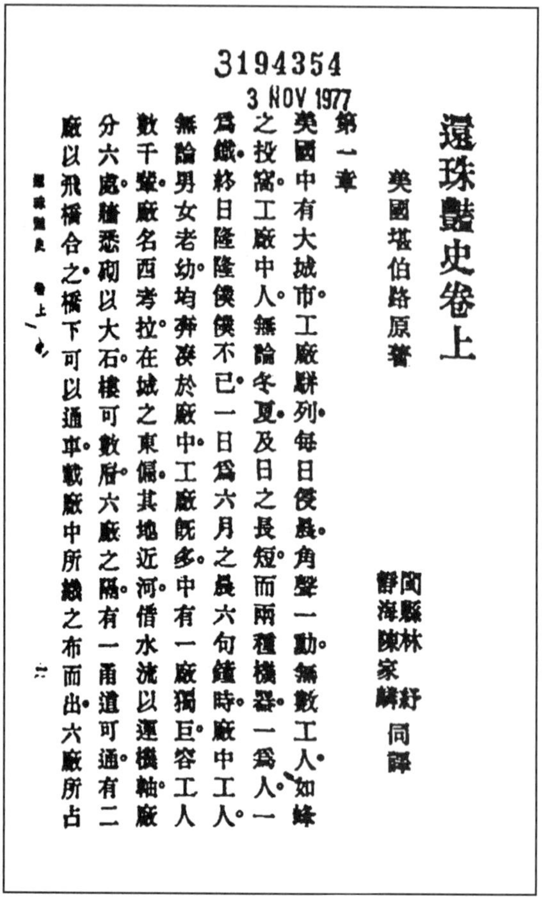

還珠豔史卷上

美國堪伯路原著

閩縣林紓 靜海陳家麟 同譯

第一章

美國中有大城市。工廠駢列。每日傍晚。角聲一動。無數工人。如蜂之投窩。工廠中人。無論冬夏。及日之長短。而兩種機器。一爲人。一爲鐵。終日隆隆僕僕不已。一日爲六月之晨六句鐘時。廠中工人。無論男女老幼。均奔湊於廠中。工廠既多。中有一廠獨巨。容工人數千輩。廠名西考拉在城之東偏。其地近河。借水流以運機軸。廠分六處。牆悉砌以大石。樓可數層。六廠之隔。有一甬道可通。有二廠以飛橋合之。橋下可以通車。載廠中所織之布而出。六廠所占

還珠豔史 卷上 一

插圖三:《還珠艷史》書影。

南未刊譯本之調查》記載，係存上海商務印書館。又據薛綏綏［之］，張俊才《林紓研究資料》，也説稿存上海商務印書館，并説‘後毀於戰火’，兩説均誤。原手跡存林紓寓所。1955 年，北京圖書館徵集著作家手稿時，家人捐贈該館收藏，現藏北京圖書館善本庫。原稿四十頁，約三萬餘言。”按：此書原作者 André Maurois 及書名 *Les Silences du Colonel Bramble*，始見《林紓翻譯作品全目》，爲法國友人雷威安（André Levy）教授所提供。當時未見林譯，無法肯定，故皆附問號“？”，現知無誤。毛文鍾應不懂法文，所據當爲 Thurfrida Wake 英譯 *The Silence of*

Colonel Bramble 之 1919 年初版本。此初版與 1920 年二版之最大差異爲書中法文詩全部未翻譯爲英文，及書名頁未列譯者姓名。《歐戰軍前瑣語》不特未翻譯書中法文詩，并删去原書第四章、第九章、第十三章、第十六章、第二十二章（以上三章皆全章爲一長詩）整章文字，致原書共二十四章，而譯本則僅得十九章。毛文鍾翻譯態度之不認真，此又一例。又中文書刊排印西文，每多誤失，不能卒讀。《林紓翻譯小説未刊九種》即如是。

　　"《交民巷社會述》（183），法國華伊爾，俄國丹米安同著，閩縣林紓，侯官王慶通同譯。本篇係林譯未刊手稿，原標爲法國華伊爾與俄國丹米安同著，首頁額頭并標有'名字對［拼？］'字樣。從文字上看，或係兩人各寫一篇，合拼而成。首章三百餘字後，與下文不接。以下爲一較完整之故事。估計首篇手稿不全。現保存原狀。此稿原存林紓夫人林楊郁處，1955 年應北京圖書館徵集，捐贈該館，現藏善本庫中。原稿係用畏廬專用稿紙書寫，計一百三十一頁，約計七萬餘言。"按：篇首三百餘字後，與下文不接，蓋因誤拼二無關連之文稿。篇首三百餘字，見《金臺春夢録》（134），1918 年 8 月商務印書館發行單行本。餘下七萬字，著者應非華伊爾及丹米安，而似爲美國作家，述"南康定登"（South Connecticut）事，與"金臺""交民巷"風馬牛不及。他日如重印此篇文稿，當删去篇首三百餘字，餘下列爲佚名作品。

　　"《雨血風毛録》（172），美國湯木森原著，閩縣林紓，吳縣毛文鍾同譯。本篇爲林譯未刊稿，原手跡存林紓夫人林楊郁家。1955 年，北京圖書館徵集近現代作家手稿時，捐贈該館，現藏善本庫。原稿係用畏廬專用紅格稿紙書寫，計一百四十三頁，三萬五千餘言。原稿在二十九章末及三十章初，有部分爲墨跡

THE SILENCE OF
COLONEL BRAMBLE
BY ANDRÉ MAUROIS
TRANSLATED FROM "THE FRENCH

LONDON: JOHN LANE, THE BODLEY HEAD
NEW YORK: JOHN LANE COMPANY MCMXIX

插圖四: *The Silence of Colonel Bramble*, 1919 初版, 書名頁。

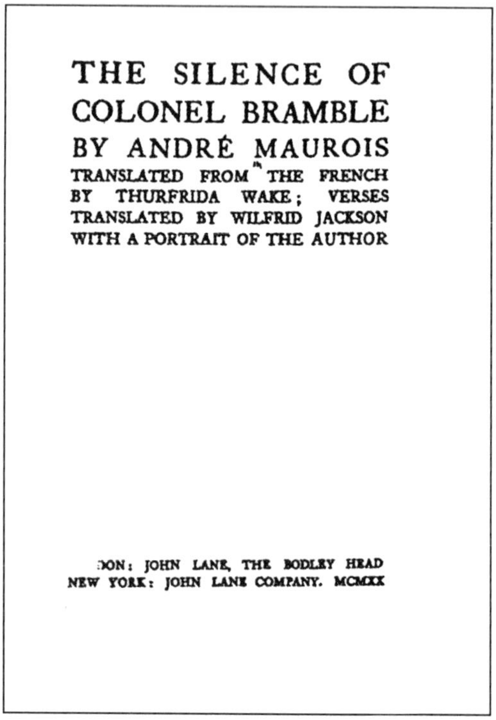

THE SILENCE OF
COLONEL BRAMBLE
BY ANDRÉ MAUROIS
TRANSLATED FROM "THE FRENCH
BY THURFRIDA WAKE; VERSES
TRANSLATED BY WILFRID JACKSON
WITH A PORTRAIT OF THE AUTHOR

DON: JOHN LANE, THE BODLEY HEAD
NEW YORK: JOHN LANE COMPANY. MCMXX

插圖五: *The Silence of Colonel Bramble*, 1920 二版, 書名頁。

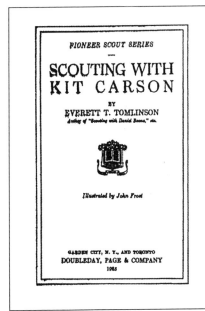

THE SILENCE OF COLONEL
BRAMBLE

CHAPTER I

THE Highland Brigade was holding
its regimental boxing match in a
fine old Flemish barn in the neigh-
bourhood of Poperinghe. At the end of
the evening the general got on to a chair
and, in a clear, audible voice, said :

"Gentlemen, we have to-day seen some
excellent fighting, from which I think we
may learn some useful lessons for the more
important contest that we shall shortly
resume ; we must keep our heads, we
must keep our eyes open, we must hit
seldom but hit hard, and we must fight to
a finish."

Three cheers made the old barn shake.

插圖六：*The Silence of Colonel Bramble* 書影。

PIONEER SCOUT SERIES

SCOUTING WITH
KIT CARSON

BY
EVERETT T. TOMLINSON
Author of "Scouting with Daniel Boone," etc.

Illustrated by John Frost

GARDEN CITY, N. Y., AND TORONTO
DOUBLEDAY, PAGE & COMPANY
1925

Scouting with Kit Carson

CHAPTER I

THE CAMP ON THE PLAINS

I AM glad we are going to stop here."
"It ees so. The boy ees mooch tired?"
"Yes, I am tired," responded Reuben Benton.
"I have been in the saddle since before sun-up.
Sometimes it seems to me as if I had been riding
forever and a day."

The conversation ceased, and both men, leaping
from the backs of their tired horses, first stretched
themselves and then danced about in a manner not
in the least suggestive of weariness. The action,
however, was not so much to express their pleasure
as to give relief to the cramped muscles of their
backs and legs that now were almost numb.

The ponies manifestly, too, were glad of the
respite. It was a long trail from St. Louis, or
Pain Court, as the trading post frequently was
called ninety years before this story was written,
to the foothills of the Rocky Mountains. For

[3]

插圖七：*Scouting With Kit Carson*，書名頁。　　插圖八：*Scouting With Kit Carson*，書影。

所掩，故暫付闕如。文後有印章二方，并有林氏跋，以字跡不清，亦付闕如。"按：此爲上世紀初美國兒童讀物，著者 Everett T.Tominson（1859—1931）， 書名 *Scouting with Kit Carson*， 述美國西部開墾英雄 Kit Carson（1809—1868）事蹟，是一典型的 "牛郎紅人"（Cowboys and Indians）鬥爭故事。林紓早期與魏易（1881—1931）合譯狄更司（Charles Dickens），華盛頓歐文（Washington Irving，1783—1859）文學名著，晚年與毛文鍾和陳家麟合譯兒童讀物，實至可哀。

"《風流孽冤》三篇。法國小仲馬原著，閩縣林紓，侯官王慶通同譯。"按：此篇李氏未作説明。張俊才《林紓評傳》稱："《風流冤孽》，法國小仲馬原著，王慶通口譯。手書原稿 82 頁，存國家圖書館。"（頁 291）書名或應作《風流冤孽》。往歲赴中國國家圖書館查閱林譯稿本，未見此稿。

中國國家圖書館善本庫所藏林譯稿本，來源有二，林紓家人以外，高等教育出版社亦有捐贈。高等教育出版社贈書，似皆爲清抄本，包括《林紓翻譯小説未刊九種》已收，但爲不同抄本的《美術姻緣》（即《神窩》），《金縷衣》《情橋恨水録》《歐戰軍前瑣語》和《雨血風毛録》五種，其中《雨血風毛録》完整無缺，可補林贈本所缺。高等教育出版社贈書，包括三種 "孤本"：《秋池劍》《情幻》和《黄金鑄美録》。此外，《孝女履霜記》一種，可與中國社會科學院文學研究所圖書館藏本校勘。《林紓翻譯小説未刊九種》編訂時未曾參考這批稿本，至爲可惜。

《林紓翻譯小説未刊九種》，《盈盈一水》一種已刊，新刊實八種。中國國家圖書館所藏林譯稿本，包括未刊稿本四種：《秋池劍》《情幻》《黄金鑄美録》和《孝女履霜記》，至望能早日刊行。這批稿本皆是晚年譯作，甚少文學名著。僅有陳家麟合譯的《情幻》，所據爲托爾斯泰（Leo Tolstoy）的中篇小説《哥薩克人》（*The*

Cossacks）的英譯本[6]。

　　現存林譯稿本，有林紓手稿，亦有林紓校改別人清抄本。大抵林氏後人原藏者爲手稿，而高等教育出版社贈書，及中國社會科學院文學研究所圖書館購自文物商店者爲原商務印書館庫存，一‧二八劫餘之物，多爲清抄本。前人或以爲各書僅有一稿本，至疑胡懷琛所言，實誤。至於中國國家圖書館及中國社會科學院文學研究所圖書館所藏兩本《孝女履霜記》的關係，尚待北京（或他地）學人比勘探研。

　　感謝中國國家圖書館和中國社會科學院文學研究所圖書館，讓我看到珍貴的林譯稿本。不過旅途時間忽促，未能細讀，祇作了簡略筆記。端賴《林紓翻譯小説未刊九種》面世，我纔可以作較精詳研究。李家驥先生是林紓愛婿，我曾和他通訊，交換林譯影印件。對於他力謀出版林紓遺著，至爲敬佩。《林紓翻譯小説未刊九種》雖有不少誤失，但提供八種未刊林譯小説，其功實偉。

　　　　　　　　2007 年 7 月 23 日初稿，2008 年 6 月 20 日補訂

　　*承中國國家圖書館陳力副館長允許刊佈該館所藏林譯手稿書影，芝加哥大學（University of Chicago）東亞圖書館，香港大學馮平山圖書館舊同事林再霞，錢孝文，陳偉明提供書影，特此鳴謝。本文初稿於 2007 年 11 月，在南京大學舉行的“中美文化交流與圖書館發展國際學術研討會暨錢存訓圖書館開館典禮”宣讀。

注　釋

〔1〕樽本照雄：《林紓冤罪事件簿》（大津：清末小説研究會，2008），頁239—258。

〔2〕關於林譯歐‧亨利作品及莎士比亞和喬叟故事，詳見馬泰來：《林紓

翻譯作品全目》編目 036—040、087、116,《林紓的翻譯》(北京:商務印書館,1981),頁 67—68、79—80、86—87。

〔3〕胡寄塵:《林琴南未刊譯本之調查》,《小説世界》,第 13 卷第 5 期(1926年 1 月)。

〔4〕如鄭逸梅:《林琴南小説譯稿的被焚》,《清娛漫筆》(香港:香港上海書店,1965),頁 8—9。

〔5〕《中國社會科學院文學研究所圖書館藏古籍善本書目》(1993),頁 65。

〔6〕關於林紓和陳家麟合譯的其他托爾斯泰作品,見馬泰來:《張冠李戴的林譯托爾斯泰作品》,《萬象》,第 3 卷第 5 期(2001 年 5 月),頁119—123。

原載《清末小説》第 31 號(2008)

張冠李戴的林譯托爾斯泰作品
和譯壇幸運兒《泰西三十軼事》

　　1981 年商務印書館出版《林譯小説叢書》，精選林紓翻譯小説十種。其中英語作品六種，合譯者皆爲魏易：蘭姆（Mary Lamb，Charles Lamb）《吟邊燕語》（*Tales from Shakespeare*），司各德（Sir Walter Scott）《撒克遜劫後英雄略》（*Ivanhoe*），華盛頓歐文（Washington Irving）《拊掌録》（*The Sketch Book of Geoffrey Crayon, Gent.*），斯土活（Harriet Beecher Stowe）《黑奴籲天録》（*Uncle Tom's Cabin*），狄更司（Charles Dickens）《塊肉餘生述》（*David Copperfield*），哈葛德（Sir Henry Rider Haggard）《迦茵小傳》（*Joan Haste*）。日本作品一種，乃據英譯本轉譯，合譯者亦爲魏易：德富健次郎《不如歸》。法國作品二種：小仲馬（Alexandre Dumas, fils）《巴黎茶花女遺事》（*La dame aux camelias*），合譯者王壽昌；森彼得（Bernardin de Saint-Pierre）《離恨天》（*Paul et Virginie*），合譯者王慶驥。俄國作品一種，托爾斯泰（Lev Nikolayevich Tolstoi）《現身説法》（*Childhood, Boyhood, Youth*），合譯者陳家麟。其中《現身説法》一種，乃林紓晚年不經意之作，成就遠不及其他九種，被選入《林譯小説叢書》，大概是因爲原作者托翁緣故。

　　林紓和陳家麟前後共翻譯了托爾斯泰作品十種，主要收録中篇和短篇小説，應皆據英譯本重譯，而非據俄文原著。（1）《羅刹因果録》（上海：商務印書館，1915）。原刊《東方雜

誌》，11 卷 1—6 號，1914 年 7—12 月。本書爲林陳合譯的
第一種托爾斯泰作品，共收小説八篇，其中混入他人作品，
惜數十年來未爲人知。

（2）《社會聲影録》（上海：商務印書館，1917）。收小説二篇：《尼
里多福親王重農務》（*A Morning of a Landed Proprietor*），《刁
冰伯爵》（*Two Hussars*）。

（3）《路西恩》，刊《小説月報》，8 卷 5 號，1917 年 5 月。本篇
未署原作者，故一直未爲人知。原文爲托翁之 *Lucerne*。

（4）《人鬼關頭》（*The Death of Ivan Iliich*），刊《小説月報》，8
卷 7—10 號，1917 年 7—10 月。

（5）《恨縷情絲》（上海：商務印書館，1919）。原刊《小説月報》，
9 卷 1—11 號，1918 年 1—11 月。收小説二篇：《波子西
佛殺妻》（*The Kreutzer Sonata*），《馬莎自述生平》（*Domestic
Happiness*）。

（6）《現身説法》（*Childhood, Boyhood, Youth*），商務印書館，
1918 年。

（7）《球房紀事》（*Memoirs of a Marker*），刊《小説月報》，11 卷
3 號，1920 年 3 月。

（8）《樂師雅路白忒遺事》（*Albert*），刊《小説月報》，11 卷 4 號，
1920 年 4 月。

（9）《高加索之囚》（*A Prisoner of the Caucasus*），刊《小説月報》，
11 卷 5 號，1920 年 5 月。

（10）《三種死法》（*Three Deaths*），刊《小説世界》，5 卷 1 號，
1924 年 1 月。原未列合譯者，當亦爲陳家麟。

《羅刹因果録》所收七篇托爾斯泰小説爲：《二老朝陵》（*The
Two Old Men*），《觀戰小紀》（*The Incursion*），《幻中悟道》（*The
Godson*），《天使淪謫》（*What Men Live By*），《覺後之言》（*Ilyas*），

《島仙海行》（*The Three Hermits*），《訟禍》（*Neglect the Fire*）。
第八篇《梭倫格言》（*As Rich as Croesus*），則爲二十世紀初美國
人包魯烏因（James Baldwin）所作兒童讀物。這一張冠李戴的錯
誤十分嚴重。

　　包魯烏因是美國教育家，曾編撰書籍五十餘種，1910 年美
國學校所採用語文課本，約半數爲包氏編訂，年銷過一百萬册。
（見 *National Cyclopaedia of American Biography*（1910），XIV，p.
134.）其中《泰西三十軼事》（*Thirty More Famous Stories Retold*）
在中國更迄今流行不衰，屢被翻印及翻譯。

　　Thirty More Famous Stories Retold，1905 年初版。中譯本最
早者爲 1916 年商務印書館出版，林紓和陳家麟合譯的《秋燈譚
屑》，選譯包書中十五篇，及不知出處的《大演說家丹尼阿傳略》，
但不包括《梭倫格言》。其後，全譯者尚有李簡（1925 年）、楊
時英（1934 年）、秦瘦鷗（1935 年？）、黃深（1936 年），四書
皆作《泰西三十軼事》。黃深譯本，1936 年上海啓明書局出版，
英漢對照，并附注釋，至便讀者。有 1953 年香港啓明書局“港
一版”，又有 1973 年臺北正文書局聲稱“版權所有翻印必究”
的盜印本。正文書局盜印本改題譯述者“王大衛”，又删去黃深
“告本書讀者”短序。

　　Thirty More Famous Stories Retold，除 1905 年初版外，祇
有 1977 年美國 Core Collection Books 收入 *Children's Literature
Reprint Series* 的翻印本，主要是作爲歷史文獻。而中國在 1971
年有臺灣“商務印書館”的翻印本，書名作《泰西三十軼事》。
到了 1993 年，又有北京學苑出版社的張德懿、汪興平《西方
三十軼事》英漢對照全譯本。

　　至於 *As Rich As Croesus* 譯文，除收入《泰西三十軼事》（黃
深譯本作《像克里薩斯一樣富》）和《西方三十軼事》（作《像克

羅伊斯一樣富有》）外，亦見張德懿、汪興平譯《西方傳説故事選》（北京：中國對外翻譯出版公司，1984），和王志堅譯注《瞎子摸象》（上海：世界圖書出版公司，1996）（作《如克羅伊斯之富》）。《西方傳説故事選》和《瞎子摸象》二書所譯故事皆選自 James Baldwin 的 *Fifty Famous Stories Retold* 和 *Thirty More Famous Stories Retold*，英漢對照，目的是"幫助我國青少年和英語愛好者學習英語"。二十世紀九十年代，尚以二十世紀初的英語讀本爲教材，實可入海內軒渠録。（按：林紓翻譯 *Gulliver's Travels*，譯名作《海外軒渠録》。）

　　早在 1924 年，鄭振鐸已指出："在林譯的小説中，不僅是無價值的作家的作品，大批的混雜於中，且有兒童用的故事讀本。如《詩人解頤語》及《秋燈譚屑》之類，此二書本爲張伯司及包魯温所編的讀本，何以算作什麼'筆記'呢！"《梭倫格言》這一兒童故事被誤爲托爾斯泰作品，更是天大笑話。林紓説過"鄙人不審西文，但能筆述，即有訛錯，均出不知"。張冠李戴之失，合譯者陳家麟責無旁貸。

原載《萬象》第 3 卷第 5 期（2001）

無中生有的最早林譯《葛利佛利葛》

　　樽本照雄先生的《清末民初小説年表》（1999），據所編著《新編清末民初小説目録》（1997）重新排列，讀者對當時小説出版發展，可謂一目瞭然。

　　衆所共知，林紓翻譯作品最早的是《巴黎茶花女遺事》。可是《清末民初小説年表》於 1897 光緒 22 年下有《葛利佛利葛》一種："《葛利佛利葛（一名海外軒渠録）》2 卷，（英）斯尉夫特著，林紓，魏易譯。上海，珠林書店，1897。"較 1899 年面世的《巴黎茶花女遺事》早兩年。

　　翻檢《新編清末民初小説目録》，得知所據爲賈植芳，俞元桂主編的《中國現代文學總書目》（福州：福建教育出版社，1993）。複檢《中國現代文學總書目》，發現樽本照雄兩書此條全據賈俞目，未有增減。

　　珠林書店的本子，現存賈植芳先生當年工作的上海復旦大學圖書館。這是一本上世紀三十年代的鉛印本。正確書名是《葛利佛遊記（一名海外軒渠録）》，無版權頁，但有林紓光緒 32 年撰原序。

　　很明顯《中國現代文學總書目》工作者極不認真，《葛利佛利葛》書名根本不通。由於無版權頁，用了林序年份，但又誤光緒 32 年爲光緒 22 年。一誤再誤，最後弄出一本光緒 22 年出版的《葛利佛利葛》。賈植芳、俞元桂兩位主編難辭其咎。

　　本書的譯者，《中國現代文學總書目》作"林紓，魏易譯"，也有問題。珠林書店的本子并未提到林紓的合譯者，而《海外軒渠錄》的合譯者實不可考。我所見的早期商務印書館版《海外軒渠錄》，卷首皆作"閩縣林紓，長樂曾宗鞏同譯"，而版權頁則作"譯述者閩縣林紓，仁和魏易"。

　　珠林書店是上海一間小書店，1939 年胡仲持（1900—1968）和馮賓符（1914—1966）等人創辦，出版過一些好書（注），但《葛利佛遊記》的版本不佳。胡亂改書名作者，林譯原署作者"斯威佛特"，不是斯尉夫特。更不好的是增删原文：原書第一章的題目"記苗黎葛利佛至利里北達"被删去，而換上杜撰的"第一卷　小人國（利里北達）紀遊"。其他文字亦多被改易，如林序署年"皇帝"二字被删，書首"葛利佛曰"四字被删。可注意的是本書封面和書名頁，都沒有林紓名字，看來此書的賣點是英人木刻，而不是林紓的古文。

插圖一：珠林書店本《葛利佛遊記》封面

插圖二：珠林書店本《葛利佛遊記》書名頁

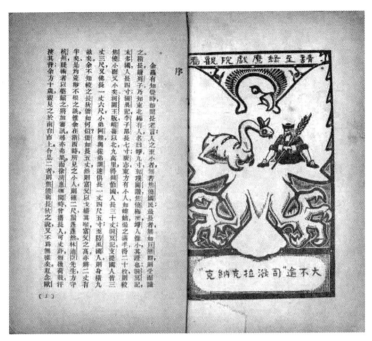

插圖三：珠林書店本《葛利佛遊記》卷首林紓序

插圖四：珠林書店本《葛利佛遊記》卷首林紓序

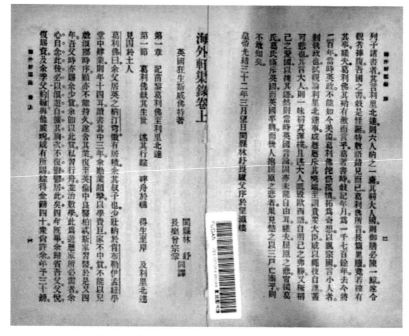

插圖五：商務印書館《說部叢書》本《海外軒渠錄》卷首

＊承復旦大學圖書館吳格、楊光輝兩位教授先後提供書影，謹此致謝。

註：胡仲持是胡愈之（1896—1986）弟，小傳見《上海出版志》（上海：上海社會科學院出版社，2000），頁 1079—1080。許覺民，《孤島前後期上海書界散記》，《收穫》，1999 年第 6 期，頁 125：“還有一家出版文藝書為主的珠林書店，出書較少，但很扎實。”

原載《清末小説》第 86 號（2007）

羅香林教授和我的林紓翻譯研究

　　這 30 多年來，我發表了多篇有關林紓翻譯作品的書目和文章，刊登在臺北、香港、北京、上海和日本的刊物上[1]，頗爲論者所稱許。亦因此而認識林紓的女婿李家驥先生和林紓的最重要合譯者魏易的女兒魏惟儀女士。

　　我的第一篇林譯書目《林琴南所譯小説書目》，承羅香林師推介，刊於 1967 年 5 月臺灣“商務印書館”發行的《出版月刊》。後來北京商務印書館在 1981 年爲八十五周年館慶刊行《林譯小説叢書》，其中《林紓的翻譯》小册，除收入鄭振鐸、錢鍾書和阿英三大家的舊文外，初擬重刊拙目。幸蒙上海胡道静先生看到出版信息，急急相告，始克於該書初校期間換上修訂頗大的新目《林紓翻譯作品全目》。該目林薇稱爲“是搜羅最爲完備，考訂最爲精審的一部林譯書目，代表了八十年代的研究水平。其後的幾種書目，都是在馬泰來‘全目’的基礎上寫成”[2]。但如果《林琴南所譯小説書目》未曾面世，未爲北京商務印書館所知，新目不會被收入流傳甚廣的《林紓的翻譯》（印數 13000 册），亦不會成爲今日研究林紓翻譯的基本文獻。

　　我少時已耳聞林紓翻譯外文小説的故事，又從西方電影知曉一些林譯作品，如：《塊肉餘生述》（ *David Copperfield* ），《撒克遜劫後英雄略》（ *Ivanhoe* ）和《鑄情》（ *Romeo and Juliet* ）。但直至我在 1966 年秋季進入香港大學中文系，纔在大學的馮平山圖書館看到數十種林譯，和林紓弟子朱羲冑《林畏廬先生學行譜記四種》內的林譯書目[3]。

　　林紓一共翻譯了英國哈葛德（Sir Henry Rider Haggard）小説25種（其中兩種未刊，恐已失佚），比其他任何作家的作品都多，一直以來，頗爲世人所病，認爲誤選二流作家，浪費精力。（錢鍾書是罕有例外。）其實大多人云亦云，未曾閱覽哈氏小説。五六十年代，香港英文中學採用 Longman 出版的英國文學簡本，有多種哈氏小説，包括：*King Solomon's Mines*（林譯《鐘乳髑髏》），*Allan Quatermain*（《斐洲煙水愁城録》），*Morning Star* 等。加上 *King Solomon's Mines* 和 *She*（《三千年艷屍記》）曾多次改編爲電影，我對哈氏小説并不陌生。碰巧當時英國 Macdonald & Co.（Publisher）重新發行哈氏小説數十種，我取之和林譯比對，始發覺朱羲冑目殊不可信。如《鬼山狼俠傳》，原書爲 *Nada the Lily*，朱目誤爲 *Cetywayo and His White Neighbours*；《英孝子火山報仇録》，原書爲 *Montezuma's Daughter*，朱目誤爲 *Maiwa's Revenge*；《三千年艷屍記》，原書爲 *She*，朱目誤爲 *Montezuma's Daughter*；《煙火馬》，原書爲 *The Brethren*，朱目誤爲 *Swallow*。而他人所編林譯書目，如：寒光《近代中國翻譯家林琴南》，《新中華》第 2 卷第 7 期（1934 年 4 月）；曾錦漳《林譯小説研究（上）》，《新亞學報》第 7 卷第 2 期（1966 年 8 月），所誤亦同。後方悉始作俑者是寒光。朱羲冑和他的老師林紓一樣，不懂外文。曾錦漳雖懂英文，但盲從前人，全未置疑。"研究"林譯小説，竟會未看過《三千年艷屍記》，認爲原著是 *Montezuma's Daughter*，實匪夷所思。

　　時至今日，林紓譯本已甚罕見。如曾錦漳僅見林譯 29 種，約佔林譯 1/6。以至編訂林譯書目者，大多未睹原書，轉相販抄，又或以意測度，未可爲據。

　　我編訂《林琴南所譯小説書目》之初，所據爲香港大學馮平山圖書館所藏林譯單行本 89 種，及《東方雜誌》《小説月報》等雜志所刊載林譯。1967 年初，香港大學中文系舉辦英人韋利（Arthur Waley，1889—1966）著譯及林譯小説展覽，展出林譯 97 種，皆羅香林師情商私人借出，其中有多種爲馮平山圖書館乏藏。至此林譯多已得讀。

　　尋找外文原書則困難重重。林氏所譯不少爲 19 世紀末 20 世紀初歐美流行小説，時過境遷，在歐美亦不易覓見，遑論在香港。所以《林琴南所譯小説書目》之編訂，雖盡量比對原書，仍有依賴外文工具用書，測度原著書名，謬誤與前人同。

　　1970 年，我赴美國芝加哥大學，進修東亞圖書館學，後在遠東圖書館工作。適圖書館從香港購得林譯小説 20 餘種，大部分是商務印書館原本，少部分是影印本，引起我重新編訂林譯書目的念頭，遂遍訪北美各大東亞圖書館，追尋林譯。又承遠方友好影寄林譯首末書影。1981 年，《林紓翻譯作品全目》完成，所著録林譯，除未刊者外，未見原書或書影的，不過 6 種。

　　在美國尋找林譯所據原著，遠比在中國容易，但亦非唾手可得。例如林譯小仲馬（Alexandre Dumas，fils）小説 6 種，芝加哥大學僅藏《巴黎茶花女遺事》(*La dame aux camelias*) 及《九原可作》(*Le docteur servans*) 二種。至於哈葛德的一些小説，亦多歸入圖書館特藏部，閱覽需特別申請。僅 *King Solomon's Mines* 及 *She* 二種尚未絶版，仍可在大部分書店購得。幸好美國圖書館館際互借制度完善，我除親訪各地圖書館外，亦賴互借取得一些罕見西文小説。

　　《林紓翻譯作品全目》録林譯作品 184 種，計單行本 137 種，未刊 23 種，8 種存稿本。共考出書名 118 種，其中 46 種補正前人所失考或誤考。各書皆以林譯首尾部分書影與原著比對，確保無誤。

林紓不懂外文，一些原作者張冠李戴之誤，皆應由合譯者負責。可惜後來編訂林譯書目的人，亦未能指出錯誤，而其中錯誤有甚嚴重者。如林譯托爾斯泰（Lev Nikolayevich Tolstoi）《羅剎因果錄》，收入中短篇小說八篇，其中《梭倫格言》（*As Rich As Croesus*），并非托氏作品，而爲美國人包魯烏因（James Baldwin）所撰兒童讀物，見其 *Thirty More Famous Stories Retold*。按：*Thirty More Famous Stories Retold* 在中國極流行，林譯《秋燈譚屑》，選小說 16 篇，未收入《梭倫格言》。林譯以外，全譯者有李簡（1925 年）、楊時英（1934 年）、黃深（1936 年），三書皆作《泰西三十軼事》[4]；近年又有張德懿、汪興平譯本，《西方三十軼事》（北京：學苑出版社，1993 年）。不過《羅剎因果錄》收入包魯烏因故事，則一直未爲人知。

林紓早期翻譯每附序跋，可見其翻譯緣起和感想。阿英《晚清文學叢抄·小說戲曲研究卷》[5]，收錄林譯 64 種序跋，最便查檢。近人所編林紓書話，亦多轉抄阿英書。我因搜集林譯，得見阿英失錄林譯序跋三篇：Michael Haberlandt《民種學》（*Volkerkunde*）譯序，Thomas Arnold（1795—1842）《布匿第二次戰紀》（*The Second Punic War*）譯序和 John Gibson Lockhart《拿破崙本紀》（*History of Napoleon Buonaparte*）譯序。三書皆非小說，爲林譯研究提供一新方向。

《林紓翻譯作品全目》發表後，林譯作品續有三種被發現。李家驥先生主編之《林紓翻譯小說未刊九種》亦在 1994 年面世。[6] 我則再補考出原著六種。至於林譯原書，我現未見的僅《滑鐵盧戰血餘腥記》一種。近年又在北京各圖書館得見一些林譯稿本，擬他日撰文論考，兼及李書失誤處（如誤并二書爲一書，已刊書誤爲未刊）。

　　我的林譯研究，無徵不信，林譯和外文原著都翻檢原書，所以能補正前人失考及誤考，提供可靠書目資料。飲水思源，如果 30 多年前没有羅香林師及香港大學馮平山圖書館提供百餘種林譯，和羅師的鼓勵及推介，我可能不會開展我的林譯原著考證。

後　記

　　這是一篇十多年前的舊作，1998 年 12 月 19 日在香港舉行的 "羅香林教授逝世二十周年學術研討會" 上宣讀，後收入《羅香林教授與香港史學——逝世二十周年紀念論文集》（香港，2006 年）。論文集未公開發行，流通不廣。現略修訂，補加後記。

　　"鴛鴦繡取從君看，要把金針度與人"，可是文章并未提到我如何考證林譯原著。現在補加幾個實例。

　　我的考證多先從作者入手。如知道作者名字，考證書名，一般不難。當然大前提是先找到林譯或林譯書影，可以比對。林紓前後翻譯過哈葛德作品 25 種（其中二種未刊），而哈葛德是 Sir Henry Rider Haggard，人所共知。衹要掌握林譯和哈葛德英文原著比對，即可確認。但前人并不如此，一人誤認，衆人盲從，并未再花力氣動手查對，以至不少林譯哈葛德作品，一直缺乏原著書名，而附有書名的，又多訛誤。寒光、朱羲冑、曾錦漳及韓迪厚四人皆誤者八種，包括有名和易得的 *She*，*Nada the Lily*，*Montezuma's Daughter* 和 *Eric Brighteyes*。23 種林譯哈葛德作品，原著書名我全部找到，包括補訂其中 11 種書名，幾達半數。

　　有些作者是要考訂的。《沙利沙女王小紀》，作者伯明罕，應該是 Birmingham。我遍查當日小説家姓 Birmingham 者，找到

George A.Birmingham，再設法找他的作品。最後利用館際互借，看到堪薩斯大學（Univeisity of Kansas）圖書館藏的 *The Island Mystery*，纔曉得這不過是一冒險小說，不是朱羲冑所置的"傳記軼事"。

Robert William Compton 和中村忠行，頗熟 19 世紀末 20 世紀初的偵探小說和間諜小說。他們提到了一些作者，我據之地毯式轟炸，盡量找他們的作品。這樣我考證出魁特（William Le Queux）的《俄宮秘史》是 *The Secret Life of the Ex-Tsaritza*；亞波倭得（Allan Upward，1863—1926）的《賂史》是 *The Phantom Torpedo-boats*；蜚立伯·倭本翰（E.Philips Oppenheim，1866—1946）的《藕孔避兵錄》是 *The Secret*。

歷史小說較易追訪。《蓮心藕縷緣》述 Charles Brandon（c.1484—1545）和英王亨利第八之妹 Mary Tudor（1496—1533）的愛情故事，原著是 Charles Major 的 *When Knighthood Was in Flower*。我童年時看過據該書改編的電影 *The Sword and the Rose*（1953），依稀記得故事，一索即得。至於巴文（Marjorie Bowen，1885—1952）的《妖髡繯首記》（*Carnival of Florence*），談的是 Medici 家族。

又如阿納樂德（Thomas Arnold）的《布匿第二次戰紀》，我初未見林譯，猜想或述南非的 2nd Boer War，但遍查書目，一無所得。後來找到林譯，方知道是關於加達斯（Carthage）名將韓尼伯（Hannibal）抗拒羅馬大軍始末的史籍。再考訂原書，唾手即得，就是 *The Second Punic War*。

我前後找到了一些林譯名著和傳說的改寫本的底本。《荒唐言》不是 *Faerie Queene*，而是麥裡郝斯（Sophia H.Maclehose）改寫的 *Tales from Spenser, Chosen from the Faerie Queene*。《怪董》是伯魯夫因支（Thomas Bulfinch）的 *Legends of Charlemagne*。

1916 年至 1925 年，《小説月報》和《小説世界》先後刊登九篇林譯的《坎特伯雷故事》（*Canterbury Tales*），但無説明，僅其中《林妖》（*The Wife of Bath'S Tale: The Court of King Arthur*）署"曹西爾原著"，以致朱羲冑和 Robert William Compton 都誤列其中《雞談》（*The Nun's Priest's Tale: The Cock and the Fox*）和《三少年遇死神》（*The Pardoner's Tale: The Death-slayers*）兩篇於《紅篋記》（*Seaward for the Foe*）名下。這九篇《坎特伯雷故事》原來皆出自 Charles Cowden Clarke 的 *Tales from Chaucer in Prose*，僅一篇未見（未譯？）。這個發現我特別自豪。

最後，補充一些新材料。關於林譯底本的考訂，近年有長足的進展。我做林譯底本考訂時，全賴翻書，靠館際互借；没有 Google，没有網上書籍可供閱讀或購買。做研究最重要的仍是人，工具祇能輔助，工具不會提出問題。近年樽本照雄、渡邊浩司和張治等人對林譯底本的考訂，貢獻最大。

拙文《林譯遺稿及〈林紓翻譯小説未刊九種〉評介》，先後刊於《清末小説》第 31 號，2008 年 12 月；及《圖書爲媒，溝通中西》（南京：南京大學出版社，2010 年）。前者附有林譯稿本珍貴插圖多幅。

林譯《民種學》現已爲學術界重視，見 Jing Tsu（石静遠），*Failure, Nationalism, and Literature : The Making of Modern Chinese Identity, 1895—1937*（Stanford：Stanford University Press，2005），pp.69—71.

先師羅香林教授，早歲肄業清華大學史學系及國學研究院，受業於梁啓超及陳寅恪等大師，又爲朱希祖愛婿。1951 年受聘於香港大學中文系，1964 年任系主任，1968 年榮休。1978 年 4 月 20 日去世。我在香港大學時，從羅師念唐史、明史、中西交通史及香港前代史。

　　羅師於 1936 年至抗日戰争勝利，任廣州市中山圖書館（即今日廣東省立中山圖書館）第二任館長，乃圖書館界前輩——其前任爲杜定友，繼任則爲其夫人朱倓。

注　釋

〔1〕較重要的是《林琴南所譯小説書目》,《出版月刊》第 24 號，1967 年 5 月;《林紓翻譯作品全目》，收入《林紓的翻譯》（北京：商務印書館，1981);《林紓譯書序文鈎沉》,《清末小説研究》第 6 號，1982 年 12 月;《林譯提要二十二則》，收入《香港大學馮平山圖書館金禧紀念論文集》（香港：香港大學馮平山圖書館，1982);《林紓翻譯作品原著補考》,《清末小説》第 16 號，1993 年 12 月。

〔2〕林薇:《百年沉浮——林紓研究綜述》（天津：天津教育出版社，1990)，頁 86。

〔3〕馮平山圖書館所藏是臺北世界書局 1961 年翻印本，改名《林琴南先生學行譜記四種》。

〔4〕北京圖書館編:《民國時期總書目（1911—1949）·外國文學》（北京：書目文獻出版社，1987)，頁 37。黄深譯本，有 1954 年香港啓明書局翻印本。

〔5〕阿英:《晚清文學叢抄·小説戲曲研究卷》（北京：中華書局，1960)。

〔6〕李家驥主編:《林紓翻譯小説未刊九種》（福州：福建人民出版社，1994)。

原載《天禄論叢》3 期（2013)

讀《中國善本書提要》劄記

　　早一輩的圖書館界學人，我最敬佩的是王重民先生。他的學問淵博，公認是一流學者。他又身體力行，曾任北京圖書館（今中國國家圖書館）和北京大學圖書館學系管理高層多年。而其事業生涯最後二十年是培育下一代的圖書館員。這樣全方位獻身，實爲罕有。我在 1966 年進入香港大學，即在文章內引用王先生的《美國國會圖書館藏中國善本書錄》。[1]《中國善本書提要》出版後，我剛好到上海，上海古籍出版社錢伯城和魏同賢兩位先生給我信息，令我喜出望外，即用稿費購置。（發票現在還留在書內，書價 7.95 圓。）回到美國，出席 1984 年 3 月（北美）東亞圖書館協會（Committee on East Asian Libraries）年會，會上王先生在國會圖書館的舊同事 Edwin G. Beal, Jr. 提到王先生。我就告訴大家，王先生已被平反，剛有遺著出版。大家反應熱烈[2]。

　　《中國善本書提要》發掘新資料極多，如《新刻金瓶梅詞話》提要，引用薛岡《天爵堂筆餘》，即爲佳例。平日翻閱，間爲短劄，茲選若干，以表敬意。

大學古本一卷大學述一卷大學述答問一卷。一冊。（北圖）

　　明萬曆間刻本。明許孚遠撰。

　　卷內有“閩中徐惟起藏書印”，自序後有跋云：“敬菴許公開府閩中日，梓《大學古本》而述其旨，加惠後學，末附《答問》《支言》《雜著》三種，斯本初行者，故缺焉，他本則爲全書也。《支言》《雜著》更有三葉尚俟抄補，崇禎丁丑仲春徐興公書。"（頁 39）

　　按：徐跋原文作"更有三十葉，尚俟抄補"。

莊子十卷。五冊。（北大）

　　明刊本。原題："宋福清鬳齋林希逸注，明同邑後學施觀民校。"《福建通志》卷二百八《良吏傳》云："觀民字子我，嘉靖乙丑進士。爲户部主事，遷員外郎，由常州知府，擢廣東副使，歸卒。"按乙丑爲嘉靖四十四年。又考《廣東通志·職官表》，萬曆四年有兩按察副使，而施氏在先，蓋赴任未久即歸。此本未必爲觀民告歸後所校，相其版式，殆爲嘉、隆間刻本。（頁 236）

　　按：此爲萬曆二年施觀民任常州知府時校刊《鬳齋三子口義》零本，其餘二種爲《老子口義》《列子口義》。《鬳齋三子口義》有萬曆二年趙秉忠撰《刻〈三子口義〉序》云："歲甲戌謁告歸，過晉陵，同年施龍岡刺史……出所刻《口義》示余，且命之序。"趙秉忠，福建甌寧人，與施觀民同爲嘉靖四十年舉人，趙萬曆二年成進士，非萬曆二十六年狀元山東益都人趙秉忠。施觀民因在常州興建龍城書院，被革職閑住，告歸并非自願。茲錄公私文獻各一。《明神宗實錄》卷八十三，萬曆七年正月二十二日："命毀天下書院。原任常州知府施觀［民］以科斂民財，私創書院，坐罪著革職閑住。并其所創書院，及各省私建者，俱改爲公廨衙門，粮田查歸里甲，不許聚集遊食，擾害地方。仍勅各巡按御史、提學官查訪奏聞。"沈德符《萬曆野獲編》卷二十四："今上初政，江陵公痛恨講學，立意剪抑。適常州知府施觀民以造書院科斂見糾，遂徧行天下拆毀。其威令之行，峻於世廟。"施在常州實有建樹。董應舉《與連江張教官》函稱："施龍岡之在常州，立社課士，其科捷者二十二人，而榜首顧涇陽也，殿元孫柏潭也，餘多聯捷。至今常州甲於吳下，龍岡之教也。"顧涇陽就是後來東林書院的顧憲成，他的《祭龍岡施老師》文，頗多引疚之詞："吾師之存也，既不能明目張膽，白見冤狀，揭之日月之下；及其一旦而溘然也，又不能走千里，酌巵酒以薦几筵，伸無涯之感，進而有慚於欒生，退而有慚於孺子。"今人談論東林書院，罕有提及顧憲成就學的龍城書院和他的恩師施觀民的影響。又明代每省置按察使一人，副使則無定員，除分巡道副使多人外，尚有兵備副使、提學副使等。[道光]《廣東通志》所載萬曆四年任副使的許嶽，乃施觀民同僚，非其繼任。施之離粵返閩，不在萬曆四年。

孫子書三卷。三冊。（北圖）

明隆慶間刻本。原題："福建泉州府晉江縣後學虛舟趙本學校解引類，明江都王朝相輯錄。"

朝相跋云："今總督左司馬二華先生，以是篇翻刻於燕，五道諸公，踴躍各捐俸助梓……余就而往應，授館梓之。"然則本學是書原有閩刻本；此本爲左大司馬所翻刻，而命朝相主校梓之役者。（頁 243）

按：總督左司馬二華先生爲譚綸，隆慶元年以兵部左侍郎兼右僉都御史，總督薊、遼、保定軍務。

新鐫繡像醉醒石小說十五回。八冊。（北圖）

明刻本。（頁 403）

按：本書所述，雖多爲明朝時事，但撰寫時已入清。如第二回："祇是明季做官的，朝廷增一分，他便乘勢加增一分……"第十二回："祇待[甲]申、[乙]酉之年，更易天下。"非明人所能言，所敢言。此書應無明刻本。姚廷遴《歷年記》

提到"高祖，諱一祥，號筠石公，由太學生授江西臨江府知事。嘗兼攝司獄，曾鬻産救囚，删除苛歛。監司褒獎。遷九江知事。以疾終……順治十年二先伯至山西遼州，買小説一本，有高祖救囚實事載焉"。該小説無疑就是《醉醒石》，該書第一回述姚一祥行善事。《醉醒石》最晚在順治十年已面世。不過北圖藏本是否爲順治初刊本，尚乏確證。稱之爲"清初刻本"較妥善。

唐眉山詩集十卷。二册。（北大）

清雍正間刻本。宋唐庚撰。卷内題："歸安汪亮采校訂。"《四庫》即據此本著録。然汪刻《全集》凡二十四卷，此僅存《詩集》十卷。（頁 526）

按：雍正三年汪亮采南陔草堂刊印唐眉山詩集十卷文集十四卷，活字印本，非刻本。

龍江集十四卷。八册。（北圖）

明隆慶間刻本。

卷内有："徐𤊻私印""徐印惟起""鄭氏注韓居珍藏記"等印記。（頁 582）

按：卷内尚有"徐孺子"印記。"徐孺子"，以東漢"南州高士"徐稺最具名望。徐稺和《龍江集》無關。根據徐𤊻藏書上印記組合，"徐孺子"應該是徐𤊻父徐㭿。紅雨樓藏書，有先屬徐㭿，後歸徐𤊻者，可據印記確定。《龍江集》："徐孺子""徐𤊻私印""徐印惟起"（原北平圖書館舊藏，現寄存臺北"故宮博物院"）。《陶靖節集》："子瞻""徐㭿私印""徐氏興公""徐𤊻之印"（厦門大學圖書館藏）。《文心雕龍》："徐㭿之印""南州高士孺子之家""鼇峰清嘯""閩中徐惟起藏書印""閩中徐𤊻惟起藏書""徐印惟起""風雅堂印""晉安徐興公家藏書""徐氏興

公”“興公”“緑玉山房”（北京大學圖書館藏）。《自警編》：“子
瞻”“南州高士孺子之家”“晉安徐興公家藏書”（福建省圖書館
藏）。《武經摘要》：“子瞻”“南州高士孺子之家”“徐氏藏書”“閩
中徐惟起藏書印”（廣東省中山圖書館藏）。其中《武經摘要》
之信息最重要。徐𤏋，字子瞻，而“子瞻”“南州高士孺子之
家”“徐氏藏書”三印一排，當爲同時蓋印，可證“南州高士孺子”
和“子瞻”是同一人。至於《陶靖節集》，徐𤊻題記稱：“此集先
君少所披閲，筮仕之後，攜之四方，珍若拱璧，蓋五六十年前，
陶集僅有何氏一注爲善，他無別梓也。年來刻本甚多，余獨寶
此者，手澤存也，子孫其重之哉。”《文心雕龍》，徐𤊻題記稱：“先
人舊藏此本，已經校讎。”二書爲徐𤏋舊藏，徐𤊻題記及徐𤏋印
記實爲鐵証。《龍江集》雖乏徐𤊻題記，“徐孺子”印記仍足証
明其爲徐𤏋舊藏。

方山薛先生全集六十八卷。二十四册。（北大）

　　明嘉靖間刻本。

　　明薛應旂撰。按應旂先刻《文録》二十二卷，後則隨作隨
刻，凡有《隨寓録》《詩稿》《外録》等編，此則彙刻諸編爲一集，
另爲重刻者也。惜無重刻序跋，不知刻於何地。（頁614）

　　按：歷來諸家著録，包括《第三批國家珍貴古籍名録圖録》，
皆訂此爲嘉靖刻本，僅出版地待考。書中敘事，已及隆慶六年，
如《常州府重修儒學記》，撰於“隆慶壬申春三月既望”；《龍城
書院記》謂“是役也，經始於隆慶壬申之五月，不逾年而告成”。
本書爲明隆慶末，甚或萬曆初刻本。

太霞洞集三十二卷附藝極一卷雜序一卷。八册。（北圖）

　　明天啓間刻本。原題：“榆中杜文焕弢武甫著，於越余儼望

之甫校，毗陵王廷宰毗翁甫訂。”按文焕爲杜桐之子，原籍崑山，徙延安衛。父子併爲明代邊將，衛守西北有功，事蹟詳《明史》卷二百三十九本傳。明亡後，文焕返崑山以卒。是集刻於天啓初，非其全也。（頁660）

按：此爲弘光朝刻本。多處提到擁戴福王登基事。卷十五有《仲夏十九日，結盟同志文武十八人，北上勤王，登舟起行間，忽聞北都失守，帝后上賓，詩以哭臨》，《與同盟文武及子姪輩迎今上於燕磯行殿，敬述一章》，《吉日辰良登極行宮恭述》，《乙酉元日早朝武英殿》諸七言律詩；卷十一有《仲夏吉日逢迎主上於舟中召見賜茶勞問恭述》，《同群臣連章勸進》諸五言律詩。弘光朝刻本，罕見。王氏誤訂此爲天啓間刻本，或因有天啓元年傅淑訓序，及天啓二年錢希言後序。

棘門集四卷。二册。（北圖）

明崇禎間刻本。原題：“吳郡姚希孟孟長甫著。”（頁671）
按：此爲殘本，原書八卷。

風唫集三卷。三册。（北圖）

明崇禎間刻本。原題：“吳郡姚希孟孟長甫著。”（頁671）
按：此爲殘本，原書六卷。

大江草堂二集十八卷。八册。（北圖）

明崇禎間刻本。原題：“閩中陳衍磐生著，徐鍾震器之較。”
初集刻成於崇禎十二年，是集自序署“甲申臘日”，已在崇禎殉國之後矣。（頁679）
按：北圖本卷首稍有殘缺。南京圖書館藏本有陳衍子陳涓識語，知此實爲弘光元年刻本，詳徐憶農爲《福建叢書》本撰介紹，此處不贅。此書實十九卷，卷四重出。卷一至卷八，詩，每卷卷首皆題"徐鍾震器之較"。卷九至卷十八，文，每卷卷首皆題"孫昭彥回較"。校者二人，非僅徐鍾震。

雪樵文集不分卷。八冊。(北圖)

稿本。清徐鍾震撰。鍾震字器之，閩縣人。徐燉之孫，父陸，早逝。(頁 680)。

按：《大江集》卷十九有陳衍撰《徐存羽墓誌銘》。徐存羽，即徐陸。《雪樵文集》極富徐家史料，其中又以《先大父行狀》最爲重要，包括徐燉生卒、著作、生平等等，可惜一直未見徵引。

京本雲合奇蹤二十卷。十冊。(北圖)

明萬曆間刻本。原題："徐渭文長甫編，玉茗堂評點。"(頁 693)

按：此書現置於"集部曲類"，誤。當移往"子部小説類"。

後語：本書"北圖"藏書，多爲前國立北平圖書館藏善本，第二次世界大戰時運往美國國會圖書館存放，戰後美方送往臺灣，現存臺北"故宮博物院"。國人知者不多，每以爲書在北京之國家圖書館。《中國善本書提要》他日再版，如該批善本尚未珠還，理當説明。

注　釋

〔1〕《明版水滸傳插圖二種書後》，《(香港大學) 中文學會年刊》，1966—1967 年，頁 122—123。

〔2〕*Committee on East Asian Libraries Bulletin*，Number 74 (June 1984)，p.13.

原載《版本目録學研究》第 5 輯（2014）

《美國普林斯頓大學東亞圖書館藏〈永樂大典〉》前言

　　美國普林斯頓大學東亞圖書館葛思德文庫（Gest Collection）所藏中文善本，質量并佳，在北美與美國國會圖書館及哈佛燕京圖書館鼎足。其中《永樂大典》二册，尤爲珍貴，不單前此未收入任何影印本，又因卷次被改易，而且自 1963 年以來藏地被誤導，以致罕爲人知。

　　關於現存《永樂大典》之調查，最早者爲袁同禮，1929 年撰《永樂大典現存卷目表》[1]，未提葛思德文庫藏卷。1933 年再版單行本，方收錄葛思德文庫藏卷一萬四千九百四十九及卷二萬五百七十三。同時補收卷一萬四千九百四十八及卷二萬五百七十二，皆瑯琊王氏藏。普大葛思德文庫所藏《永樂大典》二卷，來源應與瑯琊王氏藏本同。

　　袁氏《永樂大典現存卷目表》再版本，後刊《圖書季刊》新 1 卷 3 期（1939 年）[2]，但二者似皆爲世人忽略。時至今日，有關現存《永樂大典》報導，都從岩井大慧《永樂大典現存卷目表（新訂）》的説法[3]。不幸岩井無故改易葛思德文庫爲波士頓文庫。[4]最普及的張忱石《永樂大典史話》（北京：中華書局，1986），和最近張升的《〈永樂大典〉現存卷目表》[5]，都誤從岩井大慧。以致今日不少學人遠道到波士頓圖書館查訪《永樂大典》。

　　屈萬里編《普林斯頓大學葛思德東方圖書館中文善本書志》（臺北：藝文圖書公司，1975），亦有失誤。

　　《永樂大典》存二卷，二冊一函。明解縉等撰。

　　明嘉靖隆慶間內府重寫本。小字十六行二十八字。版匡高三五‧三公分，寬二三‧三公分。

　　是本存卷一萬四千九百四十九，即《婦人證治》第二十五；又卷二萬五百七十三，即《大寶積經》卷八：計二卷二冊。《大寶積經》卷八末，有重錄總校官秦鳴雷，王大（化）［任］，分校官林㷫，寫書官沈洧，圈點監生馬承志，吳璈等銜名。（頁 326）

　　細檢原書，卷二萬五百七十三卷次曾作修改。卷端、尾題及版心，原皆作“二萬三百七十三”。其中卷端及尾題改動尤極細心，不易察覺。《連筠簃叢書》本《永樂大典目錄》，卷二萬三百七十三爲《大寶積經》卷八，與普大藏卷合。此外，《永樂大典存目》[6]，鈐翰林院印，袁同禮疑爲“乾隆時館臣檢查之底冊”。頁 130“入聲‧二積”目下，載“積卷二萬三百七十二至二萬三百九十，十本”，可證普大藏本卷次“卷二萬五百七十三”乾隆後被改動。

　　瑯琊王氏藏本《永樂大典》，卷一萬四千九百四十八，現存中國國家圖書館，編號 7201，見《北京圖書館古籍善本書目》（北京：書目文獻出版社，1987），冊 4，頁 1549；卷二萬五百七十二，現存臺北“中央圖書館”，編號 08015，見《“國家圖書館”善本書志初稿‧子部》（臺北：“國家圖書館”，2000），頁 356。2001 年 11 月，我函請該館善本部盧錦堂主任代檢，得悉該卷情形與普大藏卷如出一轍，卷次經後人改動，原爲卷二萬三百七十二。

　　1960 年中華書局影印本《永樂大典》所收卷一萬四千九百四十九及卷二萬五百七十三（應爲卷二萬三百七十三），皆爲仿抄本。1962 年臺北世界書局翻印本同。中華書局編輯部影印《永樂大典》時，指出"仿抄本第二零五七三卷積字，據連筠簃刻本《永樂大典目錄》，這一卷應當是二零三七三"。可惜當時中華書局諸君未見原寫本，未能下定論。

普大藏卷二萬三百七十三，卷首有粘簽印記：卷內／共書［一］種計［　　］條／乾隆三十八年［十一］月［十五］日發寫［　　］謄錄。方括號原爲留空，文字墨寫後補。可證此卷於纂修《四庫全書》時曾被謄錄備用。

今日海外所藏《永樂大典》，不少爲英法兩國軍人在 1860 年第二次鴉片戰爭攻陷北京後掠得的戰利品。普林斯頓大學東亞圖書館葛思德文庫所藏兩册《永樂大典》，來源稍異，乃美國人義理壽（I.V. Gillis，1875—1948）1930 年在北平代其東主葛思德（Guion Moore Gest，1864—1948）購得，運往北美。

義理壽是一位奇人，海軍世家，他和他的父親先後畢業於美國海軍學院（U.S. Naval Academy），父親曾官拜海軍少將。1904 年至 1919 年，義理壽在美國駐日和駐華領事館任海軍武官，負責情報工作。退役後，留在北平從商。（極有可能仍從事情報工作。）[7]他和中國的一些官僚與知識分子關係密切，包括陳寶琛（1848—1935）、蔡元培（1868—1940）、袁同禮（1895—1965）等。葛思德文庫的書籍，不少是通過這些人而購得。胡適（1891—1962）對義理壽的版本判斷極爲賞識。葛思德文庫藏有 5359 册的《磧砂藏》，分屬宋刻、元刻、明刻和明抄本。義理壽逐一判斷其版本。胡適認爲："我曾仔細覆檢，可以說百分之九十八九不錯的！這位海軍武官的眼力很高明的。"[8]

義理壽從何購得該二册《永樂大典》，尚待追訪。此二册卷次與瑯琊王氏藏卷相連，應爲同時散出，分歸二家。翻查葛思德文庫檔案，義理壽在 1930 年 11 月 16 日上報以美元 325 購得兩册《永樂大典》。

馬泰來識於普林斯頓大學東亞圖書館
2013 年 11 月 4 日

注　釋

〔1〕《北平北海圖書館月刊》，第 2 卷第 3/4 期，1929 年 3—4 月。

〔2〕近日收入《袁同禮文集》北京：國家圖書館出版社，2010，頁 174—198。

〔3〕《岩井博士古稀記念典籍論叢》（東京：岩井博士古稀記念事業會，1963），頁 1—70。

〔4〕岩井大慧：《袁氏永樂大典現存卷目表補正》，收入《池内博士還曆記念東洋史論叢》（東京：座右寶刊行會，1940），頁 99—162，未誤，作葛思德文庫。但世人皆引用 1963 年誤改的新訂版。

〔5〕收入《〈永樂大典〉研究資料輯刊》（北京：北京圖書館出版社，2005）。

〔6〕《國立北平圖書館館刊》第 6 卷第 1 號，1932 年。

〔7〕近日美國海軍研究所出版社出版義理壽傳記，提供不少新史料。Bruce Swanson with Vance Morrison, Don H. McDowell and Nancy Tomasko, *A Plain Sailorman in China: The Life and Times of Cdr. I.V. Gillis, USN, 1875—1948*（Annapolis：Naval Institute Press, 2012）

〔8〕胡適：《記美國普林斯頓大學的葛思德東方書庫藏的〈磧砂藏經〉原本》，《大陸雜誌》第 19 卷第 10 期，1959 年 11 月，頁 2。

原載《版本目録學研究》第 5 輯（2014）

建置華文古籍權威檔芻論

一、前言

　　在美國大學東亞圖書館工作二十多年後，我去年返回母校香港大學圖書館任事。香港的華文圖書編目，和我熟習的研究圖書館資訊網（RLIN）及國際電腦圖書館中心（OCLC）的格式，大同小異，因此適應甚快，但亦頗不以爲然。

　　美國的東亞圖書館從前都是手工編目，因此雖然是根據《英美編目條例第二版》（AACR2），并採用美國國會圖書館（Library of Congress）發行的編目卡片，一般而言各圖書館多各自爲政，缺乏交流，亦無人名、書名規範化的觀念。及至八十年代，不少大學東亞圖書館和一些研究圖書館，分別參與 RLIN 或 OCLC 的中日韓（CJK）圖書編目，落實資源共享，編目規範化始被重視。而各圖書館都是依據美國國會圖書館的權威檔。

　　美國圖書館以其國會圖書館的權威檔爲最終權威，理所當然。由於美國國會圖書館資源豐富，其他國家和地區的英文編目，不少亦採用其書目紀錄，信賴其權威檔。但在華文社會裏，美國國會圖書館的分類法、主題詞表和權威檔等都并不完全合適。兹舉二例。一、中國地理，美國國會圖書館分類法主要是按地名 A，B，C 拼音次序排列，似有秩序，而實無秩序。不如各種華文分類法按省份，自市縣而鄉鎮，條理清楚，尋找資料方便。二、人名號碼，國會圖書館亦是按英文拼音。由於別無他法，差強人意。不過近日國會圖書館決定捨棄韋德—詹理士（Wade-Giles）系統，而用漢語拼音，以致同一姓氏或分列二處：如張姓分列於 C 及 Z，徐、許分列於 H 及 X，令讀者無所適從。反客爲主，華文排列次序爲英文拼音所牽領。

至於華文古籍，問題尤嚴重。例如《莊子》一書，美國各圖書館都採用一不爲大衆知曉的統一書名：《南華經》。《醒世姻緣傳》作者則被强定爲蒲松齡，雖然原書作“西周生”。祇因美國國會圖書館的權威檔標目如是。

華文書籍編目，固然需要依據國際標準[1]，但同時亦得參照國情，加以修訂，不能墨守。本文僅就華文古籍權威檔建檔，提出一些意見，亦野人美芹，與世共享之意云爾。

二、規範舉隅

（一）以華文爲本

名從主人，華文權威檔應以漢字（繁體）爲本。如因促進國際交流，可酌加別種文字的連接標目（linking heading）。如：孔子，可於 700 加 Confucius；鄭成功，可加 Cheng Ch'eng-kung, Zheng Chenggong 及 Koxinga。

（二）人名標目宜從衆

《英美編目條例第二版》於選擇標目時主要是取人所熟知[2]，而中國傳統編目則是按本名。一般而言，用本名較易規範，但亦不必墨守不變。正如正史列傳，一般用本名，但亦有例外。如唐初名將"尉遲敬德，名恭，以字行"[3]。《舊唐書》卷六十八，《新唐書》卷八十九，皆以"尉遲敬德"立傳，而不作"尉遲恭傳"。因此宜用"孔子"，不用"孔丘"；用"曹雪芹"，不用"曹霑"。當然，不用本名的例外應儘量減少。但權威檔的作用即在選定標目。

（三）人名附加朝代

中國歷史久遠，朝代觀念深入民心。一般人都知道司馬遷是漢朝人，李白是唐朝人，或曹雪芹是清朝人。這和西方不一樣，很少人會想到 Jane Austin 或 Johannes Brahms 是什麼朝代的人。華文書籍，常於作者前附加朝代。編目和建權威檔時亦應附加年代。如：（明）馮夢龍，（清）孔尚任，給讀者提供最基本的時間概念。

（四）外國人名附加國籍

外國人名附加國籍，亦可給讀者提供重要資訊。如：（日）釋空海，（朝）朴趾源。

（五）年代附中曆

人名標目，生卒年代用公元，這是順應國際用法。建議於300加中曆，及成進士或舉人年代，如：

200.（明）湯顯祖，1550—1616。300.嘉靖二十九年生，萬曆四十四年卒。萬曆十一年（1583）進士。

200.（清）左宗棠，1812—1885。300.嘉慶十七年生，光緒十一年卒。道光十二年（1832）舉人。

（六）傳記資料

　　古人稱謂甚多，除別字、名號外，常見者爲官銜、謚號和籍貫。宜於 300 附注段，加設簡歷，以補 400 之不足。以清人爲例，如附簡歷，讀者可明白劉逢禄、陶澍及吳汝綸之著作爲何分別以《劉禮部集》《陶文毅公全集》及《桐城吳先生文集》命名。

（七）慎用統一書名（uniform title）

　　在線上目録（online catalogue）日漸替代卡片目録的今天，統一書名的作用遠不如前。統一書名的觀念，明顯的和自然語言檢索的觀念相違。以《紅樓夢》作爲《石頭記》的統一書名，對讀者應有幫助。以《南華經》替代《莊子》，則於事無補，徒亂人意。統一書名應盡量少用。

（八）不用著者／總集統一書名

　　我們無必要仿效西方，亦步亦趨，採用 "李白·全集"，"柳宗元·文集"，"蘇軾·選集" 一類統一書名。中國作者常有多種卷數不同，内容不同的別集，端賴書名鑑別。如《四庫全書總目》卷一百五十，著録 "《詁訓柳先生文集》四十五卷，《外集》二卷，《新編外集》一卷"，及 "《五百家注音辨柳先生文集》二十一卷，《外集》二卷，《新編外集》一卷，《龍城録》二卷，附録八卷"，如俱改爲 "柳宗元·全集"，僅賴 "出版日期”以示分別，這是不夠的。至於一些別集是否全集，恐亦需費時考證。

美國國會圖書館處理唐朝詩人李賀的例子，正可爲鑑。國會圖書館選用《李長吉歌詩》爲李賀詩集的統一書名（美國國會圖書館（LC）權威檔編號80158384），一些獨特的書名如《協律鈎玄》被棄而不用。1980年出版的《李賀詩選》，採用《李賀，790—816. 李長吉歌詩・Selections》爲統一書名（LC 81059445），而1991年出版的《李賀詩選譯》，則用《李賀，790—816. Poems.Selections》爲統一書名（LC 93008342）。可見美國國會圖書館的編目人員亦説不出一個準則，給統一書名弄糊塗。

三、考證釋例

建置權威檔是一項研究工作，需要精心考證，結論宜愼。對最新學術成果，尤需留意。下面數例，俱見美國國會圖書館權威檔。

（一）《元朝秘史》（LC 81056502）

多年前，札奇斯欽説過：“這本書究應稱爲《元朝秘史》，還是《蒙古秘史》？……主張稱爲《元朝秘史》的人説：因爲這本書被發現的時候，就以《元朝秘史》之名與世人見面，自然不宜以其他名稱代之。主張用《蒙古秘史》的人説：這本書本來就是《蒙古秘史》，爲什麼硬拿《元朝秘史》來頂替呢？……筆者不擬有所偏袒，祇是願從一個把原來漢字音譯的原文，復原成蒙古文，把從蒙古人誠實的翻譯成漢語一貫作業的系統上，根據蒙古原標題：*Mongghol-un ni'ucha tobchiyan*，把它譯作《蒙古秘史》。"[4]

　　1980 年，內蒙古人民出版社出版額爾登泰、烏雲達賚校勘的漢譯本，書名亦作《蒙古秘史校勘本》。至於國際間，已多用《蒙古秘史》譯名，包括小林高四郎的 1941 年日譯本《蒙古秘史》，Erich Haenisch 的 1948 年德譯本 *Die geheime Geschichte der Mongolen*，Paul Pelliot 的 1949 年法譯本 *Histoire secrete des Mongols*，Arthur Waley 的 1963 年英譯本 *The Secret History of the Mongols and Other Pieces*，和 Francis Woodman Cleaves 的 1982 年英譯本 *The Secret History of the Mongols*。因此標目宜作《蒙古秘史》。

（二）《金瓶梅詞話》（LC 81118499）

　　大家都知道《金瓶梅》一書，但國會圖書館捨《金瓶梅》而選用《金瓶梅詞話》爲統一書名。《金瓶梅詞話》是現存《金瓶梅》的最早版本，但我們并不可以《金瓶梅詞話》代表所有《金瓶梅》版本。正如我們不可以《忠義水滸傳》統稱所有不同版本的《水滸傳》。今日所知評介《金瓶梅》的第一篇專文，是謝肇淛在萬曆四十五年（1617）前後撰寫的《〈金瓶梅〉跋》[5]，全文未見《金瓶梅詞話》一名，祇用《金瓶梅》。可知《金瓶梅詞話》亦非初名。本書標目宜作《金瓶梅》。

（三）蒲松齡《醒世姻緣》（LC 83008498）

　　《醒世姻緣傳》作者西周生，胡適以爲就是蒲松齡。這是數十年前的考證，今日仍從此説的，除了美國國會圖書館以外，大概已無幾人[6]。可是別的圖書館，假如採用美國國會圖書館的編目紀錄，都祇能盲從。

西周生是誰？目前較具影響的有二説：賈鳧西説[7]，和丁耀亢説[8]，皆未成定論。但《醒世姻緣傳》作者不是蒲松齡，已是不刊之論。權威檔從原書作"西周生"最爲妥善。

（四）張勻《玉嬌梨》　　（LC 88026551）
　　　《平山冷燕》　　（LC 83055767）
　　　《兩交婚》　　　（LC 88026552）
　　　天花藏主人　　　（LC 85186757）

清初才子佳人小説，以《好逑傳》《玉嬌梨》和《平山冷燕》最有名，三書皆有早期英法譯本。《玉嬌梨》和《平山冷燕》作者是"天花藏主人"。《中國古代小説百科全書》，"天花藏主人"條由林辰撰寫，稱："天花藏主人，清代小説家。其姓名、籍貫、生平未詳。對此，學界有五説……。五説均未有確鑿証據，故任何一説都未取得學術界的共識。現知與天花藏主人這個名號有關的（……）小説，共十六種……有根據肯定其爲天花藏主人所作的是《玉嬌梨》《平山冷燕》《兩交婚》。"[9] 林辰和段句章又合撰《天花藏主人及其小説》，考證甚詳，但祇能説："必須明確告訴大家，現在還不知道他姓什麼，叫什麼名字。"[10]

美國國會圖書館落實張勻是《玉嬌梨》的作者，而未列《平山冷燕》及《兩交婚》的作者；於天花藏主人名下，則僅列《玉支璣》和《麟兒報》二書，并不妥當。

四、建檔獻曝

建立一個完善、可靠的古籍權威檔，需要龐大的人力資源，并非一館一地所能獨力勝任。

　　提議先組織專家，集思廣益，制定規範準則。然後分工合作建檔。他山之石，可以攻錯。美國國會圖書館組織的 NACO 計劃至足效法，建立每一標目皆需精密考訂，不採未爲學界共識的一家説法。

　　不過如僅賴日常編目工作時建立標目，雖然説積少成多，但亦曠日持久。宜同時按照書目，輸入標目。

　　傳統典籍，《四庫全書總目》收書最備，提要亦較可靠。可先分配參加單位各負責若干卷，輸入書名、作者，及重要考證部分。待掌握一定經驗後，再參照各科專目，陸續增補。如：萬曼，《唐集敘録》（北京：中華書局，1980）；陳伯海，朱易安，《唐詩書録》（濟南：齊魯書社，1988）；張舜徽，《清人文集別録》（北京：中華書局，1963）；袁行雲，《清人詩集敘録》（北京：文化藝術出版社，1994）；饒宗頤，《詞集考》（北京：中華書局，1992）；謝國楨，《增訂晚明史籍考》（上海：上海古籍出版社，1981）；以至 Wolfgang Franke，*An Introduction to the Sources of Ming History*（Kuala Lumpur：University of Malaya Press，1968）；及 Lynn Struve，*The Ming-Qing Conflict, 1619—1683: A Historiography and Source Guide*（Ann Arbor：Association for Asian Studies，1998）。

　　至於人名亦可先從周祖譔主編，《中國文學家大辭典·唐五代卷》（北京：中華書局，1992），胡世厚、鄧紹基主編，《中國古代戲曲家評傳》（鄭州：中州古籍出版社，1992），周鈞韜主編，《中國通俗小説家評傳》（鄭州：中州古籍出版社，1993）等書入手。當然，此數書亦非完全正確，建立古籍權威檔時仍得參詳考訂[11]。

　　國家古籍整理出版規劃小組計劃編纂"中國古籍總目提要"，工作可説是和"古籍權威檔"相輔相成。圖書館館員應和古籍學者聯絡合作，避免閉門造車，工作重複，浪費資源。

注　釋

〔1〕如：*UNIMARC/Authorities: Universal Format for Authorities.* Recommended by the IFLA Steering Group on a UNIMARC Format for Authorities；approved by the Standing Committees of the IFLA Sections on Cataloguing and Information Technology（Munchen：K.G.Saur，1991）.

〔2〕*Anglo-American Cataloguing Rules.* 2nd ed. 1988 Rev.（Chicago：American Library Association，1988），381—382.

〔3〕歐陽修、宋祁：《新唐書》（北京：中華書局，1975），冊 12，頁 3752。

〔4〕札奇斯欽：《蒙古秘史新譯并注釋》（臺北：聯經出版事業公司，1979），頁 22。

〔5〕馬泰來：《謝肇淛〈金瓶梅跋〉考釋》,《慶祝饒宗頤教授七十五歲論文集》（香港：香港中文大學中國文化研究所，1993），頁 157—164。

〔6〕Andrew H. Plaks，"After the Fall：*Hsing-shih yin-yuan chuan* and the Seventeenth–Century Chinese Novel"，*Harvard Journal of Asiatic Studies* 45：2（1985），554—555："Hu Shih's confident announcement in l931 of his discovery that it was written by none other than P'u Sung-ling has been largely discredited."（胡適在 1931 年充滿自信地宣稱作者是蒲松齡，此説今已被推翻）。

〔7〕徐復嶺：《醒世姻緣傳作者和語言考論》（濟南：齊魯書社，1993）。

〔8〕張清吉：《醒世姻緣傳新考》（鄭州：中州古籍出版社，1991）。

〔9〕《中國古代小説百科全書》（北京：中國大百科全書出版社，1993），頁 535—536。

〔10〕林辰、段句章：《天花藏主人及其小説》（瀋陽：遼寧教育出版社，1993），頁 13—14。

〔11〕如：中州古籍出版社出版二書中之"丁耀亢"傳，卒年不同。《中國通俗小説家評傳》中之"施耐庵"傳，尤具爭議性。

原載《華文書目資料庫合作發展研討會論文集》（2000）

明代中國與柯枝之交通

一、柯枝之地望

　　柯枝，Kocchi 之對音，華言小也，蓋柯枝本爲一小河上之小鎮[1]。明人著述多稱柯枝；或作阿枝[2]，一音之轉也，即今日南印度西岸之可陳（Cochin）[3]。

　　明茅瑞徵《皇明象胥録》卷五、羅曰褧《咸賓録》卷六、章潢《圖書編》卷五十一等，皆以爲柯枝或即古槃槃國，《明史·外國傳》從之，曰："柯枝，或言即古盤盤國，宋梁隋唐皆入貢。"黃省曾《西洋朝貢典録》卷下則以爲即赤土國。而盤盤、赤土據時彦考証皆在今日馬來半島[4]。二説之誤，無庸詳辯。然丁謙《〈明史·外國傳〉考證》，以爲柯枝非可陳，而爲今孟買科坎（Bombay Province）傍海一帶地。丁氏云："考錫蘭西北六日至小葛蘭，小葛蘭一日至柯枝，柯枝三日至古里。若柯枝果爲可陳，則距古里太遠，恐非三日所可至，而其至錫蘭又不須七日矣。"蓋丁氏先誤考古里在孟買西北，其論之誤，亦不足辯。

　　案柯枝在十四世紀前，尚非一重要商港。西元一三四一年（元順帝至正元年），該地泛濫，海岸綫異於前，方可容大舟，而成南印西岸麻離拔（Malabar）第一良港[5]。於西元一三四三年（至正三年）抵達麻離拔之摩洛哥（Morocco）人伊賓·拔都他（Ibn Battūte）亦謂中國商船僅停泊下里（Hīli），小葛蘭（Kawlam, Quilon）及古里（Qāliqūt, Calicut）三港[6]。此可釋柯枝一名何以不見《嶺外代答》《諸蕃志》《島夷志略》諸書也。

馬歡《瀛涯勝覽》柯枝國條：“自小葛蘭國開船，沿山投西北，好風行一晝夜，到其國港口泊船。本國東是大山，西臨大海，南北邊海，有路可往鄰國。”[7]。鞏珍《西洋番國志》略同。案大山指 Anaimalais，大海指 Arabian Sea，南北邊海當指 Cochin Lagoon。於柯枝之方位，述敍頗稱明確。費信《星槎勝覽》柯枝國條云：“其處與錫蘭山國對峙。”[8]非也[9]。《明史·外國傳》：“其國與錫蘭山對峙，中通古里。”尤誤，蓋古里在柯枝北也。

《皇明象胥錄》云：“柯枝……自錫蘭山西行舟行一晝夜至。”[10]。疑一當作七。蓋諸書皆言自錫蘭西北海行六晝夜至小葛蘭，自小葛蘭一晝夜至柯枝，自柯枝三日至古里；又謂自錫蘭起程順風十日至古里。不能自錫蘭一晝夜而至柯枝也。

二、柯枝之人民

《瀛涯勝覽》云：“（柯枝）其國王國民亦鎖里（Chola）人氏，頭纏黃白布，上不穿衣，下圍紵絲手巾，再用顏色紵絲一匹，纏之於腰，名曰壓腰。其頭目及富人，服用與王者頗同。”《西洋番國志》《西洋朝貢典錄》諸書略同。

同書占城國（Champapura）、暹羅國（Siam）、錫蘭國（Ceylon）、及小葛蘭國（Quilon），諸條亦言此數國國王爲鎖里或鎖俚人。羅志意（Rockhill）及馮承鈞皆疑馬歡誤以鎖里爲南印度之概稱[11]，其說似頗足取。

案鎖里即宋人所稱之注輦，於十一世紀時奄有南印，國勢最稱强大[12]。然錫蘭雖然西元 997 年（宋太宗至道三年）爲鎖里英主羅茶羅乍（Rājarāja I）所克取，本地之僧伽羅人（Singhaless）故未嘗甘心。僧伽羅貴族（Vijayabāhu I）乘時而起，於西元 1055 年（宋仁宗至和二年）稱王，至 1073 年（宋神宗六年）而統一全島，建立 Polonnaruva 王朝[13]。計鎖里人統治錫蘭不及百載，明時錫蘭國王亦非鎖里人。馬歡所言，不無可商。

又考麻離拔雖在十四世紀時分裂爲十二小邦[14]，然在九世紀初則尚爲一統一之 Kerala 王國。相傳該國最後一位君主 Cheraman Perumal 於西元 827 年（唐文宗太和元年）改奉回教，并往默伽〔Mecca〕朝聖[15]）。動身前將國土分封衆部族領袖。明時柯枝國王即屬受 Cheraman Perumal 分封之 Surya-Kshatriya 宗族之後裔。不獨如此，柯枝且保有一聖石，麻離拔諸邦國主登基時，皆需在該石上舉行若干儀式，然後其地位始爲庶衆所承認[16]。是柯枝國王非鎖里人也。

《西洋番國志》柯枝國條："國人有五等。一等名南毘，與王同類，中有剃頭掛綫在頸者，最爲貴族。二等回回人。三等名哲地，乃是國中財主。四等名革令，專爲牙保。五等名木瓜，最卑賤。木瓜居住俱在海濱，屋簷不得過三尺。着衣上不過臍，下不及膝。路過南毘、哲地，皆俯伏候過乃起。不許爲商賈，祇以漁樵及担負重物爲生。"古里國條："其國亦有五等，名：回回、南毘、哲地、革令、木瓜。王南毘人，其頭目皆回回人。"[17]《瀛涯勝覽》略同。

南毘，他書有作南昆者。宋趙汝适《諸蕃志》有南毗國，夏德（F.Hirth）及羅志意（W.W.Rockhill）譯注考作麻離拔沿岸[18]，世無異議。至"南毘"屬何字之對音，則有二説。飛利浦（G.Phillips）謂是 Nairs 部族之對音[19]，夏德及羅志意從之。戴温達（J.J.L.Duyvendah）則謂是屬於婆羅門（Brahmin）之

Nāmburi 部族之對音[20]，伯希和（P.Pelliot）從之[21]，馮承鈞亦頗是此説[22]。

案麻離拔一帶，部族有五，曰 Nairs 或作 Naimars，曰 Kurgas 或作 Kudagas，曰 Tulus，曰 Konkanis，曰 Kanaras[23]，而婆羅門不與焉。蓋麻離拔之婆羅門皆南下傳教僧侶之後裔，爲數不多也。又諸邦之君主，據拔都他《遊記》[24]及十四世紀中葉爲 Columbum 主教之 Jordanus Catalani 所著《東方奇境》[25]，皆是 Nairs[26]。故疑南毘乃 Nairs 之對音，Nāmburi 説誤也。而此亦可證柯枝國王非鎖里人也。

《瀛涯勝覽》《西洋番國志》《皇明四夷館記》《皇明象胥録》諸書皆未言“回回”之業。《西洋朝貢典録》獨曰：“二曰回回，是爲仕族。”質之拔都他《遊記》及諸書所記古里“回回”之況，信焉。

張星烺云：“柯枝以南毘爲第一級，回回爲第二級，而古里則以回回爲第一級，南毘次之，豈回回人在兩地勢力盛衰，有不同歟？”[27]

案《瀛涯勝覽》《西洋番國志》二書“古里國”條，皆先言“回回”然後及“南毘”。《西洋朝貢典録》則曰：南毘、回回、哲地、革令、木瓜。慎懋賞《四夷廣記》古俚風俗條：“民族有五種，亦如古俚（疑當作柯枝），曰南毘、曰回回人、曰哲地、曰革令、曰木瓜。”疑馬歡書偶誤，而鞏珍從之。柯枝、古里二地實皆以南毘爲首，回回次之。

哲地，Chitti 之對音；革令 Kling 之對音，木瓜 Mukuva 之對音。關於木瓜，《星槎勝覽》曰：“其有一種曰木瓜，無屋居之，惟穴居樹巢，臨海捕魚爲業。男女裸體，紉結樹葉或草數莖遮其前後之差，行路遇人則蹲縮於道傍，伺過方行也。”可補《瀛涯勝覽》《西洋番國志》所略。

又有一等人名濁膝。《瀛涯勝覽》曰："有曰濁膝者，蓋優婆夷之類。亦娶妻。有胎髮，不剃不櫛，以酥按辮，或十縷或七八縷，垂於後，牛糞灰塗體。上下無衣，止用指大黃籐，兩轉緊縛其腰，又以白布爲梢子，手擎大海螺，常吹而行。其妻祇以小布蔽羞，隨夫歷人家覓錢粟。"濁膝，《西洋番國志》作濁肌，Yogi 之對音，今通譯作瑜伽師，優婆夷 Upasikā 之對音，在家修行之女冠也。故伯希和疑馬歡將 U pāaska 及 upāsikā 混而爲一[28]。《皇明象胥錄》："有曰濁飢者……妻隨之乞食，蓋優婆夷云。"則不誤也。

三、柯枝與明代中國之交通

柯枝於明以前，與中國并無交通，説已見前。

羅曰聚《咸賓錄》卷六，柯枝國條云："我朝洪武中來貢。"查繼佐《罪惟錄》從之。然此事他書不載，恐羅氏誤記。而《明史・外國傳》亦不取此説也。

明成祖，永樂元年十月："丁巳，遣內官尹慶等齎詔往諭滿剌加柯枝諸國，賜其國王羅銷金帳幔及傘并金織文綺綵絹有差。"實爲中國與柯枝交通之始。

案尹慶此次出使，曾往滿剌加（Malacca）、爪哇（Java）、蘇門答剌（Samudra）、柯枝及古里等數國。

《明史》卷三百二十五，滿剌加傳："永樂元年十月，遣中官尹慶使其地，賜以織金文綺、銷金帳幔等物……宣示威德招徠之意。其酋拜里迷蘇剌（Paramesvara）大喜，遣使隨慶入朝貢方物。三年九月，至京師。"

同上，柯枝傳："永樂元年，遣中官尹慶齎詔撫諭其國，賜以鎖金帳幔、織金文綺，綵帛及華蓋。"

滿刺加、蘇門答刺及古里皆遣使隨尹慶入貢，而柯枝則《明實錄》及《明史》皆未言遣使事。

考《大明一統志》卷九十柯枝條：“本朝永樂二年，國王可亦里遣使完者答兒等來朝貢方物。”《大明會典》卷一百六，《咸賓錄》卷六、《皇明象胥錄》卷五、鄭曉《皇明四夷考》卷下、徐學聚《國朝典彙》卷一百六十八，亦載此事。意可亦里於尹慶抵柯枝前，已遣使入貢，故不復遣使隨慶入朝。然此事不見《明實錄》，不知何故？（《西洋朝貢典錄》作永樂三年）。

繼尹慶下西洋者，則爲有名之三寶太監鄭和。鄭和下西洋事，今人已詳考之矣[29]，今不詳述，僅及與柯枝有關者。

鄭和之第一次奉使在永樂三年六月己卯，《實錄》卷四十三云：“遣中官鄭和等賷勅往諭西洋諸國，并賜諸國王金織文綺綵絹各有差。”未言所至何國。同書卷七十一，永樂五年九月：“壬子，太監鄭和使西洋諸國還……蘇門答刺、古里、滿刺加、小葛蘭、阿魯等國王遣使比者牙滿黑的等來朝貢方物。”婁東劉家港天妃宮石刻《通番事蹟記》云：“永樂三年統領舟師往古里等國……至五年回還。”[30]雖未明言鄭和此次曾往柯枝，然柯枝在古里、小葛蘭之間，疑鄭和此次亦嘗至柯枝也。

鄭和第二次下西洋，《明實錄》及《明史》皆失載[31]。賴婁東天妃宮碑文及長樂南山寺《天妃之神靈應記》而得知其略。前者云：“永樂五年統領舟師往爪哇、古里、柯枝、暹羅等國，其國王各以萬物珍禽獸貢獻。至七年而還。”後者曰：“永樂五年統領舟師往爪哇、古里、柯枝、暹羅等國，番王各以珍寶珍禽異獸。至七年迴還。”皆明言曾往柯枝。

鄭和第三次下西洋，亦嘗往柯枝。《明太宗實錄》卷八十三，永樂六年九月：“癸酉，太監鄭和等賷勅使古里、滿刺加、蘇門答刺、阿魯（Aru）、加異勒（Cail）、爪哇、暹羅、占城、柯枝、阿撥把丹（？）、小柯蘭（疑即小葛蘭）、南巫里（Lambri）、甘巴里（Koyampali）諸國，賜其王錦綺紗羅。"然此事婁東及長樂二碑文皆隸於永樂七年。費信《星槎勝覽》亦云："永樂七年隨正使太監鄭和等往占城、爪哇、滿剌加、蘇門答剌、錫蘭山、小唄喃、柯枝、古里等國，開讀賞賜，至永樂九年迴京。"意《實錄》所記爲奉詔日期，而碑刻及費信所記則爲出發日期。鄭和以下數次下西洋，情形亦如此，不詳舉[32]。

永樂九年七月乙亥，柯枝使臣入貢。《太宗實錄》卷一百十七云："古里國王沙米的、柯枝國王可亦里、蘇門答剌國王宰奴里阿必丁、阿魯國王速魯唐忽光、彭亨（Pahang）國王巴剌密鎖剌達羅息泥、急蘭丹（Kelantan）國王麻剌查若馬兒、南坐（巫）里國王及加異勒國頭目葛卜者麻，爪哇國新材材主八第的蜚各遣人奉表貢方物。賜其使冠帶絲幣抄錠，仍命禮部賜宴。"

永樂十年十一月丙申。鄭和第四次奉詔下西洋。《實錄》卷一百三十四："遣太監鄭和等賷敕往賜滿剌加、爪哇、占城、蘇門答剌、阿魯、柯枝、古里、南渤利、彭亨、急蘭丹、加異勒、忽魯謨斯（Ormuz）、比剌（Brawa？）、溜山（Maldives Islands）、孫剌（Sunda？）諸國王錦綺紗羅綵絹等物有差。"

永樂十三、十四兩年，柯枝連二歲入貢。《實錄》卷一百六十八，永樂十三年九月癸卯："古里、柯枝、喃渤利、甘巴里、滿剌加諸番國各遣使貢方物。"卷一百八十二，永樂十四年十一月朔："古里、爪哇、滿剌加、占城、蘇門答剌、南巫里、沙里灣尼（Jurfattan？）、彭亨、錫蘭山、木骨都東（束）（Mogadiso）、留（溜）山、喃渤利、不剌哇（Brawa）、阿丹（Aden）、麻林（Melinde）、剌撒（al-Ahsa？）、忽魯謨斯、柯枝諸國及舊港（Palembang），宣慰司各遣使貢馬及犀象方物。"

同年冬，各使臣返國，明成祖命鄭和偕往，賜其君長，而其最主要任務則在從柯枝國王之請，封其國中大山。

《實錄》卷一百八十三，永樂十四年十二月："丁卯，古里、爪哇、滿剌加、占城、錫蘭山、木骨都束、溜山、喃渤利、不剌哇、阿丹、蘇門答剌、麻林、剌撒、忽魯謨斯、柯枝、南巫里、沙里灣泥、彭亨諸國及舊港宣慰使司臣辭還，悉賜文綺襲衣，遣中官鄭和等賫勑及錦綺紗羅綵絹等物偕往賜各國王。乃賜柯枝國王可亦里印誥，并封其國中大山爲鎮國山。上親製碑文賜之，曰：

王化與天地流通，凡覆載之內，舉納於甄陶者，體造化之仁也。蓋天下無二理，生民無二心，憂戚喜樂之同情，安逸飽暖之同欲，奚有間於遐邇哉？任君民之寄者，當盡夫子民之道。《詩》云：邦畿千里，惟民所止。肇域彼四海。《書》云：東漸於海，西被於流沙。朔南暨聲教訖於四海。聯君臨天下，撫治華夷，一視同仁，無間彼此。推古聖帝明王之道，以合乎天地之心。遠邦異域，咸欲使之各得其所，蓋聞風而慕化者非一所也[33]。柯枝國遠在西南鉅海之濱，出諸番國之外，慕中華而歆王化久矣。命令之至，拳跽鼓舞，順附如歸，咸仰天而拜曰：'何幸中國聖人之教沾及於我！'乃數歲以來，國內豐穰，居有室廬，食飽魚鼈，衣足布帛，老者慈幼，少者敬長，熙然而樂，凌厲爭競之習無有也。山無猛獸，溪絕惡魚，海出奇珍，林産嘉木，諸物盛倍過尋常[34]。暴風不興，疾雨不作，札沴殄息，靡有害蓄，試王化之使然也[35]。聯茲德薄，何能若是[36]。非其長民者之所致歟？乃封可亦里爲國王，賜以印章，俾撫治其民，并封其國中大山爲'鎮國之山'。勒碑其上，垂示無窮，而系以銘曰：'截彼高山，作鎮海邦。吐烟出雲，爲下國洪龐。時其雨暘，肅其煩歊，作彼豐穰，祛彼氛妖。庇於斯民，靡菑靡沴，室家胥慶，優遊卒歲。

山之巇兮，海之深矣。勒此銘詩，相爲終始。'"〔37〕

案柯枝請封國中大山事，《皇明四夷考》及《國朝典彙》皆
誤系於永樂二年完者答兒入貢時。蓋如是，則明成祖應早使鄭
和賚印誥往賜可亦里矣。而《大明會典》《皇明象胥錄》《西洋
朝貢典錄》及《咸賓錄》則皆系於永樂十年，然該年柯枝無使
臣入貢也。

此後永樂十九年、二十一年，柯枝皆遣使入貢。

《實錄》卷二百三十三，永樂十九年正月："戊子，忽魯謨斯、
阿丹、祖法兒（Zufar）、剌撒、不剌哇、木骨都剌、右（古）里、
柯枝、加異勒、錫蘭山、溜山、喃渤利、蘇門答剌、阿魯、滿剌加、
耳巴里（？）十六國遣使貢名馬方物，命禮部宴勞之。"

卷二百六十三，永樂二十一年九月："戊戌，禮部奏西洋古
里、忽魯謨斯、錫蘭山、阿丹、祖法兒、剌撒、不剌哇、木骨
都剌、柯枝、加異勒、溜山、喃渤利、蘇門答剌、阿魯、滿剌
加等十六國遣使千二百人貢方物至京。上勑皇太子曰：'天氣向
寒，西南番國貢使即令禮部於會同館宴勞之，如例賜賚遣還，
其以土物來市者，官給抄酬其直。'"

又《大明會典》卷一百八，曰："凡勘合號簿，洪武十六年
始給暹羅國，以後漸及諸國，每國勘合二百道號簿四扇。如暹
羅國暹字號勘合一百道、及暹羅字號底簿各一扇，俱送內府。
羅字勘合一百道及暹字號簿一扇，發本國收填。羅字號簿一扇
發廣東布政司收比。餘國亦如之。每改元則更造換給，計有勘
合國分：暹羅、日本、占城、爪哇、滿剌加、真臘（Camboja）、
蘇祿國（Sulu）東王、蘇祿國西王、蘇祿國峒王、柯枝、浡泥
（Brunei）、錫蘭山、古里、蘇門答剌、古麻剌。"疑柯枝等十五
國進貢特頻，故明朝需發勘合號簿，以杜絕商人假冒貢使，不
然則明朝對此十五國較爲重視也。

永樂二十二年七月辛卯，明成祖晏駕。長子高熾嗣位，是爲仁宗。仁宗之得繼大統，夏原吉有力焉。夏氏於成祖時即屢冒死諫停下西洋，至是復諫。《明史·鄭和傳》：“洪熙元年二月，仁宗命和以下番諸軍，守備南京。”蓋仁宗以爲夏氏所諫當也[38]。

仁宗爲帝僅一年而崩，宣宗繼位，亦不欲勞民而爲下西洋之舉。抑宣宗似亦不大喜鄭和。《宣宗實錄》卷十六，宣德元年四月：“壬申，命司禮監移文諭鄭和毋妄請賞賜。先是遣工部郎中馮春往南京修理宮殿，工匠各給賞賜。至是春還奏南京國師等所造寺宇工匠亦宜加賞。上諭司禮監官曰：佛寺僧所自造，何預朝廷事，春之奏必和等所使。春不足怪，其遣人諭和謹守禮法，毋窺伺朝廷，一切非理之事，不可妄有陳請。”

然明室停止下西洋既久，西洋諸國遂乏入貢者。《明史·鄭和傳》：“宣德五年六月，帝以踐阼歲久，而諸番國遠者，猶未朝貢。於是和、（王）景弘復奉命歷忽魯謨斯等十七國而還。”此即鄭和最後一次泛海也。

《宣宗實錄》卷六十七，宣德五年六月：“戊寅，遣太監鄭和等資詔往諭諸番國，詔曰：‘朕恭膺天命，祇嗣太祖高皇帝，太宗文皇帝、仁宗昭皇帝大統，君臨萬邦，體祖宗之至仁，普輯寧於庶類，已大赦天下，紀元宣德，咸與維新，爾諸番國遠處海外，未有聞知。茲特遣太監鄭和、王景弘等資詔往諭，其各敬順天道，撫輯人民，以共享太平之福。’凡所歷忽魯謨斯、錫蘭山、古里、滿剌加、柯枝、不剌哇、木骨都剌、喃渤利、蘇門答剌、剌撒、溜山、阿魯、甘巴里、阿丹、佐法兒、竹步（Jobo）、加異勒等二十國，及舊港宣慰司。其君長皆賜綵幣有差。”

西洋諸國於鄭和往使後，即遣使來朝。《宣宗實錄》卷一百五，宣德八年閏八月朔：“蘇門答剌國王奴里阿必丁遣弟哈利之漢（？）等，古里國王比里麻遣使不滿都魯牙等，柯枝國

王可亦里遣使加不比里麻等，錫蘭山國王不剌葛麻巴忽剌批遣
使門你得奈等，佐法兒國王阿里遣使哈只忽先等，阿丹國王抹
立克那思兒遣使普巴等，甘巴里國王兜哇剌剳遣使段思力鑑等，
忽魯謨斯國王賽弗丁遣番人馬剌足等，加異勒國王遣使阿都儒
哈蠻等，天方國王遣頭目沙獻等來朝，貢麒麟、象、馬諸物。
上御奉天門受之。行在禮部尚書胡濙以麒麟瑞物，率群臣稱賀。
上曰：'遠方之物，朕非有愛，但念其盡誠遠來，故受之。不足
賀也。'"

可知明宣宗并不特別重視西洋諸國之入貢。未幾宣宗崩，
而此等西洋使臣於英宗即位後，始附爪哇貢舶返國。

英宗《實錄》卷十九，正統元年閏六月："癸巳，遣古里、
蘇門答剌、錫蘭山、柯枝、天方、加異勒、阿丹、忽魯謨斯、
祖法兒、甘巴里、真臘十一國使臣葛子滿都魯牙等十一使賫勑
諭其王。"

然柯枝此後不復遣使入貢，明室亦無復下西洋之豪舉。正
統元年，西元 1436 年也。越六十餘年而葡人抵柯枝。

附：葡萄牙人之以柯枝爲南進基地

1453 年（景泰四年），突厥人（Turki）攻克君士坦丁堡
（Constantinople），東羅馬帝國亡。西土人士前此東來，其道
主要有三：取道埃及，出紅海；由地中海登陸，至幼發拉底河
（Euphrates），順流而出波斯灣（Persian Gulf）；由黑海取道美索
不達米亞（Mesopotamia），而出波斯灣。至是三道俱爲突厥人所
扼，而東西貿易亦爲所壟斷。歐人乃不得不另覓航路。

葡萄牙王子亨利（Henry the Narigator，1394—1460）獎勵海
航尤力，彼頗思沿非洲西岸航行，希冀能於非洲南端，獲一東

通亞洲之新航路。1486 年（成化二十二年），地亞士（Barthlomew Diaz）航行達非洲南端，遇暴風而止，因名之曰暴風角。葡王約翰二世（John Ⅱ）更名之曰 "好望角"（Cape of Good Hope）。1497 年（弘治十年），達迦馬（Vasco da Gama）繞好望角，沿岸東進，抵馬林底（Malindi），於其地得一大食領港人之導，橫渡印度洋。1498 年夏，抵印度西岸之古里。越年返葡。於是葡人久欲尋覓之新航路，終告打通。

1500 年（弘治十三年），葡王續派喀伯爾（Pedro Alvarez Cabral）往古里。由於該地原有之大食商人，恐葡人奪其生意，紛紛於古里王前勸其驅逐此等外人出境。喀伯爾因是搶掠一番，乘船南下，抵柯枝。柯枝國王因利益衝突關係，久與古里國王不協，至是對葡人之來，大表歡迎，并與喀伯爾簽一《友好條約》，准許葡人於柯枝置一基地（factory），而喀伯爾則答允助柯枝國王攻取古里國。此歐人於亞洲置基地之始也。

明年七月，喀伯爾率艦隊返國，古里國王發兵侵入柯枝國境。柯枝國王不能拒，與留下之葡人逃亡海島。

1503 年，葡國戰艦三隊抵柯枝，其一即爲後大有名之亞爾伯奎（Affonsor d' Albuquerque）所統領。古里軍爲柯葡聯軍逐出柯枝國境。古里國王與柯枝國王簽署和約。而葡國人亦於此時於柯枝建築第一座堡壘，以防古里國王他日悔約。

1505 年 9 月，葡萄牙駐印度第一任總督亞米狄亞（Franciso d' Almeida）抵柯枝，以之爲其總部，同時并將前建之堡壘重建，加強其防禦。

1524 年（嘉靖三年），葡人於柯枝建一造船廠，由一熱内亞人（Genoese）主持，建造快船[39]。

1510 年（正德五年），葡人取卧亞（Goa），唯至 1529 年（嘉靖八年），葡人始自柯枝移其駐印總部往卧亞。然柯枝尚爲葡人之一重要基地。西元 1563 年（嘉靖四十二年），奧塔加栖阿（Garcia da Qrta）於印度發表論文稱：中國物産有銀床、銀器、生絲、綢緞、金、麝香、珍珠、銅汞、銀朱及價值兩倍於銀之瓷器；又稱每年運至卧亞及柯枝之絲有四十三萬一千二百磅之多[40]。柯枝尚與卧亞并稱也。

　　案《明史·佛郎機傳》[41]，乃述葡人滅滿剌加及遣使入中國事者，然其中多誤，如謂："佛郎機，近滿剌加……（嘉靖）四十四年，偽稱滿剌加入貢，已改稱蒲都麗家，守臣以聞，下部議，言必佛郎機假托，乃却之。……初奉佛教，後奉天主教。……"今人張維華《明史·佛郎機傳注釋》辨之甚詳，張禮千《馬六甲史》亦有專章述"葡萄牙統治時代"。然國人似尚無述及葡人之先以柯枝爲基地者，因略述如上。至葡人在印之詳情，則外人早有著述[42]，不贅。

注　釋

〔1〕H.Yule，*Cathay and the Way Thither*.New Edition，revised by H.Cordier. London，Kakluyt Society，1915.Vol.IV，p.78.

或謂柯枝蓋因柯枝河而得名，參看 H.Yule and A.C.Burnell，*Hobson-Jobson: a glossary of colloquial Anglo-Indian words and phrases, and of kindred terms, etymological, historical, geographical and discussive.* New Edition，edited by W.Crooke.London，John Murry，1903.pp.225—226.

〔2〕如《皇明四夷館記》《皇明象胥録》。

〔3〕謝清高《海録》作固貞。魏源《海國圖志》以爲柯枝即《海録》之烏土，誤。參看馮承鈞《海録》注，（上海：商務印書館初版，1938），頁 20—22 及頁 29—30。

〔4〕參看許鈺：《丹丹考》《赤土考》。

〔5〕H.Yule，op.cit.，vol，IV，pp.78—79.R.S. Whiteway，*The Rise of*

Portuguese Power in India, 1497—1550. London，Archibald Constable & Co.，1899. p.11.

〔6〕Mahdi Husain，*The Rehla of Ibn Battuta (India, Maldive Islands and Ceylon), translation and commentary*. Baroda，Oriental Institute，1953. p.185.

〔7〕茲據馮承鈞:《瀛涯勝覽校注》（上海：商務印書館初版，1935）。

〔8〕茲據馮承鈞:《星槎勝覽校注》（上海：商務印書館初版，1938）。

〔9〕近人徐玉虎著述，如《東南亞對中國印度間貿易之貢獻考》，尚謂柯枝國與錫蘭島對峙，余大惑不解。

〔10〕陳仁錫《皇明世法録》卷八十二同，下不詳舉。時彦黃彰健謂《皇明世法録》乃撮合諸書而成者，信焉。惜未及此也。

〔11〕W.W.Rockhill，"Notes on the Relations and Trade of China with the Eastern Archipelago and the Coast of the Indian Ocean during the Fourteenth Century"，TP 16（1915），p.87.《瀛涯勝覽校注》，頁 2。

〔12〕參看羅香林師:《宋代注輦國使娑里三文入華行程考》，刊《大陸雜誌》第 33 卷第 6 期。

〔13〕K.A.Nilakarta Sastri，*A History of South India, from Prehistoric Times to the Fall of Vijayanagar*.Oxford University Press, 1955.pp.180—182. *Bharatiya Vidya Bhavan's History and Culture of the Indian People*.Vol. IV.Bombay，1955.p.173.

〔14〕Mahdi Husain，*op.cit.*，p.183.

〔15〕*Ibid.*，p.185，Note 5.

〔16〕R.S.Whiteway，*op.cit.*，p.10—11. *Bharatiya Vidya Bhavan's History and Culture of the Indian People*.Vol.VI.Bombay，1960.p.417.

〔17〕茲據向達校注本,（北京：中華書局，1961）。

〔18〕Chau Ju-Kua: *His Work on the Chinese and Arab Trade in the Twelfth and Thirteenth Centuries, entitled Chu-fan-chi*.St.Petersburg，Imperial

Academy of Sciences，1911.

〔19〕"Mahuan's Account of Cochin,Calicut and Aden"，*JRAS*（1896）.

〔20〕*Ma Huan Re-examined*. Amsterdam，1933.

〔21〕"Encore a propos des voyages de Tcheng Houo"，*TP 32*，（1936）. 馮承
鈞譯文，刊《中國學報》1 卷 4 期，題作《譯鄭和下西洋考拾遺并
答伯希和教授》。

〔22〕如《中國南洋交通史》，（上海：商務印書館初版，1936），頁 70 及
頁 296 注十七。

〔23〕Abbe J.A.Dubois，*Hindu Manners, Customs and Ceremonies*. Oxford,
Clarendon Press，1906.p.11.

〔24〕*Op.cit.*，p.183.

〔25〕Friar Jordanus，*Mirabilia descripta: the Wonders of the East*. Translated
with commentary by H.Yule.London，Hakluyt Society，1863.p.32.

〔26〕H.Yule and A.C.Burnell op.cit.，P.61.5 有專題考證 Nairs，可參看。

〔27〕《中西交通史料匯篇》，（北京：輔仁大學圖書館初版，1930），第六
冊頁 542 注二。

〔28〕"Les grandes voyages maritimes chinois au debut du xve siecle"，*TP 30*
（1933）. 馮承鈞譯本，作《鄭和下西洋考》，（上海：商務印書館初版，
1935），頁 124。

〔29〕考證鄭和下西洋事之單篇論文，不勝枚舉。而成專書者，亦有：法
人戴溫達（J.J.L.Duyvendah）之《重再考訂的馬歡書》（*Ma Huan Re-*
examined）（1933），馮承鈞譯伯希和著《鄭和下西洋考》（1935），李
士厚《鄭和家譜考釋》（1937），范文濤《鄭和航海圖考》（1943），
鄭鶴聲《鄭和遺事彙編》（1948），朱偰《鄭和》（1955），徐玉虎《鄭
和評傳》（1958），周鈺森《鄭和航路考》（1959）包遵彭《鄭和下西
洋之寶船考》（1963），向達校注《鄭和航海圖》《西洋番國志》（1961）
及馮承鈞《瀛涯勝覽校注》（1935），《星槎勝覽校注》（1938）等。

〔30〕原書佚，文見錢穀《吳都文粹續集》卷二十八《道觀》。此文首
　　爲鄭鶴聲所檢出，刊《國風》第 7 卷 4 號（1935）；Duyvendak,
　　"The True Dates of the Chinese Maritime Expeditions in the Early Fifteen
　　Century", *TP 34*（1938）有書影。

〔31〕馮承鈞《中國南洋交通史》，頁 93；方豪《中西交通史》，第三册頁
　　190、191，皆謂《明史·成祖本紀》謂 "永樂五年九月癸亥，鄭和
　　復使西洋。" 而《明史》實作六年也。

〔32〕參看 Duyvendak, op.cit.

〔33〕（此碑諸書所載，頗有異同。兹校出與《明史》外國傳差別較大者，
　　若僅一二字之異，則不舉。)《明史》作 "咸使各得其所，聞風嚮化者，
　　爭恐後也。"

〔34〕《明史》作 "諸物繁盛，倍越尋常。"

〔35〕《明史》作 "蓋甚盛矣。"

〔36〕《明史》作 "朕揆德薄，何能如是。"

〔37〕《明史》作 "蕭其煩歊，時其雨暘；袪彼氛妖，作彼豐穰。靡葍靡沴，
　　永庇斯疆。優遊卒歲，室家胥慶。於戲！山之巍兮，海之深矣。勒
　　此銘詩，相爲終始。"

〔38〕參看羅香林師：《明初中國與西洋瑣里之交通》，刊《大陸雜誌》第
　　36 卷第 2 期（1968）注十五、十七。

〔39〕F.B.Eldridge, *The Background of Eastern Sea Power*, Melbourne,
　　Georgian House, 1945.pp.161—162.

〔40〕賴家度《天工開物及其著者宋應星》引。

〔41〕"波斯人與印度人稱西歐人曰 Faran'gi，字源於 Frank 或 Frangues 無疑。
　　其時當在十三世紀之中，後葡萄牙人首先來航遠東，馬來人遂稱之
　　曰 Faranggi，其字源出波斯印度語，一見便明。……在明代典籍中，
　　通稱佛郎機，有時寫作佛郎機或佛狼機，此當係馬來語 Faranggi 之
　　對音。不過明時除呼葡萄牙人爲佛郎機外，有時亦混呼在呂宋之西

班牙人焉。"（張禮千《馬六甲史》，頁 108）

〔42〕F.C.Danvers，*The Portuguese in India*.London，1894.

R.S.Whiteway，*The Rise of Portuguese Power in India'1497—1550.* London，Archibald Constable & Co.，1899.

原載《珠海學報》第 10 期（1978）

補記：本文爲在香港大學從羅香林師念中西交通史習作，當日羅師未發還。後我離港赴美，而羅師亦自港大榮休，往珠海書院授課。未通知，以舊習作交《珠海學報》發表。故文內所引用外文著作，全爲當年香港大學圖書館藏書，并未參考在美所見豐富資源。

2016 年 7 月 22 日

釋"左轄""右轄"

明人著述中，常提到"左轄"或"右轄"一官職。後人解說不一。錢伯城《袁宏道集箋校》謂："明人稱布政使爲'左轄'，按察使爲'右轄'。"（頁 204）陳左高《古代日記選注》謂："右轄，明代的一種低級事務官吏。"（頁 56）1979 年版《辭海》則僅解釋爲"星官名"（頁 356—358）。翻檢《明史・職官志》《大明會典》《明會要》和一般有關官制的參考書，如：黃本驥《歷代職官志》、徐師中《歷代官制兵制科舉制常識》、張德澤《清代國家機關考略》，皆無解說，僅瞿蛻國《歷代職官簡釋》（附見黃本驥書）有"左右丞"條，謂："唐制，尚書省僕射之下設左右丞，分別總領尚書省六部的事務。左丞領吏、户、禮三部，右丞領兵、刑、工三部。……左右丞通稱左右轄。遼，金、元還大致沿用此制，至明全廢，六部各個獨立，因此不再有監督各部的左右丞及左右司。"（頁 44）

明人所謂"左轄、右轄"，指左、右布政使。得名之由，蓋沿自元代行中書省的左、右丞。《元史・百官志》："右丞一員，正二品。左丞一員，正二品。副宰相裁成庶務，號左右轄。"（中華本，頁 2122）

今試就明人劉東星（1538—1601）生平，以證"左、右轄"爲左、右布政使。

萬曆十九年（1591），李贄在麻城不能立足，避地武昌，端賴劉東星相護。《焚書》卷二《與河南吳中丞書》："邇居武昌，甚得劉晉老之力。"《續焚書》卷一《答梅瓊宇》："而一住黃、麻二邑遂十大載，可謂違却四方初志矣。故晉川公遣人來接，遂許之。"《與劉晉川》："尊翁茲轉，甚當。但恐檀越遠去，外護無依，不肖當爲武昌魚，任人膾炙矣。"袁中道《李溫陵傳》："於時左轄劉公東星迎公武昌，舍蓋公之堂。"劉東星《藏書序》亦謂："予爲左轄時，護交卓吾先生於楚。"

"左轄"是什麼官職呢？《明史》卷二百二十三《劉東星傳》："劉東星，字子明，沁水人。隆慶二年（1568）進士。改庶吉士，授兵科給事中。大學士高拱攝吏部，以非時考察，謫蒲城縣丞。徙盧氏知縣，累遷湖廣左布政使。萬曆二十年（1592）擢右僉都御史，巡撫保定。"（中華本，頁 5879—5880）左轄，當是左布政使。但是右布政使是否亦可稱左轄呢？

《國朝獻徵錄》卷五十七，收有于慎行（1545—1607）《工部尚書兼都察院右副都御史晉川劉公東星行狀》，較《明史》詳盡。其中記載："壬午（萬曆十年，1582）升山東參政，轉漕中都。已而丁内憂。服闋，補河南。旋進山東按察使，備兵易州。歷湖廣左右布政使。壬辰（萬曆二十年，1592），拜都察院右僉都御史，巡撫保定地方。"李廷機《李文節集》卷十六《送觀察晉川劉公遷湖廣右轄之任序》，首云："蓋觀察晉川劉公之治兵易水上也……"可證劉東星以山東按察使（觀察），先遷湖廣右布政使（右轄），後改左，爲左布政使（左轄）。右轄是右布政使，不是按察使，更不是"明代的一種低級事務官吏"。

袁中道《遊居柿錄》卷九："袁無涯來，以新刻卓吾批點《水滸傳》見遺，予病中草草視之。記萬曆壬辰夏中，李龍湖方居武昌朱邸，予往訪之，正命僧常志抄寫此書，逐字批點。……（常志）時時欲學智深行徑。龍湖性褊多嗔，見其如此，恨甚，乃令人往麻城招楊鳳里至右轄處，乞一郵符，押送之歸湖上。”所謂“朱邸”，當指劉東星官邸。右轄，當亦指劉東星，而“右轄”應爲“左轄”之訛。［民國］《湖北通志》卷一百十三《職官志》，劉東星在萬曆年間，嘗任湖廣左布政使及右布政使，年任無考。但據上引袁中道《李温陵傳》和劉東星《藏書序》，劉迎李贄時任左布政使。況且劉在萬曆二十年擢右僉都御史，亦不可能在同年夏尚爲右布政使。（左布政使位尊於右布政使。《明史》卷一百八《萬士和傳》：“再遷廣東左布政使。政事故專決於左。士和曰：‘朝廷設二使，如左右手，非有軒輊。’乃約右使分日治事。”［中華本，頁 5783—5784]）

　　單文孤證，説服力可能不夠。今再舉一例。沈德符《萬曆野獲編》卷十五《李京山門生》：“然如近日京山李翼軒（原注：維禎），則異極矣。……李尚以右轄起家。”李維禎，《明史》卷二百八十八有傳，謂：“浮沉外僚，幾三十年。天啓初，以布政使家居，年七十餘矣。會朝議登用耆舊，召爲南京太僕卿。”（中華本，頁 7385）錢謙益《牧齋初學集》卷五十一《南京禮部尚書贈太子少保李公墓誌銘》：“公官於秦、晉、梁、蜀、江、淮，歷參議、副使、參政、按察使，以至右布政使。”亦可見“右轄”即右布政使。

1983 年 9 月 20 日

原載《學林漫録》第 10 期（1985）

明代文物大賈吳廷事略

古今之奇物有數，奇物之聚合有神。羅有數之神奇於俎豆，日與周漢唐宋之明公相晤對，此其人詎可測量之人。夫他人分公之什一，已足稱豪，而公所甄鑒，自元而降，蔑不足珍。精力何大，識趣何真？故未返芰荷之服，而高士遠賦招隱，不嗅纓冕之餌，而薦紳爭延上賓。意公別有不可及之德器在形跡外，令人可重可親者耶。徒以賞鑒家目之，擬尚非論。

來復《吳用卿贊》[1]

圖書彝鼎，琢玉雕金。人食以耳，汝衡以心。璞中剖璧，爨下賞音。苿耶瓚耶，風流可尋。昔人陶隱居云：不作無益之事，何以悦有涯之生。庶幾似爾之槃，其知爾之深者耶？

董其昌《吳江村像贊》[2]

一

美國普林斯頓大學美術博物館（Princeton University Art Museum）藏唐代雙鈎填墨王羲之（303—361）《行穰帖》，有董其昌題跋多則，其中一則云："此卷在處，當有吉祥雲覆之，但肉眼不見耳。己酉（1609）六月廿有六日再題。同觀者陳繼儒，吳廷。董其昌書。”陳繼儒（1558—1639）生平，人所共知。
至於吳廷，識者實鮮。吳廷爲明季有數之書畫文物鑒賞家及商
人，今日名聲遠遜於項元汴（1525—1590），或因其家世并不
顯赫，又非傳統文人。茲就所見明代文獻及後人著述，稽考吳
廷生平事略，以見晚明文物流傳及收藏狀況。

二

吳廷爲董其昌好友，時彦有關董其昌生平考證，多提及吳
廷。任道斌《董其昌繫年》：“吳廷，又名吳廷羽，字左干，號用
卿，安徽休寧人。善繪，尤長於人物佛像。精鑒定，收藏王羲
之《胡母帖》《行穰帖》，王獻之《中秋帖》《鴨頭丸帖》，王珣《伯
遠帖》等名蹟。刻有《餘清齋帖》流傳。”[3]鄭威《董其昌年譜》：
“吳廷，一作廷羽，字左干，休寧人。畫佛像精雅，與丁雲鵬同
稱絶詣。山水法李唐。”[4]

按吳廷和吳廷羽是二人非一。吳廷精鑒賞，書法亦可觀，
但非畫家。所書題跋，及時人紀載，皆未提及字左干，或善畫。

吳廷羽，見姜紹書《無聲詩史》卷四：“吳廷羽，字左干，
徽州人，釋道像得丁南羽心印，山水法李唐。所製墨，和煙劑
料，佳絶一時，與方于魯并駕。”[5][民國]《歙縣志》卷十《人
物志·方技》：“吳羽，一名廷羽，字左干。少從丁南羽學寫佛像，
已逼肖之。又自出天機，作山水花鳥，氣韻生動。嘗爲方于魯畫
墨譜，極工。”[6]吳廷傳，另見同卷《人物志·士林》。吳廷羽傳
世作品不多，首都博物館有萬曆四十五年（1617）繪《仿倪瓚溪
山亭子圖》，北京故宮博物院有天啓五年（1625）繪《林泉高逸
圖扇》。[7]

吳廷及吳廷羽，同時同族。馮夢禎（1546—1605）《快雪堂

日記》，記乙巳年（萬曆三十三年，1605）三月，往歙訪友，宿吳廷家。"（十二日），主江村家。""（十三日），吳氏諸昆季來拜……廷羽，字左干，舊識。""（十六日），江村設燕相款，……諸吳慎卿、謇叔、民望、左干、季常，鄭翰卿俱在坐。"[8]徐熥《鼇峰集》卷十六亦記有另一次雅集，《同謝少連、吳雲將、丁南羽、丁承吉、吳左干、鄭翰卿夜集吳用卿上村草堂》詩[9]。吳廷（江村、用卿）與吳廷羽（左干）爲二人，不辯自明。

　　任道斌及鄭威，誤以爲吳廷即吳廷羽，所據或爲徐沁《明畫録》及《圖繪寶鑑續纂》。《明畫録》卷八："吳廷，字左干，與丁雲鵬同里。善畫，真跡少見。方氏《墨譜》多出其手，亦甚精雅。"[10]《圖繪寶鑑續纂》卷二："吳廷，字左干，徽州人。善山水，世不多見。"[11]

<h2 style="text-align:center">三</h2>

　　［民國］《歙縣志》卷十"吳國廷傳"頗簡明："吳國廷，一名廷，字用卿，豐南人。博古善書，藏晉唐名蹟甚富。董其昌、陳繼儒來遊，俱主其家。嘗以米南宮真跡與其昌，其昌作跋，所謂'吳太學書畫船爲之減色，然尚藏有右軍官奴帖真本'者也。刻《餘清齋帖》，楊明時爲雙鈎入石，至今人珍襲之，謂不減於《快雪》《鬱岡》諸類帖。所刻有館本《王右軍十七帖》……皆刻於萬曆中。清大内所藏書畫，其尤佳者半爲廷舊藏，有其印識。"[12]國廷爲吳廷譜名，今日所見其題跋，皆作吳廷，或署"用卿""江邨居士"及"餘清齋主人"，未有署吳國廷者。

　　明人文集中，尚未見有吳廷傳記，幸李維楨撰《吳節母墓誌銘》，提供吳氏兄弟訊息。吳母年未三十喪夫，"用卿始扶床耳，其兄國遜方齔，其弟國旦方娠"。國遜後爲商，"而用卿與弟爲諸生，久之，皆入貲爲太學生"。其後"用卿則與兄俱之京師，悉出金錢筐篋易書畫鼎彝之屬，鑒裁明審，無能以贋售者。好事家見之，不惜重購。所入視所出什伯千萬"。又稱："三子，伯即國遜；仲即國廷，用卿其字；叔即國旦。"[13]《餘清齋法帖》所收《十七帖》有"吳國遜景伯鑒賞"觀款[14]。《石渠寶笈》著錄內府藏虞世南（558—638）臨《蘭亭帖》有楊明時跋："萬曆戊戌（1598）除夕，用卿從董太史索歸是卷。同觀者吳孝父治、吳景伯國遜、吳用卿廷、楊不棄明時。焚香禮拜，時在燕臺寓舍，執筆者明時也。"又有"餘清齋圖書印""吳廷書印""吳國遜印"等印[15]。可知吳國遜字景伯。至於三弟吳國旦，生平無考。

歙縣舊志未爲吳廷立傳，吳廷傳始見［民國］《歙縣志》，總纂爲清季翰林院編修許承堯（1874—1946）。許氏又撰有《歙事閑談》，近年方有校點本面世，其中有多處論及吳廷。如"吳用卿所藏入內府"條："吾歙豐溪吳用卿太學廷，所藏書畫，入清後半歸內府。著錄於《石渠寶笈》甚多。其中最著者，貯養心殿上等天字一號王羲之《快雪時晴帖》素版本……。"[16]

《快雪時晴帖》今存臺北"故宮"[17]。《石渠寶笈》著錄其他吳廷舊藏有：《宋名賢寶翰一册》（卷三）、《宋人九聖圖》（卷六）、《晉王謝雨後中郎二帖一册》（卷十）、《宋諸名家墨寶一册》（卷十）、《元趙孟頫跋定武蘭亭一卷》（卷十三）、《宋楊補之雪梅一卷》（卷十四）、《宋李唐畫晉文公復國圖一卷》（卷十四）、《宋元寶翰一册》（卷二十一）、《晉王獻之中秋帖一卷》（卷三十九）、《宋米芾尺牘一卷》（卷二十九）、《元趙孟頫書千字文一卷》（卷三十）、《唐臨王羲之東方朔像贊一卷》（卷三十）、《唐虞世南臨蘭亭帖一卷》（卷四十二）、《元錢選秋江待渡圖一卷》（卷四十四）、《宋李公麟蜀川圖一卷》（卷四十四）等。《秘殿珠林》亦著錄：《唐吳道子畫梅檀神像一卷》（卷九）及《元趙孟頫書心經清静經趙由宸書金剛經合卷》（卷二十）等。

四

　　吳廷所藏名家法書，多收入《餘清齋帖》。沈德符謂："近日新安大估吳江村名廷者，刻《餘清堂帖》，人極稱之。乃其友楊不器手筆，稍得古人遺意。"[18]楊守敬（1839—1915）《學書邇言》對其評價至高："《餘清齋帖》八冊，明吳用卿刻，大抵皆以墨跡上石，又得楊明時鐵筆之精，故出明代諸集帖之上。其石乾、嘉間尚存，無翻刻者。余竭力搜得三部，以一部售之日本山本竟山，家存二部。餘未卜存亡，惜哉！"[19]山本藏本後由東京書學院後援會縮印發行，有楊氏題跋："吳江邨收藏之富，幾與項子京埒。所刻《餘清齋帖》，遠出《停雲》《鬱岡》《真賞》上。顧世鮮知者。"[20]

　　《餘清齋帖》正帖十六卷，尾有"萬曆丙申年（1596）八月初吉餘清齋模勒上石"刻款，續帖八卷，尾有"萬曆甲寅（1614）夏六月餘清齋續帖模勒上石"刻款。所收法書，皆附原帖各家題跋。茲錄各法帖名，以見餘清齋藏品之豐之富，亦未全歸清內府。至於題跋則僅選記董其昌、楊明時、吳廷三家：王羲之《十七帖》（吳廷跋）、《遲汝帖》《蘭亭序》（楊明時跋）、《樂毅論》（楊明時、吳廷跋）、《黃庭經》《霜寒帖》（董其昌、楊明時、吳廷跋），王珣《伯遠帖》（董其昌、楊明時、吳廷跋），王獻之《中秋帖》（董其昌跋）、《蘭草帖》（董其昌、楊明時跋）、《新埭帖》（楊明時跋），智永《歸田賦》（董其昌跋），虞世南《積時帖》（董其昌、楊明時、吳廷跋），孫虔禮《千字文》（董其昌、吳廷跋），顏真卿《祭姪季明文》（楊明時、吳廷跋），蘇軾《赤壁賦》（吳廷跋），米芾《千字文及進表》《十紙說》（董其昌、楊明時、吳廷跋)、《臨王羲之至洛帖》，王羲之《行穰帖》(董其昌跋)、《思想帖》(吳廷跋)、《東方朔畫像贊》(董其昌跋)，王獻之《鴨頭丸帖》《洛神賦十三行》，王羲之《胡母帖》(董其昌跋)，謝安《告淵朗帖》(董其昌跋)，顏真卿《蔡明遠帖》(吳廷跋)。

《餘清齋帖》前人或以爲木刻，雖然刻款明言"模勒上石"。王澍(1668—1743)云："餘清齋帖：新安吳太學用卿以所藏真跡模勒，餘清齋正帖十六卷、續帖八卷，刻極精詳。惜是板本，不免猶有斧鑿痕跡。"[21]張伯英(1871—1949)云："餘清齋帖二十四卷，……所刻書多經香光(董其昌)與楊明時鑒定，精品頗多，皆用木刻，鈎勒亦精美，爲明代著名之帖。惟木板難以久存，全帙幾不復可見。"[22]

1995年新編《歙縣志》謂《餘清齋帖》原石，"現藏新安碑園壁龕"，"現存這套法帖的石刻原碑版61面，除蘇軾《後赤壁賦》碑殘缺不全外，其他碑版基本完整無缺"[23]。黃惇《中國書法史·元明卷》亦謂："今歙縣文化部門徵得《餘清齋法帖》原石，珍藏於縣城太白樓内，現存刻石33石，其中28方雙面鐫刻，計61面。"[24]張彥生《善本碑帖錄》謂："原刻石近在安徽歙縣發現，文物店拓來拓本，石更漫漶。"[25]可知《餘清齋帖》爲模勒上石，并非木刻。至望當局妥善修護，避免原石續受損毀。

五

近人每目吳廷爲一喜收法書名畫之徽州富商，其實不然。吳廷以博古爲生，并非一"業餘"鑒賞家。兹就各家題跋及明人詩文，考述吳廷之文物交易生涯。

餘清齋所藏，以王羲之《快雪時晴帖》最珍貴。此帖吳廷得自王穉登，後歸錦衣衛劉承禧(延伯)[26]。劉承禧去世前，

安排還與吳廷，以償前欠吳氏千金。王穉登和吳廷皆有題跋，
而吳跋尤爲感人。

　　"此帖賣畫者盧生攜來吳中，余傾囊購得之。欲爲幼兒營負
郭，新都吳用卿以三百鍰售去。今復爲延伯所有。……因延伯
命題，并述其流傳轉輾若此。己酉（萬曆三十七年，1609）七月
廿七日，太原王穉登謹書。""余與劉司隸延伯寓都門，知交有年，
博古往來甚多。司隸罷官而歸，余往視兩番，歡倍疇昔。余後
復偕司隸至雲間，攜余古玩近千金。余以他事稽遲海上，而司
隸舟行矣，遂不得別。余又善病，又不能往楚。越二年，聞司
隸仙逝矣。司隸交遊雖廣，相善者最少，獨注念於余。余亦傷
悼不已，因輕裝往吊之。至其家，惟空屋壁立。尋訪延伯家事，
并所藏之物，皆云爲人攫去。又問《快雪帖》安在，則云存，
還與公，尚未可信。次日，往奠其家，果出一帳，以物償余前
千金值，《快雪帖》亦在其中。後恐爲人侵匿，聞於麻城令君，
用印托汝南王思延將軍付余。臨終清白，歷歷不負，可謂千古
奇士。不期吳門攜去之物，復爲合浦之珠。展卷三歎，用記顛末。
嗟嗟。此帖在朱成國處，每談爲墨寶之冠。後流傳吳下，復歸
余手。將來又不知歸誰。天下奇物自有神護，倘多寶數百年於
餘清齋中足矣。將來摹勒上石，此一段情景與司隸高誼，同炳
春秋可也。天啓二年（1622）三月望日書於楚舟，餘清齋主人記。
（印二：吳廷私印、江邨）"[27]

　　吳廷所編刊《餘清齋帖》，始於萬曆二十四年（1596），最
後上石則在萬曆四十二年（1614），故并未收入天啓二年還珠的
《快雪時晴帖》。

　　劉承禧，字延伯，麻城人，兵部尚書劉天和曾孫。[民國]《麻
城縣志》卷八"蔭襲"："劉天和，諡莊襄，以平虜功世襲錦衣衛千
户。孫守有、曾孫承禧、玄孫僑，均以世襲仕至都督。"[28]卷九《劉

守有傳》：“劉守有，號思雲，襲祖莊襄公之蔭，官錦衣衛，加太傅，神宗寵眷殊渥。子承禧，號延伯，亦襲職。好古玩書畫。奕葉豐華，人認爲邑之王、謝也。（原注：舊志）”〔29〕

　　吳廷亦嘗售李公麟（1049—1106）《蓮社圖》與劉承禧。胡應麟（1551—1602）《跋李龍眠佛祖圖》，記述吳廷所藏李公麟二畫，後分歸胡應麟及劉承禧：“右李伯時《二十七祖圖》，念載前當爲完卷，頃落一賈師管生手，因割爲三，取諸跋真贋雜置之。一以鬻萬中尉……。一鬻吳用卿，即此卷，以六十緡售余者，凡九幀。一鬻李大將軍……。余見伯時《蓮社圖》巨幅，其筆墨氣韻，妙絕不言。下爲文太史書李元中記，文精工之極，且略無絲毫損蝕，殊可寶玩。亦爲吳用卿得，以八十千歸劉金吾矣。”〔30〕李公麟《蓮社圖》後歸董其昌，疑劉承禧故後復歸吳廷，吳廷再予董其昌〔31〕。

　　吳廷《快雪時晴帖跋》所提到之“王思延將軍”，名延世，河南信陽人，軍籍，仕至京城內外巡捕左參將，年未三十急流之退。〔乾隆〕《信陽州志》卷八“人物志·忠義”謂其“博學無不通，字法右軍，人爭以鵝群寶之”〔32〕。《石渠寶笈》所記吳廷舊藏書畫亦有曾歸王延世者。一爲卷二十九之《晉王獻之中秋帖一卷》，上有“吳廷私印”及“王延世印”。一爲卷四十四之《宋李公麟蜀川圖一卷》，有董其昌跋：“此卷余得之海上顧氏，今轉入思延將軍乎〔手〕，得所歸矣。壬寅（1602）臘月重觀書，其昌。”又陳所蘊跋：“顧廷尉汝和家，故藏有李龍眠《瀟湘》《蜀川》二圖，俱稱神品。《瀟湘圖》歸予，予以易古鼎於吳廷用卿，至今悔恨不得己已。《蜀川圖》不知落誰手，展轉相貿，亦歸用卿。用卿今年至海上，予以八十金得之。……萬曆戊申（1608）嘉平月潁川陳所蘊子有父跋。”〔33〕二跋時間相距不遠，吳廷或得自王延世，再轉售與陳所蘊。

　　吳廷題跋，罕見提及書畫價格，雖然上引王穉登、胡應麟、陳所蘊三跋皆不以此爲諱。汪砢玉（1587—1645）《珊瑚網》卷十亦記所見吳廷舊藏《梁摹樂毅論真跡》："時崇禎己卯（1639）夏仲，項氏出此帖，索價六十金，較吳江村定值三百鎰，廉矣。恨乏阿堵，僅留覽數日。"[34] 李維楨謂吳廷 "所入視所出什伯千萬"，誠非虛語。

　　據以上資料，表例於下，可略見明季文物價格。

《快雪時晴帖》　王穉登（賣）吳廷（買）　　三百鍰
《樂毅論》　　　　吳廷（賣）　　　　　　　三百鎰
　　　　　　　　　項氏（賣）　　　　　　　六十金
《佛祖圖》　　　　吳廷（賣）胡應麟（買）　六十緡
《蓮社圖》　　　　吳廷（賣）劉承禧（買）　八十千
《蜀川圖》　　　　吳廷（賣）陳所蘊（買）　八十金

　　吳廷之所以能高價出售藏品，主要是因其以精鑒賞爲時人所重。李維楨稱其 "鑒裁明審，無能以贋售者"。袁中道《遊居柿録》卷五，亦記有萬曆三十八年（1610）八月，吳廷品評袁氏藏品事。"新安友人吳用卿處見王羲之親筆《遲汝帖》……。用卿至瓶隱齋覓書畫，予無所藏，僅得《楊妃上馬圖》一軸。用卿曰：此錢舜舉筆，《滾塵圖》則真韓幹筆畫。《春倦圖》，用卿一見，即知爲趙松雪筆。餘沈石田數軸，皆非贋手。"[35]

六

　　書畫名蹟，多有後人題跋，可助追溯歷代流傳情況。金石鐘鼎，題跋較少，又多書於拓本，未能附驥原物。所以今日可知之吳廷藏品，主要仍爲書畫，金石訊息至尠。

　　陳所蘊以李公麟《瀟湘圖》易吳廷之古鼎，誠爲雅事，惜未細敍。吳廷家中頗置鼎彝，甚類今日文物商店之展覽廳。陳衍《集吳用卿宅》詩：“門巷雖塵市，尊罍具古風。”〔36〕徐𤊹《同謝少連、吳雲將、丁南羽、丁承吉、吳左干、鄭翰卿夜集吳用卿上村草堂》詩：“石函劍露豐城氣，竹簡書開汲冢篇。”〔37〕皆應爲實録。至於吳廷所藏個別鼎彝，今日僅知其二：秦鑑、商甕龍卣〔38〕。

吳廷所藏善本，傳世者亦尟。臺北“故宮博物院”有宋刊元明遞修殘本《晉書》，有“江邨”及“吳廷之印”印記〔39〕。北京故宮博物院有唐寫本《黃庭經》，有吳廷及董其昌跋〔40〕。後者大抵吳、董皆以法書目之。總之，餘清齋不以藏書名世。

<h2 style="text-align:center">七</h2>

吳廷并不是一般文物販子，他和不少文人雅士平輩論交，而與董其昌關係尤爲密切〔41〕。董其昌每提及某一珍品得自吳廷，或借吳藏臨摹。其中有金錢買賣，亦有物物交易。個別書畫有數年內數易其手者，如上舉李公麟《蜀川圖》。兹選四例，以見明季書畫文物交易情況。

《跋米芾蜀素帖卷》：“甲辰（萬曆三十二年，1604）五月，新都吳太學攜真跡至西湖，遂以諸名蹟易之。時徐茂吳方詣吳觀書畫，知余得此卷，嘆曰：已探驪龍珠，餘皆長物矣，吳太學書畫船爲之減色。然後自寬曰：米家書得所歸。太學名廷，尚有右軍《官奴帖》真本。董其昌題。”〔42〕

《臨十七帖卷》：“新安吳太學以館本十七帖見貽，復以此卷索書。今日涼風乍至，齋閣蕭閒，遂臨寫一過以歸之。質之原本，亦可彷彿耳。董其昌。”〔43〕

《跋元趙孟頫書道經生神章卷》：“余家有趙文敏爲大長公主做閣立本畫三清瑞像，張嗣真題詩。吳用卿見而奇之，願以古帖古硯易去，余未之許也。用卿乃出此卷相視，亦張嗣真題文敏真跡。所云天寶君、靈寶君、神寶君，正合三清之意。此卷此軸似是雙龍神物，合之雙美。余無以難用卿也，遂題以歸之。己未（萬曆四十七年，1619）四月，舟次邗溝書董其昌。"〔44〕

"宋趙千里設色《桃源圖卷》，昔在庚寅（萬曆十八年，1590）見之都下。後爲新都吳太學所購。余無十五城之償，惟有心艷。"〔45〕

八

吳廷嘗出塞，友人胡應麟、潘之恒（1556—1662）皆有贈詩。前詩頗空泛，後詩似有深意，可惜未詳其本事。抄録於下，以待知者。

胡應麟《送吳太學遊邊》："燕臺秋色乍闌珊，少借爐頭十日閑。說劍風聲流易水，彎弓雲色墜天山。平沙夜伴孤鴻宿，大漠朝馳駟馬還。愁絶南樓離恨杳，西風吹夢出陽關。"〔46〕

潘之恒《送吳用卿出塞》："朔氣衡寒斷塞鴻，送君策馬薊城東。危絃欲墜雍門淚，壯髮難禁易水風。懷璧十年荆價重，縣金一日冀群空。奚囊尚有夸胡賦，不擬燕山片石功。"〔47〕

九

明人文集中，尚未見有吳廷傳記，幸仍覓得贊詞五篇。來復及董其昌贊詞已見本文文首，現録馮夢禎、徐燉、薛岡贊詞，以見吳廷風範及時人評價。

馮夢禎《江村居士贊》："爾之胸中，慶雲和風。爾之杖底，江湖萬里。爾之蘧廬，千古圖書。所不足者，濟勝之具，以故見翠壁而嗟吁。爾所不足，不能掩其有餘。是其江村居士歟。"[48]

徐𤏡《吳用卿像讚》："偉幹修髯，朗眉秀目。隱不近名，貞非絕俗。論詩解匡鼎之頤，譚理拆充字之角，博物負茂先之精，嗜古富元章之畜。慨延陵高風之湮，至夫君而始名其族。斯人也用而爲世之珍，真不忝爲豐年之玉。"[49]

薛岡《吳用卿像讚》："骨擬神仙，相慚公侯。目營千載，心合九州。不知眉端之有憂喜，亦不知皮裹之有春秋。陸賈囊裝，馮驩𠠫緤，皆非君之所謂遊。載我彝鼎，遊彼商周，遠取諸物，好古敏求。二丈夫子能文好修，目之爲難兄難弟，君誠不愧於太丘。"[50]

五讚疑皆爲吳廷寫真題詞，或他人亦有題詞，惜未知此寫真尚存世否？

注　釋

[1] 明來復：《來陽伯文集》（天啓刊本；美國國會圖書館藏）卷二十，頁7b─8a。

[2] 明董其昌：《容臺集》（臺北："中央圖書館"，1968，影印崇禎三年［1630］刊本）卷七，頁61ab。

[3] 任道斌：《董其昌繫年》（北京：文物出版社，1988），頁33。

[4] 鄭威：《董其昌年譜》（上海：上海書畫出版社，1989），頁22。

[5] 于安瀾編：《畫史叢書》（上海：上海人民美術出版社，1982），第3冊，頁68。

[6] 石國柱修，許承堯纂：［民國］《歙縣志》（上海：歙縣旅滬同鄉會，1937）卷十，頁16b。

[7] 劉九庵：《宋元明清書畫家傳世作品年表》（上海：上海書畫出版社，1997），頁301、304。《仿倪瓚溪山亭子圖》，又見中國古代書畫鑒定組編：《中國古代書畫圖目》第1冊（北京：文物出版社，1986），頁

19，及圖版頁 86，編號京 5-020。

〔8〕明馮夢禎:《快雪堂集》(萬曆四十四年［1616］刊本，中國國家圖書館藏。又見《四庫全書存目叢書》，集 164—165) 卷六十五，頁 14a—15a。

〔9〕明徐𤊻:《鼇峰集》(天啓五年［1625］刊本;普林斯頓大學東亞圖書館藏影印本) 卷十六，頁 18b—19a。

〔10〕于安瀾編:《畫史叢書》，第 3 册，頁 109。

〔11〕于安瀾編:《畫史叢書》，第 2 册，頁 50。

〔12〕［民國〕《歙縣志》卷十，頁 8b。

〔13〕明李維楨:《大泌山房集》(萬曆三十九年［1611］刊本，國家圖書館藏。又見《四庫全書存目叢書》，集 150—153) 卷一百二，頁 25a、26a。

〔14〕明吳廷編:《餘清齋法帖》(東京:書學院後援會，大正 14 年［1925］)，第 1 册。

〔15〕清張照等:《石渠寶笈》(文淵閣四庫全書本) 卷四十二，頁 1b—2a，3b。

〔16〕許承堯:《歙事閑談》(合肥:黃山書社，2001)，第 29 册，頁 978—979。

〔17〕"故宮博物院"編:《故宮歷代法書全集》第 9 册 (臺北:"故宮博物院"，1977)。

〔18〕明沈德符:《萬曆野獲編》(北京:中華書局，1959) 卷二十六，頁 658。

〔19〕清楊守敬:《學書邇言》(北京:文物出版社，1982)，頁 52—53。

〔20〕明吳廷編:《餘清齋法帖》(1925)，楊守敬題記。

〔21〕清王澍:《淳化秘閣法帖考正》(文淵閣四庫全書本) 卷十一，頁 40b。

〔22〕容庚:《叢帖目》第 1 册 (香港:中華書局，1980)，頁 256。

〔23〕歙縣地方志編纂委員會編:《歙縣志》(北京:中華書局，1995)，頁

616—617。

〔24〕黄惇:《中國書法史·元明卷》（南京:江蘇教育出版社，2001），頁458—459。

〔25〕張彥生:《善本碑帖録》（北京:中華書局，1984），頁189。

〔26〕劉承禧生平，略見馬泰來:《麻城劉家和〈金瓶梅〉》，《中華文史論叢》，1982年第1輯，頁111—120。

〔27〕詳細資料請見臺北"故宮博物院"編:《故宮歷代法書全集》，第9冊，頁4—7。

〔28〕余普芳纂:［民國］《麻城縣志》（1935）卷八，頁35a。

〔29〕同注二十八，卷九，頁33a。

〔30〕明胡應麟:《少室山房集》（文淵閣四庫全書本）卷一百九，頁2a—3a。

〔31〕明張丑:《真跡日録》（文淵閣四庫全書本）卷二，頁13ab，引董其昌語:"惟余家《蓮社圖》爲龍眠得意筆。"

〔32〕清張鉞修，萬侯纂:［乾隆］《信陽州志》（1925年重印本）卷八，頁8ab。

〔33〕清張照等:《石渠寶笈》（文淵閣四庫全書本）卷四十四，頁33ab。

〔34〕明汪砢玉:《珊瑚網》（文淵閣四庫全書本）卷一，頁14b。

〔35〕明袁中道:《珂雪齋集》（上海:上海古籍出版社，1989），頁1208—1209。

〔36〕明陳衎:《大江集》（揚州:江蘇廣陵刻印社，1996，影崇禎十二年［1639］刊本）卷四，頁41b。

〔37〕明徐𤊹:《鼇峰集》卷十六，頁19a。

〔38〕明陳衎:《大江集》卷十七，頁8ab，頁10ab。

〔39〕臺北"故宮博物院"編:《"故宮博物院"藏沈氏研易樓善本圖録》（臺北:"故宮博物院"，1986），頁20—21。

〔40〕《中國古籍善本書目·子部》（上海:上海古籍出版社，1994）卷

二十，頁 82b。

〔41〕汪世清：《董其昌與餘清齋》，《朵雲》3 期（1993 年 9 月），頁 58—67。

〔42〕黃惇主編：《中國書法全集》卷五十四,《明代編·董其昌卷》（北京：榮寶齋，1992），頁 83—84、259。此卷現藏臺北"故宮博物院"。

〔43〕《中國書法全集》卷五十四，頁 178、775。此卷現藏臺北"故宮博物院"。

〔44〕金梁輯:《盛京故宮書畫録》（1924），第 3 册，頁 3a。

〔45〕明董其昌:《容臺別集》卷六，頁 34b。

〔46〕明胡應麟:《少室山房集》（文淵閣四庫全書本）卷六十三，頁 9a。

〔47〕明潘之恒:《鸞嘯集》（萬曆刊本，中國國家圖書館藏），初草 1，頁 4b—5a。

〔48〕明馮夢禎:《快雪堂集》卷二十九，頁 16ab。

〔49〕明徐𤊹:《紅雨樓集》（稿本，上海圖書館藏），册 12。

〔50〕明薛岡:《天爵堂集》（崇禎刊本，膠卷；又見《四庫未收書輯刊》，陸輯，25）卷十三，頁 6a。

原載《故宮學術季刊》23 卷 1 期（2005）

明季書販林志尹事略

　　古代書販史料，甚爲罕見。近年爲徐𤊹（字興公、惟起）和謝肇淛（字在杭）藏書研究，找到一些書販林志尹（1556—1609）的資料，包括一篇完整的墓誌銘，頗爲難得。

　　現存徐𤊹藏書題記，有四處提到林志尹。《傅汝礪詩集題記》："萬曆戊戌（1598）菊月，林志尹見惠。"[1]《孫太初集題記》："太初詩，余家有分類一種。……此本乃先正鄭少谷爲太初授梓者，編匯年次備於他本，年久板亦不存，人家鮮有藏者。林志尹偶得之，持以見貽。印章又爲高石門家物。披誦之際，不啻拱璧。書以誌喜，萬曆戊戌年（1598）秋日，徐惟起識。"《藝文類聚題記》："此書一百卷。余家所藏者缺四册，每有查考，輒恨其摧殘非完書也。數年前，偶於官賢坊内小書鋪中見有數册，混入雜書之内，將爲糊壁覆瓿之需，予以數十錢易之，正可補予之缺，然尚欠六十卷至六十六卷也。俟之數年，無從覓補。今歲余偶從南都歸，林志尹乃拾一册見餉，遂成全書。篝燈把玩。喜而不寐，因重加裝訂，收之篋中。……萬曆丙午（1606）臘月六日。徐惟起。"《解頤新語題記》："林志尹以此本貽謝在杭。在杭性好潔，不喜用筆勘書，因張幼于批點縱橫，遂易余藏善本以去。余又愛幼于筆跡，如對故人，尤加珍惜耳。萬曆丁未（1607）初秋九月，徐惟起書於汗竹齋。"

　　如僅據以上題記，林志尹爲徐𤊹及謝肇淛好友，常贈書二人。

其實林志尹以販書爲生。徐𤊹嘗撰《送林志尹之吳越販書》詩，詩云：

> 江湖浪跡欲何如，爲覓名山訪異書。
>
> 白髮不辭饑亥豕，黃金寧惜買蟲魚。
>
> 借將竹簡勤抄録，挾得芸編任卷舒。
>
> 我亦未忘吟誦癖，一犁春雨帶經鋤。[2]

短短的一首七律提供信息有限，但告訴我們林志尹遠走他鄉訪書，更重要的是他抄録校讎，使書本增值。

謝肇淛在《五雜俎》中對林志尹評價極高，以爲真正"知書"："吾友又有林志尹者，家貧爲掾，不讀書而最耽書，其於四部篇目皆能成誦。每與俱入書肆中，披沙見金，觸目即得，人棄我取，悉中肯綮。興公數年之藏，十七出其目中也。""常有人家緗帙簇簇，自詫巨富者。余托志尹物色之，輒曰無有。衆咸訝之。及再覈視，其尋常經史之外，不過坊間俗板濫惡文集耳，黿羹鴞炙，一紙不可得也。謂之無有，不亦宜乎？夫是之謂知書。"[3]

林志尹卒後三年，謝肇淛撰一頗感人的《林志尹墓誌銘》。根據《墓誌銘》，我們得知林志尹名應聘，福建侯官人。祖父文炳，黟縣知縣；父一麟，庠生。生嘉靖三十五年（1556），卒萬曆三十七年（1609）。"志尹少業儒，博極群書，其嗜書甚於嗜食，其搜求異書而必得之也，甚於求美女阿堵也。凡古今四方帳中之秘，天禄之藏，與夫魚訛蠹蝕之餘，簿目無可考證者，必質之志尹，志尹未嘗不應之如響也。"謝肇淛特別提到："每令購書，祈寒暑雨，霜朝丙夜不辭勌也。嗚呼，蓋自志尹死三年，而吾架上牙籤未有增者。""志尹述而不作，所輯有《古今宮詞》《史諧》《雜説》數十種，家譜數卷，雖未盛行於時，後世必有知子雲者。"[4]

　　林志尹編《古今宮詞》或作《歷代宮詞》，見藏臺北"中央圖書館"，萬曆刊本，二卷二冊，有陳薦夫（1560—1611）序，略云："予友林志尹偃蹇髫年，沉冥壯歲，蟲魚失據，怨皇甫之書淫，亥豕訂訛，等征南之傳癖，……"[5]此本有近人羅振常（1875—1944）題記，內云："原書第一頁本有輯者署名，後經人挖除，而補版作陶石貴、葉苔山、李九我。明人重科第，苟作者無顯名，則取當時顯達者代之，此當時書坊之陋習。然觀陳序，知輯者爲林志尹，特未書其名耳。"[6]

　　按陳序又見陳薦夫《水明樓集》卷十一，作《四代宮詞序》，文字少異，"予友林志尹"作"余友林生"[7]。苟《歷代宮詞》中序文亦如是，則羅振常亦無法考出林氏姓名。（林志尹以字行，故亦不需必稱輯者爲林應聘。）

　　林志尹和徐𤊹有一點親戚關係。根據謝肇淛撰的《墓誌銘》，林志尹次子兆期娶陳价夫（1557—1614）女。而陳薦夫《先茂才行狀》記其兄陳价夫四女，次女懷璐配林兆基，幼女懷佩配徐陸（1590—1616）[8]。徐陸爲徐𤊹長子[9]。

注　釋

〔1〕見中國國家圖書館藏本。此則題記諸家紅雨樓題跋皆失録。以下三則題記，見繆荃孫輯《重編紅雨樓題跋》。

〔2〕徐𤊹:《鼇峰集》（天啓五年［1625］南居益刊本）卷十五。

〔3〕謝肇淛:《五雜俎》卷十三。

〔4〕謝肇淛:《小草齋文集》（天啓六年［1626］徐𤊹編刊本）卷十八。

〔5〕《"中央圖書館"善本序跋集録·集部》（1994），冊6，頁183—184。

〔6〕"中央圖書館"編《標點善本題跋集録》（1992），下冊，頁678。

〔7〕陳薦夫:《水明樓集》（萬曆刊本）卷十一。

〔8〕《水明樓集》卷十三。

〔9〕陳衎（約 1586—1644 後）《徐存羽墓誌銘》,《大江集》（崇禎十二年
　　〔1639〕刊本）卷十九。

原載《藏書家》第 12 期（2007）

《明人傳記資料索引》補正

頁 1　丁士美

父儒，字希賢。生弘治三年，卒萬曆三年（1490—1575）。吳承恩撰《封通議大夫太常寺卿兼翰林院侍讀學士雙松丁公墓誌銘（代作）》，《吳承恩詩文集》頁 101。

頁 1　丁元薦

劉宗周撰《正學名臣丁長孺先生墓表》，《劉子文編》卷九葉 36。《明史》卷二百三十六。

頁 10　方太古

號寒溪。馮時可撰《太白太古二布衣傳》，《馮元成選集》卷六葉 64。

頁 19　亢思謙

王祖嫡撰《通奉大夫四川布政使司左布政使水陽亢先生行狀》，《師竹堂集》卷二十葉 5。呂坤撰《亢水陽傳（代冢宰王疏庵作）》，《去偽齋文集》卷九葉 30。

頁 22　王之垣

沈鯉撰《明户部尚書王公墓誌銘》，《亦玉堂稿》卷十葉 21。

頁 23　王元翰

劉宗周撰《諫議大夫原任工科右給事中聚洲王公墓誌銘》，《劉子文編》卷九葉 18。

頁 23　王允成

字復我，號述文。生萬曆元年，卒崇禎三年（1573—1630）
張慎言撰《明故文林郎四川道監察御史述文王公墓誌銘》，
《泊水齋文抄》卷三葉 22。

頁 23　王允武

沈鯉撰《明贈資政大夫兵部尚書故慶府右長史棘亭王公神
道碑銘》，《亦玉堂稿》卷十葉 43。

頁 26　王安

卒天啓元年（1621），顧大韶撰《王安傳》，《顧仲恭文集》
續葉 40。

頁 34　王希烈

字子忠，號東岑。生正德十六年、卒萬曆五年（1521—
1577）。孫繼皋撰《通議大夫吏部左侍郎兼翰林院侍讀學士
掌詹事府事贈禮部尚書諡文裕王公墓誌銘》，《宗伯集》卷
八葉 1。

頁 35　王伯貞

梁潛撰《王伯貞傳》，《泊菴集》卷十二葉 7。《明史》卷
一百六十九。

頁 36　王沛，王澂（頁 72）弟。卒嘉靖三十七年（1558）。王
叔杲撰《家傳》，《半山藏稿》卷十五葉 8。

頁 40　王叔杲

妻陳氏，《索引》誤作"母陳氏"。

頁 43　王思任

張岱撰《王謔菴先生傳》，《瑯嬛文集》卷四頁 132。

頁 45　王重光

馮時可撰《王司徒濼川先生傳》，《馮元成選集》卷七葉 20。

頁 51　王教（淄川人）

生嘉靖十九年，卒萬曆三十二年（1540—1604）。畢自嚴撰

《奉政大夫吏部文選司郎中秋澄王公行狀》,《石隱園藏稿》
卷四葉 34。

頁 53　王國光

生正德七年（1512）。張慎言撰《明故光禄大夫太子太保吏
部尚書疏菴王公墓表》,《泊水齋文抄》卷三葉 9。

頁 55　王得仁

即頁 882，謝得仁。

頁 65　王漸逵

字鴻伯。馮時可撰《王光禄漸逵小傳》,《馮元成選集》卷
六葉 8。

頁 69　王穀祥

馮時可撰《王吏部穀祥小傳》,《馮元成選集》卷六葉 3。

頁 70　王畿

《明儒學案》卷十二。

頁 72　王激

王叔果撰《家傳》,《半山藏稿》卷十五葉 7。母張氏，張璁（頁
550）姊。王叔果撰《內傳》,《半山藏稿》卷十五葉 10。

頁 77　王懋（咸寧人）

生成化十三年，卒嘉靖十七年（1477—1538）。王用賓
撰《封中憲大夫先考府君暨先妣贈恭人張氏封恭人李氏壙
述》,《三渠先生集》卷十四葉 1。《索引》所列《明史》卷
一百六十一之王懋，修武人，永樂二十二年（1424）進士。

頁 78　王鏊

號守溪。生景泰七年，卒嘉靖三年（1456—1524）。馮時可
撰《太傅王文恪公傳》,《馮元成選集》卷六葉 25。

頁 78　王彝

馮時可撰《王布衣彝小傳》,《馮元成選集》卷六葉 69。

頁 81　王鑑（無錫人）

孫繼皋撰《特旨晉太僕寺卿致仕繼山王公暨配鮑宜人合葬行狀》,《宗伯集》卷七葉 22。

頁 85　孔訥

卒建文二年（1400），年四十三。胡儼撰《宣聖五十七世孫襲封衍聖公神道碑銘》,《頤庵文選》卷上葉 112。

頁 93　毛澄

馮時可撰《少保禮部尚書毛文簡傳》,《馮元成選集》卷六葉 20。

頁 103　史仲彬

字文質，號清遠。史鑑撰《曾祖考清遠府君行狀》,《西村集》卷八葉 19。

頁 104　史桂芳

《明儒學案》卷六。

頁 115　包節

馮時可撰《御史包蒙泉傳》,《馮元成選集》卷七葉 98。

頁 118　汝訥

史鑑撰《故中憲大夫江西南安府知府汝君行狀》,《西村集》卷八葉 31。

頁 124　朱曰藩

《明史》卷二百八十六,《索引》誤作卷三百八十八。

頁 136　朱能

梁潛撰《奉天靖難推誠宣力武臣特進榮祿大夫右柱國左軍都督府左都督太子太傅成國公追封東平郡武烈王壙誌》,《泊菴集》卷二葉 36。

頁 138　朱國祚

妻何氏，生嘉靖四十三年，卒崇禎五年（1564—1632）。李日華撰《太傅朱文恪公元配一品何夫人墓誌銘》,《李太僕恬致堂集》卷二十六葉 13。

頁 149　朱燮元

劉宗周撰《特進左柱國光禄大夫少師兼太子太師兵部尚書都察院右都御史總督貴湖川雲廣五省軍務兼巡撫貴州等處地方恒岳朱公墓誌銘》,《劉子文編》卷九葉 30。歸莊撰《朱少師傳》,《歸莊集》卷七頁 429。

頁 155　任環

《明史》卷二百五。

頁 156　伍袁萃

馮時可撰《廣東布政司參議容菴伍先生傳》,《馮元成選集》卷七葉 71。

頁 160　沐英

程本立撰《黔寧昭靖王廟碑》,《程巽隱先生文集》卷二葉 20。

頁 171　沈周

馮時可撰《布衣沈石田先生傳》,《馮元成選集》卷六葉 59。

頁 175　沈遇

號雅趣先生。生洪武十年（1377）。杜瓊撰《沈公濟先生行實》,《杜東原詩文集》頁 150。

頁 176　沈誠

史鑑撰《沈希明墓誌銘》,《西村集》卷八葉 3。

頁 180　沈霽

馮時可撰《參政沈東老先生傳》,《馮元成選集》卷七葉 101。

頁 183　宋登春

馮時可撰《宋布衣登春傳》,《馮元成選集》卷六葉 77。

頁 184　宋儀望

生正德九年，卒萬曆六年（1514—1578）。胡直撰《大理卿宋華陽先生行狀》,《衡廬續稿》卷六葉 1。

頁 185　宋纁

生嘉靖元年，卒萬曆十九年（1522—1591）。呂坤撰《宋莊
敏公行狀》,《去僞齋文集》卷九葉 1。沈鯉撰《明資政大夫
吏部尚書贈榮禄大夫太子太保謚莊敏栗庵宋公墓誌銘》,《亦
玉堂稿》卷十葉 7。

頁 186　辛自修

號容庵。萬曆二十一年（1593）卒，年六十二。沈鯉撰《明
太子少保工部尚書謚肅敏容庵辛公墓誌銘》,《亦玉堂稿》
卷十葉 17。

頁 187　杜文焕

號三教逸史。臧懋循撰《三教逸史傳》,《負苞堂集》卷四
頁 94。

頁 190　李三才

父□□，字德潤，號次泉。沈鯉撰《明封奉直大夫户部雲
南清吏司員外郎次泉公神道碑銘》,《亦玉堂稿》卷十頁 46。

頁 191　李天植

號冲庵。馮時可撰《李冲庵先生傳》,《馮元成選集》卷七
葉 51。

頁 191　李天寵

王祖嫡撰《李中丞傳》,《師竹堂集》卷十九葉 5。

頁 199　李佑（清平人）

號培竹。生正德十二年，卒隆慶五年（1517—1571）。孫應
鰲撰《培竹李公墓誌銘》,《孫山甫督學文集》附葉 70。

頁 200　李承芳

石珤撰《李評事傳》,《熊峰集》卷十葉 21。

頁 209　李淶（零都人）

馮時可撰《李中丞淶小傳》，《馮元成選集》卷六葉 5。

頁 210　李彬（定遠人）

李賢撰《奉天靖難推誠宣力武臣特進榮禄大夫柱國豐城侯追封茂國公諡剛毅李公神道碑銘》，《古穰集》卷十葉 10。

倪謙撰《茂國剛毅公傳》，《倪文僖公集》卷三十葉 4。

頁 215　李傑

梁儲撰《明故資善大夫禮部尚書致仕贈太子少保石城李公墓誌銘》，《鬱洲遺稿》卷七葉 8。

頁 215　李舜臣

李舜臣撰《未村居士自述》，《愚谷集》卷十葉 5，《西平稼餘自述》，《愚谷集》卷十葉 13。

頁 215　李源（華亭人）

號志雲。生建文三年，卒天順七年（1401—1463）。李賢撰《亞中大夫陝西布政司右參政李公墓表》，《古穰集》卷十六葉 4。

頁 215　李滄

號石泉。卒正德十年（1515），年四十一。夏尚樸撰《南京工部主事李君墓誌銘》，《東巖集》卷五葉 16。

頁 219　李疑

陳璉撰《廛隱李先生傳》，《琴軒集》卷八葉 6。

頁 226　李儒

馮時可撰《禮部郎中李宜散傳》，《馮元成選集》卷七葉 99。

頁 232　成始終

號澹菴。生永樂元年，卒天順七年（1403—1463）。倪謙撰《明故前奉政大夫湖廣按察司僉事成公墓表》，《倪文僖公集》卷二十七葉 5。

頁 234　邢參

馮時可撰《邢布衣參小傳》,《馮元成選集》卷六葉 83。

頁 234　邢量

馮時可撰《邢布衣量小傳》,《馮元成選集》卷六葉 75。

頁 236　吳一鵬

田汝成撰《吳文端公傳》,《田叔禾小集》卷六葉 8。

頁 247　吳偉

張琦撰《故小仙吳先生墓誌銘》,《白齋竹里文略》葉 44。

頁 252　吳福之

字公介，號叔子。錢肅樂撰《吳叔子傳》,《錢忠介公集》卷十五葉 22。

頁 255　吳璠

史鑑撰《故奉訓大夫工部營繕清吏司員外郎吳君行狀》,《西村集》卷八葉 35。

頁 255　吳應箕

劉城撰《吳次尾先生傳》,《嶧桐集》卷十葉 1。

頁 255　吳鍾巒

錢肅樂撰《吳霞舟夫子小傳》,《錢忠介公集》卷十五葉 8。

頁 257　吳麟徵

歸莊撰《吳忠節公傳（代）》,《歸莊集》卷七頁 426。

頁 269　何文淵

號東園。王叔果撰《吏部尚書何公傳》,《半山藏稿》卷十五葉 1。

頁 273　何湛之

何棟如撰《先大夫行狀》,《何太僕集》卷八葉 1。

頁 282　孟化鯉

《明儒學案》卷二十九。

頁 284　門克新

《明史》有二門克新。《索引》僅列洪武時任禮部尚書，鞏昌人之門克新。另一汝陽人，媚事魏忠賢，名列閹黨，傳見《明史》卷三百六。

頁 293　林春（泰州人）

馮時可撰《林文選春傳》，《馮元成選集》卷六葉 12。

頁 293　林思承

林統，字思承，號靜齋。《索引》作林思承，誤。生永樂十年，卒弘治三年（1412—1490）。彭韶撰《林思承同知墓誌銘》，《彭惠安集》卷四葉 9。

頁 296　林智

字若愚。吳儼撰《勿齋先生墓表》，《吳文肅摘稿》卷四葉 21。

頁 296　林補

徐有貞撰《故翰林編修林君行狀》，《武功集》卷三葉 91。

頁 296　林誠

生宣德元年，卒成化二十三年（1426—1487）。鄭紀撰《文林郎監察御史并菴林公墓誌銘》，《東園文集》卷十二葉 4。

頁 301　來斯行

號馬湖。生隆慶元年，卒崇禎六年（1567—1633）。劉宗周撰《福建布政使司右布政使馬湖來公墓誌銘》，《劉子文編》卷九葉 8。

頁 314　周子義

孫繼皋撰《通議大夫吏部左侍郎兼翰林院侍讀學士掌詹事府事贈禮部尚書諡文恪儆庵周公行狀》，《宗伯集》卷七葉 1。

頁 321　周佩

生正統十二年，卒嘉靖十一年（1447—1532）。孫承恩撰《刑部郎中北野周先生同配吳張二宜人合葬墓誌銘》，《文簡集》

卷五十一葉 1。

頁 329　周瑛

號蒙中子、賣道人。周瑛撰《自撰蒙中子壙志》,《翠渠摘稿》卷八葉 6。

頁 331　周廣

馮時可撰《周侍郎廣小傳》,《馮元成選集》卷六葉 16。

頁 334　周輿

號心齋。生永樂十一年,卒天順二年（1413—1458）。顧清撰《明故翰林院編修周公配太安人朱氏合葬誌銘》,《東江家藏集》卷三十葉 22。

頁 337　姜士昌

卒天啓元年（1621）,年六十一。劉宗周撰《亞中大夫江西布政使司右參政誥贈太常寺少卿養冲姜公墓表》,《劉子文編》卷九葉 45。

頁 345　胡希舜

字用中。生嘉靖二十九年,卒萬曆三十四年（1550—1606）。呂坤撰《明陝西布政司左參政見虞胡公墓誌銘》,《去僞齋集》卷十葉 13。

頁 346　胡直

號衡廬、耕雲老農。胡直《新創吉水龍家邊壽藏志》,《衡廬續稿》卷十葉 15。

頁 349　胡深（龍泉人）

王禕撰《故參軍縉雲郡伯胡公行述》,《王忠文公集》卷十八頁 482。

頁 352　胡廣

胡儼撰《文淵閣大學士兼左春坊大學士贈資善大夫禮部尚書諡文穆胡公墓誌銘》,《臨庵文選》卷上葉 106。

頁 362　范純

　　號樸齋。卒成化二十三年（1487），年六十二。彭韶撰《四川副使范誠夫公墓表》，《彭惠安集》卷七葉 10。

頁 373　侯于趙

　　呂坤撰《侯中丞傳》，《去偽齋文集》卷九葉 16。

頁 380　姚希孟

　　歸莊撰《姚文毅公傳》，《歸莊集》卷七頁 427。

頁 381　姚善

　　史鑑撰《姚善傳》，《西村集》卷六葉 27。

頁 392　高瀚

　　號庖義谷老農民。卒嘉靖二十二年（1543），年五十。丘雲霄撰《高石門傳》，《山中集》卷十葉 1。

頁 394　席書

　　號元山，胡直撰《席文襄公祠堂碑》，《衡廬精舍藏稿》卷二十一葉 1。

頁 405　夏原吉

　　母廖氏，荊州人。卒永樂二十年（1422），年八十。胡儼撰《贈資政大夫戶部尚書夏公夫人墓誌銘》，《臨庵文選》卷上葉 126。

頁 408　夏衡

　　號樗菴。生洪武二十五年，卒天順八年（1392—1464）。李賢撰《中奉大夫太常寺卿夏公墓碑銘》，《古穰集》卷十四葉 7。

頁 410　馬允登

　　孫繼皋撰《亞中大夫湖廣布政使司右參政瀛澔馬公墓誌銘》，《宗伯集》卷九葉 13。

頁 411　馬自強

祖通，字致遠。孫繼皋撰《山西太原府代州繁峙縣知縣累贈光祿大夫太子太保禮部尚書兼文淵閣大學士馬公神道碑銘》，《宗伯集》卷七葉 39。

頁 418　耿定向

父金，字宗秀，號靜庵。胡直撰《誥封中憲大夫都察院右僉都御史靜庵耿公傳》，《衡廬續稿》卷十一葉 25。

頁 421　桂彥良

史鑑撰《桂彥良傳》，《西村集》卷六葉 26。

頁 423　軒輗

呂坤撰《明資政大夫都察院左都御史靜齋軒公祠堂碑》，《去偽齋文集》卷八葉 8。

頁 427　袁煒

秦舜昌撰《邑志小傳》，《林衣集》卷二葉 8。

頁 429　秦汴

孫繼皋撰《姚安守秦公傳》，《宗伯集》卷四葉 1。

頁 432　孫一元

馮時可撰《太白太古二布衣傳》，《馮元成選集》卷六葉 64。

頁 435　孫克弘

馮時可撰《漢陽太守孫雪居傳》，《馮元成選集》卷七葉 88。

頁 436　孫承恩

馮時可撰《太子太保禮部尚書兼學士孫文簡公傳》，《馮元成選集》卷七葉 82。

頁 437　孫貞

號竹軒。曰良（頁 433）父。劉球撰《故封翰林編修文林郎孫先生行狀》，《兩溪文集》卷十八葉 6。

頁 440　孫慎行

號石齋，鑨（頁 446）曾孫。劉宗周撰《資政大夫禮部尚書兼翰林院學士加贈光禄大夫太子太保諡文介淇澳孫公墓表》，《劉子文編》卷九葉 41。

父□□，字邦正，號景南。生嘉靖十三年，卒萬曆二十七年（1534—1599）。孫繼皋撰《勅封翰林院編修文林郎景南孫公暨配唐孺人合葬墓碑銘》，《宗伯集》卷七葉 48。

頁 440　孫瑋

父一誠，字明卿。生正德十五年，卒萬曆十四年（1520—1586）。

王祖嫡撰《封徵仕郎兵科給事中邦野孫公暨配孺人趙氏合葬墓誌銘》，《師竹堂集》卷二十一葉 13。馮時可撰《贈兵部尚書邦野孫公傳》，《馮元成選集》卷七葉 26。

頁 449　師夔

字汝和。生成化十三年，卒嘉靖二十年（1477—1541）王用賓撰《石泉師公配田氏墓誌銘》，《三渠先生集》卷十一葉 6。

頁 451　翁萬達

歐大任撰《翁尚書傳》，《歐虞部文集》卷十五葉 9。

頁 452　倫文敘

《索引》列林文俊撰《贈宮諭倫先生主試事還京序》按此文之"宮諭倫先生"乃文敘子以訓。

頁 452　倫以訓

"正德十二年進士第一"，"第一"乃"第二"之誤。

頁 460　徐良傅

湯顯祖撰《徐子弼先生傳》，《湯顯祖集》冊二頁 1464。

頁 466　徐階

母顧氏。孫承恩撰《徐母太恭人顧氏傳》，《文簡集》卷三十一葉 1。

子璠，字魯卿，號雲岩、仰齋。生嘉靖八年，卒萬曆二十年（1529—1592）。孫繼皋撰《通議大夫太常寺卿掌尚寶司事仰齋徐公行狀》,《宗伯集》卷七葉 11。

頁 471　徐學謨

《明史》卷二百四十三。

頁 493　郭汝霖

胡直撰《嘉議大夫南京太常寺卿一厓郭公墓誌銘》,《衡廬續稿》卷八葉 10。

頁 501　鹿善繼

盧象昇撰《鹿忠節公傳》,《明大司馬盧公集》卷十一葉 1。

頁 515　張元冲

生弘治十五年，卒嘉靖四十二年（1502—1563）。劉宗周撰《大中丞張浮峰先生暨配胡淑人合葬墓誌銘》,《劉子文編》卷九葉 26。

頁 515　張元忭

張岱撰《家傳》,《瑯嬛文集》卷四頁 104。

頁 516　張天復

張岱撰《家傳》,《瑯嬛文集》卷四頁 102。

頁 520　張安（大同人）

顧清撰《左軍都督府都督僉事張公神道碑》,《東江家藏集》卷二十九葉 29。梁儲撰《龍虎將軍上護軍左軍都督府都督僉事前掛印充總兵官致仕張公神道碑》,《鬱洲遺稿》卷六葉 1。

頁 523　張延登

字濟美。劉理順撰《總憲華東張公墓碑》,《劉文烈公集》葉 22。

頁 525　張孟男

呂坤撰《太子太保張震峰行狀》,《去偽齋文集》卷九葉 9。

頁 532　張悦

卒弘治十五年（1502），年七十七。馮時可撰《太子太保張莊簡公傳》,《馮元成選集》卷六葉 37。

頁 539　張琦（鄞人）

張琦撰《遺稿行實》,《白齋竹里文略》葉 47。

頁 541　張嵩

倪謙撰《進階亞中大夫荆州知府張公墓誌銘》,《倪文僖公集》卷二十八葉 24。

頁 542　張愷

馮時可撰《福建運使張東洛先生傳》,《馮元成選集》卷六葉 49。

頁 543　張瑛（邢臺人）

陳璉撰《資善大夫禮部尚書兼華蓋殿大學士張公墓碑銘》,《琴軒集》卷八葉 34。

頁 544　張萱（上海人）

孫承恩撰《朝列大夫湖廣布政司右參議張公墓誌銘》,《文簡集》卷五十葉 1。《索引》謂 "官至湖廣按察僉事"，誤。

頁 553　張璘

生洪武二十一年，卒宣德七年（1388—1432）。陳璉撰《應天府尹張君行狀》,《琴軒集》卷十葉 22。

頁 565　陸光祖

馮時可撰《太宰陸莊簡公傳》,《馮元成選集》卷六葉 85。

頁 566　陸昶

馮時可撰《陸參政昶小傳》,《馮元成選集》卷六葉 10。

頁 569　陸粲

馮時可撰《陸給事粲小傳》,《馮元成選集》卷六葉 1。

頁 571　陸樹聲

馮時可撰《陸文定公平泉先生傳》,《馮元成選集》卷六葉
30。

頁 573　陳于廷

號中湛, 卒崇禎八年（1635）。吳應箕撰《太子少保左都御
史陳公傳》,《樓山堂集》卷十八頁 212。

頁 574　陳山

"永樂九年由教諭升吏科給事中","九年"乃"六年九月"
之誤。

頁 576　陳仁錫

卒崇禎七年（1634）, 年五十六。劉宗周撰《大司成芝台陳
公傳》,《劉子文編》卷十葉 10。

頁 583　陳音

鄭紀撰《奉議大夫南京太常寺卿愧齋陳公行狀》,《東園文
集》卷十二葉 17。

頁 596　陳敬（增城人）

字純敬。卒洪武十七年（1384）。陳璉撰《禮部主客司郎中
陳君墓碣銘》,《琴軒集》卷九葉 10。

頁 601　陳德

生至順元年, 卒洪武十一年（1330—1378）。林弼撰《開
國輔運推誠宣力武臣榮禄大夫柱國同知大都督府事臨江侯
贈特進榮禄大夫右柱國杞國定襄公壙誌》,《林登州集》卷
十九葉 2。

頁 602　陳豫

卒天順七年（1463）, 年五十一。桑悦撰《特進光禄大夫柱
國平江侯追封黔國公謚莊敏陳公神道碑銘》,《思玄集》卷
七葉 22。

頁 607　陳繼

張益撰《明故翰林院檢討從仕郎致仕怡庵陳先生行狀》,《張文僖公集》葉 9。

頁 611　婁忱

夏尚樸撰《冰溪婁先生墓誌銘》,《東巖集》卷五葉 8。

頁 611　婁諒

夏尚樸撰《婁一齋先生行實》,《東巖集》卷五葉 1。

頁 620　馮行可

字見卿,馮時可撰《伯兄勑齋京兆公傳》,《馮元成選集》卷六葉 129。

頁 623　馮敏

劉球撰《故紹興知府馮君欽訓行狀》,《兩溪文集》卷十八葉 12。

頁 624　馮復京

馮舒撰《我府君玄堂誌并序》,《默庵遺稿》卷九葉 1。

頁 644　彭勖

倪謙撰《進階亞中大夫山東按察司副使致仕旮庵先生彭公壽藏銘》,《倪文僖公集》卷二十九葉 1。

頁 648　盛端明

孫承恩撰《太子太保禮部尚書榮簡程齋盛公墓誌銘》,《文簡集》卷五十三葉 1。

頁 655　黃鈺

卒洪武三年（1370）,年七十一。謝肅撰《黃菊東先生墓誌銘》,《密庵文集》卷壬葉 8。

頁 671　華汝礪

孫繼皋撰《雲南按察司副使崑源華公墓誌銘》,《宗伯集》卷八葉 10。

頁 671　華仲亨

字起龍。孫繼皋撰《徵仕郎中書舍人芝台華公暨配夏孺人合葬墓誌銘》,《宗伯集》卷九葉 17。

頁 672　華師召

仲亨（頁 671）子。

頁 672　華啓直

舜欽（頁 673）子。孫繼皋撰《四川布政司右參政致仕豫庵華公墓碑銘》,《宗伯集》卷七葉 55。

頁 675　喬世寧

字景叔。生弘治十五年,卒嘉靖四十一年（1502—1562）。孫應鰲撰《喬三石公墓誌銘》,《孫正甫督學文集》卷四葉 27。

頁 676　焦芳

祖顯,字宗仁,號復齋。卒天順五年（1461）,年八十一。李賢撰《復齋焦先生墓表》,《古穰集》卷十六葉 19。

頁 689　温純

字希文。沈鯉撰《明光祿大夫柱國太子太保都察院左都御史贈少保一齋温公墓誌銘》,《亦玉堂稿》卷十葉 29。

頁 693　雷士禎

呂坤撰《雷侍御慕庵誌銘》,《去僞齋集》卷十葉 3。

頁 708　楊能

生永樂七年,卒天順四年（1409—1460）。倪謙撰《明故奉天翊衛宣力武臣特進榮祿大夫柱國武强伯楊公神道碑》,《倪文僖公集》卷二十六葉 1;《……墓誌銘》,《倪文僖公集》卷二十八葉 9。

頁 709　楊逢春

"官終河南參議","河南"應作"湖廣"。

頁 714　楊漣

歸莊撰《楊忠烈公傳》,《歸莊集》卷七頁 432。

頁 714　楊榮

父伯成。胡儼撰《贈右春坊右庶子楊公墓表》,《臨庵文選》卷上葉 103。

頁 718　楊儲

生弘治十五年,卒萬曆六年（1502—1578）。胡直撰《雲南按察司憲副毅齋楊公墓誌銘》,《衡廬續稿》卷八葉 5。

頁 722　葛守禮

葛昕撰《先祖考太子少保都察院左都御史與川葛公行述》,《集玉山房稿》卷五葉 13。

頁 724　葛曦

生嘉靖二十四年,卒萬曆二十年（1545—1592）。葛昕撰《翰林院檢討亡弟仲明行述》,《集玉山房稿》卷五葉 50。

頁 738　董樸

號損齋。馮時可撰《董參政樸小傳》,《馮元成選集》卷六葉 14。

頁 739　路振飛

生萬曆十八年,卒永曆三年（1590—1649）。歸莊撰《左柱國光禄大夫太子太師吏部尚書兼兵部尚書武英殿大學士路文貞公行狀》,《歸莊集》卷八頁 451。

頁 741　鄒安

"永樂十年進士","進士"乃"乙榜舉人"之誤。

頁 756　趙用賢

馮時可撰《吏部侍郎兼翰林院學士定宇趙公傳》,《馮元成選集》卷七葉 63。

頁 757　趙志皋

沈鯉撰《明光禄大大柱國少傅兼太子太傅吏部尚書建極殿大

學士贈太傅諡文懿趙公神道碑銘》,《亦玉堂稿》卷十葉 35。

頁 779　潘塤

生成化十二年,卒嘉靖四十一年（1476—1562）。吳承恩撰《通議大夫都察院右副都御史潘公神道碑》,《吳承恩詩文集》頁97。

頁 780　潘潤

生天順八年，卒嘉靖五年（1464—1526）。夏尚樸撰《教諭潘德夫墓誌銘》,《東巖集》卷五葉 10。

頁 790　鄭楷

陳璉撰《醇翁小傳》,《琴軒集》卷八葉 3。

頁 807　蔣信（武陵人）

孫應鰲撰《正學先生道林蔣公墓誌銘》,《孫山甫督學文集》卷四葉 3。

頁 812　蔡道憲

號江門。堵胤錫撰《江門蔡公墓誌》,《堵文忠公集》卷五葉 11。盧若騰撰《賜進士湖廣長沙府推官殉難贈太僕寺卿諡忠毅蔡公傳》,《留庵詩文集》頁 103。

頁 821　劉大夏

馮時可撰《太保兵部尚書劉忠宣公傳》,《馮元成選集》卷六葉 40。

頁 826　劉仕貆

劉球撰《悠然先生傳》,《兩溪文集》卷二十葉 1。

頁 840　劉致中

卒萬曆十二年（1584）。呂坤撰《明朝列大夫陝西布政使司右參議芹泉劉公暨封孺人張氏合葬墓誌銘（代中丞李對泉作）》,《去偽齋集》卷十葉 24。

頁 846　劉銑

李舜臣撰《西橋先生壽光劉公事狀續編》,《愚谷集》卷十
葉 7。

頁 848　劉楚先

字子良,號衡野。生嘉靖二十三年,卒天啓七年（1544—
1627）。賀逢聖撰《皇明加贈太子太傅劉公墓誌銘》,《賀文
忠公集》卷四葉 10。《劉文恪傳》,《賀文忠公集》卷四葉
19。

頁 856　劉璟

"括蒼人,璉弟",應作青田人。頁 853,劉璉"青田人,基
子"。頁 842,劉基"青田人"。

頁 860　劉麟

馮時可撰《太子少保工部尚書劉清惠公傳》,《馮元成選集》
卷六葉 18。

頁 860　劉夔

龍（頁 855）弟。孫承恩撰《中憲大夫都察院左僉都御史黄
岩劉公神道碑》,《文簡集》卷四十九葉 1。
"出爲大名知府",誤,應云大名通判。

頁 864　霍韜

子瑞,卒萬曆三十五年（1607）,年六十九。梁朝鍾撰《霍
玉屏先生偕元配陳安人墓誌銘》,《喻園集》葉 3。

頁 866　閻欽

仲實（頁 865）孫。

頁 869　盧淵

卒永樂十四年（1416）,年五十六。胡儼撰《故通議大夫兵
部左侍郎盧公墓誌銘》,《頤庵文選》卷上葉 124。

頁 870　盧熙

卒洪武七年（1374）,年三十九。殷奎撰《大明故承事郎同

知開封府睢州事盧府君墓誌銘》,《强齋集》卷四葉 33。

頁 873 衛穎

顧清撰《明故奉天翊衛宣力武臣特進榮禄大夫柱國宣城伯衛公行狀》,《東江家藏集》卷二十八葉 1。

頁 880 錢穀

馮時可撰《錢叔寶先生傳》,《馮元成選集》卷六葉 94。

頁 882 謝一夔

父得仁,即頁 55,王得仁。

頁 895 韓政

字敏道。生延祐三年,卒洪武十一年（1316—1378）。林弼撰《故開國輔運推誠宣力武臣榮禄大夫柱國東平侯加封鄆國公諡義安韓公神道碑》,《林登州集》二十一葉 4。

頁 897 韓楫

卒萬曆三十三年（1605）,年七十八。沈鯉撰《明中議大夫通政使司右通政元澤韓公墓誌銘》,《亦玉堂稿》卷十葉 11。

頁 903 薛蕙

馮時可撰《吏部考功郎中西原薛先生傳》,《馮元成選集》卷六葉 50。

頁 906 蕭翀（泰和人）

梁潛撰《故山東運鹽司副使蕭公墓誌銘》,《泊庵集》卷十一葉 6。

頁 907 蕭崇業

王祖嫡撰《蕭中丞傳》,《師竹堂集》卷十九葉 8。

頁 910 鍾同

號待時。生永樂二十一年,卒景泰六年（1423—1455）。章綸撰《贈大理寺丞前監察御史永豐鍾公墓誌銘》,《章恭毅公集》卷十二葉 33。

頁 914　聶豹

《明儒學案》卷十七。

頁 917　戴審

字誠問。劉球撰《戴先生行狀》，《兩溪文集》卷十八葉 9。

頁 923　歸子顧

生嘉靖三十六年，卒天啓七年（1557—1627）。歸莊撰《通
議大夫刑部左侍郎歸公行狀》，《歸莊集》卷八頁 447。

頁 929　魏學曾

沈鯉撰《明太子少保兵部尚書兼都察院右副都御史確庵魏
公墓誌銘》，《亦玉堂稿》卷十葉 1。馮時可撰《大司馬魏確
庵先生傳》，《馮元成選集》卷二葉 59。

頁 936　羅洪先

胡直撰《念庵先生行狀》，《衡廬精舍藏稿》卷二十三葉 1。
馮時可撰《光禄少卿前左贊善羅文恭傳》，《馮元成選集》
卷六葉 54。

頁 942　蘇友龍

王褘撰《蘇君小傳》，《王忠文公集》卷十八頁 460。

頁 948　顧大章

號塵客，顧大韶撰《先兄陝西按察司副使贈太僕寺少卿塵
客府君行狀》，《顧仲恭文集》續葉 45。

頁 949　顧天逵

咸正（頁 953）子。卒順治四年（1647），年三十。歸莊撰《兩
顧君大鴻仲熊傳》，《歸莊集》卷七頁 407。

頁 957　顧憲成

兄性成，字伯時，號涇田。生嘉靖二十年，卒萬曆三十三
年（1541—1605）。孫繼皋撰《鄉飲介涇田顧公墓誌銘》，《宗
伯集》卷九葉 82。

頁 958　顧翰

馮時可撰《雪坡道人傳》，《馮元成選集》卷七葉 32。

引用書目

王用賓：《三渠先生集》，萬曆十二年（1584）本

王叔果：《半山藏稿》，敬鄉樓叢書本

王祖嫡：《師竹堂集》，三怡堂叢書本

王　褘：《王文忠公集》，叢書集成本

石　珤：《熊峰集》，文淵閣本四庫全書本

史　鑑：《西村集》，文淵閣本四庫全書本

田汝成：《田叔禾小集》，武林往哲遺書本

丘雲霄：《山中集》，文淵閣本四庫全書本

沈　鯉：《亦玉堂稿》，文淵閣本四庫全書本

杜　瓊：《杜東原詩文集》，臺北："中央圖書館"，1968 年影
　　　　印康熙十六（1677）抄本

李日華：《李太僕恬致堂集》，臺北："中央圖書館"，1971 年
　　　　影印明刊本

李舜臣：《愚谷集》，文淵閣本四庫全書本

李　賢：《古穰集》，文淵閣本四庫全書本

吳承恩：《吳承恩詩文集》，上海：古典文學出版社，1958 年

吳應箕：《樓山堂集》，叢書集成本

吳　儼：《吳文肅摘稿》，文淵閣本四庫全書本

呂　坤：《去偽齋文集》，嘉慶二年（1797）本

何棟如：《何太僕集》，金陵叢書丙集本

林　弼：《林登州集》，文淵閣本四庫全書本

周　瑛：《翠渠摘稿》，文淵閣本四庫全書本

胡　　直：《衡廬精舍藏稿・衡廬續稿》，文淵閣本四庫全書本

胡　　儼：《頤庵文選》，文淵閣本四庫全書本

夏尚樸：《東巖集》，文淵閣本四庫全書本

桑　　悦：《思玄集》，影印明本

秦舜昌：《林衣集》，四明叢書六集本

孫承恩：《文簡集》，文淵閣本四庫全書本

孫應鰲：《孫山甫督學文集》，黔南叢書六集本

孫繼皋：《宗伯集》，文淵閣本四庫全書本

殷　　奎：《强齋集》，文淵閣本四庫全書本

倪　　謙：《倪文僖公集》，武林往哲遺書本

徐有貞：《武功集》，文淵閣本四庫全書本

梁朝鍾：《喻園集》，廣東叢書本

梁　　潛：《泊庵集》，文淵閣本四庫全書本

梁　　儲：《鬱洲遺稿》，文淵閣本四庫全書本

章　　綸：《章恭毅公集》，敬鄉樓叢書四集本

張　　岱：《瑯嬛文集》，上海：上海雜誌公司，1935 年

張　　益：《張文僖公集》，乾坤正氣集本

張　　琦：《白齋竹里文略》，四明叢書四集本

張慎言：《泊水齋文抄》，山右叢書本

陳　　璉：《琴軒集》，聚德堂叢書本

畢自嚴：《石隱園藏稿》，文淵閣本四庫全書本

馮時可：《馮元成選集》，萬曆四十三（1615）本

馮　　舒：《默庵遺稿》，常熟二馮先生集本

湯顯祖：《湯顯祖集》，上海：上海人民出版社，1973 年

堵胤錫：《堵文忠公集》，乾坤正氣集本

彭　　韶：《彭惠安集》，文淵閣本四庫全書本

賀逢聖：《賀文忠公集》，乾坤正氣集本

程本立：《程巽隱先生文集》，乾坤正氣集本

葛　昕：《集玉山房稿》，文淵閣本四庫全書本

臧懋循：《負苞堂集》，上海：古典文學出版社，1958年

鄭　紀：《東園文集》，文淵閣本四庫全書本

歐大任：《歐虞部文集》，道光二十五年（1845）本

劉宗周：《劉子文編》，乾坤正氣集本

劉　城：《嶧桐集》，貴池先哲遺書本

劉理順：《劉文烈公集》，乾坤正氣集本

劉　球：《兩溪文集》，乾坤正氣集本

盧若騰：《留庵詩文集》，金門叢書本

盧象昇：《明大司馬盧公集》，光緒元年（1875）本

錢肅樂：《錢忠介公集》，四明叢書二集本

謝　肅：《密庵文稿》，四部叢刊本

歸　莊：《歸莊集》，北京：中華書局，1962年

顧大韶：《顧仲恭文集》，宣統元年（1909）本

顧　清：《東江家藏集》，文淵閣本四庫全書本

黃宗羲：《明儒學案》

張廷玉：《明史》

補遺：

頁245　吳昂

《索引》云見《明史》卷二百六十一。非是，當作萬斯同《明史》。按《索引》未收萬斯同撰《明史》，且萬書僅存抄本，此條或採自《八十九種明代傳記綜合引得》。

頁288　邵銳

《索引》云見《明史》卷二百五十五。當作萬斯同撰《明史》。

頁 312　季本

《明儒學案》卷十三。

頁 320　周孟中

《索引》云見《明史》卷二百四十四。當作萬斯同撰《明史》。

頁 443　孫應奎（洛陽人）

《國朝獻徵録》卷三十一。《索引》誤列此傳於同頁餘姚人
孫應奎條。

頁 526　張居傑

"正統初任行在吏科給事中"，"正統初"乃"洪熙元年"之誤。

原載《明代史研究》5 號（1977）

中華書局點校本《明史》校議

一、失校

卷四十《地理志一》:"宣府前衛洪武二十六年置,治宣府城,屬山西行都司。永樂元年二月置,隸後軍都督府。"(頁 903)

　　來按:應作"……永樂元年二月直隸後軍都督府"。宣府左衛、右衛、萬全左衛、右衛、懷安衛,皆同時直隸後軍都督府。

卷四十三《地理志四》:"平武……洪武六年徙於青州所。"(頁 1037)

　　來按:應作"……洪武六年徙於青川所"。下文云:"又東有青川守禦千户所,洪武四年十月以舊青川縣置,屬四川都司。"

卷七十四《職官志三》:"十庫,甲字,掌貯銀朱、黃丹、烏梅、藤黃、水銀諸物。乙字……丙字,掌貯絲綿、布匹。丁字……戊字……承運……廣盈……廣惠……贓罰……已上各掌庫一員,貼庫、僉書無定員。"(頁 1820—1821)

　　來按:自"甲字"至"贓罰"凡九庫,據本書卷七十九《食貨志三》,應補"廣積,掌貯硫黃、硝石"。又《食貨志三》云:"甲字庫,貯布匹、顏料。……丙字庫,貯棉花、絲纊。"(頁 1926)據《明會典》卷三十,《食貨志》所記是。布匹,甲字庫貯,非丙字庫貯。

卷一百二十三《明玉珍傳》："時元右丞完者都募兵重慶，……完者都與右丞哈麻禿不相能。"（頁3701）

　　來按：哈麻禿，《國朝獻徵録》卷一百十九《明玉珍傳》作"左丞"，疑是。否則，二人俱是"右丞"。

卷一百六十二《劉球傳》："球二子，長鉞，次釪。皆篤學，躬耕養母。球既得恤，兄弟乃出應舉，先後成進士。"（頁4406）

　　來按：劉球，正統八年爲王振所害，景泰初得恤。劉鉞，宣德七年舉人，正統元年進士（見〔同治〕《安福縣志》卷八《選舉》），時劉球尚在。

卷二百六《鄭一鵬傳》："論……三邊總督服闋尚書羅欽順、請告祭酒魯鐸、被謫修撰吕柟宜召置經筵。"（頁5438）

　　來按：此處有闕文。羅欽順未嘗爲三邊總督。《國榷》卷五十三頁3328："召楊一清直內閣……□科右給事中章僑，鄭一鵬言不可。"時楊一清爲三邊總督。此處或當作："論……三邊總督楊一清不宜召入內閣；服闋尚書羅欽順，……"

卷二百二十《王遴傳》："世蕃自爲稿，以屬武選郎中周冕。冕發之。"（頁5789）

　　來按："周冕"爲周冕之誤。武英殿本不誤。

卷二百三十四《李沂傳》："前此長吏垣者周邦傑、秦燿。當居正時，燿則甘心獵犬，邦傑則比跡寒蟬。今燿官太常，邦傑官太僕矣，……出燿、世傑於外。"（頁6099）

　　來按：當作"……出燿、邦傑於外"。

卷二百五十一《劉鴻訓傳》："至九月而有改敕書之事，……御史

劉玉言：'主使者，鴻訓也。'"（頁 6483）

　　來按：劉玉，乃吳玉之誤。本書同卷《李標傳》："同官劉鴻訓以增敕事爲御史吳玉所糾。"（頁 6480）《國榷》卷八十九頁5455："御史吳玉參惠安伯張慶臻賄兵部尚書王在晉，閣臣劉鴻訓及中書舍人田佳璧改敕。"

卷二百五十七《王洽傳》："宣大總督王象乾與大同巡撫張宗衡争插漢款戰事，帝召諸大臣平臺，詰問良久。洽及諸執政并主象乾策，定款議。詳見象乾宗衡傳。"（頁 6624）

　　來按：《明史》無王象乾傳、張宗衡傳。此蓋襲《明史稿》傳一三五《王洽傳》文。《王象乾傳》，見《明史稿》傳一二三；《張宗衡傳》，見傳一三六。

卷二百七十一《賀世賢傳》："兵部尚書崔景榮請拒勿納，而置已納於他所。"（頁 6952）

　　來按：《明史稿》傳一二九《賀世賢傳》作"而置已納於他所"，是。

卷二百七十九《樊一蘅傳》："諸將袁韜據重慶，……楊展據嘉定，……乾德利展富，説韜、大定殺展。"（頁 7148）

　　來按：大定前未見。本書卷二百九十四《忠義傳六·張鵬翼傳》："韜及武大定久駐重慶，食盡。乾德説嘉定守將楊展與大定結爲兄弟，資之食。已而惡展，構韜殺之。"（頁 7539）本文或當作"諸將袁韜、武大定據重慶"。

卷二百八十二《儒林傳一·薛瑄傳》："蕙門人著者，薛敬之、李錦、王爵、夏尚樸。"（頁 7231）

　　來按："夏尚樸"，疑衍。《四庫全書總目》卷一百七十三《東巖集》條："尚樸初師吳與弼，後師婁諒，故《明史·儒林傳》

附見諒傳中。然史於薛瑄傳末，又稱瑄之門人有周蕙，蕙之門人有薛敬之、李錦、王爵、夏尚樸；與諒傳不合。考傳末惟敘敬之、錦、爵三人事蹟，一字不及尚樸。則瑄傳列尚樸之名，殆衍文歟？"又《明儒學案》卷四"崇仁學案四"、卷八"河東學案二"，亦不以夏尚樸爲周蕙門人。

卷二百八十七《儒林傳三·孔希學傳》："曾質粹，字好古，吉安永豐人，宗聖五十九代孫也。"（頁 7301）

　　來按：本書卷七十三《職官志二》："嘉靖十八年授曾子六十代孫質粹。（頁 1791）《世宗實錄》卷二二一嘉靖十八年二月丁未條，亦作六十代孫。"

卷二百八十六《文苑傳二·鄭善夫傳》："謝肇淛，鄧原岳和之，……肇淛，字在杭。萬曆三十年進士，……原岳，字汝高，亦閩縣人，肇淛同年進士。"（頁 7357）

　　來按：謝肇淛及鄧原岳，皆萬曆二十年進士，見《明清歷科進士題名碑錄》萬曆壬辰科。

卷二百九十一《忠義傳二·張振秀傳》："在籍兵部侍郎張宗衡……并死之，……宗衡自有傳。"（頁 7475）

　　來按：《明史》無張宗衡傳，此蓋襲《明史稿》傳一六八《張振秀傳》文。《張宗衡傳》，見《明史稿》傳一三六。

卷三百八《奸臣傳·溫體仁傳》："始與延儒同入閣者何如寵，錢象坤逾歲致政去，無何，如寵亦去。"（頁 7633）

　　來按：有闕文。應作"始與延儒同入閣者何如寵、錢象坤。象坤逾歲致政去，……"本書卷一百十《宰輔年表二》：延儒、如寵、象坤皆崇禎二年十二月入閣；四年六月象坤致仕，八月如寵致仕。

卷三百八《奸臣傳·馬士英傳》："士英與長興伯吳日生俱擒獲，詔俱斬之。"（頁 7945）

來按：吳易，字日生，附傳見本書卷二百七十七《楊文驄傳》（易，誤作"易"）。此處應作"長興伯吳易"。

卷三百十《湖廣土司傳·保靖州軍民宣慰使司傳》："初，保靖安撫彭萬里以洪武六年歸附，即其地設保靖宣慰司，授萬里宣慰使。"（頁 7996）

來按："六年"，應作"元年"。前文云；"洪武元年，保靖安撫使彭萬里遣子德勝奉表貢馬及方物，詔升安撫司爲保靖宣慰司，以萬里爲之。"（頁 7995）《國榷》卷三頁 374："（洪武元年九月）辛酉，湖廣保靖安撫司彭萬里來貢，授宣慰使。"

卷三百十四《雲南土司傳二·灣甸傳》："土官景宗真率弟宗材導木邦叛賊罕虔入寇姚關，宗真死於陣，擒宗材斬之。景真子幼，貸死。"（頁 8108）

來按："景真"當作"宗真"或"景宗真"。

卷三百十五《雲南土司傳三·木邦傳》："因命副都御史程宗馳傳與譯者序班蘇銓往，……張鵬以太監覃平、御史程宗馭馭已有成緒，遂命宗巡撫雲南。"頁 8146—47）

來按：程宗爲右副都御史，不可省作"御史"。

卷三百二十七《外國傳八·韃靼傳》："俺答子黃台吉帥輕騎，自宣府洗馬林突入。"（頁 8484）

來按："黃台吉"，本傳前文皆作"辛愛"，而并未説明爲一人。後文云："封黃台吉爲順義王，改名乞慶哈。立三歲而死，朝廷給恤典如例。十五年春，子撦力克嗣。"（頁 8488—89）本書卷二百二十二《王崇古傳》："俺答既死，辛愛、撦力克相繼襲封。"（頁 5843）同卷《鄭洛傳》："辛愛更名乞慶哈，……乞慶哈死，子撦力克當襲。"（頁 5851）可知辛愛即黃台吉。

卷三百三十《西域傳二·西番諸衛傳》："及俺答卒，傳至孫撦力克。"（頁 8547）

來按："撦力克"，本書卷二百二十二《王崇古傳》《鄭洛傳》，卷三百二十七《韃靼傳》，皆作"撦力克"（參前條）。

卷三百三十一《西域傳三·烏斯藏大寶法王傳》："元世祖尊八思巴爲大寶法王，賜玉印，既沒，賜號皇天之下一人之上宣文輔治大聖至德普覺真智佐國如意大寶法王西天佛子大元帝師。"（頁 8571）

來按：賜號又見《元史》卷二百二《八思巴傳》。中華書局點校本《元史》於"宣文"前補"開教"二字，其校勘記稱："據《佛祖歷代通載》卷三二王磐等撰《帝師行狀》、卷三六法洪《敕建帝師殿碑》及《山居新話》《南村輟耕錄》、卷一二《帝師》補。"此處亦應補。

二、誤改

卷八十三《河渠志一》："一決滎澤，漫流原武，抵開封、祥符、扶溝、通許、洧川、尉氏、臨潁、郾城、陳州、商水、西華、項城、太康。"（頁 2017）校勘記："原脫'開封'兩字，據《英宗實錄》卷二百三十景泰四年六月己丑條補。按下文亦有'而開封患特甚'一語。"

來按：補字誤。滎澤、原武、祥符、扶溝、……項城、太康，皆開封府屬州縣。

十六年從總河副都御史丁湛言。（頁 2035）校勘記："丁湛，原作‘于湛’，據本書卷二〇五《朱紈傳》《世宗實錄》卷二〇七嘉靖十六年二月癸丑條改。”

　　來按：于湛，是。《皇明詠化類編》卷九十八，有于湛撰“佐漕之策”，注稱：“直隸金壇人。正德辛未（六年）進士。嘉靖丁酉任總理河道都御史。”至於《朱紈傳》之丁湛，別爲一人，江西彭澤人，嘉靖八年進士，傳見《皇明書》卷二十六、《披垣人鑒》卷十三。

卷八十四《河渠志二》：“今洳河既成，起直隸至夏鎮，與黃河隔絶。”（頁2069），校勘記：“直隸，原作‘直河’，據《神宗實錄》卷四〇五萬曆三十三年正月乙酉條、《行水金鑒》卷四二改。”

　　來按：直河，是。前文：“化龍議開洳河，屬之邳州直河，以避河險。”（頁2068）又夏鎮在南直隸沛縣。

三、校勘未盡

卷二十三《莊烈帝本紀一》：“（九年二月）辛卯，以武舉陳起新爲給事中，”（頁319）校勘記：“陳起新，《懷宗實錄》卷九、《國榷》卷九五頁五七二七都作‘陳啓新’。”

　　來按：陳啓新，是。本書卷七十一《選舉志三》：“崇禎間，……用武舉陳啓新爲給事。”（頁1717）卷二五八《姜埰傳》：“山陽武舉陳啓新者，崇禎九年詣闕上書，……帝大喜，立擢吏科給事中，歷兵科左給事中。”（頁6665—66）

卷七十三《職官志二》：“曾氏一人，嘉靖十八年按曾子六十代孫質粹。”（頁1791）校勘記：“六十代孫，本書卷二八四《曾質粹傳》作‘五十九代孫’。”

　　來按：《世宗實錄》卷二百二十一嘉靖十八年二月丁未條，

亦作六十代孫。

卷九十七《藝文志二》："李思聰《百夷傳》一卷。"（頁 2418）校勘記："李思聰，嵇璜《續文獻通考》卷一七一作'錢古訓'。《四庫全書總目》卷七八稱錢古訓和李思聰於洪武二十九年同使麓川，'今據（楊）砥序及夏原吉後序，則實古訓所作。'"

　　來按：李思聰及錢古訓各撰有《百夷傳》，是二書非一，見江應梁《〈百夷傳〉的史料價值及其版本》，《思想戰綫》，1978 年 1 期。

卷一百十九《諸王傳四·益王傳》："益端王祐檳，憲宗第六子。"（頁 3641）校勘記："第六子，當作'第四子'。《文物》1973 年第三期江西南城出土《益端王壙誌》作'王諱祐檳，憲宗皇帝第四子'。"

　　來按：此處不宜改，蓋《明史》以萬貴妃子爲憲宗第一子（未名殤），祐極（悼恭太子）爲第二子，祐樘（孝宗）爲第三子，祐杬（興獻王）爲第四子，祐榆爲第五子，祐檳爲第六子，排次井然。除本傳外，卷一百四《諸王世表五》："興獻王祐杬，憲宗庶四子，……益端王祐檳，憲宗庶六子。"（頁 2941，2944—45）卷一百十五《睿宗傳》："睿宗興獻皇帝祐杬，憲宗第四子。"（頁 3551）若《國榷》則以祐杬爲次子（頁 2367，作祐杬）、祐榆爲三子（頁 2408）、祐檳爲四子（頁 2410）。《益端王壙誌》應採同一排次，屏萬貴妃子及祐極不算。

卷二百一《陶琰傳》："琰舉成化七年鄉試第一。"（頁 5305）校勘記："成化七年，《明史稿》傳七五《陶琰傳》作'成化十六年'。"

　　來按：成化七年，是。《國朝獻徵録》卷四十二，李時撰《陶公琰神道碑》："舉成化辛卯省試第一"。辛卯，成化七年。

卷二百二十一《趙參魯傳》："言學仕乃大學士志皋族父。"（頁5825）校勘記："本書卷二四二《朱吾弼傳》作'大學士趙志皋弟學仕'。"

　　來按：本書卷二百二十四《孫丕揚傳》亦云："主事趙學仕者，大學士志皋族弟也。"（頁5902）

卷二百六十九《尤世威傳》："布政使都任嘔集副將惠顯。"（頁6925）校勘記："布政使，本書卷三〇九《李自成傳》作'副使'，《國榷》卷九十九頁6001作'兵備副使'"。

　　來按：都任，見本書卷二百九十四，云："後復起，歷右布政使兼副使，飭榆林兵備。"（頁7548）

卷二百九十五《忠義傳七·米壽圖傳》："十五年四月極論監軍張若騏罪，言：'若騏本不諳軍旅，諂附楊嗣昌，遂由刑曹調職方。"（頁7569）校勘記："張若騏，《明史稿》傳一七二《米壽圖傳》及《懷宗實錄》卷一五崇禎十五年四月壬戌條都作'張若麒'。"

　　來按：張若麒，是。本書卷二百五十五《黃道周傳》："有刑部主事張若麒謀改兵部，遂阿嗣昌意上疏曰，……而若麒果得兵部。"（頁6599）又卷二百六十七《宋玫傳》："與膠州張若麒同年友善。"（頁6880）校勘記："張若麒，原作'張若騏'，據本傳下文，又本書卷二百五十二《楊嗣昌傳》，《明史稿》傳一四六《宋玫傳》，《明進士題名碑錄》崇禎辛未科改，下同。"此處正文亦應逕改，而附校勘記。又按：本書卷二百五十七《陳新甲傳》（頁6638）、卷二百六十一《丘民仰傳》（頁6769）、卷二百七十二《曹變蛟傳》（頁6978）、卷二百七十八《楊廷麟傳》（頁7114），皆作張若麒。

卷三百二十七《外國傳八·韃靼傳》："圭遇敵於固原川。"（頁

8471）校勘記："固原川，本書卷一七二《白圭傳》作'固原州'，稱白圭敗字來兵於此州。卷三五改。"

　　來按："卷三五改"四字不明。本書卷四十二《地理志三》有"固原州"（頁 1005）。

四、標點有誤

卷七十二《職官志一》："六部都察院、各都司，俱正二品。"（頁 l746）

　　來按：應作"六部、都察院、各都司，……"都察院非六部下屬。

"六科行人司、通政司經歷司、工部營繕所，太常寺典簿廳、上林苑監各署、各按察司經歷司、各縣，俱正七品。"（頁 1747）

　　來按：應作"六科、行人司、通政司經歷司，……"行人司非六科下屬。

卷七十三《職官志二》："又有理刑進士、理刑知縣、理都察院刑獄，半年實授。"（頁 1772）

　　來按：應作"又有理刑進士、理刑知縣，理都察院刑獄，……"理都察院刑獄，非官名。

卷七十四《職官志三》："舊選各監中一人提督，後專用司禮、秉筆第二人或第三人爲之。"（頁 1821）

　　來按：應作"……後專用司禮秉筆第二人或第三人爲之"。秉筆屬司禮監。

"提督太監一員，司禮、掌印或秉筆攝之"。（頁 1822）

　　來按：應作"……司禮掌印或秉筆攝之"，掌印及秉筆俱屬司禮監。

"掌隨朝捧劍，俱位居司禮、東廠提督守備之次"。（頁1822）

　　來按：應作"……俱位居司禮，東廠提督，守備之次"，守備非東廠屬官。

"司記二人，正六品；典記二人，正七品；掌記二人，正八品。掌官內諸司簿書，出入錄目，番署加印，然後授行。女史六人，掌執文書，凡二十四司，二十四典，二十四掌，品秩并同。"（頁1827）

　　來按：應作"……女史六人，掌執文書。凡二十四司，……"

卷八十《食貨志四》："……成化初，歲洊災，京儲不足，召商於淮、徐、德州水次倉中鹽。""舊例中鹽，户部出榜召商，無徑奏者。富人吕銘等托勢要奏中兩淮存積鹽。中旨允之。户部尚書馬昂不能執正。"（頁1938）

　　來按：分段錯誤。分段應始"成化初，……"照現分段，則吕銘奏中存積鹽時間不明。（據《國榷》卷三十四頁2224，事在成化二年十二月。）

"御史李時成言：'番以茶爲命。北狄若得，藉以制番，番必從狄，貽患匪細。部議給百餘篦，而勿許其市易。自劉良卿弛內地之禁，楊美益以爲非，其後復禁止。十三年，以西安、鳳翔、漢中不與番鄰，開其禁，招商給引，抽十三入官，餘聽自賣。御史鍾化民以私茶之闌出多也，請分任責成。陝之漢中，關南道督之，府佐一人專駐魚渡壩；川之保寧，川北道督之，府佐一人專駐雞猴壩。率州，縣官兵防守。'從之。"（頁1953）

　　來按：李時成所言，至"貽患匪細"止。

卷八十六《河渠志四》："下總兵都督宋勝，巡按御史李敏行視可否。"（頁2113）

　　來按：點校本以"李敏行"爲人名，誤。李敏，見本書卷

一百八十五："還，巡按畿內。以薊州餉道經海口，多覆溺，建議別開三河達薊州，以避其險，軍民利之。"（頁 4893）

卷一百十八《諸王傳三·韓王傳》："韓土瘠禄薄，弟建寧王旭楒至，以所受金冊質於宗室偕渶。"（頁 3605）

　　來按：應作"……弟建寧王旭楒至以所受金冊質於宗室偕渶"。

卷一百九十三《顧鼎臣傳》："而鼎臣特受眷。累官詹事，給事中。劉世揚、李仁劾鼎臣汙佞。"（頁 5115）

　　來按：應作"……累官詹事。給事中劉世揚、李仁劾鼎臣汙佞"。本書卷二百六《劉世揚傳》："歷吏科左給事中，進都給事中。與同官李仁劾詹事顧鼎臣汙佞。"（頁 5453）

卷二百二十八《魏學曾傳》："雲、文秀殺遊擊梁琦，守備馬承光、東暘，稱總兵。"（頁 5977）

　　來按：應作"雲、文秀殺遊擊梁琦，守備馬承光。東暘稱總兵"。

卷二百六十九《尤世威傳》："時顯亦被執，大罵賊。"（頁 6926）

　　來按：點校本以"時顯"為人名，誤。顯，指副將惠顯，見上文。

卷二百七十九《王錫袞傳》："欲楫還朝，錫袞調吏部尚書。李曰宣下獄，遂掌部事。"（頁 7151）

　　來按：應作"……錫袞調吏部。尚書李曰宣下獄，……"本書卷一百十二《七卿年表二》，錫袞未嘗為吏部尚書。本傳前云："十三年擢禮部右侍郎。明年秋，尚書林欲楫出視孝陵，錫袞以左侍郎掌部事。"此處謂錫袞自禮部侍郎改吏部後，以吏部侍郎掌吏部事。

卷三百十一《四川土司傳一·黎州安撫司傳》："祥侄土舍居松坪者。"（頁 8034）

來按：點校本以"土舍"爲人名，誤。

卷三百十四《雲南土司傳二·鎮康傳》："至元十三年立鎮康路軍民總管府，領三甸。"（頁 8108）

來按：點校本以"三甸"爲地名，誤。

卷三百十六《貴州土司傳·都勻傳》："都御史王緝遣使責者亞部長阿斗，……七年，者亞、阿斗以反誅。……初，者亞、阿斗反。"（頁 8191）

來按：應作"……七年，者亞阿斗以反誅。……初，者亞阿斗反"。"者亞"非人名也。

卷三百三十一《西域傳三·烏斯藏大寶法王傳》："玉人制印成，帝視玉未美，令更制其崇敬如此。"（頁 8572）

來按：應作"……令更制，其崇敬如此"。

原載《文史》第 12 輯（1981）

《明史食貨志校注》補正

　　李洵《明史食貨志校注》（北京：中華書局，1982），爲近日刊行《歷代食貨志注釋》第一種。校勘部分，採用王原《明食貨志》，補中華書局點校本《明史》所略，極便讀者。注文部分，間有訛誤；今試爲補正。

　　頁 9 注 17：“張瑄（1417—1494）字廷璽，江浦人。正統七年（1471）進士。成化八年（1472）巡撫河南，曾建議招撫流民。傳見《明史》卷一百六十。”來按：正統七年爲公元 1442。張瑄，成化十年（1474）始巡撫河南，十一年（1475）入京，建議安插流民，見《國朝獻徵録》卷四十八，童軒撰傳。《明史》：“八年始以右副都御史巡撫福建……帝降敕勞之，改撫河南。”未言八年改撫河南。

　　頁 26 注 22：“大同，大同府，轄十四個衛，今山西大同市及所屬各縣。”來按：大同府，領州四、縣七。山西行都指揮使司，治大同府，領衛十四。見《明史》卷四十一《地理志二》。軍民分屬，未可謂大同府轄十四個衛。

　　頁 45 注 7：“齊莊任户科給事中，事蹟不詳。”來按：齊莊，應作齊章。見《憲宗實録》卷二百三，成化十六年五月庚寅。齊章，字應璧，直隸灤州人，成化二年（1466）進士。初授户科給事中，十六年（1480）進左給事中。終太常寺卿。見《國朝獻徵録》卷七十，林瀚撰傳。

頁48注1：“夏言（1482—1548）字公謹，貴溪人。正統十二年（1447）進士，任兵科給事中。嘉靖初……”來按：夏言，正德十二年（1517）進士。

頁48注5：“德王，名朱見潾。”注7：“按德王請齊、漢二庶人遺田及白雲湖等事，據《明史》卷一百十九德王傳，事在成化三年（1467）就藩後不久，并云對德王所請求，‘憲宗悉予之’，這裏所説‘邵錫按新令却之，’邵錫在嘉靖九年（1530）任山東巡撫，所謂‘新令’也就是嘉靖時頒佈的命令。兩事相距五、六十年，似不應牽合在一起。”注8：“依前注，此處‘德王’有誤，或指德王之子懿王朱祐榕。”來按：此段言嘉靖時事，德王皆指德懿王朱祐榕。李氏似誤以爲德王僅指第一代德莊王朱見潾。參看王毓銓《明代的王府莊田》，刊《歷史論叢》第1輯（1964），頁235—236。

頁59注7：“行人，行人司官員，奉皇帝命往各地辦理要務。”來按：行人之主要工作爲：頒行詔敕、册封宗室、撫諭諸蕃、賞賜慰問。稱之爲“要務”，似稍誇大。

頁61注4：“趙新，浙江富陽人。正統十年（1445）左右任江西巡撫。”來按：據吳廷燮《明督撫年表》，宣德五年（1430），趙新以吏部侍部總督江西税糧，八年（1433）爲巡撫，正統四年（1439）罷。

頁150注9：“代府，指代王朱桂，歲禄共四萬三千餘兩。”來按：代府，指代王府，非專指某世代王。

頁188注10：“黄臣，事蹟不詳，其名見《明史》卷一百九十一《何孟春傳》。”來按：黄臣，字伯虨，山東濟陽人，正德六年（1511）進士，嘉靖間以陝西巡撫致仕。傳見《掖垣人鑑》卷十二。又按：《校注》誤併“孟春”爲一字。

頁198注6：“王紹之傳不詳，《明史》卷二百九十六《孝義傳序》所列姓氏中有御史王紹其人。"來按：王紹，字繼宗，山東曹州人，弘治六年（1493）進士。以南京光禄寺卿致仕。傳見《國朝獻徵録》卷七十一。

　　頁 299 注 1："李士實，弘治間任雲南巡撫，正德時移江西，助寧王宸濠叛亂，被殺。"來按：李士實，字若虛，江西新建人，成化二年（1466）進士。弘治十一年至十三年（1498—1500）爲雲南巡撫。年七十二，以右都御史致仕；後爲寧王謀主。未嘗以江西人爲江西巡撫。明代官吏委任，皆避原籍。傳見《國朝獻徵録》卷四十六。

原載《文史》第 24 輯（1985）

《清代人物傳稿》糾誤

　　清史編委會編《清代人物傳稿》，是一部大型的人物傳記，篇幅暫定二十卷，包括人物兩千人左右。上編第一卷已由中華書局出版。可惜個別作者未能如《凡例》所言，"傳記中所敘事實，力求翔實可靠"。其中《閻爾梅萬壽祺合傳》所犯錯誤尤爲嚴重。

　　《閻萬合傳》記康熙三年，閻爾梅爲仇家所訐，"不得已再走他鄉，逃至北京後躲進刑部尚書龔鼎孳的家中。……經龔鼎孳出面調停，禍事纔平息下來"。"康熙五年春，閻爾梅將行，龔鼎孳等人在慈仁寺餞行，席上某太史聞其欲修明代邊史，舉杯相留道：'先生不仕。先生仕，願以明史相任。'閻爾梅鄙夷不屑地嘲諷道：'我仕於義無害，但龔安節（鼎孳號）有言，恐負金川門一慟耳。'龔鼎孳早年隨父鎮守金川門御清，父陣亡時曾爲之大慟，指天起誓要報仇雪恥，但他言猶在耳，身已滿服。閻爾梅一席話，滿座漢官不悦。"（頁 218—219）

　　這段紀事十分奇怪。閻爾梅既投靠龔鼎孳，端賴其援手纔免禍，又怎會在宴會上點名嘲諷？

　　龔鼎孳（《清史列傳》置之《貳臣傳》）人品不足論，但明清之際甚有文名，與吳偉業和錢謙益合稱"江左三大家"。各種傳記皆未言其號安節，而且其父至順治三年始去世，并無鎮守金川門陣亡事。兹節引《清史稿》卷四百八十四《文苑傳》："龔鼎孳，字孝升，合肥人。明崇禎七年進士，授兵科給事中。李自成陷都城，以鼎孳爲直指使，巡視北城。及睿親王至，遂迎降。……順治三年，丁父憂。"

龔鼎孳在北京先降李自成，後降多爾袞，未曾仕南京弘光朝，何能鎮守南京金川門御清？

"金川門一慟"，是明初靖難之役的典故。錢謙益《列朝詩集小傳》甲集《龔安節詡》："詡，字大章，崑山人。父督，洪武給事中，戍五開死。大章年十四，勾補伍，調守金川門。靖難兵入，大慟，變姓名王大章，遁歸。……周文襄撫江南，具禮訪問便宜，兩薦爲學官，堅不應，曰：'詡老兵，仕無害，恐負往日城門一慟耳。'……門人諡曰安節先生。"

《閻萬合傳》作者看到龔安節和龔鼎孳同姓，便以爲是同一人，又單憑"金川門一慟"五字，即虛構出父子抗清，父亡，指天起誓諸事。

此外，作者對於明清制度亦不熟悉。"崇禎皇帝即位後，例行'恩選'，閻爾梅以學業優秀入選，是年萬壽祺也同以'恩貢'入京會試。由於清軍逼近京畿，舉朝震恐，會試延至兩年後纔舉行，兩人都考中舉人。……此次會試重逢，二人同舍止宿，談吐十分相投，成爲摯友。"（頁211—212）生員參加各省鄉試中式爲舉人，舉人在京會試殿試中式爲進士，這是明清科舉制度的最基本常識。閻萬二人怎可以在會試考中舉人？

事實上，崇禎元年會試并未延期，根本無清軍逼近京畿，舉朝震恐事。（參看《明史》卷二十三《莊烈帝本紀》，《國榷》卷八十九，崇禎元年）恩選就是恩貢，和會試一點關係也沒有，見《明史》卷六十九《選舉志》。

閻、萬二人雖然都是崇禎三年舉人，但閻爾梅是在北京參加鄉試，萬壽祺是在南京參加鄉試。"會試重逢"云云，不知從何説起？作者徵引的《白耷山人年譜》和《萬年少先生年譜》，對於閻萬此次鄉試皆有頗詳細的記述。北京鄉試試官是姚希孟和姚明恭，南京鄉試試官是姜曰廣和陳演。祇是作者視而不見罷了。

"是科主司楊廷樞，是繼東林黨而起的復社領袖之一。他爲了壯大復社的聲勢和力量，爲東林冤魂吐氣，有意取中吳中子弟甚多，諸如楊廷麟、陳子龍、吳偉業等多至數十人。"（頁212）楊廷樞是這一年南京鄉試解元（舉人第一名），見《明史》卷二百六十七。而作者竟以考生爲試官，同年爲師生！此外，楊廷麟是江西清江人，也不可以説是吳中子弟。

戴逸在本書"序言"説："真實性是任何歷史著作的靈魂，應該秉筆直書，言必有據，還歷史人物以本來的面貌，不能虛構誇大，隨意剪裁取捨。"《閻萬合傳》作者顯然并沒有遵守上述原則。

1985 年 9 月 16 日

原載《讀書》1986 年第 1 期

讀書劄記四種

一、《明清進士題名碑録》小劄

近年國内出版事業繁榮興旺，至感欣慰。上海古籍出版社出版之《明清進士題名碑録索引》即爲治明清史之甚有用參考書。我因常翻用之故，偶亦發現二三可商之處，札録如下，野人曝獻，貢以備採。

（一）書末似應附一引用書目，詳注版本。如本書引用《山西通志》，而此書有成化、嘉靖、萬曆、康熙、雍正（又嘉慶增補）、光緒諸版。

（二）《編例二》本書據方志補闕者，似多未曾深考。如：成化八年據《河南通志》補洛陽人翟廷蕙，而成化二年三甲一百二十名即洛陽人翟庭蕙。按〔乾隆〕《洛陽縣志》，翟廷蕙，成化二年進士。又：崇禎十六年據《山西通志》補沁水人張鈐，而是科三甲二百九十五名爲沁水人張鈴。又：同科據《江南通志》補鹽城人楊若梓，此與萬曆四十一年二甲三十名的通州人楊若梓，亦疑是一人。

（三）《編例四》嘉靖四十一年狀元徐時行，後復姓，作申時行，未注出。永樂九年三甲四十名，豐城人李曰良，應作孫曰良。傳見《國朝獻徵録》卷六十。其弟即永樂二十二年探花孫曰恭。父孫貞，劉球撰行狀，見《劉兩溪文集》卷十八；楊士奇撰墓誌，見《東里文集續編》卷二十七。

（四）《編例七》本書明朝僅崇禎十六年列未殿試者十一人，他科未列出。清朝則僅一甲及會元，如爲補殿試者，則在“題名錄”注出，在“索引”并未注出。其他補殿試者未嘗注出。是《編例七》并未實行。至於將會試合格之“貢士”算作進士，以爲一人可以登二科，不無可商。

（五）異文有無需注出，如注出則應聲明何者爲是。如萬曆二十年三甲二十一名畢自嚴，注：“一作：畢曰嚴。”萬曆四十七年三甲四十一名孫傳庭，注：“一作：孫傅庭。”皆列參見條。按畢孫二人，《明史》皆有傳，孫尤有名。此類異文，徒亂人意。

（六）碑錄有誤，或衹列異文，不更正者。如：嘉靖十七年三甲一百六十三名：“沈練”，注：“《浙江通志》作：沈鍊。”應作：“沈鍊”，注：“原誤作沈練。”

1980 年 10 月於芝加哥大學
原載《中華文史論叢》1981 年第 2 輯

二、《夢溪筆談》劄記二則

壹

胡道靜先生在其近著《沈括文物二三事——〈夢溪筆談補證〉重寫稿的一部分》謂，“在這部科學名著《夢溪筆談》的傳播歷史上，主要的我們不應當忘記三個人”，第一位是“南宋初期的揚州州學教授湯修年。因爲現在所有的《夢溪筆談》的版本，都是從湯修年在乾道二年（1166）刻本出來的。關於他的事蹟，我們僅知道他字壽真，丹陽人，紹興二十四年（1154）登進士第，終揚州教授（原注：據［至順］《鎮江志》卷十八《人材》門）。就是這麼一個小小的州學教授，他對《夢溪筆談》做出了難以估量的貢獻"。（文刊《中華文史論叢》，1980 年第 2 輯）

按：湯修年，東明子。兄弟三人，修年居中，兄喬年，弟頤年。劉宰（1166—1239）與湯氏有通家之好，頤年卒後，宰爲撰《湯貢士行述》，頗及喬年、修年二人生平。茲據《嘉業堂叢書》本《漫塘文集》卷三十三《湯貢士行述》，撮録湯修年生平於下：

> 修年，字壽真，疾舉子浮華，爲有用學。登紹興甲戌進士第，分教維揚。帥守莫公奉詔經理民兵，至數月，數與幕府條便宜，皆格不行，璽書督責。莫懼，密延君問計。君謝非職守所及。莫曰："閫府誰如君者？急人之急，君其無辭。"君不獲已，條十事以獻。莫讀之喜，曰："吾乃今知免於戾矣。"即具以聞。不十日，報下。今淮東民兵條畫多自君發之。上復親灑宸翰以賜莫公，褒其盡心。莫雅德君，君不以是自多。後終廬州教授。

文中所提及之莫公，應爲莫濛，乾道二年由户部左曹郎中出知揚州，傳見《宋史》卷三百九十，［康熙］《揚州府志》卷九《秩官志》。

湯修年，又見《京口耆舊傳》卷五《湯東野傳》，文極簡略：

> （湯喬年）弟修年，字壽真，擢紹興二十四年進士第，終揚州教授。

《京口耆舊傳》向不知作者爲誰，陳慶年（1862—1929）《橫山鄉人類稿》卷十二《京口耆舊傳撰人考》，考訂爲劉宰。余嘉錫《四庫提要辨證》卷六《京口耆舊傳》條，及鄧廣銘《京口耆舊傳的作者和成書年份》（刊 1946 年 10 月 30 日《大公報·文史周刊》第 3 期），皆以爲然。但《京口耆舊傳》不提湯修年終廬州教授，未悉何故。

貳

《夢溪筆談》卷十七《書畫》："王鉷據陝州，集天下良工畫聖壽寺壁，爲一時妙絕。畫工凡十八人，皆殺之，同爲一坎，瘞於寺西廂，使天下不復有此筆，其不道如此。"

胡道靜先生《校證》："王鉷，唐祁人，方翼孫。初爲鄠縣尉，歷户部郎中，數按獄深文，玄宗以爲才，拜御史中丞。厚誅斂，向天子意、進御史大夫，聲焰薰灼，毒流朝野。然事嫡母孝，與弟銲友愛。銲與邢縡善，謀引軍燒都門、誅執政，事覺，連及鉷，賜死。傳載《唐書》卷一百零五。"（頁 565）《新校正》："王鉷，祁人，唐玄宗時爲京兆尹，權傾一時，毒流朝野。天寶十一載（752），以弟銲與其友邢縡謀誅執政事牽連，賜自盡。傳載《舊唐書》一〇五。"（頁 176）

按：王鉷，負勢自用，敗前人莫敢違。但天寶"盛世"，殺害畫工十八人，似無可能；《筆談》謂"據陝州"，亦似安史亂後語。翻檢《舊唐書》卷一百五、《新唐書》卷一百三十四《王鉷傳》，皆未言王鉷曾於陝州任職。

《筆談》之王鉷應爲王珙之訛。王珙，亦祁人，唐季大軍閥王重榮弟重盈子。《舊五代史》卷十四："珙，少有俊氣，才兼文武，遂代伯父重霸爲陝州節度使。爲政苛暴，且多猜忌，殘忍好殺，不以生命爲意，内至妻孥宗屬，外則賓幕將吏，一言不合，則五毒并施，鞭笞刳斮，無日無之。奢縱聚斂，民不堪命，由是左右惕懼，憂在不測。唐光化二年（899）夏六月，爲部將李璠所殺。璠自稱留後，因是陝州不復爲王氏所有。”（中華點校本，頁 200）《新唐書》卷一百八十七：“珙任威虐，殺人斷首置前，而顏色泰定……珙殺給事中王枎等十餘人，幕府遭戮辱甚衆，人有罪輒剚斬以逞。枎者，故爲常州刺史，避難江湖，帝聞剛鯁，以給事中召，道出陝，珙謂且柄任，厚禮之。枎鄙其武暴，不降意。既宴，盛列珍器音樂，珙請於枎曰：‘僕今日得在子弟列，大賜也。’三請，枎不答。珙勃然曰：‘天子召公，公不可留此。’遂罷，遣吏就道殺之，族其家，投諸河，以溺死聞。帝不能詰。”（中華點校本，頁 5439）（參看《舊唐書》卷一百八十二《王重榮傳》，《新五代史》卷四十二《王珂傳》）王珙之暴虐好殺，草菅人命，無法無天，正與《筆談》所記妄殺畫工十八人事合。

1980 年 11 月 27 日於芝加哥大學

原載《中華文史論叢》1981 年第 3 輯

三、《列朝詩集小傳》考正

明清之際，錢謙益最稱博學，尤以精治有明一代史事名世。所輯《列朝詩集》，附明人傳記二千餘則，頗可補《明史》《國朝獻徵錄》《皇明文海》諸書所遺。後人據之輯成《列朝詩集小傳》，有 1957 年古典文學出版社、1959 年中華書局排印本，流傳頗廣。書中間有失誤，今試爲補正，以爲讀此書者之助。

《聶舍人同文》：“死後五日，子大年乃生。”〔甲集，122〕《聶教諭大年》：“父卒後五月乃生。”〔乙集，193〕王直撰《聶大年墓誌銘》〔《國朝獻徵錄》卷八十五〕，亦作五月。

《劉閣學定之》：“正統元年，進士第一、廷試第三。”〔乙集，188〕明制，舉人曾試中選爲貢士，再參加廷試，始成進士。貢士第一爲會元，進士第一爲狀元。劉定之爲正統元年會元、探花，非狀元；此處應作“會試第一，廷試第三。”此外，《章尚書懋》：“成化二年舉進士第一人”〔丙集，254〕，《魯祭酒鐸》：“弘治十五年，進士第一人”〔丙集，272〕，《儲侍郎瓛》：“成化二十年，進士第一”〔丙集，277〕，《趙按察寬》：“成化辛丑，進士第一人”〔丙集，281〕，皆應改爲“會元”或“會試第一”。

《陳簡討憲章》〔丙集，264〕，“憲章”應作“獻章”。

《南紹興元善》：“元善，字伯子。……復王右軍、謝太傅。”〔丙集，363〕李維楨《大泌山房集》卷六十五《南郡守家傳》、馮從吾《少墟集》卷二十《關學編·瑞泉南先生》《國朝獻徵錄》卷八十五《紹興府知府南大吉傳》及《明儒學案》卷二十九《郡守南瑞泉先生大吉》，皆云名大吉，字元善。又“復王右軍、謝太傅”，應作“復王右軍、謝太傅祠”。

《黃侍郎衷》：“□□□□進士。”〔丙集，389〕黃衷，弘治九年進士。

《屠諭德應峻》：“選庶吉士，出爲□部主事。”〔丁集上，396〕《國朝獻徵錄》卷十九，戚元佐撰《屠諭德應峻傳》：“盡黜諸吉士，公授刑部主事。”

《王舉人樂善》：“字存甫，霸州人。萬曆乙卯鄉舉。”〔丁集中，505〕王樂善，萬曆七年（己卯）舉人，二十年進士，二十四年正月卒於吏部考功清吏司主事任內。見《皇明文海》卷三十四，蕭雲舉撰墓誌銘。萬曆乙卯爲萬曆四十三年。

《李千户元昭》：“與童侍御南衡、方職方十洲輩，結社西湖。”〔丁集中，522〕方十洲爲方九敘。本書《方承天九敘》：“九敘，字禹績，錢塘人。嘉靖甲辰進士，除兵部主事，守山海關，知承天府，以忤直忤巨奄，罷歸。爲人高朗，善論事。家居結社湖上，有《方承天遺稿》。"〔丁集上，394〕《明詩綜》卷四十三《方九敘》："九敘，字禹績，錢塘人。嘉靖甲辰進士，有《十洲集》。"方九敘雖曾任兵部職方主事，但仕至承天知府，可稱爲"方承天"或"方知府"，而不宜稱爲"方職方"。

《趙尚書南星》："用清望推擇爲吏部，歷考功郎中。癸巳內計，京朝官佐其長孫恭簡。"〔丁集中，554〕孫恭簡，應作孫清簡，指孫鑨，時爲吏部尚書。明代無孫姓謚恭簡者。又此處標點有誤，應作：癸巳內計京朝官，佐其長孫清簡。

《王侍郎惟儉》："萬曆乙未進士，除□□知縣，升兵部主事。"〔丁集下，639〕《明史》卷二百八十八《文苑傳》："王惟儉，……萬曆二十三年進士，授濰縣知縣，遷兵部職方主事。"

《謝布政肇淛》："歷廣西按察使，至右布政。"〔丁集下，648〕據《明熹宗實錄》卷三十二、三十三，天啓三年三月，謝肇淛自廣西按察使升本省右布政使；四月，轉左布政使。

《文少卿翔鳳》："字天瑞，三水人。……父在茲，舉萬曆甲戌進士。"〔丁集下，652〕文翔鳳父爲文在中，字少白，萬曆二年〔甲戌〕進士；文在茲，字少元，在中弟，萬曆二十九年進士。見〔乾隆〕《三水縣志》卷十《科貢》。又按本書《葛高行文》："葛節婦文氏，三水人，少白先生之女，光禄天瑞之姊也。"〔閏集，734〕，不誤。

《王秀才留》："字亦房，伯穀之少子也。……亦房之妹婿文震亨。"〔丁集下，657—658〕文震亨娶王穉登孫女，非王留妹。顧苓《塔影園集》卷一，《武英殿中書舍人致仕文公行狀》："元配王氏，故徵君王伯穀先生女孫。"

原載《中華文史論叢》1985年第1輯

四、鄧之誠《清詩紀事初編》考證三則

頁 52："王挺，……時敏長子。……有《減庵文抄》《不盲集》《離憂集》，皆不傳。傳《減庵詩存》四十四首。……卒於康熙十□年，年五十九。"《離憂集》二卷，有《峭帆樓叢書》本，陳瑚輯，錄陳氏友人二十一人詩，非王挺別集。卷上錄王挺詩十三首，除《觀海篇》外，皆不見《減庵詩存》。王挺，萬曆四十七年（1619）七月初十日生，見顧文彬編王時敏年譜（收入《過雲樓書畫記》卷六）。如是應卒於康熙十六年（1677）。

頁 686："丘石常，……因號海石。諸城人。副貢生，入清選利津訓導，升高要知縣，不赴官。卒於順治十八年（1661），年五十六。……石常沒，（丁）耀亢有詩挽之，因得推知石常卒年。"按［乾隆］《諸城縣志》卷三《列傳》："石常，……以歲貢授夏津訓導，……升高要知縣，不赴，卒年五十七。"［乾隆］《夏津縣志》卷六《官守志·訓導》："邱石常，……歲貢，（順治）八年任。升廣東高要知縣。"丘石常爲歲貢非副貢，夏津訓導非利津訓導。又丁耀亢詩《家信到，見丘海石五月寄書；詢之，則逝矣。憶相送山中，戲言求予代作墓銘，竟成讖語。開緘爲之泫然。因略述生平，以備行狀，寄冢君家標焚之》，在《丁野鶴先生遺稿》卷一《江干草》，撰於庚子，即順治十七年（1660），有句云："我長君年餘六歲。"丁耀亢萬曆二十七年（1599）生，丘石常應生於萬曆三十三年（1605），順治十七年（1668）卒，年五十六。

頁 729："馮如京，……代州人。崇禎□年進士。"馮如京，不見《明清進士題名碑錄索引》。［乾隆］《代州志》，卷三《科目志》及卷四《人物志》，皆謂爲"恩貢"。

原載《中華文史論叢》1985 年第 1 輯

識小録三則

一、新調國（讀《列子釋文》札記）

《列子·湯問》篇：周穆王大征西戎，西戎獻鋧鋙之劍，火浣之布。

釋文：浣音緩。《異物志》云："新調國有火州，有木及鼠，取其皮毛爲布，名曰火浣。"

按新字爲斯字之訛。《魏志·三少帝紀》裴注引《異物志》："斯調國有火州，在南海中。其上有野火，春夏自生，秋冬自死。有木生於其中而不消也，枝皮更活，秋冬火死則皆枯瘁。其俗常冬采其皮以爲布，色小青黑；若塵垢污之，便投火中，則更鮮明也（《太平御覽》八二〇引《異物志》略同，'火州'作'大州'）。"《史記·大宛傳》正義引萬震《南州志》："海中斯調州上有木，冬月往剥取其皮，績以爲布極細，手巾齊數匹，與麻蕉布無異，色小青黑。若垢污欲浣之，則入火中，便更精潔。世謂之火浣布。"《御覽》七八七引萬震《南方異物志》："斯調國又有中洲焉，春夏生火，秋冬死。有木生於火中，秋冬枯死，以皮爲布。"《洛陽伽藍記》卷四："斯調國出火浣布，以樹皮爲之，其樹入火不燃。"

斯調國，《太平御覽》卷七百八十七，四夷部八，南蠻三，有專條。亦見《御覽》卷六百九十九、卷八百十一引《吳時外國傳》，卷八百八引《廣志》、卷九百六十引《異物志》，及《北堂書抄》卷一百三十二引《應志》。新調國一名則僅見此，應爲訛字。

斯調國，藤田豐八謂爲私訶條（Sihadipa）之略，亦即錫蘭（《葉調斯調私訶條につきて》，譯文見何健民《中國古代交通叢考》）；法人費瑯（Gabriel Ferrand）謂爲葉調（Yavadvipa）之訛，亦即爪哇（"Ye-tiao,Sseu-tiao et Java"，JA 11：8，1915，譯文見馮承鈞《西域南海史地考證譯叢續編》）。按斯調國在今東印度群島，可無問題，然斷非葉調之訛，亦未必即爪哇也。

火浣布之傳説，Berthold Laufer 及愛宕松男皆有專考，於此不贅。（"Asbestos and Salamarder"，TP 2：16，1915；《マルコ＝ポ──ロ所傳の火浣布に就いて》，《東方學》28 輯，1964。）

原載《大陸雜誌》39 卷 1—2 期合刊（1969）

二、陳際泰的生卒年

明季陳際泰以時文（八股文）名天下，但科場失意。爲諸生三十餘年始成舉人，又四年成進士。爲官不及四年，卒。一般參考書記述其生卒年皆有失誤。

姜亮夫，《歷代人物年里碑傳綜表》（香港：中華書局，1976年），頁 472（這是姜書的最後修訂本，前有作者 1963 年 4 月 "再版贅言"）：

陳際泰，（字號）大士，（籍貫）臨川。（歲數）七五，（生年）明穆宗隆慶元，丁卯，1567。（卒年）明思宗崇禎十四，辛巳，1641。（備考）《明史》，卷 278，"蘇觀生傳"。

吳海林、李延沛，《中國歷史人物生卒年表》（哈爾濱：黑龍江人民出版社，1981 年），頁 297，所記陳際泰生卒年同，但未提出所據。大抵是販抄姜亮夫書（姜亮夫本名姜寅清，1902—1995）。

案《明史·蘇觀生傳》記丙戌年（1646）十一月，蘇觀生等在廣州擁立唐王弟朱聿鐭，"以番禺人陳際泰督師，與永明王總督林佳鼎戰於三水"（北京：中華書局，1974 年，冊 23，頁 7137—7138）。此陳際泰爲番禺人，非臨川人陳大士，況且《明史》原文亦未記其生卒年。

臨川陳際泰，生平見《明史》，卷二百八十八《文苑·艾南英傳》，云："崇禎三年（1630）舉於鄉。又四年成進士，年六十有八矣。又三年除行人。居四年，護相國蔡國用喪南行，卒於道"。（冊 24，頁 7403）

陳際泰，崇禎七年（1634）進士，如是年年六十八，則隆慶元年（1567）生。"又三年""居四年"，如年份間無重迭，則陳際泰成進士後七年卒，亦即崇禎十四年（1641）。姜亮夫所據應是《明史》卷二百八十八之《文苑傳》，但誤記爲卷二百七十八《蘇觀生傳》。

"中央圖書館"編輯，《明人傳記資料索引》（臺北："中央圖書館"，1965 年），頁 599，《陳際泰傳》，顯撮自《明史·文苑傳》，亦作 1567 年生，1641 年卒。

然《明史》所記是否可靠？陳際泰死後，家人請其好友艾南英（1583—1646）撰寫墓誌銘。內云："大士生於萬曆元年癸酉（1573）六月十一日丑時，卒於崇禎十三年庚辰（1640）十一月初二日辰時，享年六十有八"（陳際泰，《巳吾集》［順治陳考逸家刻本］，書首附錄，葉 3 下）。此應爲陳際泰生卒年的最正確紀錄。

《明人傳記資料索引·引用書目》，雖列有《巳吾集》，可惜編者莫視其卷首之傳記資料。

又按《明史》，卷二百五十三《蔡國用傳》："（崇禎）十三年（1640）六月卒於官"（册21，頁6544），而陳際泰護蔡喪南行卒於道。此亦可爲陳卒於崇禎十三年之旁證。

古人同姓名者不少，編輯工具書時尤應着意。

原載《嶺南學報》新 2 期（2000）

三、明季抱甕老人小識

《今古奇觀》編者抱甕老人爲誰？今日尚未有定論。

馮保善，《〈今古奇觀〉輯者抱甕老人考》，《文學遺産》，1988 年 10 月第 5 期，頁 124—126，謂："顧有孝係蘇州府吳江縣人，又號抱甕老人，且與兩位小説家交遊，認爲他就是選輯《今古奇觀》的姑蘇抱甕老人，還是大致可以肯定的。"

但馮氏所引魏耕（？—1662）《雪翁詩集》和《皇明遺民詩》俱稱顧有孝爲"抱甕丈人"，不作"抱甕老人"。按顧有孝（1619—1689），字茂倫，生於萬曆四十七年，明亡時僅二十餘歲。康熙中歲，始或可稱"丈人"或"老人"。與《今古奇觀》一書面世時間不合。至於顧有孝雖然與董説及陳忱（1615—1666 以後）交遊，仍不足以推論"其小説觀念，對小説的態度，還是可以想見的"，更遑論大膽假設顧有孝就是《今古奇觀》的編者。

其實人名別號每多雷同，不可單憑別號孤證確定人名。理邑和（崇禎十五年［1642］舉人），《寒石先生文集》（乾隆十七年［1752］家刻本），卷下，葉 21 下至 26 下，《抱甕丈人胡大先生誌銘》，撰於崇禎十一年（1638）。此位抱甕丈人胡愷，字伯孺，一字純衷，河南西華人。雖然其在世年代與《今古奇觀》相近，但不見得他和該話本選集有關係。

馮夢龍友人祁彪佳（1602—1645），嘗撰《抱甕小憩》短文，全文如下：

> 幽圃初開，督莊奴灌溉。憐其暴炎日中，爲蓋一茅以憩。主人亦時於此摘蔬啖菓實，倚徙聽啼鳥聲。大有邨家況味。顧安得於陵子、漢陰丈人，共爲吾把臂友，與之語托業怡生之道乎？（《祁彪佳集》［北京：中華書局，1960 年］，頁 165）

如稱祁彪佳爲“抱甕主人”，亦未嘗不可。

本文無意説胡憼或祁彪佳就是《今古奇觀》編者抱甕老人，祇是以此二例説明“抱甕”一詞未爲《今古奇觀》編者所壟斷獨有。今日尚未有可考訂《今古奇觀》編者身份的確證，實不應胡猜。

又按：陳瑚（1613—1675）《確庵文稿》（清初汲古閣刊本），詩卷二，有《抱甕丈人歌，爲顧茂倫賦》，亦不作“抱甕老人”。

馮保善以意改“抱甕丈人”爲“抱甕老人”，爲今人通病，不足爲訓。

原載《嶺南學報》新 2 期（2000）

再訪施觀民：明人傳記資料數據評估

在文史研究過程中，常會遇到一些陌生人名，尋找他們的生平，并非易事。這些年來，我考證過董其昌好友文物商人吳廷，《金瓶梅》早期抄本藏主丘志充，大收藏家擁有王羲之《快雪時晴帖》和《元曲選》大部分底本的錦衣衛劉承禧，以及書販林志尹等人，主要依賴方志和明人文集。

1980 年，我在《美國東方學會學報 Journal of the American Oriental Society》發表了一篇短文，題目是 "The Search for Shih Kuan-min: Or the Need for a Comprehensive Ming Biographical Index"（《尋訪施觀民：需求一部全面性明人傳記資料索引》）。

施觀民爲誰？《明史研究論叢》第 2 輯（1983）有一篇《美國、澳大利亞、英國明史研究近況》，把我的文章題目翻譯成《檢索史官名》，聞聲生義。但亦可見一些治明史的專家也不曉得施觀民是誰。

張居正禁毀書院，論者不少，首被禁毀的就是常州知府施觀民興建的龍城書院，時爲萬曆七年（1579）一月。明代書院校友資料極貧乏，祇有三位狀元念書的書院可考。康海和呂柟是西安正學書院的學生，孫繼皋是龍城書院的學生。和不少狀元一樣，孫繼皋并沒有太大的作爲，但孫的一位同門在晚明思想界和政壇影響至大，他就是顧憲成。可是關於東林書院的論著，罕有提到施觀民和龍城書院對顧憲成的影響。

　　我初以爲施觀民的資料唾手可得，事實并不如此。兩部最常用的明代人物索引：《八十九種明代傳記綜合引得》（1935）和《明人傳記資料索引》（1965—1966）都没有施觀民的條目。

　　施觀民是福建省福州府福清縣人，曾任常州知府、廣東按察副使，後革職閑住。［萬曆］《福州府志》和［萬曆］《常州府志》，都有施觀民小傳。（我當日是用美國國會圖書館拍攝的北平圖書館藏善本膠卷。）方志每隱惡揚善，兩部方志皆未提到龍城書院被禁毁，和施被解職。

　　《明人傳記資料索引》採用了“中央圖書館”所藏約五百種明人文集，可惜事出衆手，水平并不一致。我在五部明人文集中找到五篇有關施觀民的文章，其中祇有一部文集未爲《明人傳記資料索引》採用，也就是説四部文集的索引工作并不完善。

　　五篇文章包括孫繼皋的《祭施憲副老師文》（《宗伯集》卷七）和顧憲成的《祭龍岡施老師》（《涇皋藏稿》卷二十）。二文皆情感真摯，顧憲成甚至引疚説：“吾師之存也，既不能明目張膽白見冤狀，揭之日月之下；及其一旦而溘然也，又不能走千里，酌巵酒以薦几筵，伸無涯之感。進而有慚於欒生，退而有慚於孺子。”（《宗伯集》中還有三封孫給施觀民兒子施三捷的信，提到爲施觀民建祠和寫傳，和《哭施龍岡先生》詩五首。）

　　最重要的是施觀民同鄉、大學士葉向高寫的《明中憲大夫廣東按察司副使龍岡施公偕配何恭人墓誌銘》（《蒼霞草》卷十），描敘施觀民生平至爲詳盡。

　　另外兩篇是王世貞的《古四大家摘言序》（《弇州山人四部稿》卷六十八），和吳中行的《郡侯施龍岡陟粤東憲副序》（《賜餘堂集》卷七）。《古四大家摘言》是施觀民編的《左傳》《列子》《莊子》和《淮南子》四本書的選集，刊於常州知府任内。至於吳中行的贈序，撰於施觀民離常州赴廣東，頗述其在常州政績。

　　五篇文章都是上世紀八十年代前，翻閱明人文集找到。限於時間和其他原因，文集未能詳細翻讀，遺漏恐不免。那時并没有任何電子數據庫。今日假如全賴電子數據庫，再尋訪施觀民，成績又將如何？

　　爲此我查閱了四個龐大的數據庫：文淵閣《四庫全書》電子版、漢籍全文資料庫、中國基本古籍庫，和明人文集聯合目録及篇名索引資料庫。選定三個搜查條目：施觀民、施龍岡和龍岡施。

文淵閣《四庫全書》電子版

　　首先需指出《四庫全書》并未收入《蒼霞草》和《賜餘堂集》。上舉五篇明人文章，《四庫全書》僅録三篇，而没有最重要的葉向高撰墓誌銘。《四庫全書》收入《明史》，但《明史》未提到施觀民。

　　施觀民：9則，8則見各省通志，1則見《吴中水利全書》。

　　施龍岡：2則，皆見《宗伯集》。一爲李應祥墓誌銘，提及施觀民選拔李入龍城書院。一爲《哭施龍岡先生》詩五首。

　　龍岡施：5則。4則見《涇皋藏稿》，其一即《祭龍岡施老師》，餘3則見顧憲成撰别人墓誌銘和小傳，述許世卿、張納陛和顧弟顧允成三人受知施觀民。1則爲收入《明文海》的薛應旂撰《遵岩文粹序》，《遵岩文粹》是施觀民所編王慎中選集。

　　以上15則資料，未提供新的重要訊息。

　　此外《四庫全書》有5則"施憲副"，祇有2則是談施觀民，皆見《宗伯集》，其一即《祭施憲副老師文》，另一是施觀民門人錢萬善的墓誌銘。明代施姓按察副使應不少，非僅施觀民一人，況施觀民爲廣東按察副使任期不長，時人少以"施憲副"

稱之。故未立"施憲副"爲搜查條目。

漢籍全文資料庫

施觀民：3 則。第 1 則爲《明實録》萬曆三年十月："以常州府知府施觀民爲廣東副使。"第 2 則爲《萬曆野獲編·書院》："今上初政，江陵公痛恨講學，立意剗抑。適常州知府施觀民以造書院科斂見糾，遂徧行天下拆毁。其威令之行，峻於世廟。"第 3 則是《明經世文編》收録鄒元標的《直抒膚見以光聖德以奠民生疏》："常州知府施觀民糜費民財，建剏書院，毁之誠是矣。迺槩將先賢遺跡一槩拆廢，臣不知其解也。"

施龍岡：0 則。

龍岡施：0 則。

3 則"施觀民"都提供充實訊息，特別是鄒元標對施觀民的看法，但其價值皆不及上舉葉向高、孫繼皋和顧憲成的文字。

《明實録》其實是有記載此次全國性禁毁書院，可惜歷史語言研究所藏《明實録》抄本有脱字，缺一"民"字，致未能成功檢索。《神宗實録》卷八十三，萬曆七年正月二十二日："命毁天下書院。原任常州知府施觀以科斂民財，私剏書院坐罪，著革職閑住。并其所剏書院，及各省私建者，俱改爲公廨衙門。粮田查歸里甲，不許聚集遊食，擾害地方，仍勅各巡按御史、提學官查訪奏聞。"

中國基本古籍庫

施觀民：27 則（内 1 則爲"百户施觀、民人周成等"）。包括上引《萬曆野獲編》和《明經世文編》，及《吳中水利全書》

和《江南通志》《廣東通志》。所用《福州府志》爲乾隆修本。餘下爲《明紀》等編年史籍、《國史唯疑》等雜史和筆記，并其他方志，内容皆甚簡略和陳陳相因。所引《皕宋樓藏書志》2則，記《列子口義》及《莊子口義》二書有萬曆施觀民刊本，可助研究施觀民編刊書籍活動。

施龍岡：4則。2則見《宗伯集》，同前。1則爲《顧端文公（憲成）年譜》。1則爲董應舉《與連江張教官》函："施龍岡之在常州，立社課士，其科連捷者二十二人，而榜首顧涇陽也、殿元孫柏潭也，餘多聯捷。至今常州甲於吳下，龍岡之教也。"

龍岡施：16則。9則見葉向高及顧憲成文集。2則見《明文海》，一爲葉向高撰的《孫宗伯集序》，孫宗伯就是孫繼皋；一爲薛應旂撰的《遵岩文粹序》。餘下5則，分見《東林書院志》《常郡八邑藝文志》《維閩源流録》和《道南淵源録》，都不是原始文獻。需要説明的是"中國基本古籍庫"所據《明文海》抄本，稍異於文淵閣《四庫全書》抄本，卷二百三十八卷首多三篇文章，其一即《孫宗伯集序》。

明人文集聯合目録及篇名索引資料庫

"明人文集聯合目録及篇名索引資料庫"和前面三個數據庫不一樣，它祇可查索作者、書名和篇名，不能提供全文檢索。

施觀民：0則。

施龍岡：6則（内重1則）。5則是薛應旂的《與施龍岡太守》函和《送施龍岡太守入覲序》，孫繼皋的《哭施龍岡先生》，吳中行的《郡侯施龍岡陟粵東憲副序》，和鄭若庸的《施龍岡户部視倉竣事奉其乃翁乞假歸》詩。

龍岡施：4則（内重2則）。2則是顧憲成的《祭龍岡施老師》，和葉向高的《中憲大夫廣東按察司副使龍岡施公偕配何恭人墓誌銘》。

結　語

假如祇用"施觀民""施龍岡"和"龍岡施"三個條目，查索文淵閣《四庫全書》電子版、漢籍全文資料庫、中國基本古籍庫，和明人文集聯合目録及篇名索引資料庫，會找不到我在三十年前已找到五篇文章中的二篇：《古四大家摘言序》和《祭施憲副老師文》。前者并不太重要，而找不到的原因是文中王世貞稱施觀民爲"閩人施君"。《祭施憲副老師文》則極重要，但我不能想象研究施觀民，而不詳讀孫繼臯和顧憲成二人文集。這也就是説不能單靠數據庫，總得看書。

至於數據庫的功能，應該是輔助性的。鄒元標《直抒膚見以光聖德以奠民生疏》，和董應舉《與連江張教官》函，提到施觀民的話不多，但頗重要，而一般人翻書，稍不留神，必看漏眼。全文檢索，則一網打盡。但數據庫也不是包羅萬有，祇要比對"中國基本古籍庫"和"明人文集聯合目録及篇名索引資料庫"所收明人文集，即可看到兩個數據庫仍需互補。

《明實録》因爲底本有脱文，遂致在數據庫中找不到龍城書院被禁毀，施觀民被革職。這是一個極嚴重的問題，需要處理。

明人文集數目龐大，本文初稿完成後，又找到兩篇有關施觀民的文章：謝肇淛的《思德録序》（《小草齋文集》卷六）："《思德録》者，先輩龍岡施先生所爲祠於宦，祠於鄉者也。"和薛應旂的《龍城書院記》（《方山薛先生全集》卷二十三）。二書都未收入"中國基本古籍庫"。

説一句題外話，各家書目和近年影印本都説《方山薛先生全集》是明嘉靖刊本，但《龍城書院記》稱："隆慶辛未郡守施侯觀民至，……是役也，經始於隆慶壬申之五月，不逾年而告成。"隆慶是明穆宗朱載垕的年號，朱載垕繼其父明世宗（年號嘉靖）登基，《方山薛先生全集》不可能是嘉靖刊本。

　　毫無疑問，電子資料有助學術研究，一般而言大型電子數據庫比網上資料可靠。但是作研究不能單靠電子資料，不然必支離破碎，見樹不見林。前輩學者，不少古籍都能背誦，故其學術研究奠基穩固。

　　電子數據庫的一大優點是巨細不遺，祇要某書被選入，內容全可查檢，不像早前人工作業，難免有遺失，如上舉《明人傳記資料索引》的例子。

　　利用電子數據庫，首先需要知曉其內容。譬如說《四庫全書》電子版。《四庫全書》并不是包羅萬有，收入所有乾隆以前文獻。《中國基本古籍庫》則明言祇包括"基本"古籍。其次是數據庫所用的版本。《四庫全書》和"中國基本古籍庫"內的《明文海》，版本不同，所以搜索結果有異。明人文集，不少爲清室禁毀，幸存《四庫全書》者，每有刪改。使用《四庫全書》電子版者，不可不知。

　　我的研究，雙軌并進，兩條腿走路。既重視原始資料，亦不漠視前人研究成果。尋訪資料，上窮碧落下黃泉，先自己翻書，再用數據庫補遺。第一步通常是翻檢前人研究，如認爲一己并無新見，或未能作重大補遺，即放棄該研究命題。五四以來學術論文，今日多已收入數據庫，因此查閱多可在電腦進行。

　　發現新資料，祇能靠翻書。我從前發現李若水的《捕盜偶成》詩，今日可在數據庫內輕易找到。但數據庫收書有限，如祇查數據庫，是自我局限。我寫《明代文物大賈吳廷事略》，引用來復的《吳用卿贊》："古今之奇物有數，奇物之聚合有神。羅有數之神奇於俎豆，日與周漢唐宋之明公相晤對，此其人詎可測量之人。夫他人分公之什一，已足稱豪，而公所甄鑒，自元而降，藐不足珍。精力何大，識趣何真？故未返芰荷之服，而高士遠賦招隱，不嗅纓冕之餌，而薦紳争延上賓。意公別有不可及之德器在形跡外，令人可重可親者耶。徒以賞鑒家目之，擬尚非論。"對吳廷之評敘，甚有見地。來文見其文集《來陽伯文集》，天啓刊本，美國國會圖書館藏，海内外孤本。該書未嘗影印或掃描，亦未收入任何數據庫，包括"明人文集聯合目録及篇名索引資料庫"。事實上《明代文物大賈吳廷事略》所引用明人詩文，絶大部分今日仍未見任何數據庫。

原載《饒宗頤與華學國際學術研討會論文集》（2011）

國家圖書館出版社簡介

　　國家圖書館出版社 1979 年成立，原名書目文獻出版社，1996 年更名爲北京圖書館出版社，2008 年改爲現名。

　　本社是文化部主管、國家圖書館主辦的中央級出版社。2009 年 8 月新聞出版總署首次經營性圖書出版單位等級評估定爲一級出版社，并授予"全國百佳圖書出版單位"稱號。2014 年入選全國哲學社會科學規劃辦公室"國家社科基金後期資助項目推薦申報出版機構"。

　　建社三十餘年來，形成了兩大專業出版特色：一是整理影印各種稀見歷史文獻；二是編輯出版圖書館學和信息管理科學著譯作，出版各種書目索引等中文工具書。此外還編輯出版各種文史著作和傳統文化普及讀物。

文史類相關書目

名家論著

冀淑英文集　冀淑英著，定價：45 圓

陳乃乾文集（上、下册）陳乃乾著　虞坤林整理，定價：98 圓

袁同禮文集　袁同禮著，定價：65 圓

趙萬里文集·第一卷　趙萬里著　冀淑英等主編，定價：136 圓

趙萬里文集·第二卷　趙萬里著，定價：160 圓

趙萬里文集·第三卷　趙萬里著，定價：160 圓

錢存訓文集（全三册）錢存訓著，國家圖書館編，定價：760 圓

任繼愈文集（全十册）任繼愈著，定價：1100 圓

永遠的懷念——任繼愈先生百年誕辰紀念文集　國家圖書館編，定價：80 圓

坐擁書城　勤耕不輟——錢存訓先生的志業與著述　吳格編，定價：98 圓

任繼愈的爲人與爲學·第一輯　任繼愈研究會編，定價：68 圓

海外中華古籍書志書目叢刊

西班牙藏中國古籍書録　杜文彬編著，定價：298 圓

文求堂書目（全十六冊）（日）田中慶太郎編（日）高田時雄　劉玉才整理，定
　　價：6800 圓
美國埃默里大學神學院圖書館藏中文古籍目録　美國埃默里大學神學院圖書館
　　編　劉明整理，定價：60 圓

海外中華古籍珍本叢刊

大英圖書館館藏《永樂大典》（全二十四冊）（明）謝縉等編，定價：60000 圓

英國阿亞伯丁法學圖書館藏《永樂大典》（明）謝縉等編，定價：3000 圓

牛津大學博德利圖書館藏《永樂大典》（全十九冊）（明）謝縉等編，定價：48000 圓

德國柏林國家圖書館藏《永樂大典》（明）謝縉等編，定價：3000 圓

美國漢庭頓圖書館藏《永樂大典》（明）謝縉等編，定價：3000 圓

美國普林斯頓大學東亞圖書館藏《永樂大典》（全二冊）（明）謝縉等編，定價：
　　6000 圓

美國藏朱鼎臣輯本三國志史傳（上、下冊）　陳翔華編，定價：980 圓

西班牙藏葉逢春刊本三國志史傳（全二冊）　陳翔華主編，定價：1500 圓

日本藏夏振宇刊本三國志傳通俗演義（全三冊）　陳翔華主編，定價：1800 圓

日本藏中國罕見地方志叢刊續編（全二十冊）　殷夢霞選編，定價：9800 圓

日藏珍稀中文古籍書影叢刊（全七冊）　南江濤選編，定價：4900 圓

哈佛燕京圖書館文獻叢刊

哈佛燕京圖書館藏《永樂大典》（明）謝縉等編，定價：9000 圓

哈佛燕京圖書館藏稀見方志叢刊（全四十冊）　劉波主編，定價：26000 圓

哈佛燕京圖書館藏古籍珍本叢刊·經部（全十二冊）　李堅　劉波　呂淑賢編，
　　定價：7200 圓

哈佛燕京圖書館藏韓南捐贈文學文獻彙刊（全八十冊）　哈佛燕京圖書館　國家
　　圖書館出版社編，定價：48000 圓

哈佛燕京圖書館藏齊如山小說戲曲文獻彙刊（全五十一冊）　哈佛燕京圖書館
　　國家圖書館出版社編，定價：58000 圓

美國哈佛大學哈佛燕京圖書館藏善本方志書志　李堅　劉波編著，定價：98 圓

更多出版信息，請登録出版社官網 www.nlcpress.com。